GUERRE ET PAIX DANS
LA POESIE GRECQUE
De Callinos a Pindare

GUERRE ET PAIX DANS
LA POESIE GRECQUE
De Callinos a Pindare

Dominique Arnould

ARNO PRESS

A New York Times Company

New York • 1981

Editorial Supervision: Steve Bedney

First publication in book form 1981 by Arno Press Inc.
Copyright © 1981 by Dominique Arnould
Reproduced by permission of Dominique Arnould

MONOGRAPHS IN CLASSICAL STUDIES
ISBN for complete set: 0-405-14025-8
See last pages of this volume for titles.

Manufactured in the United States of America

Library of Congress Cataloging in Publication Data

Arnould, Dominique.
    Guerre et paix dans la poésie grecque de
Callinos à Pindare.

    (Monographs in classical studies)
    Revision of thesis (doctoral)--University of
Paris, 1977.
    Bibliography: p.   83-4041
    Includes index.
    1. Greek poetry--History and criticism. 2. War
in literature. I. Title. II. Series.
PA3015.W46A7 1981   881'.01'09358   80-2639
ISBN 0-405-14027-4   AACR2

GUERRE ET PAIX DANS LA POESIE GRECQUE

DE CALLINOS A PINDARE

par

DOMINIQUE ARNOULD

Ancienne élève de l'E.N.S.
Agrégée des Lettres

TABLE DES MATIERES

INTRODUCTION

La poésie qui naît au VIIe siècle témoigne d'un renouveau des formes littéraires : à l'épopée homérique, à la grande poésie didactique d'Hésiode, succèdent, jusqu'au Ve siècle, l'élégie, l'iambe et la lyrique, monodique ou chorale.

Elle témoigne aussi d'un intérêt neuf pour l'actualité. L'auteur épique recréait une époque qu'il n'avait pas connue. Il la situait dans un passé où hommes et dieux se mêlaient et qui restait d'autant plus indéterminé, dans son oeuvre, qu'il ne lui opposait pas d'autres repères historiques. Hésiode mettait bien en place une certaine chronologie qui aboutissait à son époque, mais c'était celle du mythe des races : le temps des hommes se définissait par rapport au temps des dieux.

A partir du VIIe siècle, le poète parle d'événements qui se transmettent et se vérifient de mémoire d'homme, et il s'engage dans la vie politique de son temps. A travers le poème sur la <u>Rhètra</u> (fr. 3D.= 4W.), Tyrtée évoque déjà les institutions de Sparte et, appelant à la lutte contre les révoltés de Messénie, il rappelle aux Spartiates la conquête qu'en firent "les pères de leurs pères" (fr. 4D.=5W.). Au siècle suivant, de même, Xénophane choisit la conquête de l'Ionie par Harpage comme repère historique, et écrit (fr. 18D.,4-5) : "Qui es-tu et de quel pays ? Quel âge as-tu, mon brave ? Et quel était ton âge quand vint le Mède" ?

Si Hésiode s'intéressait plus à son époque que ne le faisait Homère, s'il s'adressait aux Rois, il ne participait cependant pas directement à la vie politique ni ne la commentait dans ses vers. Archiloque, au contraire, est soldat, Solon, homme d'Etat ; dans l'opposition, Alcée et Théognis luttent contre le pouvoir ; l'image des guerres médiques est fixée par Simonide, celle du prince éclairé, par Pindare qui voudrait former Hiéron et Arcésilas de Cyrène.

Guerres locales au VIIe siècle, guerres civiles au VIe, guerres médiques au Ve, les événements que commentent les poètes sont bien différents de la guerre de Troie. Plus encore, le monde qui est le leur

n'est pas celui des héros d'Homère : du _laos_ on passe progressivement à
la _polis_, en même temps que la tactique militaire évolue. Dans la pha-
lange d'hoplites, il n'est plus question que le guerrier quitte le rang
pour accomplir, comme les héros d'Homère, comme, sans doute encore, les
soldats de l'époque géométrique, des prouesses individuelles.

Mais, pour parler de la guerre et de la paix, les poètes, du
moins au VIIe siècle, n'ont d'autre référence qu'Homère et Hésiode ; à
travers le distique élégiaque, Callinos, Tyrtée, puis Solon continuent
même à prolonger l'hexamètre dactylique.

Il importe donc de définir, dans un premier temps, quelle est
la part de la tradition et celle de l'innovation dans l'évocation litté-
raire de la guerre et de la paix.

La deuxième partie s'attachera à montrer comment, à la créa-
tion d'un nouvel art remaniant l'héritage homérique, correspondent la dé-
couverte progressive de la vie politique et une réflexion neuve sur le
rôle du poète dans la cité.

Assurément, l'entreprise peut sembler hasardeuse quand, de
Callinos à Pindare, tout diffère, ou presque, d'un poète à l'autre, aus-
si bien les genres poétiques qu'ils pratiquent que les lieux où ils vi-
vent, les guerres et les régimes politiques qu'ils connaissent.

Thucydide, revenant rapidement, au début de son oeuvre, sur
les siècles qui ont suivi la guerre de Troie et précédé la guerre du
Péloponnèse, note que la Grèce restait morcelée pendant la période qui
nous intéresse et que "les villes, isolément, manquaient d'audace" (I,
17). Toutefois, si les guerres que le monde grec connut, pendant ces
deux siècles et demi, n'eurent aucun rapport avec celles de la fin du
Ve siècle, non plus qu'avec la guerre de Troie, s'il est vrai que, mises
à part les guerres médiques, la Grèce ne réalisa rien en commun (I,17),
l'époque n'en est pas moins celle d'une importante période de formation
où l'on peut distinguer des évolutions communes, une certaine unité his-
torique : l'ancien équilibre social est rompu, les cités cherchent à
étendre leur domination sur les régions avoisinantes ou colonisent les
côtes, elles voient la naissance et la chute des tyrannies, avant
d'avoir finalement à affronter le grand choc des guerres médiques.

Cette réalité historique, les poètes la commentent dans des
sens parfois différents et tous ne s'engagent pas au même degré dans la
vie politique. Sans doute faut-il tenir compte de la nature des genres
poétiques qu'ils pratiquent. On peut, en effet, remarquer que la poésie
élégiaque et iambique (Tyrtée, Archiloque, Solon, par exemple) chante
surtout la vie politique de la cité, tandis que la poésie mélique de
Stésichore, Sappho, Anacréon, s'adonne à la recherche de l'art pur.

Mais les différences entre les genres ne sont pas aussi stric-
tes qu'il y paraît au premier abord. Certes, la poésie lyrique, au sens
étroit de la définition des ἐννέα λυρικοί (Anth. Pal. IX, 184), est
chantée ou "exécutée" avec un accompagnement de lyre ou de cithare, ou
encore de leurs équivalents, le barbitos, la magadis, la pectis, tous
instruments à cordes, tandis que l'élégie se chante au son de la flûte
et que l'iambe se déclame dans une sorte de παρακαταλογή qu'accompagnent
des instruments comme l'iambikè ou le klepsiambos. Il n'en reste pas
moins que la flûte se marie très tôt à la lyre dans des oeuvres chorales
comme le péan ou l'hyporchème, et que bon nombre de poètes passent avec
aisance d'un genre à l'autre : Simonide de Céos, par exemple, compose
aussi bien des épigrammes et des élégies que des péans, des hyporchèmes,
des dithyrambes et des hymnes. La spécificité même des genres n'est pas
rigoureuse, et Alcée appelle ses amis à la révolte, non pas dans des élé-
gies, mais dans des odes lyriques, tandis que la grande poésie chorale
de Pindare évoque aussi la politique de Hiéron et les guerres médiques.
Inversement, comment ne pas voir dans les élégies de Mimnerme sur la
fuite du temps, dans leur musique mélancolique et douce, une inspiration
digne de Sappho ou d'Anacréon, du lyrisme monodique ? Il arrive donc
fréquemment que des thèmes d'inspiration identiques, des expressions
semblables, se retrouvent dans des genres aussi différents que l'élégie,
la chanson ou l'épinicie, et il semble bien qu'à la suite de Th. Bergk
et d'E. Diehl on puisse parler d'époque lyrique ou de poésie lyrique au
sens large.

La difficulté majeure de notre propos vient plutôt de l'état
extrêmement fragmentaire dans lequel les textes nous ont été transmis :
à travers les papyri et les citations des excerpteurs, il ne reste qu'une

infime partie de la poésie lyrique, élégiaque et iambique, des fragments souvent mutilés, des oeuvres toujours incomplètes. Dès lors, le terrain sur lequel on s'avance est particulièrement malaisé, et toute étude générale sur une poésie fragmentaire risque de trop systématiser à partir de minces indices quand, de plus, les preuves extérieures aux textes eux-mêmes manquent fréquemment.

Toutefois, sans avoir la prétention de renouveler la critique historique ou archéologique, ni l'édition des textes, il nous apparaît que, de la diversité même de ces oeuvres que l'on confronte, peut naître un effet correctif qui, en faisant ressortir l'originalité de chaque poète, permet de dégager une évolution d'ensemble dans l'art et dans la réflexion politique.

Les éditions étant extrêmement nombreuses, nous citons, pour plus de commodité :

- tous les poètes élégiaques et iambiques suivant l'édition de E. Diehl (D.) ;
- tous les poètes méliques, sauf Alcée et Sappho, suivant celle de D. L. Page (P.) ;
- Alcée et Sappho d'après E. Lobel et D. L. Page (L.P.) ;
- Bacchylide et Pindare d'après l'édition de B. Snell (Sn.) revue par H. Maehler [1].

Avec chaque citation, nous donnons, entre parenthèses, dans la mesure du possible, les numéros de concordance dans les autres grandes éditions : celle de Th. Bergk (B.) pour la poésie élégiaque, iambique et mélique, l'Anthologia Lyrica de E. Diehl pour la poésie mélique, les éditions de M. L. West (W.) pour les poètes élégiaques et iambiques, de O. Masson (M.) pour Hipponax, de Th. Reinach et A. Puech (R.P.) pour Alcée et Sappho, de F. Lasserre et A. Bonnard (L.B.) pour Archiloque.

On trouvera, dans l'appendice concernant les épigrammes de Simonide que nous avons citées, une table de concordance entre les éditions de Th. Bergk, E. Diehl et A. Hauvette.

Pour les poètes méliques, cités suivant l'édition des Poetae Melici Graeci de D. L. Page, nous donnons, quand nous commentons les passages, la double numérotation adoptée par l'auteur. Le premier nombre renvoie au numéro d'ordre des fragments à l'intérieur des oeuvres de chaque poète, le second, entre parenthèses, à la numérotation générale des fragments de tous les poètes méliques. On s'y reportera si l'on utilise le volume des Lyrica Graeca Selecta. De manière à alléger les références, c'est ce seul nombre que nous donnons dans les relevés de vocabulaire.

Afin qu'il soit clair que la démonstration ne s'appuie pas sur une interprétation suspecte, nous avons choisi de citer la traduction de l'édition des Belles Lettres, quand elle existait, et, pour la majorité des poètes élégiaques et iambiques, celle d'E. Bergougnan. Nous nous

---

[1] Voir les références de ces éditions dans la bibliographie.

réservons, toutefois, d'apporter les corrections et modifications qui semblent légitimes. Elles sont mentionnées dans les notes, en fin de chapitre.

Ailleurs, que la traduction française diffère du texte de base, qu'elle soit par trop ancienne ou ne fasse pas autorité, nous traduisons nous-même les citations. C'est le cas, notamment, pour toutes les épigrammes du recueil attribué à Simonide, pour la poésie mélique d'Alcman, Ibycus, Anacréon, Stésichore, pour certains passages de Bacchylide et pour toutes les oeuvres anonymes [2].

Enfin, en ce qui concerne l'étude de C. M. Bowra, Greek Lyric Poetry, nous avons cru utile de renvoyer, à la fois, à la première édition (1936) et à la seconde (1961). Certes, l'auteur écrit dans la préface à l'édition de 1961 qu'il n'a pas jugé opportun de signaler les hypothèses qu'il abandonnait, afin de ne pas troubler le lecteur sur des points qu'il ne considérait plus comme importants ; mais il n'en reste pas moins que la première édition a mis en circulation un certain nombre d'interprétations qui ont suscité des controverses ou qui ont encore cours.

Ce travail constituait notre thèse de troisième cycle. Nous remercions les membres du jury - notre directeur Madame J. de Romilly, Monsieur J. Taillardat, Monsieur R. Weil - ainsi que Mademoiselle S. Follet et Monsieur J. Irigoin, de l'intérêt qu'ils ont bien voulu y porter. Leurs encouragements, conseils et remarques nous ont aidée à préciser la recherche, la traduction et la bibliographie.

Paris, juin 1980

---

(2) Cf. Index des traductions.

PREMIERE PARTIE

L'EVOCATION DE LA GUERRE ET DE LA PAIX

On peut trouver, dans la poésie lyrique, élégiaque et iambique, un témoignage sur l'évolution de fait de la guerre, sur les nouvelles tactiques militaires et sur l'armement.

Toutefois, on laissera de côté cet aspect, qui a déjà été étudié, notamment par A. Snodgrass (Early Greek Armour and Weapons, chap. 8). De même, on ne tentera pas, pour illustrer cette évolution, de rapprocher les poèmes des vases ou des reliefs de l'époque.

Il semble, en effet, que, dans leur recherche du général, les poètes soient moins sensibles à une nouvelle technique guerrière qu'à une nouvelle éthique. On en verra les aspects proprement politiques dans la deuxième partie de cette étude, mais elle se traduit déjà dans l'évocation même qu'ils font de la guerre.

On se propose donc d'examiner, d'abord, la façon dont l'héritage littéraire homérique est utilisé et modifié : on partira des oppositions sémantiques et des oppositions thématiques entre la guerre et la paix, puis l'on étudiera les tendances générales de la description des deux domaines, l'emploi des épithètes et des images, et le rôle attribué aux dieux.

CHAPITRE PREMIER

OPPOSITIONS SEMANTIQUES ET OPPOSITIONS THEMATIQUES

C'est à travers les oppositions sémantiques et les oppositions thématiques qu'on peut le mieux cerner la manière dont les poètes délimitent les deux domaines, et voir si les réalités politiques renouvellent le vocabulaire homérique et son emploi.

I. Πόλεμος - Εἰρήνη

Le couple πόλεμος - εἰρήνη est attesté dès Homère et Hésiode. Mais, si l'on peut lire, au chant II de l'Iliade (v. 796-797), ces paroles d'Iris à Priam :

Ὦ γέρον, αἰεί τοι μῦθοι φύλοι ἄκριτοί εἰσιν,
ὥς ποτ' ἐπ' εἰρήνης · πόλεμος δ' ἀλίαστος ὄρωρεν,

si l'on trouve encore un exemple identique dans les Travaux et les Jours (v. 228-229) :

"Sur leur pays s'épand la paix nourricière de jeunes hommes (εἰρήνη κουροτρόφος) et Zeus au vaste regard ne leur réserve pas la guerre douloureuse (ἀργαλέον πόλεμον)",

son emploi n'en reste pas moins exceptionnel.

Héritière d'Homère, la poésie n'utilise guère cette opposition. Callinos écrit bien, au VIIe siècle (1D.,3-4=1B.;1W.) :

"Vous croyez jouir de la paix, alors que la guerre tient tout le pays (..... ἐν εἰρήνηι δὲ δοκεῖτε
ἦσθαι, ἀτὰρ πόλεμος γαῖαν ἄπασαν ἔχει)",

mais il faut attendre, ensuite, la deuxième moitié du VIe siècle, et l'oeuvre de Théognis, pour la retrouver (v. 885-886) :

"Puissent paix et richesse (Εἰρήνη καὶ Πλοῦτος) habiter notre
ville pour que je festoie gaiement avec d'autres. Je n'aime
pas la guerre, ce fléau ! (κακοῦ δ' οὐκ ἔραμαι πολέμου)"

Après Théognis, l'opposition disparaît totalement de la poésie
qui nous reste : en deux siècles et demi, et dans l'oeuvre de plus de
vingt poètes, on n'en trouve donc, en tout et pour tout, que deux exemples.
Il n'y a pas véritablement de couple de notions et le champ sémantique de
chacune, hérité d'Homère et d'Hésiode, se développe, aux débuts du moins,
indépendamment de l'autre, par une série de "liaisons latérales".

Le champ sémantique de la guerre est dominé, chez Homère et
Hésiode, par πόλεμος/πτόλεμος (280 emplois chez Homère, 19 chez Hésiode)
et Ἄρης (Homère : 170, Hésiode : 23), et les mots composés ou dérivés :
πολεμήϊος (Homère : 8, Hésiode : 1), πολεμίζειν (Homère : 59, Hésiode :
1), μενεπτόλεμος (Homère : 10), φιλοπόλεμος (Homère : 10, Hésiode : 1),
πολεμιστής (Homère : 15), d'une part, ἀρήϊος (Homère : 36, Hésiode : 3),
ἀρηΐφιλος (Homère : 28, Hésiode : 1), ἀρηΐφατος (Homère : 3) et Ἐνυάλιος,
tantôt nom et substitut d'Arès, tantôt adjectif et épithète de ce nom
(Homère : 9, Hésiode : 1), de l'autre.

Πόλεμος est très étroitement lié à μάχη. Le plus souvent on
lit, en effet : πτολεμίζειν ἠδὲ μάχεσθαι (cf. Il. XXI, 572), πόλεμός
τε μάχη τε (cf. Il. XVI, 251), πολέμου τε μάχαι τε (cf. Il. V, 891).

Μάχη est moins employé que πόλεμος (environ 140 emplois chez
Homère, 14 chez Hésiode), mais le verbe μάχεσθαι l'est incomparablement
plus que πολεμίζειν (260 emplois chez Homère, 9 chez Hésiode), et l'ad-
jectif πρόμαχος jouit déjà d'une grande faveur (40 chez Homère).

Πόλεμος, Ἄρης et μάχη ont des sens différents, mais qui se
recoupent le plus souvent. Πόλεμος désigne à la fois l'état de guerre
(Il. I, 61, Od. XXIV, 475) et une bataille, un combat (Il. XVI, 251),
comme Arès peut renvoyer au dieu lui-même ou, avec plus ou moins d'abs-
traction, à l'état de guerre et, finalement, à un combat, une bataille
(cf. Il. II, 381). Des trois, c'est le mot μάχη qui est le moins abs-
trait, ce qui explique la faveur dont jouit le verbe μάχεσθαι.

Πόλεμος et μάχη entraînent dans leur sillage φύλοπις (cf. Od.
XXIV, 475), ἀϋτή (cf. Il. I, 492), δηϊοτής (cf. Il. V, 348) chez Homère,

δῆρις chez Hésiode (Op. 14), tandis que μάχη, toujours chez Hésiode (Theog. 228), est fille d'ἔρις comme ὑσμύνη.

Le mot εἰρήνη n'est employé que quatre fois chez Homère et deux fois chez Hésiode. Il est, dès lors, évident que le vocabulaire de la paix ne peut présenter que de rares liaisons entre les mots, semblables à celles que l'on trouve pour la guerre.

Au chant XXIV de l'Odyssée (v. 486) εἰρήνη est liée à πλοῦτος, puis à εὐνομία et à δίκη, filles comme elle de Thémis, au vers 902 de la Théogonie d'Hésiode.

Le déséquilibre entre les deux domaines est très net. De plus, ils ne sont pas exactement superposables. Le mot ἀϋτή, par exemple, qui désigne le cri de guerre, renvoie immédiatement à l'idée de guerre qui a des activités spécifiques. Mais la paix a-t-elle des activités propres ?

Ce déséquilibre ne fait que s'accentuer par la suite. Au VIIe siècle, dans l'oeuvre de Callinos, Archiloque, Tyrtée, Alcman, Mimnerme, c'est, de loin, le vocabulaire de la guerre qui l'emporte, et il tend à se concentrer autour de πόλεμος, Ἄρης et μάχη, au détriment des vieux mots homériques comme ὑσμύνη ou φύλοπις.

On peut distinguer deux groupes dans ces poètes. Le premier, avec Callinos, Archiloque, Tyrtée, tourné vers le combat, emploie le vocabulaire de la guerre, comme on s'y attend normalement. Le second, avec Alcman et Mimnerme, détaché du monde de la politique, semble pratiquement l'ignorer mais - et c'est là un trait caractéristique de la poésie jusqu'au Ve siècle - n'utilise pas, pour autant, le vocabulaire de la paix. C'est, en fait, chez un poète guerrier, Callinos, qu'il faut aller chercher le seul emploi politique, pour cette époque, du mot εἰρήνη [1]. Rien ne relie plus paix, richesse, eunomie ou justice. Seul le champ sémantique de la guerre connaît encore des liaisons latérales entre μάχεσθαι et πόλεμος (Callinos 1D.,6-11), Ἄρης et μάχη (Archiloque 3D.,2-4), Ἄρης et πόλεμος (Tyrtée 8D.,7-8).

Dans la première moitié du VIe siècle, de même, que ce soit chez des poètes guerriers, comme Solon ou Alcée, ou des poètes pacifiques, comme Stésichore ou Sappho, on ne relève pas un seul emploi du

mot εἰρήνη. Quant aux mots εὐνομία, δίκη, πλοῦτος, ils ne sont pas utili-
sés par les poètes qui ne parlent pas de la guerre, mais presque unique-
ment par Solon qui reconnaît la guerre tout en se situant "au-dessus de
la mêlée".

L'usage du mot εὐνομία dans le fragment 3D. (= 4W.) de Solon
est particulièrement intéressant et vaut qu'on s'y arrête.

Le poète l'oppose à une série d'autres mots et donne ainsi,
puisque l'εὐνομία est une des conditions, sinon la seule, de la paix ci-
vile, une sorte de substitut de l'opposition εἰρήνη - ἡσυχία / στάσις.

L'εὐνομία est en effet opposée à : v. 31 : δυσνομίη, v. 33 :
τοῖς ἀδίκοισι, v. 34 : τραχέα, κόρον, ὕβριν, v. 35 : ἄτης ἄνθεα, v. 36 :
δίκας σκολιάς, ὑπερήφανα ἔργα, v. 37 : ἔργα διχοστασίης, v. 38 : ἀργα-
λέης ἔριδος χόλον. Tous les mots n'entretiennent pas les mêmes rapports
avec l'εὐνομία. Δυσνομία, évoquée en premier, semble bien être son anto-
nyme réel, développé et expliqué par tous les autres mots comme ὕβρις,
ἔρις, etc. Mais l'εὐνομία est moins le contraire de la διχοστασία , par
exemple, que ce qui permet de lutter contre elle (παύει δ᾽ ἔργα διχο-
στασίης).

L'opposition entre la guerre et la paix n'est donc pas totale-
ment absente chez Solon, mais, d'une part, elle remonte toujours à des
causes morales, voire religieuses, de l'autre, elle procède moins de cou-
ples antithétiques que d'oppositions plus larges entre des séries sembla-
bles. Les mots-clefs du vocabulaire solonien le prouvent bien en trans-
crivant l'opposition guerre-paix suivant le vocabulaire moral de la vio-
lence (ὕβρις : 5 exemples) et de la juste mesure (μέτριος, μέτρον : 2
exemples, ἄρτιος : 4 exemples).

Quant à Δίκη, elle vient réprimer les actes ἄδικοι, catastro-
phes pour la cité (3D., 14 sqq.). Elle est, elle aussi, le moyen, à la
fois moral et politique, dont use Solon pour instaurer cette εὐνομία
(24D., 15 sqq.=36B.; 36W.) :

> "Voilà ce que j'ai fait, par la souveraineté de la loi, faisant
> agir de concert la force et la justice (βίην τε καὶ δίκην) ;
> voilà ce que j'ai mené à terme, comme je l'avais promis. J'ai
> écrit des lois (θεσμούς) égales pour le vilain comme pour le
> noble, et j'ai organisé une justice droite pour tous (εὐθεῖαν
> ... δίκην)."

En outre, la liaison entre δίκη, πλοῦτος et εἰρήνη semble réapparaître en creux dans l'oeuvre de Solon : dans l'état de bouleversement où est la cité, πλοῦτος est lié à l'ἀδικία et à la guerre civile. Mais cette richesse est une richesse acquise par de "vils profits", elle ne saurait rivaliser avec la droite richesse acquise par la justice en temps d'εὐνομία, elle ne peut être qu'éphémère (3D.,11-16).

Dans la deuxième moitié du VIe siècle, c'est encore chez un poète guerrier et un moraliste, Théognis, que l'on trouve, conjointement, le vocabulaire de la guerre et celui de la paix. Mais il faut attendre le Ve siècle, l'oeuvre de Simonide, de Bacchylide et de Pindare, pour que les deux champs sémantiques commencent à s'équilibrer.

Πόλεμος continue d'être lié à μάχη - πόλεμον μάχαν τε (Ol. IX, 40) - chez Pindare, ou encore chez Bacchylide qui écrit (XVIII, 58-59) : μεμνᾶσθαι πολέμου τε καὶ / χαλκεοκτύπου μάχας , et les composés de μάχη prennent un relief subit dans l'oeuvre de Simonide.

C'est ainsi que l'on trouve (19P. (524)) φυγόμαχον [2] et, bien sûr, dans les épigrammes, πρόμαχος (115 D.), mais aussi εὐθυμάχος (123 D.), ἰθυμάχος (104b D.) et, sans doute sous l'influence de l'intérêt porté à la technique militaire, ἱππόμαχος (96 D.), ainsi que deux fois ναυμαχία (95 D. et 108 D.).

Cette tendance se confirme dans les épigrammes dont l'authenticité est douteuse (ναυμαχία 109 D., ἱππόμαχος 144 D.), mais les épigrammes apocryphes ne montrent aucune création.

Ἄρης a relativement peu de succès chez Simonide dont le vocabulaire est très sélectif. En revanche, il garde toute sa faveur chez Bacchylide et Pindare.

Avec Bacchylide, il continue à désigner tantôt la guerre (V,34; V,130 ; fr. 24Sn., 2), tantôt le dieu lui-même (XIII, 146).

L'expression "fils d'Arès" est très courante chez Bacchylide, mais ne s'applique qu'à des personnages mythologiques (IX,44 ; XX,11 ; fr. 20A Sn.,13-14). Il en va de même pour l'adjectif ἀρηΐφιλος (I,120; V,166;XI,113-114;XV,50) et, sur trois exemples d'ἀρήϊος (I,113;III,69; XVIII,57), un seul (III,69) se rapporte à Hiéron.

Avec Pindare, au contraire, Ἄρης et les adjectifs de même racine sont à peu près également répartis entre les sujets anciens et les sujets actuels, mais il est vrai que Pindare s'intéresse plus à l'actualité que Bacchylide.

Ajoutons que Pindare, dont le vocabulaire est très conservateur, très "homérisant", continue à employer le nom ou l'adjectif ἐνυάλιος (Ol. XIII, 106 ; Nem. IX, 37 ; Isth. VI, 54 ; Dith. II, 16 ; fr. 169Sn.,12).

Toutefois, le vocabulaire guerrier ne cesse de se concentrer autour des mots Ἄρης, πόλεμος, μάχη, et abandonne les vieux mots homériques qui ne sont plus employés, semble-t-il, que comme γλῶτται, ou dans des épigrammes apocryphes attribuées à Simonide.

Εἰρήνη n'est guère employé par Pindare dans des contextes politiques (cf. Pyth. IX, 22-23 ; Nem. I, 69-70). Mais Bacchylide emploie le mot dans des sujets d'actualité et à propos de Hiéron (V, 200 ; XIII, 189), ou dans une réflexion générale à la gloire de la paix (fr. 4Sn.,23-24 (61-62)), la première du genre :

> "La paix fait naître pour les mortels l'opulence qui grandit
> l'homme (μεγαλάνορα πλοῦτον) et fleurir les chants doux comme
> le miel..."

On retrouve donc la vieille liaison entre εἰρήνη et πλοῦτος que reprend également Pindare qui, dans la XIIIe Olympique (v. 7), lie πλοῦτος à δίκη et à εἰρήνη [3].

Pour refermer la chaîne homérique, notons encore que l'εὐνομία est liée à la paix par Bacchylide (XIII, 186), et à la justice (θέμις) (XV,54-55).

On trouve, de même, quatre emplois du mot εὐνομία chez Pindare. L'εὐνομία est liée à l'absence de guerre (Pyth. V, 67), à la justice (δίκη) et à la paix (εἰρήνη) (Ol. XIII, 6), à la justice encore (θέμις) (Ol. IX, 16). Enfin, l'εὐνομία est prise dans un contexte nettement pacifique dans le Péan I. L'adjectif εὔνομος (Ol. I, 37; Nem. IX, 29 ; Isth. V, 22) renvoie à l'idée de justice, mais ne prend un sens politique que dans la Ve Isthmique.

Si l'on considère les oeuvres mineures et anonymes, du VIIe siècle aux alentours de 450, on ne trouve pas non plus d'opposition entre πόλεμος et εἰρήνη.

Les mots πόλεμος et μάχη sont surtout employés dans les épigrammes anonymes, ainsi que le mot Ἄρης.

Dans le domaine de la paix, on note une curieuse liaison inverse entre εἰρήνη et πλοῦτος : la Vie d'Homère (Pseudo-Hérodote, § 33) rapporte un vieux chant populaire (Carmina Popularia, 1D.), chanté à Samos, l'εἰρεσιώνη, qu'Homère lui-même aurait entendu. Ce chant est bien attesté par Plutarque (Thésée, 22), par la scholie b' aux Cavaliers d'Aristophane (v. 728) et par Eustathe (1283.7). Il se chantait aux festivals des Pyanepsia et des Thargelia, en l'honneur d'Apollon. La version que nous possédons semble bien élaborée pour un véritable chant populaire. Quoi qu'il en soit, ce n'est plus εἰρήνη qui donne πλοῦτος, mais πλοῦτος qui apporte le contentement et la paix. Le sens n'est assurément pas politique, l'εἰρήνη désignant plutôt la tranquillité du riche particulier à la porte duquel on vient chanter l'Eirésionè :

> (...) Πλοῦτος γὰρ ἔσεισι
> πολλός, σὺν Πλούτωι δὲ καὶ Εὐφροσύνη τεθαλυῖα
> Εἰρήνη τ' ἀγαθή. (...)

Mais la liaison habituelle entre εἰρήνη et πλοῦτος se retrouve dans le fragment mélique anonyme 103P. (1021) (= 83B.), qui est peut-être de Pindare, comme le croient Bergk et Turyn :

> ὦ γλυκεῖ' Εἰράνα
> πλουτοδότειρα βροτοῖς.

Un autre fragment anonyme (100P. (1018) b), conservé par Stobée (Ecl. 1, 5, 12), présente une triple liaison entre εὐνομία, δίκη et εἰρήνη. En voici la traduction (= 140B., Chor. Adesp. 5D.) :

"Aisa, Clotho, Lachésis, filles de la nuit aux beaux bras, prêtez l'oreille à qui vous prie, déesses redoutables du ciel et de la terre. Envoyez-nous Eunomie au sein de rose et ses soeurs aux trônes brillants, Justice, et Paix porteuse de couronne, et puissiez-vous oublier d'accabler notre cité de tristes malheurs !"

Le poème est-il de Simonide, de Pindare, de Sophocle ? Toutes les suppositions sont permises. Il appartient vraisemblablement, en tout cas, à la première moitié du Ve siècle [4].

Ajoutons, pour terminer, la présence du mot εἰρήνη dans un
fragment mélique anonyme (127P. (1045)=33aB. ; Chor. Adesp. 2D.). Il
s'agit de la fin d'une phrase : "mais nous (nous voulons, chérissons,
possédons ?) la paix, car la muse harmonieuse a décidé cela... (que ?)
... ἀμὲς δὲ Ϝειρήναν · τόδε γὰρ θέτο Μῶσα λίγεια".

Bergk pense que ce fragment pourrait être d'Alcman, mais,
malheureusement, il ne nous aide pas à décider du sens d'εἰρήνη dans sa
poésie. Est-ce la paix, par opposition à la guerre, ou le repos, le
calme, liés à la musique ? Nous penchons pour ce deuxième sens.

En fin de compte, au bout de son évolution, le champ sémanti-
que de la guerre et de la paix chez les poètes ne ferait-il jamais que
retrouver celui d'Homère ? N'y aurait-il pas même une sorte d'appauvris-
sement des deux notions ?

Si le vocabulaire se décante, il ne faut pas oublier, cepen-
dant, que c'est dans la poésie que viennent s'affirmer deux nouvelles
notions antithétiques, celles de στάσις et d'ἡσυχία, et que là réside,
essentiellement, la part d'originalité de l'époque lyrique dans le do-
maine sémantique de la guerre et de la paix.

xxxxx
xxx
x

II. Ἡσυχία - Στάσις

Les mots στάσις, στασιάζειν, διχοστασία apparaissent pour la
première fois, dans les textes que nous possédons du moins, chez Alcée
et Solon. Ils ne sont pas attestés, avant ces deux poètes, ni chez Ho-
mère, ni chez Hésiode.

C'est vraiment au VIe siècle que la Grèce découvre la guerre
civile, aussi le mot στάσις a-t-il des débuts relativement difficiles
qui en font bien sentir la nouveauté.

Solon lui accole l'adjectif ἔμφυλος (3D.,19) qui, outre les
raisons poétiques et métriques de son emploi, est là pour préciser le
mot et lui donner son sens, au même titre qu'Homère désignait la guerre
civile par l'adjectif ἐπιδήμιος, mis en épithète à πόλεμος (Il. IX, 64).

C'est ce même adjectif ἔμφυλος qu'Alcée applique, à son tour,
à μάχη, pour désigner, lui aussi, la guerre civile (70L.P.,11), alors
qu'il emploie στάσις seul, dans l'expression τῶν ἀνέμων στάσιν (326L.P.,1).

Mais, si les poètes sentent bien que la guerre civile a une
réalité propre, qu'elle n'est pas seulement, comme chez Homère, une va-
riation sur πόλεμος et sur μάχη, - d'où le succès de στάσις -, ils
n'éprouvent pas encore le besoin de définir ce mot par rapport à πόλεμος.
Pour l'instant, il y a plus parallélisme qu'opposition, στάσις comme πό-
λεμος renvoyant à un mal qui atteint le peuple.

C'est ainsi que Solon écrit (3D.,17sqq.=4B.;4W.) :

"Telle est la plaie incurable dont maintenant est envahie
cette ville entière qui, rapidement, est tombée dans une
vile servitude (κακὴν ... δουλοσύνην), celle-ci a réveillé
la révolution et la guerre qui dormaient (ἢ στάσιν ἔμφυλον
πόλεμον θ' εὔδοντ' ἐπεγείρει) et beaucoup d'hommes ont péri
dans leur aimable jeunesse."

Ce n'est que plus tard que στάσις sera vraiment opposé à πόλε-
μος, comme une guerre plus cruelle encore que la guerre [5]. Même si
l'idée en est en germe, dès le départ, dans la poésie, l'emploi qu'elle
fera toujours de στάσις et de πόλεμος placera plus ces mots dans une
liaison du type πόλεμος καὶ στάσις que dans un système d'opposition.

Chez Alcée, de même, on trouve, dans un passage fort mutilé
(130L.P.,26sqq.) :

ἔνθα[δ'] οἶος ἐοίκησα λυκαιμίαις
.[   ]ον [π]όλεμον · στάσιν γὰρ
πρὸς κρ. [....] . οὐκ ἄμεινον ὀννέλην ·
"seul, j'ai vécu dans les tanières des loups (?)... la
guerre (?) ... car la révolte contre ... n'est pas plus
profitable".

Malheureusement, le sens est aussi incertain que le texte.
D. Page [6] pense qu'il faudrait comprendre, à peu près : "... (plan-
ning for) war, since it is ignoble to give up strife against (e.g.
blackguards, tyrants or the like)". Mais seules, peut-être, des décou-
vertes papyrologiques sur le même texte permettraient de savoir si

στάσις et πόλεμος, ainsi juxtaposés, sont opposés ou mis en parallèle ;
la guerre extérieure pouvant aider la guerre civile, ou l'inverse.

Un autre mot, διχοστασία, évoque la guerre civile, mais il
aura moins de succès, par la suite, que στάσις. On peut noter qu'il
est lié, chez Solon, à ἀργαλέης ἔριδος χόλον (3D.,37-38), ou ἔρις
n'est, à son tour, pas très différent de στάσις. Ainsi, ce qui est le
plus nouveau s'inscrit cependant dans la continuité d'Homère qui, sans
toutefois lui donner le sens de "guerre civile", liait ἔρις à πόλεμος
(Il. V, 891, XIII, 358) et à Ἄρης (Il. V, 861 ; XIV, 149).

Si l'ἡσυχίη (3D.,10) n'est pas encore entrée chez Solon dans
le vocabulaire politique et continue, tout au plus, à s'opposer, comme
chez Homère et Hésiode, aux idées de κόρος et d'ὕβρις , à désigner la
tranquillité (cf. Il. XXI, 598 ; Op. 119 ; Theog. 763), le verbe ἡσυχά-
ζειν, lui, prend une coloration nettement politique, puisque Solon
écrit (4D.,5sqq.=4cW.), s'adressant directement aux responsables de la
στάσις :

> "Quant à vous, calmez votre coeur fort, dans votre poitrine
> (ἡσυχάσαντες ἐνὶ φρεσὶ καρτερὸν ἦτορ) vous qui avez des ri-
> chesses à satiété, ramenez votre esprit fier à la modération
> (ἐν μετρίοισι)..."

Toujours au VIe siècle, Théognis lie, à son tour, στάσις à
ἔμφυλοι φόνοι (v. 51) et emploie le mot διχοστασίη (v. 78), plus rare.
Deux autres emplois de στάσις apparaissent aux vers 781 et 1082, mais
l'authenticité de ces deux passages est très contestée.

Pour la première fois dans la poésie le mot στάσις trouve son
contraire absolu dans ἡσυχίη (v. 48) et dans ἀτρεμείσθαι (ibid.). Face
au couple πόλεμος - εἰρήνη, le couple ἡσυχίη - στάσις commence une lon-
gue carrière politique. Théognis précise en effet :

> "Point d'espoir qu'une telle ville connaisse une longue quié-
> tude (δηρὸν ἀτρεμείσθαι), même si elle repose aujourd'hui
> dans une paix profonde (πολλῆι ἐν ἡσυχίηι), dès lors que les
> méchants ont pris goût à ces bénéfices, présages de malheur
> public ; car il n'en sort que séditions, massacres entre ci-
> toyens,monarchie (ἐκ τῶν γὰρ στάσιές τε καὶ ἔμφυλοι φόνοι
> ἀνδρῶν // μούναρχοί θ(ε))."

Simonide, Bacchylide et Pindare représentent la grande période
des guerres médiques. Il n'y a donc pas lieu de s'étonner si l'on ne
trouve pas στάσις chez Simonide, puisqu'en ce début du Ve siècle le bou-
leversement causé par les guerres contre le Grand Roi est tel qu'il ba-
laie tous les problèmes intérieurs des cités. Mais il est, en revanche,
fort intéressant de trouver plusieurs fois le mot dans les poèmes de
Bacchylide et de Pindare. Ces poètes prennent, en effet, un recul suffi-
sant par rapport aux événements pour, en bons moralistes qu'ils sont,
tirer profit des leçons de l'histoire et inclure la notion de στάσις
dans leurs préoccupations. Le mot στάσις apparaît, alors, dans des passa-
ges d'inspiration gnomique et générale (Bacch. fr. 24Sn.,3 ; Pind.
Péan IX, 15 ; fr. 109Sn.,3), ou dans des réflexions sur un passé, pro-
che (Pind. Ol. XII, 16) ou lointain (Pind. Nem. IX, 13 ; Péan IV, 53 ;
XIV, 13 (?) ; dith. III, 3).

Pour Bacchylide, comme pour Pindare, ce qui importe c'est moins
la différence entre la guerre civile et la guerre extérieure, que le fait
que l'une et l'autre soient deux aspects de ce même état de trouble et de
malheur qui menace les cités. C'est ainsi que Bacchylide écrit (fr. 24Sn.) :

"Les mortels ne choisissent ni la prospérité, ni l'inflexible
Arès, ni les ravages de la guerre civile (πάμφθερσις στάσις)."

Et, quand Pindare évoque les catastrophes que peut présager une
éclipse de soleil, il en dresse cette liste (Péan IX, 13sqq.) :

"Apportes-tu l'annonce de quelque guerre (πολέμοιο), la ruine
des récoltes, quelque tempête de neige inimaginable, une sédi-
tion funeste (στάσιν οὐλομέναν), un débordement de la mer ve-
nant se vider sur nos plaines, le gel de notre sol ou un été
que les vents du sud feront ruisseler d'averses furieuses ?..."

Στάσις trouve ici aussi, comme chez Théognis, son contraire
dans ἡσυχία qui désigne, désormais, la paix par opposition à la guerre
civile.

C'est ce que prouve le fragment 109Sn. de Pindare (= fr. Hyp.
3 Puech) :

"Que les citoyens fassent régner le calme dans la chose publi-
que (ἐν εὐδίᾳ/τιθείς) et qu'ils cherchent l'éclatante lumière

de la Tranquillité (μεγαλάνορος Ἡσυχίας τὸ φαιδρὸν φάος) qui
grandit le coeur des hommes ; qu'ils arrachent de leurs âmes
la sédition vindicative (στάσιν ..... ἐπίκοτον), pourvoyeuse
de pauvreté, odieuse éducatrice de la jeunesse (πενίας δότει-
ραν, ἐχθρὰν κουροτρόφον)." (7)

Tout comme les rapports de πόλεμος et de στάσις ne sont pas
encore éclairés, mais les deux mots simplement liés, de même ἡσυχία et
εἰρήνη sont simplement rapprochés (Pyth. IX, 22-23 ; Nem. I, 69-70) ;
il est vrai que le contexte n'a rien de politique (8). Εἰρήνη reprend
alors le sens qu'elle avait dans le Parthéneion d'Alcman, celui de re-
pos des forces, et ἡσυχία le sens qu'elle avait chez Homère.

En revanche, les rapports d'ἡσυχία et de πόλεμος sont préci-
sés dans la VIIIe Pythique, puisque ἡσυχία détient les clefs des βουλαί
et des πόλεμοι (v. 3-4) :

βουλᾶν τε καὶ πολέμων
ἔχοισα κλαῖδας ὑπερτάτας.

Mais ce passage est assez délicat à interpréter. Qu'ἡσυχία
soit liée aux βουλαί semble normal, aux πόλεμοι plus curieux : comment
la paix intérieure peut-elle régner sur la guerre étrangère ?

On dira que πόλεμος a, peut-être, un sens générique et qu'il
désigne aussi la guerre civile. L'hypothèse est à envisager, mais le
problème n'est pas résolu pour autant.

La première explication consiste à supposer qu'ἡσυχία ne fait
qu'un unique usage de chacune des clefs qu'elle détient : elle ouvre la
porte aux délibérations, elle enferme les guerres. C'est ainsi qu'un
scholiaste de Pindare comprend le texte (9). Si βουλαί et πόλεμοι s'op-
posent, une telle interprétation est, en effet, la seule satisfaisante.
Car comment admettre qu'ἡσυχία puisse enfermer les délibérations et
donner naissance aux guerres, sans tomber dans l'approximation ou le
non-sens ?

Pindare voudrait-il dire que c'est la paix à l'intérieur de
la cité qui permet de grandes entreprises militaires à l'extérieur ?
Dans le cas d'une guerre défensive, ce serait là une platitude. Mais,
par ailleurs, Pindare ne prône jamais les guerres de conquête entrepri-
ses dans le seul souci d'accroître sa puissance. Faudrait-il donc

croire que le vers ne s'applique qu'à la guerre civile ? Ἡσυχία ne pourrait alors donner naissance à πόλεμος qu'en disparaissant elle-même. En fin de compte, elle règnerait sur πόλεμος par sa propre absence : là où il y aurait ἡσυχία il y aurait βουλαί, là où elle manquerait, πόλεμος.

Tout ceci ne rend pas compte de l'insistance des mots κλαῖ-δας ὑπερτάτας. Le sens paraît plus satisfaisant si l'on admet que βου-λᾶν et πολέμων ne présentent pas une alternative, mais se conjuguent, les guerres pouvant, et devant, résulter de délibérations. Les "clefs les plus hautes" désignent alors, en quelque sorte, l'origine et les fins dernières des délibérations et des guerres. Pindare évoque donc des guerres justes, entreprises non par irréflexion, mais dans le souci de préserver l'ἡσυχία, et tout πόλεμος doit tendre à rétablir cet état d'ἡσυχία. Ainsi que le note L. R. Farnell dans son commentaire [10] : "Hesychia then is said to 'hold the masterkeys', that is to preside over the Council Chamber of Peace as well as the War Council, for the true object of a righteous war is to secure a lasting peace".

Il est intéressant de constater que dans la Ve Pythique εὐ-νομία est, de même, mise en relation non pas avec στάσις mais avec πό-λεμος : Apollon donne aux hommes la musique et la concorde - ἀπόλε-μον εὐνομίαν (v. 65sqq.).

Peut-être, là encore, πόλεμος a-t-il un sens générique, mais il semble surtout que Pindare soit persuadé, comme on le verra dans la deuxième partie de cette étude, qu'une cité ne peut connaître l'εἰρήνη dans ses relations avec les autres cités qu'à la condition préalable de connaître, chez elle, l'ἡσυχία, et de l'étendre aux cités qui l'entourent. Comme écrit un scholiaste de Pindare [11] : ὅπου γὰρ ἡσυχία, καὶ εἰρήνη.

Si δίκη continue d'être liée, dans l'oeuvre de Pindare à εἰ-ρήνη (Ol. XIII, 7) et à ὄλβος (Pyth. V, 14), elle l'est aussi, désormais, à ἡσυχία, dans la VIIIe Pythique. Cette tendance à retoucher les liaisons traditionnelles depuis Hésiode est une bonne preuve de l'importance nouvelle de la notion.

On peut observer une tendance identique dans les personnifica-
tions et divinisations des notions les plus importantes, celles sur les-
quelles porte la réflexion.

Comme Hésiode (cf. Theog. 902, 969), les poètes personnifient
ou divinisent Εἰρήνη(Bacch. fr. 4Sn. ; Pind. Ol. XIII, 7 - fille de Thémis,
soeur d'Eunomia et de Dikè comme chez Hésiode - cf. An. Mel. fr. 100P.
(1018) b.6-7), Δίκη (Solon, 3D.,14 ; Bacch. XV, 54-55 ; Pind. Ol. XIII,6),
Εὐνομία (Alcman 64P. ; Solon 3D.,32 ; Bacch. XIII, 186sqq. ; XV, 54-55 ;
Pind. Ol. IX, 16), Πλοῦτος (Hipponax 29D. ; Théognis 1117-1118 ; 885-6 ;
Timocréon de Rhodes 5P. (731) ; scolion 2P. (885)).

Mais ils délaissent les démons guerriers qui entourent Arès,
comme Φόβος (Il. XIII, 299) ou Κυδοιμός compagnon d'Eris (Il. XVIII, 535),
car leur monde guerrier n'est plus le même que celui d'Homère, et le voca-
bulaire de la guerre se concentre pour eux autour d'"Αρης, πόλεμος, μάχη
et στάσις.

Dès lors, ils sont amenés à compléter la théogonie d'Hésiode
et d'Homère, insuffisante à certains égards, par une autre "théogonie",
qui mette en valeur les mots sur lesquels porte la nouvelle réflexion.
C'est essentiellement, le fait de Solon et de Pindare.

Solon, qui écrit (3D.,18sq.) que la servitude dans laquelle
est tombée la cité "a réveillé la révolution et la guerre qui dormaient",
semble bien à mi-chemin entre l'imagination théogonique d'Hésiode et le
rationalisme de Callinos ou de Tyrtée : στάσις et πόλεμος (comme δουλοσύ-
νη) deviennent un peu plus que des abstractions pures et simples.

Pindare est plus net encore. Il reprend et divinise la vieille
ἀλαλά d'Homère, qu'il nomme fille de πόλεμος, divinisant ainsi, à l'encon-
tre d'Homère, et pour la première fois, aussi bien Ἀλαλά que Πόλεμος
(cf. fr. 78Sn.=dyth. 7 Puech).

S'il se contente (fr. 109Sn.) de personnifier στάσις en lui
accordant trois épithètes, ἐπίκοτος, πενίας δότειρα, ἐχθρὰ κουροτρόφος,
qui appellent des verbes d'action dont στάσις serait le sujet, il n'hésite
pas à diviniser ἡσυχία, en la présentant comme fille de Δίκη (Pyth. VIII,
1 sqq.).

Ainsi les notions politiques ont-elles droit, quand elles se
sont définitivement imposées, à un statut propre, qui montre bien leur
importance.

III. Φίλος - Ἐχθρός

      Dans l'Iliade, Homère désigne les deux ennemis en présence par une sorte de nom générique, Danaens ou Achéens d'un côté, Troyens de l'autre. Mais les différents contingents sont précisés au chant II, et il arrive, très souvent, qu'au cours des combats le poète se contente de mentionner celui qui est concerné.

      Homère emploie aussi l'adjectif δήϊος, épithète du mot ἀνήρ (cf. XV, 533 ; XVII, 148, etc.) ou substantivé (cf. II, 544 ; IX, 76, etc.).

      Il utilise également l'adjectif δυσμενής, toujours épithète d'ἀνήρ (V, 488 ; X, 100 ; X, 221, etc.).

      L'adjectif πολεμήϊος, en revanche, n'a jamais ce sens. On ne trouve que l'expression figée πολεμήϊα ἔργα (II, 338 ; V, 428, etc.).

      Les chefs grecs s'adressent à leurs troupes en les appelant : φίλοι. Ainsi, quand Agamemnon réunit le conseil des vieillards (II, 56sqq.), il leur dit Κλῦτε, φίλοι. A l'assemblée, il commence son exhortation par (II, 110) Ὦ φίλοι ἥρωες Δαναοί, θεράποντες Ἄρηος (cf. XIX, 78, etc.).

      Le même mot se retrouve du côté troyen, mais plus rarement ; on parle surtout des Troyens et des ἐπίκουροι (cf. II, 815). Hector ravive le courage de ses troupes en ces termes (VI, 111-112) :

        Τρῶες ὑπέρθυμοι τηλεκλειτοί τ' ἐπίκουροι,
        ἀνέρες ἔστε, φίλοι ....,

et la formule consacrée, employée par les Grecs quand ils s'adressent à leurs ennemis, est Τρῶες καὶ Δάρδανοι ἠδ' ἐπίκουροι (cf. III, 456, etc.).

      Dans la poésie, jusqu'à Pindare, l'ennemi continue d'être désigné par son nom (cf. e.g. Callinos : Les Cimmériens (3D.) ; Archiloque : les Saïens (6D.), les Thraces (51D., I A,48) ; Mimnerme : les Lydiens (13D.) ; Simonide et Pindare : les Mèdes (90B.=88D. et Pyth. I, 78), etc.).

      Plus généralement, on emploie οἱ δήϊοι (cf. Archiloque : Pap. Oxy. 2313, fr. 5=139W. ; Tyrtée 9D.,12 ; Théognis 552 ; Pindare Nem. VIII, 28) ou δήϊος ἀνήρ (Tyrtée 8D.,30).

      On trouve encore δυσμενής épithète d'ἀνήρ ou substantivé (Callinos 1D.,8 ; Tyrtée 9D.,21 ; Archiloque 4D. ; Mimnerme 13D.,8 ; Bacchylide XVIII,6 ; V, 133 ; Pindare Nem. IX, 38 ; Pyth. VIII, 10).

Toutefois, avec l'adjectif πολεμήϊος/πολέμιος, on assiste à une modification importante. A côté de l'emploi comme épithète d'ἀοιδή (Bacchylide XVIII, 4), ὅπλα (Bacch. XVIII, 33) ou χεύρ (Pind. Nem. IV, 55), on trouve, dans la Ière Pythique (v. 80), les mots πολεμίων ἀνδρῶν pour désigner les ennemis dans une guerre étrangère.

L'adjectif est même substantivé (Pyth. I, 15), pour la première fois dans la poésie lyrique, mais il désigne un ennemi des dieux et non un guerrier. Il n'empêche que l'on touche de très près, ici, à la naissance d'un emploi nouveau (12).

Comment désigne-t-on les alliés ? Vu l'ensemble des textes considérés, il faut bien noter que les exemples sont très rares.

Φύλος perd une partie du sens qu'il avait chez Homère, mais que l'on retrouvera, souvent dans l'expression σύμμαχος καὶ φύλος, chez Hérodote (cf. e.g. I, 69 ; I, 56; etc.), Sophocle (Ajax v. 1053) ou Thucydide (cf. I, 61 ; etc.), par exemple.

Un vers d'Archiloque est, cependant, très intéressant, qui lie φύλος à ἐπύκουρος (13D.) : le mercenaire ne reste fidèle que pour la durée de son engagement,

Γλαῦκ', ἐπύκουρος ἀνὴρ τόσσον φύλος, ἔσκε μάχηται.

Mais il ne s'agit que d'une alliance et d'une aide personnelles, non de l'alliance de deux peuples. Le mot reparaît dans un autre fragment d'Archiloque (40D.).

Dans le dithyrambe de Bacchylide en l'honneur de Thésée, ἐπύκουρύα désigne l'aide que le choeur peut apporter au roi (XVIII, 13) et, dans la XIIIe Olympique (v. 97), Pindare se dit l'ἐπύκουρος des Muses, tout sens d'alliance militaire ayant désormais disparu.

Comme φύλος, ἐπύκουρος est passé dans le domaine des rapports privés. Φύλος, en effet, s'oppose désormais à ἐχθρός, ou désigne les alliés dans la guerre civile ; on y reviendra.

Un nouveau mot, qui n'est pas attesté chez Homère, tend à prendre la place de φύλος et d'ἐπύκουρος pour désigner l'alliance dans la guerre étrangère : σύμμαχος.

Mais l'évolution est très lente. Archiloque (75D.) et Sappho (1L.P.,28) ne l'appliquent qu'à des dieux (Hermès et Aphrodite), auxquels ils demandent de l'aide en des circonstances qui n'ont rien de guerrier.

Toutefois, Pindare écrit, dans la VIe <u>Isthmique</u> (v. 26 sqq.) :
"(il n'est pas de ville) qui ne connaisse Ajax fils de Télamon
et son père. Emmené avec les Tirynthiens aux combats où les ar-
mes d'airain résonnent, Télamon, compagnon fidèle (πρόφρονα
σύμμαχον), suivit jusqu'au pays de Troie (...) la flotte que
commandait le fils d'Alcmène."

Evidemment, il s'agit encore, ici, d'une aide accordée à titre
personnel par un guerrier à d'autres guerriers, plus que de l'alliance de
deux forces contre une troisième. Mais c'est le contexte même de la guerre
de Troie qui en est cause.

Dans l'épigramme simonidéenne 141B.=106D., σύμμαχος, toujours
adjectif, est entré dans le domaine des relations internationales. Le poète
loue Hiéron et ses frères d'avoir été de vaillants alliés des Grecs dans
la lutte pour la liberté et d'avoir apporté le concours d'un bras σύμμαχος :

βάρβαρα νικήσαντας ἔθνη, πολλὴν δὲ παρασχεῖν
σύμμαχον Ἕλλησιν χεῖρ' ἐς ἐλευθερίην.

Dans les relations privées, on peut remarquer un changement
très important du sens et des emplois de l'adjectif ἐχθρός.

Ce mot qui revient sans cesse dans l'oeuvre de Théognis va-t-
il servir à désigner la faction à laquelle le poète s'oppose dans la guerre
civile ? C'est un point qu'il importe de regarder attentivement.

Comme le note J. de Romilly, il est curieux de constater que
si l'on se dispute beaucoup dans l'<u>Iliade</u>, la notion d'ennemi personnel
est absente. L'adjectif ἐχθρός désigne bien quelque chose ou quelqu'un que
l'on déteste, comme dans ces paroles d'Agamemnon à Ulysse (I, 176) :

Ἔχθιστος δέ μοί ἐσσι διοτρεφέων βασιλήων,

mais il n'est jamais substantivé, ce qui exclut toute idée de réciprocité
ou de permanence. Ou plutôt, on n'a pas de mot pour désigner la permanence
et la réciprocité de la haine. On déteste, on n'a pas, à proprement parler,
un ennemi [13].

Avec Hésiode, les sentiments commencent à être, pour ainsi
dire, officiels, et le mot ἐχθρός, substantivé pour la première fois, tra-
duit des rapports sociaux permanents : il faut inviter à sa table l'ami,

en exclure l'ennemi - τὸν φιλέοντ' ἐπὶ δαῖτα καλεῖν, τὸν δ' ἐχθρὸν ἐᾶσαι (Op. 342).

     ⁕Mais c'est dans la poésie postérieure que la notion se développe pleinement.

     Archiloque oppose ainsi ὁ φιλέων à ὁ ἐχθρός (Pap. Oxy. 2310, fr. I, col. I, v. 14-15=23W.). Le poète des épodes de Strasbourg souhaite les pires malheurs à celui qui était auparavant son ἑταῖρος (Arch. 79aD., 14). Simonide d'Amorgos parle, de même, de la femme qui, contrairement à ce qui est normalement admis, est désagréable aussi bien pour les φίλοι que les ἐχθροί (7D.,36).

     Solon veut être doux pour ses amis (φίλοισι), amer pour ses ennemis (ἐχθροῖσι) (1D.,5) [14], et l'idée revient sans cesse, chez Théognis, d'une justice distributive qui rend à chacun ce qui lui convient, le bien aux φίλοι et aux ἑταῖροι, le mal aux ἐχθροί (cf. e.g. v. 337-338). On la retrouve un peu partout, notamment chez Pindare (cf. e.g. Pyth. II, 83-84), et elle connaîtra un remarquable succès dans la tragédie.

     Dans le contexte d'ardente guerre civile où il vit, les mots φίλοι et ἑταῖροι désignent généralement pour Théognis, qui n'admettrait jamais de se commettre avec les manants qui sont au pouvoir (κακοί), les membres de l'aristocratie qui partagent ses idées politiques. Ce sont,en quelque sorte, les membres de son "parti", et il s'adresse à eux pour leur demander de ne jamais abandonner la lutte ni passer dans le clan adverse. Il est donc certain qu'il y a sous ces mots φίλοι et ἑταῖροι plus que de simples relations d'individus à individus, ou même de pairs à pairs : la mention d'un "clan", d'une hétairie, précisément.

     Or, le poète oppose,aux mots φίλοι et ἑταῖροι, le mot ἐχθροί. Est-ce à dire qu'il désigne ainsi les membres du parti adverse, les κακοί au pouvoir ?

     Il faut remarquer, tout d'abord, qu'Alcée n'emploie jamais ἐχθρός, dans les textes qui nous restent, pour nommer ces hommes qui l'ont dépouillé et pour lesquels il éprouve au moins autant de haine que Théognis.

     Dans le recueil de Théognis, mis à part un exemple où les ἐχθροί peuvent être assimilés aux κακοί (v. 561-562), c'est parmi ses propres φίλοι, parmi les ἑταῖροι de son groupe, que Théognis trouve ses meilleurs ἐχθροί.

Aucun ami n'est fidèle, note-t-il constamment (cf. 575, 601,
641, 813, etc.). Dans les banquets, ils font des promesses, mais se déro-
bent quand le moment arrive (v. 643-644) :

Πολλοὶ πὰρ κρητῆρι φίλοι γίνονται ἑταῖροι,
ἐν δὲ σπουδαίωι πράγματι παυρότεροι.

Assurément, la haine, comme l'amitié, a ici une racine politi-
que : le poète reproche à certains nobles, qu'il croyait des ἑταῖροι,
d'avoir déserté la cause de l'aristocratie ou de ne pas se montrer assez
courageux. Ils deviennent donc ses ἐχθροί, parce qu'ils passent dans le
clan adverse, d'une manière ou d'une autre. Mais il faut le répéter, le
mot est réservé à l'aristocratie qui trahit sa propre cause, les vrais
κακοί du parti opposé ne sont presque jamais appelés ἐχθροί. Sans doute
parce que le mot est perçu comme le contraire exact de φίλοι ou d'ἑταῖροι,
il ne peut, en bonne logique, leur être appliqué, leur qualité de κακοί
les plaçant dans une sphère politique radicalement différente aux yeux de
Théognis. Seul le fait que certains ἀγαθοί se soient alliés aux κακοί per-
met, en de rares endroits, une identification entre l'ensemble du parti
adverse et le mot ἐχθροί. Mais à l'opposition ἀγαθοί - κακοί, on ne peut
pas superposer, sans réserves, l'opposition φίλοι - ἐχθροί.

Les rapports avec le clan adverse sont donc bien vécus comme
des rapports d'inimitié, mais il n'est pas vraiment de mot qui vienne les
définir.

Enfin, la spécialisation d'ἑταῖρος dans la guerre civile est,
malgré le succès des hétairies, d'assez courte durée dans la poésie qui
nous occupe. Chez Pindare, le mot semble même échapper à tout contexte
guerrier, voire politique (cf. Isth. VII, 11 ; Pyth. IV, 239 ; V, 26 ;
Ol. IX, 4 ; VI, 87 ; Nem. XI, 4).

Tout comme l'opposition ἡσυχία - στάσις, l'opposition φίλος -
ἐχθρός traduit donc les nouvelles formes de la guerre, mais elle comporte
plus de variété et d'incertitude.

xxxxx
xxx
x

IV. ACTIVITES GUERRIERES ET ACTIVITES PACIFIQUES

La pratique des oppositions thématiques est, elle aussi, héritée d'Homère et d'Hésiode, mais, comme pour le vocabulaire, on assiste à des modifications, notamment dans la définition des deux domaines.

Dans l'Iliade, le cas le plus intéressant est la description du bouclier qu'Héphaestos forge pour Achille (XVIII, 490sqq.) :

"Il y figure aussi deux cités humaines, deux belles cités.
Dans l'une ce sont des noces, des festins (...) Autour de
l'autre ville campent deux armées dont les guerriers brillent sous leurs armures..."

Pour la première cité (pacifique, ou en paix), Homère mentionne des festins, des noces, des chants, des danses, de la musique, et certaines occupations de la vie politique (ici, la justice rendue entre deux plaignants).

La deuxième cité se divise en deux groupes, les assiégés et les assiégeants ; c'est aux assiégés que reviennent les oeuvres de guerre, puisqu'ils tentent de s'emparer du bétail des assiégeants. Homère évoque donc, à leur sujet, les armes, les buts et la technique de la bataille, les dieux guerriers. Quant aux assiégeants, ils voient leurs activités "pacifiques" subitement interrompues par cette attaque, alors que deux bergers conduisaient leur troupeau, "jouant gaîment de la flûte, tant ils soupçonn(aient) peu le piège" [15].

De toute évidence, après cette forte opposition, il semble que l'on puisse rattacher à la paix les activités suivantes, mentionnées dans un deuxième temps, dans ce qu'Héphaestos "ajoute" encore au bouclier : labourage, moisson et repas des ouvriers, vendanges accompagnées de musique, chants et danses, pâturage et joies de la nature (ruisseaux, etc.), pacage, fête finale (danse et vêtements de danse).

En résumé, les thèmes développés sont donc les suivants : pour la paix : la vie des champs, la vie de la cité, les plaisirs de la fête (chants, danses, etc.), pour la guerre : les armes, la stratégie, les dieux guerriers, les résultats de la guerre (mort violente, butin, etc.) [16].

De son côté, Hésiode, dans les Travaux et les Jours (v. 225sqq.),
compare la vie des hommes qui respectent la justice à celle des impies qui
la bafouent et écrit :

"Mais ceux qui, pour l'étranger et pour le citoyen, rendent des
sentences droites et jamais ne s'écartent de la justice, voient
s'épanouir leur cité et, dans ses murs, leur population devenir
florissante. Sur leur pays s'épand la paix nourricière de jeunes
hommes et Zeus au vaste regard ne leur réserve pas la guerre
douloureuse."

Quelles sont, maintenant, ces prospérités de la paix ? L'abon-
dance (agriculture, cueillette, apiculture, élevage) et des enfants "sem-
blables à leurs pères".

Au contraire, ceux qui méritent la guerre connaissent avec elle
la peste et la famine, la mort et la défaite, et ils voient leur race s'é-
teindre.

Ces activités recoupent donc celles qu'évoque Homère. Il en va
de même dans le Bouclier [17], si ce n'est que les jeux, prenant une impor-
tance grandissante, entrent désormais dans le domaine de la paix.

On compte plusieurs oppositions de ce type dans la poésie lyri-
que et l'on remarque que le domaine de la paix se réduit singulièrement à
la notion de plaisir, qu'il semble exclure la vie quotidienne (travaux des
champs) et la vie politique (assemblées).

Stésichore demande à la Muse de laisser de côté les guerres et
de chanter "les noces des dieux, les banquets des hommes et les festins des
bienheureux" (33P. (210)=35B.;12D.).

De même, toute la poésie de Sappho semble répondre au choix
suivant : la puissance guerrière ou l'amour.

C'est le cas, notamment, dans ces vers (16LP.(Pap. Oxy. 1231,
fr. 1, col. 1)=25R.P.;27D.) :

"Les uns estiment que la plus belle chose qui soit sur la terre
sombre, c'est une troupe de cavaliers ou de fantassins ; les
autres une escadre de navires. Pour moi, la plus belle chose du
monde c'est pour chacun celle dont il est épris. (...) Ainsi, à
cette heure, nul n'évoque le souvenir d'Anactoria parce qu'elle

est absente. Anactoria, dont la démarche gracieuse, l'éclat
rayonnant du visage, me feraient plus de plaisir à voir que
tous les chariots des Lydiens et leurs guerriers chargeant à
pied dans leur armure..."

Dans les élégies de Xénophane, le banquet semble être aussi
une occupation pacifique, comme chez Homère et Hésiode. Et sans doute est-
ce en réaction contre les hétairies politiques qui chantaient de violents
chants de révolte, à l'occasion des banquets, que le poète écrit ces con-
seils (1D.,19sqq.=1B.;1W.) :

"Parmi les convives, il faut louer celui qui, ayant bu, sait
mettre en lumière les belles choses selon sa mémoire et son
aspiration à la vertu. Il ne faut pas passer le temps à par-
ler des Titans ou des Géants ou des Centaures, inventions des
siècles passés, ni des violentes guerres civiles : il n'y a
rien de bon dans tout cela, mais il faut toujours révérer les
dieux." (18)

Ces vers de Xénophane mettent en honneur une opposition entre
la guerre et la paix qui a beaucoup de succès. On la retrouve chez Ana-
créon : l'élégie 96D. (=94B.;2W.), sur un banquet, place d'un côté la
guerre, de l'autre l'art des Muses, les dons d'Aphrodite et le contente-
ment. C'est-à-dire, en d'autres termes, le chant, la poésie, la danse,
l'amour et, plus généralement, la fête.

Dans les vers 773 et suivants du recueil théognidéen, on op-
pose, de même, à la menace de la guerre, les joies d'une fête en l'honneur
des dieux :

"Puissant Phoebos, c'est toi qui as élevé les murs de notre ci-
tadelle, pour complaire à l'enfant de Pélops, Alcathoos : à
toi de détourner de cette ville la horde impudente des Mèdes,
pour que les peuples en liesse accompagnent vers toi, au re-
tour du printemps, d'insignes hécatombes, dans l'enchantement
d'une fête ou résonnera la cithare (τερπόμενοι κιθάρηι καὶ
ἐρατῆι θαλίηι), où l'on dansera le péan et poussera des cla-
meurs autour de ton autel." (19)

Avec la musique et la danse, le banquet est une des occupations favorites de la paix et nous en avons une bonne preuve dans les vers 825-830 de ce même recueil, où le poète s'écrie qu'on ne peut ni ne doit banqueter en temps de guerre et d'affliction, quand on voit son pays ravagé de tous côtés.

Selon Bacchylide (V, 1sqq.), l'art des Muses est une agréable trêve aux soucis d'un guerrier, et, pour Pindare (Pyth. I, 1sqq.), la lyre endort l'aigle de Zeus et adoucit Arès. Elle est le symbole même de la paix, avec le banquet qui peut, à lui seul, résumer l'ἡσυχία de la cité (Ném. IX, 48) :

ἡσυχία δὲ φιλεῖ μὲν συμπόσιον.

Reprenant tous ces thèmes dans son Péan (fr. 4Sn.) à la gloire de l'εἰρήνη , Bacchylide montre que les armes et les trompettes d'airain, délaissées, rouillent, tandis que la cité tout entière se livre aux plaisirs des chants, des jeux, de la richesse et du sommeil. L'opposition des thèmes est devenue une opposition de symboles.

Les oppositions sémantiques révèlent des nouveautés dans le langage politique, mais les oppositions thématiques montrent que l'abstraction et le symbolisme dominent par rapport à la réalité concrète. C'est ce que confirmera le chapitre suivant.

NOTES DU CHAPITRE I

(1) Nous verrons plus loin que l'ίρήνας ἐρατᾶς du Parthéneion d'Alcman
(v. 90-91) n'a aucun sens politique.

(2) Mais peut-être faut-il lire φυγαίχμαν avec Garrod et Lobel, cf. D.
Page, ad loc..

(3) Aux yeux de Pindare, πλοῦτος n'a de valeur que s'il est accompagné
de justice et d'ἀρετή (cf. Ol. XIII, 7 et Pyth. V, 1), de même Bacchy-
lide I, 160sqq. et XV, 53sqq.. Cf. Solon 1D., 71sqq.; 3D., 11sqq.

(4) Cf. D. Page ad loc.. "Simonidi uel Bacchylidi adscr. Meineke ; Si-
monidi carmen suum Wilam. ; Nauckianum Bowra C.Q. n.s. 8 (1958) 231sq.
Mihi dictio nequaquam Simonidea uidetur ; displicet inter alia epithe-
ton illud inauditum insulsum ῥοδόκολπον". Pour l'attribution à Sophocle
ou à Pindare, cf. Bergk ad loc..

(5) Cf. Hérodote, VIII, 3 : στάσις γὰρ ἔμφυλος πολέμου ὁμοφρονέοντος το-
σούτῳ κάκιόν ἐστι ὅσῳ πόλεμος εἰρήνης.

(6) Sappho and Alcaeus, p. 207, ad loc..

(7) Nous préférons traduire στάσιν par sédition plutôt que par discorde
(Puech).

(8) Cf. Pyth. IX, 22-23 : "elle assurait (Cyrène) une longue et tranquille
paix aux troupeaux de son père (ἡσύχιον... εἰρήναν)". Nem. I, 69-70 :
"puis, éternellement en paix (ἐν εἰρήνᾳ) il obtiendrait (Héraclès), pour
compenser ses durs labeurs, le privilège d'une félicité inaltérable (ἡσυ-
χίαν) dans la demeure des bienheureux..."

— 39 —

(9) Drachmann, *Scholia vetera in Pindari carmina*, BDEGQ 4 :

> ἔχοισα κλαῖδας · τῆς μὲν εἰρήνης κατὰ τὸ
> φυλακτικόν, ἐν ᾗ καὶ βουλαί εἰσιν · ἀπὸ δὲ
> πολέμων ἵνα διακλείῃ.

(10) T. 3, p. 193.

(11) Drachmann, BDEGQ 1b.

(12) Cf. πολέμιος substantivé au singulier ou au pluriel : Hérodote I, 87 ; I, 207 ; etc. ; Thucydide I, 26 ; I, 41 ; etc..

(13) Cf. J. de Romilly, "La haine et l'inimitié dans Homère", *in Essays in honor of G.F. Else*, p. 1-10.

(14) Cf. sans doute, encore, Sappho 5L.P.,6-7.

(15) Cf. encore *Il.* XIII, 635 et 730.

(16) On retrouve, dans la description du bouclier, les activités caractéristiques des trois fonctions sociales de l'idéologie indo-européenne. Cf. A. Yoshida, "La structure et l'illustration du bouclier d'Achille", *RBPH*, XLII, 1964, p. 5-15.

(17) Que le *Bouclier* soit d'Hésiode ou non, en tout ou en partie, peu importe ici, puisqu'il semble bien dater du début du VIe siècle ; cf. Paul Mazon, *Bouclier*, Belles Lettres, p. 124-125.

(18) Traduction d´ E. Bergougnan légèrement modifiée.

(19) Ces vers ne sont peut-être pas de Théognis. Selon J. Carrière ils évoqueraient les dangers de l'année 479.

CHAPITRE II

LES DESCRIPTIONS : RAISON ET SYMBOLISME

I. LA RAISON DANS LA PEINTURE DE LA GUERRE

On pourrait penser que des poètes, parlant d'eux-mêmes, donnent à
l'évocation de la guerre un caractère personnel, en y introduisant et leurs
passions et les détails les plus concrets : c'est le contraire qui se pro-
duit.

1/ L'héritage d'une description émotive

La joie homérique de se battre et de tuer éclate dans des vers
cruels où les héros s'insultent ou se raillent quand ils triomphent, ainsi
(Il. XX, 388sqq.) :

"(Iphition) tombe avec fracas ; le divin Achille triomphe : 'Te
voilà donc à terre, fils d'Otryntée, – l'homme entre tous terri-
ble ! Et tu péris ici, alors que tu es né au bord du lac Gygée,
dans le domaine de tes pères, près de l'Hylle poissonneux et de
l'Herme tourbillonnant.'
Ainsi parle-t-il triomphant, tandis que l'ombre couvre les
yeux d'Iphition et que les chars des Achéens le déchirent sous
les jantes de leurs roues, aux premiers rangs de la bataille."

Elle éclate aussi dans la terrible détermination d'Achille après
la mort de Patrocle (Il. XXI, 100sqq.), qui le mène, dans une rage toute
personnelle et dirigée contre le seul Hector, à traîner son cadavre dans
la poussière (XXII, 400sqq.), et à l'outrager, même mort [1].

On ne retrouve cette joie féroce du combat que chez trois poètes,
individualistes par goût et par nature : Archiloque, Alcée et Théognis.

Chez eux, comme chez Homère, la lutte, même contre un ennemi commun de toute la cité, prend vite l'allure d'une lutte contre un ennemi personnel. En outre, pour Alcée et Théognis, il s'agit d'une guerre civile, ce qui favorise la rage passionnelle. Dans ce cas, bien plus qu'ailleurs, il n'existe aucun droit de la guerre et tous les coups sont permis.

Cette passion de tuer se rapproche de celle que dépeint Homère, mais elle s'en distingue aussi sur un point très important : le poète parle en son nom propre. C'est lui-même qu'il met en scène, ses sentiments, ses réactions, face à la guerre : le "je" est de règle dans ces textes.

L'intérêt est double. Littérairement, la violence émotive des vers s'accroît, puisqu'il n'y a plus de distance véritable entre le poète et son héros, si ce n'est dans le passage de l'émotion à son expression. Historiquement, il s'agit d'un témoignage direct sur l'esprit guerrier d'une époque.

Archiloque a surtout de vrais ennemis personnels auxquels il voue une haine féroce : c'est le thème qui hantera toute la littérature grecque, faire du bien à ses amis, du mal à ses ennemis [2].

Mais pour le poète, la lutte devient un besoin impérieux aussi vital que de boire quand il a soif, et l'on peut croire qu'il y trouve le même type de satisfaction (69D.=121L.B.;68B.;125W.) :

"Le désir de me battre (μάχη) avec toi, j'en meurs de soif." [3]

Cette joie renaît quand il parle, non plus en simple particulier, mais en soldat.

A cet égard, le fragment 4D. (=14L.B.;7B.;6W.) est très intéressant, car la comparaison entre la mort et le présent d'hospitalité transforme, précisément, l'ennemi public en ennemi privé :

ξείνια δυσμενέσιν λυγρὰ χαριζόμενοι

"Présents d'hospitalité à nos ennemis : la mort en cadeau."

Le lien étroit entre l'ennemi privé et l'ennemi public atteint son apogée dans les épodes de Strasbourg. Peut-être sont-elles d'Hipponax, mais peu importe, car, de toute manière, on y voit, "du dedans", l'attitude d'un homme qui veut se battre et réduire son ennemi à l'état d'un véritable esclave. Là, le passage de l'ennemi public à l'ennemi privé se fait en sens inverse, puisque c'est l'inimicus qui subira le sort d'un hostis en devenant esclave.

Le fragment est caractéristique :

(Arch. fr. 79aD.=Hipp. 115-116W.;115 Masson)

"(Ballotté par les flots). Et puissent les Thraces à la haute che-
velure avoir la bonté de le faire prisonnier à Salmidessos - de
tout dépouillé. Là, il souffrira bien des maux à manger le pain
de la servitude, - transi de froid."

L'imprécation ne s'arrête pas sur ces mots, elle continue par cette
vision d'horreur :

"Et au sortir de la mer écumeuse, qu'il se débarrasse de toutes
les algues qui le couvrent, qu'il claque des dents de froid et
reste comme un chien, face contre terre, à l'extrême bord de la
vague.

Voilà ce que je lui voudrais voir souffrir à cet homme qui
m'a fait tort, qui a foulé aux pieds nos serments, - mon ami
d'autrefois."

Alcée présente, de même, des sentiments à l'état brut que la ré-
flexion n'est pas encore venue sublimer et transformer en raisonnements.

A la mort de Myrsilos, il laisse éclater sa joie dans les termes
les plus crus, et s'écrie (332L.P.=55R.P.;20B.;39D.) :

"Maintenant il nous faut l'ivresse ; il faut que chacun boive,
malgré lui, puisque Myrsile est bien mort !"

Pareillement, les imprécations, si mutilées qu'elles nous soient
parvenues, qu'il profère en exil contre Pittacus en suppliant les dieux de
l'aider, marquent bien la détermination d'un coeur qui ne veut pas céder :
(129L.P.=Diehl, Rhein. Mus. 1944, p. 1sqq., l. 13sqq.)

"Puisse leur déesse vengeresse poursuivre le fils d'Hyrrhas, car
autrefois nous avons fait le serment de ne jamais (trahir) aucun
de nos compagnons (μηδάμα μηδ' ἔνα), jurant ou de mourir et d'être
couchés sous la terre, vaincus par les hommes qui alors (étaient
au pouvoir), ou de les tuer et de délivrer le peuple de ses
maux." [4]

A ce stade, il semble presque que l'élan guerrier s'identifie à
l'élan vital, la lutte aux raisons de vivre, et que l'homme n'existe qu'au-
tant qu'il affirme sa passion de la guerre.

Comme les héros homériques, Alcée aime insulter ses ennemis, et
Diogène Laërce rapporte tous les noms dont il affuble Pittacus (Diog. Laer.
1, 81=429L.P.;37bB.;190R.P.) :

> "Cet homme, Alcée l'appelle sarapous et sarapos parce qu'il avait
> le pied plat et traînait les deux pieds, chiropodes parce qu'il
> avait aux pieds des crevasses que l'on appelait chirades, gaurex
> parce qu'il faisait le fier sans raison, physcôn et gastrôn parce
> qu'il était gros, et encore zophordopidas, comme sans lampe, et
> agasyrte, comme négligé et malpropre."

On ne peut que penser aux invectives d'Archiloque et, à ces épi-
thètes, il faut encore ajouter l'adjectif κακόπατρις qui revient quatre
fois, rien que dans les passages qui nous sont parvenus.

Il reste un curieux commentaire (306L.P., fr. 9= Pap. Oxy. 2307)
à des exhortations d'Alcée contre Pittacus. Comme dans tout commentaire de
ce genre, il est bien difficile de retrouver la trace des paroles mêmes du
poète, et D. Page, fort sagement, se contente de noter [5] : "The para-
phrase suggests a text in which Alcaeus summoned his party to take advan-
tage of a suitable occasion for attacking Pittacus."

Voici, néanmoins, quelques lignes de ce commentaire (1. 3sqq.) :

> "Maintenant ils doivent profiter de la chance qui est de leur cô-
> té pour s'élancer contre Pittacus et lui sauter sur le dos, et
> mettre ainsi fin à l'horrible violence du tyran."

C'est la rage de se battre qui est évoquée dans ces lignes, et
l'on remarquera que le but - renverser le tyran - passe après la joie de
l'attaquer, le désir d'en venir au corps à corps, le plaisir immédiat
d'une lutte qui rappelle celle de deux bêtes sauvages, où l'une tue l'au-
tre en lui brisant la nuque [6].

Tout compte fait, il ne serait guère étonnant que l'image ἐνορ-
μῆσαι τοῖς τοῦ Φιττάκου νώτοις (1. 6-7) fût directement empruntée à un
vers du poète. Quoi qu'il en soit, on ne saurait mieux rendre que cet an-
cien commentatateur ce qu'est la guerre civile pour Alcée : une lutte animale,

une passion indéracinable qui fait une peinture de la bataille où l'émotion
est moins un effet de l'art que la présence même de l'auteur au coeur de
son oeuvre.

Avec Théognis, la guerre civile n'évolue pas autant dans le do-
maine de l'émotion immédiate et de la passion que chez Alcée. Toutefois, le
poète retrouve la vieille attitude primitive - boire le sang de celui qu'on
a vaincu - [7] et il s'écrie (v. 341-350) :

"Du moins exauce, ô Zeus, roi de l'Olympe, une prière capitale et
accorde-moi en compensation de mes maux quelque bien. Plutôt mou-
rir que de n'entrevoir nulle trêve à mes peines et de ne faire
payer mes chagrins d'aucun chagrin. Car enfin, tel est mon sort ;
je ne vois point venir le châtiment de ceux qui m'ont dépossédé ;
pauvre chien que je suis, les eaux tumultueuses m'ont délesté de
tout dans la traversée du torrent. Puissé-je boire le sang noir
de ces gens ! Puisse sur moi veiller un bon génie, qui m'exauce
selon mes voeux."

Mais cette impulsion meurtrière qui pousse deux hommes l'un
contre l'autre est rare dans la poésie nouvelle.

Dès le VIIe siècle, en effet, la guerre est présentée comme une
véritable institution qui rompt de plus en plus avec la joie du corps à
corps primitif où s'exprime l'agressivité de l'homme. Elle n'apparaît plus
comme une vengeance, mais comme un acte officiel où le plaisir de tuer
s'efface devant la nécessité de tuer. La passion disparaît de la peinture
de la guerre qui est un acte voulu par toute la cité ; elle n'existe ni
chez Callinos, ni chez Tyrtée, poètes du πόλεμος, non plus que, par la
suite, chez Simonide ou chez Pindare, et, dans le domaine de la guerre ci-
vile, Solon l'ignore qui n'est pas un homme de parti. Seuls les poètes in-
dividualistes en proposent encore quelques exemples.

Au moment où l'opposition sémantique entre οἱ φίλοι et οἱ ἐχθροί
acquiert toute sa force, la violence des sentiments dépeints par Homère
semble quitter, dans la poésie que nous étudions du moins, la peinture de
la guerre, pour se reporter sur celle des rapports privés que peuvent en-
tretenir les individus.

2/ De l'horreur à l'impassibilité

Homère n'hésite pas à présenter la guerre comme le lieu par excellence de la souffrance que chacun des guerriers connaît, reconnaît et craint. Ce qui permet à ces hommes d'exceller est aussi ce qui les fait le plus souffrir : le sentiment qu'il est normal de se battre et la joie de tuer l'ennemi disparaissent souvent devant la connaissance des maux qu'engendre la guerre.

C'est ainsi que Nestor répond à Ulysse (<u>Od</u>. III, 103-113) :

"Ami, tu as évoqué les peines (ὀϊζύς) que nous avons souffertes
en ce pays, nous fils d'Achéens à l'indomptable courage, toutes
nos courses avec nos vaisseaux sur la mer brumeuse pour des raz-
zias de butin, quand l'ordonnait Achille, tous nos combats autour
de la grande ville du roi Priam, où périrent les meilleurs d'en-
tre nous, où gisent Ajax, second Arès, et Achille et Patrocle,
semblable à un dieu pour le conseil ; et mon cher fils, à la fois
si fort et parfaitement beau, Antiloque, excellent à la course et
au combat. Et que d'autres maux nous avons soufferts !"

De même, quand Ulysse retrouve Pénélope, il présente ses combats comme des malheurs qu'il a subis ou imposés aux autres (<u>Od</u>. XXIII, 306sqq.), non pas comme la guerre "fraîche et joyeuse".

Ainsi cette civilisation, qui est celle de l'idéal guerrier poussé à l'extrême, est aussi celle qui présente des soldats - et non des moindres - n'ayant pas peur d'affirmer leur dégoût de la lutte et leur effroi devant les horreurs de la guerre. C'est le cas avec Ménélas, par exemple, qui déplore la curieuse psychologie des hommes (<u>Il</u>. XIII, 636sqq.), c'est surtout le cas avec Achille, quand Patrocle meurt.

Chez Homère, le guerrier choisit de se battre, mais ce choix lui apparaît souvent comme déchirant, et cela d'autant plus qu'il n'oublie pas tout le réseau de liens personnels dans lequel il est pris, sa femme, ses enfants, ses parents, qui souffrent de le voir partir au combat.

Avant d'armer son guerrier, avant d'en faire une incarnation d'Arès, inhumaine et violente, Homère insiste sur son humanité : il en coûte à Hector de quitter Andromaque (<u>Il</u>. VI, 429sqq.), et le départ se fait sur un rire baigné de larmes - δακρυόεν γελάσασα - car, derrière les guerriers, il y a tous ceux qui se consument dans l'attente, jusqu'à en mourir de chagrin, comme la mère d'Ulysse (Od. XI, 197sqq.).

On sent, dans toute l'oeuvre d'Homère, une grande pitié pour les morts, même les moins célèbres, même ceux qui n'entrent en scène que pour en disparaître et que le poète n'oublie pas de saluer d'une phrase de compassion [8].

Il en va assez différemment chez les autres poètes. La crainte qu'ils éprouvent de la guerre n'a rien à voir avec l'effroi et le dégoût dont parle Homère et toutes les réactions viscérales qu'il dépeint. Elle reste du domaine de la raison et, par là même, très abstraite.

Dans le fragment 3D. (=4B.;4W.), Solon craint que la στάσις ne s'installe à Athènes, mais la crainte qu'il présente est une crainte intellectuelle qui analyse les causes. C'est une crainte qui cherche les tenants et les aboutissants, une crainte qui raisonne et où ne passe aucune émotion, ni qui n'en suscite aucune, chez l'auditeur ou le lecteur. Elle est trop générale et intellectuelle pour émouvoir.

Il en va de même chez Pindare. Il a beau écrire dans le fragment 110Sn. (=hyp. 3 Puech) :

"La guerre est douce pour ceux qui ne l'ont pas éprouvée ; mais,
si l'on en a fait l'expérience, on tremble (ταρβεῖ) étrangement
en son coeur, quand on la voit approcher",

ce τάρβος des hommes à l'approche de la guerre n'est jamais développé dans son oeuvre. Tout au plus écrit-il, au lendemain des guerres médiques (Isth. VIII, 6) :

"Délivrés d'une grande angoisse (ἐκ μεγάλων δὲ πενθέων λυθέντες...",

et, un peu plus loin (v. 11) :

"Ma crainte (δεῖμα),en s'évanouissant, m'a ôté un cruel souci
(καρτερὰν ... μέριμναν)".

En fait, comme Solon, c'est une vision de moraliste que Pindare propose de la guerre.

Tout le tissu des liens personnels et émotifs qui font de la mort d'un guerrier, chez Homère, la mort d'un être irremplaçable, disparaît de la poésie.

Les poètes affirment bien qu'on pleure les guerriers morts,
ainsi Callinos (1D.,17=1B.;1W.) :

"S'il lui arrive quelque malheur, le petit peuple et les grands
le pleurent (στενάχει)" [9],

ou encore Simonide (93D.=93B.) :

"Ces guerriers morts pour la Grèce en luttant contre les Mèdes,
Oponte les pleure (ποθεῖ), la capitale des Locriens aux droi-
tes lois."

Mais si l'on dit qu'on pleure, on ne dit pas comment l'on
pleure et pourquoi ; on refuse la description et, partant, l'émotion.

Avec Callinos, on se bat bien pour sa terre, pour sa femme,
pour ses enfants, mais cela n'entraîne aucune évocation véritable des
espoirs et des angoisses du combat. Le poète se contente de dire (1D.,
6-8) :

"Il est glorieux et beau, pour le guerrier, de lutter contre
l'agresseur, pour sa patrie, pour ses enfants et pour la femme
qu'il a épousée."

De même, dans les élégies de Tyrtée, si le soldat craint d'être
condamné, vaincu, à errer, sa crainte reste abstraite, pour l'auditoire
du moins. On ne voit pas les réactions véritables des hommes, le poète
ne donne que la trame des choses, non leur complexité vivante, quand il
écrit (6D.,3sqq.=10B.;10W.) :

"Mais quitter sa ville et ses campagnes fécondes pour aller er-
rer, en mendiant, avec sa mère vénérée et son vieux père, avec
ses enfants en bas âge et la femme qu'on a épousée, c'est le
plus pénible de tous les maux."

Dans l'Iliade, au contraire, les malheurs qui attendent la fa-
mille d'Hector, s'il est défait au combat, ont une présence beaucoup plus
obsédante. Pourtant, l'idée d'aller, en mendiant, de ville en ville, est
impensable pour le héros dont le seul avenir est la mort ou la victoire.
Mais le sort de sa femme, de son fils, de toute sa maisonnée, voués à
l'exil et à l'esclavage, ne laisse pas de l'inquiéter, et donne nais-
sance à une évocation "théâtrale" qui précise longuement la vie que pour-
ra connaître Andromaque. Ainsi dans ces vers (VI, 454sqq.) :

"... quelque Achéen à cotte de bronze t'emmènera, pleurante,
t'enlevant le jour de la liberté. Peut-être alors, en Argos,
tisseras-tu la toile pour une autre ; peut-être porteras-tu
l'eau de la source Messéis ou de l'Hypérée, subissant mille
contraintes, parce qu'un destin brutal pèsera sur toi. Et un
jour on dira, en te voyant pleurer : 'C'est la femme d'Hector,
Hector, le premier au combat parmi les Troyens dompteurs de
cavales, quand on se battait autour d'Ilion'. Voilà ce qu'on
dira, et, pour toi, ce sera une douleur nouvelle, d'avoir
perdu l'homme entre tous capable d'éloigner de toi le jour
de l'esclavage."

On peut dire qu'au VIIe siècle, ce sort risque désormais d'être
celui de tous les citoyens. Le guerrier de Tyrtée est tributaire de la
victoire ou de la défaite de la cité. La guerre est devenue une entre-
prise collective ; ce sont les armées de la cité qui sont vaincues non
plus tel ou tel guerrier en particulier. Ainsi les maux de la guerre peu-
vent maintenant se doubler pour les soldats, comme pour les femmes et les
enfants, des malheurs de la défaite.

Mais il s'agit dans le poème de Tyrtée d'une exhortation au
combat et l'évocation de ces malheurs reste très discrète. La générali-
sation abstraite suit rapidement le maigre tableau qui vient d'être fait,
comme si le poète voulait, à toute force, passer du particulier au géné-
ral et laisser l'auditoire sur une maxime bien frappée (10W.,9-10) :

"Il déshonore sa lignée, il souille sa beauté ; partout le mé-
pris et la misère l'accompagnent."

Et l'élégie se termine par ces vers :

"Si donc, pour un pareil vagabond, il n'est plus d'estime, ni
de respect, ni, dans l'avenir, de descendance, combattons avec
courage pour notre pays et mourons pour nos enfants, sans mé-
nager notre vie."

Tout tend donc ici à faire passer la raison avant l'émotion.
La poésie, qui plus est, ne fait presque jamais état de cette
contradiction qui anime les guerriers homériques, se battre tout en
n'ayant pas envie de se battre, contradiction qui, elle aussi, inscrit
la guerre dans le domaine de l'émotion.

Cette absence d'émotion n'est pas un trait qui tienne uniquement au genre des oeuvres. Même l'épigramme, qui recherche le plus possible la concision, peut, dès le VIe siècle, se faire émotive, quand il ne s'agit pas de la guerre. Le poète tend alors à donner les circonstances de la mort, avant le mariage, par maladie, dans un naufrage, etc., tous thèmes qui seront exploités abondamment par le théâtre [10]. Quant à l'ode, elle n'est pas vouée par nature à la concision et à la sécheresse. Bacchylide met en scène Thésée, Pindare fait revivre de longs mythes, Alcman écrit un Parthéneion qui contient peut-être des dialogues, qui, du moins, insère dans le récit pur de véritables exclamations, Simonide, enfin, recrée les plaintes de Danaé, dans l'un des morceaux les plus "tragiques", de facture, de la poésie lyrique. Ils auraient donc pu, tout aussi bien, faire sentir une vraie présence des hommes et des malheurs de la guerre, derrière les expressions stéréotypées qu'ils utilisent. Il n'en est rien, et cela semble bien un choix délibéré.

Sans doute est-ce l'aspect par lequel la poésie nouvelle rompt le plus avec Homère, en ce qui concerne la guerre. Au lieu de peindre, elle explique, raisonne ou procède par allusions, notamment grâce aux épithètes : chez Homère, en effet, les épithètes naissent de la peinture de la guerre et y renvoient, chez les lyriques - nous y reviendrons - elles la remplacent.

Quand elle existe, la plainte personnelle du poète sur les malheurs de la guerre reste très modeste et modérée. L'horreur de la guerre est comme une confidence échappée par mégarde.

C'est encore chez Alcée et Théognis qu'elle se développe le plus librement : ils affirment leur désespoir de ne plus participer, à cause de la guerre civile, à la vie politique de leur pays.

Ainsi Alcée, dans ce fragment de papyrus (Pap. Oxy. 2165, fr. 1, col. II, 1. 9sqq.=130L.P.,16sqq.) :

"ah, malheureux que je suis ! Je vis une vie de campagnard, alors que je voudrais entendre, ô fils d'Agésilas, convoquer l'Assemblée et le Conseil",

ou encore dans cet autre où il exprime la solitude de son exil plus ou moins volontaire (Pap. Oxy. 2295, fr. 9, 1. 3sqq.=148L.P.) :

" mais maintenant, pour mon malheur... j'erre,... seul...",

et dans ce vers, sensiblement identique (349^{A}L.P.=128R.P.;81B.;131D.) :

"Je souffre terriblement car ni les amis..."

Cette même plainte se retrouve, en de rares endroits, chez Théo-
gnis, comme dans ces vers (819-820) :

"Nous voici tombés dans un malheur abominable ; puisse la mort
qui nous attend, Cyrnos, choisir cette occasion pour nous pren-
dre tous deux ensemble." [11]

Mais ailleurs, la pitié qui anime les poètes pour les mortels en-
gagés dans la guerre n'a qu'un lointain rapport avec la grande pitié d'Ho-
mère. Elle est réduite à n'être exprimée que par un verbe, un contraste,
une interrogation.

C'est Archiloque qui dit (19D.=20B.;20W.) :

"Je pleure (κλαίω) les malheurs des Thasiens...",

c'est Anacréon qui écrit (74P.(419)=114B.;90D.) :

"De tous mes vaillants compagnons, Aristocleidès, c'est toi qui
me fais le plus pitié (οἰκτίρω)...",

c'est encore Simonide (84D.=113B.) :

"Quand je vois la tombe de Mégaclès, je te prends en pitié
(οἰκτείρω), malheureux Callias, pour avoir tant souffert."

De son côté, Alcée raconte (42L.P.=Pap. Oxy. 1233, fr. 2 II,
1-16=74D.;82R.P.) la vertueuse conduite de "l'élégante vierge que, pour un
mariage digne d'envie, le fils d'Eaque, en y conviant tous les bienheureux,
conduisit du palais de Nérée à la demeure de Chiron". Puis il lui oppose
celle d'Hélène, cause de tous les malheurs pour les Troyens, et conclut :

οἱ δ'ἀπώλοντ' ἀμφ' Ε[λέναι
καὶ πόλις αὔτων. [12]

Certes, l'on peut dire que c'est l'emploi même de la parataxe et
du contraste longuement préparé, qui traduit sa pitié pour eux et sa haine
pour Hélène, mais on voit combien on est loin de la pitié d'Homère qui ne
se contentait pas de parler à demi-mots.

De même, la pitié d'Archiloque pour les malheureux soldats en
déroute peut se lire dans cette question posée au dieu (62D.=80L.B.;60B.;
88W.) :

"O Défenseur, comment va-t-elle donc se reformer, l'armée désem-
parée (ἄνολβος) ?",

mais l'on conviendra qu'à soi seul l'adjectif ἄνολβος est bien faible, en
regard des épithètes d'Homère, toujours soutenues par une description qui
leur donne leur véritable sens.

Quant à la pitié de Pindare, elle ne concerne, presque exclusive-
ment, que Thèbes, et n'est, à son tour, exprimée que pour être aussitôt
étouffée (VIIe Isth., 34sqq.) :

"... Tu as exhalé ton âme en son printemps, au premier rang de
la mêlée, là où les plus vaillants soutenaient l'effort du com-
bat, en un suprême espoir. La douleur que j'ai ressentie ne se
peut dire..."

Paradoxalement, cette poésie, dans laquelle l'individu se décou-
vre et s'analyse pour la première fois, n'évoque pas la guerre d'une ma-
nière émotive, et ne s'attarde, en ce domaine, ni aux émotions ni aux pas-
sions de chacun : l'art est à la sobriété, à la brièveté.

3/ D'un réalisme à l'autre

Avec Homère, le réalisme dans la description de la guerre justi-
fie les émotions, en évoquant pour les auditeurs ce que voient ou entendent
les guerriers sur le champ de bataille.

Dans l'Iliade, la guerre c'est l'éclat des armes (IV, 431sq.) :

"Sur tous étincellent les armes scintillantes (τεύχεα ποικίλ'
ἔλαμπε) qu'ils ont revêtues pour entrer en ligne",

et leur fracas (ibid. v. 446-448) :

"Bientôt ils se rencontrent et les voilà aux prises, heurtant
leurs boucliers, leurs piques, leurs fureurs de guerriers à
l'armure de bronze...",

c'est l'enchevêtrement des mouvements et la mêlée, des forces qui accourent
de toutes parts et se heurtent (VI, 1sqq.) [13] :

"L'atroce mêlée entre les Troyens et les Achéens est donc lais-
sée à elle-même ; et la bataille alors de pousser des pointes en
tout sens, par-ci, par-là, dans la plaine, tous, les uns contre
les autres, pointant leurs piques de bronze..."

La guerre, c'est aussi le monde de la sueur et du sang (V,
793sqq.) :

"Cependant Athéné, la déesse aux yeux pers, se lance à la recher-
che du fils de Tydée. Et elle trouve le héros près de son char
et de son attelage, éventant la blessure que lui a infligée la
flèche de Pandare. La sueur l'épuise sous le large baudrier qui
soutient son écu rond : ainsi épuisé, il sent son bras las ; il
soulève le baudrier pour essuyer son sang noir." (14)

Et le réalisme d'Homère va très loin dans la description des bles-
sures (V, 290sqq.) :

"Il dit et lance son trait : Athéné le dirige vers le nez, à cô-
té de l'oeil. Il passe les dents blanches : le bronze impitoya-
ble tranche la base de la langue, et la pointe en ressort au plus
bas du menton." (15)

Enfin, la guerre, c'est l'horreur des chairs qui se décomposent
et des corps morts devenus la proie des poissons, des oiseaux, des chiens.
Les héros se menacent souvent de ce triste sort, ainsi Achille disant à
Hector (XXII, 346sqq.) :

"Aussi vrai que je voudrais voir ma colère et mon coeur m'induire
à couper ton corps pour le dévorer tout cru, après ce que tu m'as
fait, nul n'écartera les chiens de ta tête." (16)

Parfois Homère semble reculer devant cette image et cherche à en
éloigner la brutalité obsédante. Il en parle, alors, comme d'un terrible
futur, sans le dépeindre vraiment (cf. II, 392-393), ou la crainte ne se
réalise pas, et l'image n'apparaît que pour être niée (XXIV, 413). Mais
l'on relève aussi des traits d'un humour pour le moins macabre destiné,
peut-être, à exorciser l'horreur (XI, 161-162) :

$$(\ldots) \quad \text{οἱ δ' ἐπὶ γαίῃ}$$
$$\text{κείατο, γύπεσσιν πολὺ φίλτεροι ἢ ἀλόχοισιν.}$$

Quant au réalisme qui décrit la vie quotidienne du camp, les re-
pas, les assemblées, la fraternité d'armes, il fait de la guerre le lieu
où se mêlent la vie et la mort dans un contraste frappant qui prépare
l'émotion et l'explique.

Ainsi cette scène de banquet, prise parmi d'autres, ne néglige
aucun détail (Il. I, 467sqq.) :

"L'ouvrage terminé, le banquet apprêté, on festoie, et les coeurs
n'ont pas à se plaindre d'un repas où tous ont leur part. Lors
donc qu'on a chassé la soif et l'appétit, les jeunes gens remplis-
sent jusqu'au bord les cratères, puis, à chacun, dans sa coupe,
ils versent de quoi faire libation aux dieux. (...) Le soleil
plonge et l'ombre vient. On s'étend le long des amarres. (...)"

Par le biais de ce réalisme là, les guerriers ne sont pas seule-
ment des forces anonymes de destruction , ce sont aussi des personnages
réels, vivants, bien individualisés, comme Thersite (II, 212), que l'on ima-
gine d'autant mieux en paix que les activités auxquelles ils s'adonnent ici
sont, par nature, des activités qui ressortissent au domaine de la paix.

A l'époque suivante, le réalisme dans la peinture de la guerre ne
se trouve que chez les poètes les plus proches d'Homère, soit dans le temps,
comme Tyrtée et Archiloque, soit par goût de l'idéal individuel du héros,
seul contre tous, comme Alcée. Ailleurs, il disparaît complètement, et chez
ces poètes même il est, en quelque sorte, sélectif.

Seul Tyrtée offre, à certains égards, une véritable imitation
d'Homère. Pour lui, en effet, la guerre c'est encore le fracas des armes et
le sang répandu (1D.,57sqq.=Pap. Berol. 11675 fr. A col. II=19W.,v.14sqq.) :

"Terrible sera le fracas (κτύπος) des deux armées opposées quand,
les boucliers arrondis heurtant les boucliers, ils retentiront
en tombant les uns sur les autres. Les cuirasses autour de la poi-
trine des guerriers laisseront, à travers leurs déchirures, se ré-
pandre à flots le sang rouge et, sous le choc des grosses pierres,
les casques d'acier sonneront clair (καναχὴν ἕξουσι)."

C'est aussi la vision d'horreur, empruntée directement à Homère
(Il. XXII, 71sqq.), du guerrier âgé blessé au bas ventre (6-7D.,21sqq.=
10B.;10W.) :

"Car il est laid (αἰσχρόν) de voir tomber au premier rang et
rester étendu, en avant des jeunes, un guerrier plus âgé dont
la tête est déjà blanche et la barbe grise, de le voir exhaler
son âme vaillante dans la poussière, en tenant dans ses mains
ses entrailles sanglantes [17] ; oui c'est un spectacle laid
(αἰσχρὰ τά γε) et odieux (νεμεσητόν), comme aussi de voir
son corps dépouillé..." [18]

Plus simple, mais non moins frappante, est l'image de la lance
qui traverse, de part en part, le dos du lâche (8D.,19-20=11B.;11W.) :

"C'est chose laide (αἰσχρός) qu'un cadavre étendu dans la pous-
sière, frappé dans le dos par la pointe d'une lance."

Après Tyrtée, le tableau d'horreur cesse d'appartenir à la des-
cription du combat. Autant que nous puissions juger d'après le peu de
fragments qui nous restent, il disparaît totalement de l'oeuvre d'Archilo-
que et de celle d'Alcée. Chez les autres poètes, répétons-le, il n'y a pas
de description réaliste, sans doute parce que l'on s'attache plus à expri-
mer la signification des actes guerriers qu'à les dépeindre.

Chez Tyrtée déjà, comme chez Homère, l'évocation se double d'un
jugement à la fois "esthétique" et moral.

Ainsi tout sied à la jeunesse (Homère, Il. XXII, 71 : Νέῳ δέ τε
πάντ᾽ ἐπέοικεν, Tyrtée, 6-7D.,27 : νέοισι δὲ πάντ᾽ ἐπέοικεν), tout est
beau, même dans la mort (Homère, XXII, 73 : πάντα δὲ καλὰ θανόντι περ,
Tyrtée, v. 30 : καλὸς δ᾽ ἐν προμάχοισι πεσών), mais le spectacle du vieil-
lard blessé est à la fois αἰσχρόν (Tyrtée) et οἴκτιστον (Homère, XXII, 76)
ou νεμεσητόν (Tyrtée).

Seul le jugement, en bien ou en mal, subsiste par la suite, au
détriment de la description.

De la peinture homérique, il ne reste, chez Alcée, que l'éclat
des armes et la mention des différentes parties du harnachement guerrier.
Encore s'agit-il, ici, d'armes au repos (357L.P.=15B.;54D.;137R.P.). Elles
sont prêtes à servir, certes, mais on ne les voit pas dans la mêlée ni
dans l'action :

"La grande demeure resplendit (μαρμαίρει) d'airain. Arès a décoré
toute la toiture des casques brillants (λάμπραισιν κυνίαισι) d'où
pendent de blancs panaches (λευκοί ... λόφοι) en crinière de che-
val, parure des têtes de guerriers. Suspendus tout autour, sur
les chevilles qu'elles cachent, voici les brillantes cnémides,
rempart contre le trait pénétrant ; voici les corselets de lin
neuf, et les creux boucliers empilés ; auprès d'eux les glaives
de fer de Chalcis, et les cottes et les casaques de guerre ; tou-
tes choses qu'on ne peut oublier dès que vient l'heure de la
grande tâche."

De cette même peinture homérique, Archiloque ne retient que la
vie quotidienne du soldat : les trêves à la guerre que sont les repas et
les beuveries (5aD.=12L.B.,6sqq.;4B.;4W.) :

"Allons, passe avec la coupe entre les bancs du vaisseau rapide.
Des jarres profondes tire-nous de quoi boire. Prends le vin
rouge sans remuer la lie. Car rester sobres à ce poste-là, non,
nous ne le pourrons pas."

Il ne s'agit pas, ici, de faire des libations aux dieux, on n'a-
paise pas le désir de "boire et de manger", on ne délibère pas, on s'eni-
vre un peu pour supporter une longue veille en mer. Plus que réalisme, il
y a, là, recherche du pittoresque et du scandale.

Dès Tyrtée, le goût du raisonnement et de l'abstraction vient
donner un ton particulier au réalisme. Quand il évoque la manière dont la
guerre met directement en jeu la vie des guerriers, ce qui l'intéresse,
c'est moins de dépeindre les hommes en temps de guerre que d'élaborer des
règles de conduite qui répondront le mieux possible à la situation envi-
sagée.

Si Homère présente toujours un être vivant à travers ses actes,
ses successeurs, eux, mettent plus l'accent sur les actes eux-mêmes, con-
sidérés de façon anonyme et générale, que sur l'individu qui les accomplit.

Comme le montre Tyrtée, il s'agit de former un front uni contre
l'ennemi, d'être bien campé sur ses pieds et de tenir ferme (6-7D.,15sqq.=
10B.;10W.) :

"Allons, jeunes gens, combattez, tenez ferme, les uns près des autres et ne donnez pas l'exemple de la fuite honteuse ni de la panique (...) Quant aux aînés qui n'ont plus les genoux agiles, n'allez pas les abandonner pour fuir, eux les anciens..."

La résolution de vaincre ou de mourir est exprimée par l'image du guerrier qui se mord la lèvre inférieure (ibid. v. 31-32) :

ἀλλά τις εὖ διαβὰς μενέτω ποσὶν ἀμφοτέροισιν
    στηριχθεὶς ἐπὶ γῆς, χεῖλος ὀδοῦσι δακών,

mais, si, à travers la description, on voit l'homme, cet homme n'est pas individualisé. Il y a généralisation et, malgré la précision de la peinture, abstraction (τις) : le poète présente le guerrier, non tel guerrier.

Il en va de même, paradoxalement, chez le poète le plus individualiste peut-être, Archiloque, qui, refusant l'élégance aristocratique, voudrait que l'originalité de l'individu s'efface devant la fonction qu'il a à remplir, et que son physique ne soit pas seulement adapté à la tâche qui lui est confiée, mais l'incarne aussi, sans doute possible (60D.= 93L.B.;58B.;114W.) :

"Je n'aime pas un général à la taille élancée, à la démarche élastique, vain de ses cheveux frisés et rasé sous le nez. Il me faut un homme trapu, je le veux avec des mollets un peu arqués et campé solidement sur ses jambes, le coeur solide." [19]

Quand Tyrtée, encore, évoque le compagnonnage guerrier, ce ne sont pas les sentiments humains qui l'intéressent mais l'efficacité de la technique militaire (9D.,15-19=12B.;12W.) :

"C'est un bien commun pour la cité et pour le peuple entier qu'un guerrier qui, bien campé, tient bon au premier rang, avec acharnement (ὅστις ἀνὴρ διαβὰς ἐν προμάχοισι μένηι/νωλεμέως) et ne connaît jamais la fuite honteuse, qui expose sa vie et son coeur vaillant et encourage par ses paroles le guerrier placé à ses côtés (θαρσύνηι δ' ἔπεσιν τὸν πλησίον ἄνδρα παρεστώς)."

Le réalisme de la description n'est donc pas centré sur l'individu mais sur l'action d'ensemble. C'est, du reste, ce que confirment ces conseils de Tyrtée pour le combat lourd et le combat léger (8D.,21sqq.= 11B.;11W.) :

"Mais que chacun, bien campé, tienne ferme, les deux pieds rivés
au sol, mordant sa lèvre de ses dents, les cuisses et les jambes,
au bas du corps, ainsi que la poitrine et les épaules, bien cou-
vertes par le ventre du large bouclier ; que de sa main droite,
il brandisse une forte lance et que s'agite, sur sa tête, la ter-
rible aigrette ; en s'exerçant à de rudes travaux, qu'il apprenne
à combattre et qu'il ne se tienne pas hors de la portée des traits
puisqu'il a un bouclier, mais qu'il s'approche et frappe de près
avec sa longue lance ou son épée, de façon à blesser et capturer
le guerrier ennemi.

Pied contre pied, le bouclier appuyé contre le bouclier,
l'aigrette contre l'aigrette et le casque contre le casque, la
poitrine pressant la poitrine, qu'il lutte contre le guerrier,
tenant dans ses mains la poignée de l'épée ou la longue lance.

Quant à vous, soldats armés à la légère, blottis ici ou là,
derrière les boucliers, frappez avec de lourdes pierres, pointez
vos javelots polis, vous tenant aux côtés des guerriers pesam-
ment armés." [20]

Bien sûr, la nature du réalisme tient, pour beaucoup, au genre
pratiqué, celui de l'exhortation au combat, où la description se doit
d'être au service du raisonnement. Mais ce n'est pas là un accident, et le
choix même du genre engage l'avenir du réalisme, dans toute la poésie guer-
rière de l'époque lyrique. Quand la révolution de la technique guerrière
sera achevée, le réalisme descriptif n'aura pas plus de place dans l'évo-
cation de la guerre que l'émotion ou la passion qu'il justifie, car les
poètes n'éprouvent pas le besoin de parler de la guerre comme d'une expé-
rience bouleversante, d'en faire voir les horreurs et les servitudes, d'en
faire comprendre les joies et les dégoûts.

Dans toute la poésie, à la fin du Ve siècle, trois passages seu-
lement peuvent évoquer la guerre d'une manière quelque peu émotive.

Le premier de ces textes est le fragment 189Sn. de Pindare
(= 67 Puech), que l'on connaît par une scholie au vers 306 des Guêpes
d'Aristophane :

πανδείματοι μὲν ὑπὲρ πόντιον Ἑλλας πόρον ἱρόν .

Il doit s'agir des Perses traversant l'Hellespont. Mais, si la
magistrale peinture d'Eschyle s'impose à l'imagination, rien ne dit que,
dans ce vers, qui présente le danger de tout fragment trop court - celui
de donner à rêver -, Pindare ait développé d'une manière vraiment émotive
l'épithète πανδεύματοι.

Le deuxième passage se trouve dans l'épinicie III de Bacchylide
qui raconte, à sa manière, différente de celle d'Hérodote, l'aventure de
Crésus sur son bûcher.

Pour évoquer la prise de Sardes, Bacchylide parle du rapt des
femmes, du fracas des grandes catastrophes, peut-être des fleuves de sang
souillant la cité (v. 40sqq.) :

> ἔρρουσ]ιν ᾿Αλυά[τ]τα δόμοι
> (...)
> ἐρεύθεται αἵματι χρυσο]δίνας
> Πακτωλός, ἀ[ε]ικελίως γυνα[ῖ]κες
> ἐξ ἐϋκτίτων μεγάρων ἄγονται.

Mais il faut bien noter que c'est toute l'épinicie qui est trai-
tée dramatiquement, non pas uniquement le thème de la guerre.

Le dernier passage, enfin, est une épigramme de "Simonide"
(103D.=142B.), antérieure, sans doute à 450. L'image dernière de l'Asie,
personnifiée, gémissant sur son sort, est neuve et des plus dignes d'Es-
chyle :

> (.....) μέγα δ᾿ἔστενεν ᾿Ασὶς ὑπ᾿ αὐτῶν
> πληγεῖσ᾿ ἀμφοτέραις χερσὶ κράτει πολέμου. (21)

A bien regarder ces trois textes et les précédents, notamment
ceux de Tyrtée qui imitent Homère, on s'aperçoit que la poésie lyrique,
l'épigramme, l'élégie ou l'iambe, ne possèdent pas de moyens propres
pour développer une peinture émotive de la guerre. Elles n'utilisent ceux
de l'épopée ou de la tragédie que très rarement, uniquement quand leur
présence est envahissante, c'est-à-dire, aux débuts de la poésie nouvelle,
pour l'imitation de l'épopée, à sa fin, pour celle de la tragédie.

La guerre est, avant tout, présentée par ces poètes comme
l'acte à l'état pur, qui appelle exhortation, conseils, réflexions, blâ-
mes et louanges, mais qui tend, de plus en plus, à ne susciter ni descrip-
tion de la mort et de la vie des guerriers, ni évocation de leurs joies
et de leurs terreurs, de leurs passions et de leurs haines.

Ce fait explique que les évocations de la guerre puissent aisément présenter un caractère abstrait qui met en avant la raison. On constate le même type d'évolution dans le cas de la paix : la description concrète cède la place au symbolisme.

xxxxx

xxx

x

II. LE SYMBOLISME DANS LA PEINTURE DE LA PAIX

L'évocation de la paix, chez Homère, est caractéristisée par un mélange de grandeur et de crédibilité : crédibilité, car on voit vivre les hommes et on les voit accomplir les actes les plus simples, dans une extrême précision de détails, et grandeur, aussi, parce que ces actes sont rehaussés par une certaine recherche de la beauté : beauté morale des héros, beauté formelle des scènes.

On vendange, certes (Il. XVIII, 561sqq.), mais "un enfant est au centre qui, délicieusement, touche d'un luth sonore, cependant que de sa voix grêle il chante une belle complainte."

Simplement, cette recherche de la beauté s'intègre parfaitement à la peinture de la réalité qui ne perd jamais ses droits. Ce n'est pas le monde idyllique des Alexandrins, ni même des lyriques, ce sont des moments de grâce que tous partagent, sans perdre, pour autant, leur qualité d'hommes attachés au réel.

Si la fête de mariage, que l'on trouve au début de la description du bouclier, présente le cortège nuptial et les danses (XVIII, 490sqq.), elle présente aussi le cercle des commères ravies : jamais la vision d'Homère ne se limite à un seul aspect des choses.

Dans la nouvelle poésie, au contraire, même en tenant compte du fait qu'il s'agit d'un genre plus court que l'épopée, sur lequel les excerpteurs ont, de plus, exercé un choix, il semble bien que le monde réel recule au profit ou bien d'une réflexion abstraite qui ne dépeint pas, ou bien de la contemplation de quelques instants privilégiés.

Les élégies de Solon s'occupent de la vie quotidienne, mais elles ne l'évoquent pas. Le poète analyse les bienfaits de l'_eunomie_ (3D., 32sqq.) ou la conduite politique à tenir pour assurer la paix (5D.,1sqq.), mais l'abstraction rejette aussitôt la réalité quotidienne au second plan. Tout l'effort de Solon tend à étudier des causes et des effets moraux, à généraliser. Il dit bien que, grâce à l'_eunomie_, les jugements se rendent comme il se doit, mais, à la différence d'Homère, il n'en décrit pas un dans son déroulement précis. L'affirmation εὐθύνει δὲ δίκας σκολιάς (3D., 36=4B.;4W.) se trouve prise dans un mouvement de généralisation et d'abstraction morale qui renvoie à la séquence κόρος, ὕβρις, ἄτη et masque la réalité vivante qu'elle recouvre.

A ce titre, les élégies soloniennes ne permettent pas de cerner ce qu'évoque "concrètement", pour l'époque étudiée, le domaine de la paix. Seuls le lyrisme et quelques élégies d'inspiration non politique s'attachent à le décrire. Mais la description, articulée selon les deux grands thèmes de la nature et de la fête (banquet, amour, chant), est très particulière et reste limitée aux seuls aspects "poétiques" de la paix au point qu'il semble, parfois, que l'on assiste à un jeu de la poésie avec elle-même.

1/ La nature et la paix

Pour les lyriques, la nature est, avant tout, le domaine du gratuit, de ce qui ne demande pas de travail, et offre des objets de beauté : oiseaux, fleurs, feuilles, fruits. Tout ce qui peut avoir un quelconque rapport avec le travail des hommes est éliminé d'office. On ne parle plus des animaux de trait ou de labour, on n'évoque ni les champs ni les vignes, et cela, paradoxalement, dans une poésie qui célèbre tant le vin.

Dès Alcman, qui compare sa poésie au chant des oiseaux (40P.= 67B.;93D.) :

Ϝοῖδα δ' ὀρνίχων νόμως
παντῶν,

la nature est reliée à l'art et aux plaisirs de la poésie.

Chez Stésichore, elle se fait complice du poète pour célébrer la joie des noces et participer à la fête, qui est le deuxième symbole de l'évocation de la paix. Ainsi dans ce fragment de l'Hélène que transmet Athénée (III, 81d=10P.(187),29B.;10D.) :

"Nombreux les coings qu'ils jetaient devant le char de leur prince, nombreuses les feuilles de myrte, les couronnes de roses et les guirlandes tressées de violettes."

Le thème éclate, dans toute sa splendeur, dans la poésie de Sappho, où les fleurs, les femmes et l'amour sont toujours liés, comme dans ces vers (81L.P.=80D.;85R.P.) :

"Mais allons, ma Dica, enlace, en guise de couronnes, des rameaux d'anis et place-les, avec tes doigts délicats, sur ta charmante chevelure (...)",

ou encore dans ceux-ci (94L.P.=96D.;93R.P.), conservés par un papyrus (Berol. 9722) :

(1.12sqq.) "Oui, combien de couronnes de violettes, de roses et de safrans à la fois tu posais sur ta tête à côté de moi ! Combien de guirlandes tressées, de charmantes fleurs, tu enlaçais autour de ta gorge délicate (ἀπάλαι δέραι) ! Combien de vases de parfum, brenthium ou royal, tu répandais sur ta belle chevelure ! (...)"

Ibycus, à son tour, est sensible au charme de cette nature raffinée, qui écrit (34P.(315)=6B.;19D.) :

"Des myrtes, des violettes et de l'immortelle, des pommes et des roses et le tendre laurier."

Les fleurs et les fruits ne sont pas choisis au hasard : la pomme est symbole d'amour, le laurier a toute une histoire mythologique liée à Apollon, et,quand Ibycus l'appelle τέρεινα, cet adjectif inscrit bien la nature dans le même contexte de mollesse et de douceur que celui qu'évoque Sappho (στρών[αν ἐ]πὶ μολθάκαν : 94L.P., v. 21).

Le goût de Sappho pour les parures empruntées à la nature, qui font de toute la nature un symbole d'amour, et de la femme amoureuse une plante privilégiée, est confirmé par un texte d'Himerius (Or. I, 4=194

L.P.;93adn.B.), où l'auteur explique la manière dont Sappho dépeint Aphro-
dite, dans un poème aujourd'hui perdu. Voici la fin de ce texte :

> "Elle présente Aphrodite sur le char des Charites avec le choeur
> des Amours, compagnons de ses jeux. Elle entoure les cheveux de
> la déesse d'une couronne de jacinthe et les laisse tous flotter
> aux vents qui les agitent, sauf ceux qui se partagent en ban-
> deaux sur son front. Pour les Amours, ornant d'or leurs ailes
> et leurs boucles, elle les fait précéder le char et brandir bien
> haut des torches enflammées."

Par le biais de la parure, la déesse de l'amour est donc liée à
la nature, et la nature à l'art, puisque couronnes de jacinthes et or se
mêlent pour donner leur éclat au cortège.

Inversement, dans le Parthéneion d'Alcman, ce n'est pas tant la
lumière dorée du soleil qui met la femme en valeur, que la femme qui est
toute lumière et tout or. Là encore, il y a interpénétration des thèmes de
la nature, du cosmos et de l'art, dans une vision de poète ("je la vois") :

> (v. 39sqq.) "Moi je chante l'éclat d'Agido. Je la vois pareille au soleil,
> ce soleil qu'Agido invite à venir briller pour nous." [22]

Dans ce même Parthéneion, on voit la chevelure d'Hagésichora
fleurir (v. 53 ἐπανθεῖ) comme l'or (χρυσὸς ὡς ἀκήρατος), ce qui relie, en
une simple phrase, les thèmes de la beauté féminine, de la nature et de la
lumière, dans un tout indissociable.

La nature est devenue oeuvre d'art, et l'oeuvre d'art rivalise
avec elle. En ce domaine, l'inspiration des lyriques n'est pas très éloi-
gnée de celle des poètes français du XVIe siècle, qui leur devront tant.

2/ La paix et la fête

La fête est présentée conjointement sous ses deux aspects : son
aspect extérieur et la manière dont l'homme la vit de l'intérieur. C'est
là que l'évocation de la paix se fait le plus émotive.

La paix doit coïncider avec la joie, dit Théognis (885-886) :

Εἰρήνη καὶ πλοῦτος ἔχοι πόλιν, ὄφρα μετ' ἄλλων
κωμάζοιμι · κακοῦ δ' οὐκ ἔραμαι πολέμου.

Cette joie, ce sera celle du banquet et du vin, mais aussi
celle de l'amour et de la musique, et le tout convergera vers une sorte
de bien-être, de douceur, de laisser-aller, au milieu d'une nature raf-
finée, sous une lumière brillante : tous les thèmes seront regroupés et
fondus, avec un art de la σύγκρασις qui est le propre même de la poésie
lyrique.

A ce sujet, il n'est pas sans intérêt de revenir sur le péan
de Bacchylide en l'honneur de la paix (fr. 4Sn.=13B.;3Jebb) : les thèmes
de la musique, des sacrifices aux dieux, des chants, du banquet, y sous-
tendent le thème plus vaste de la fête, qui est lui-même étroitement lié
à celui de la nature, par une métaphore telle que μελιγλώσσων ἀοιδᾶν
ἄνθεα.

Voici, en entier, la traduction de ce texte qui servira d'in-
troduction aux différents thèmes de la fête :

"La paix fait naître pour les mortels l'opulence qui grandit
l'homme (μεγαλάνορα πλοῦτον) et fleurir les chants doux comme
le miel (μελιγλώσσων ἀοιδᾶν ἄνθεα). Sur les autels bien ouvra-
gés, la flamme blonde brûle pour les dieux les cuisses des
boeufs et des brebis aux longs poils. Les jeunes gens peuvent
se soucier des gymnases, des flûtes et des banquets, tandis
que, dans les poignées aux liens de fer des boucliers, les
rouges araignées tissent leurs toiles et que la rouille dompte
les fers des lances et les épées à double tranchant.

On n'entend pas résonner les trompettes d'airain et le
doux sommeil (μελίφρων ὕπνος) qui réchauffe le coeur n'est
pas, dès l'aurore, arraché des paupières ; les festins aima-
bles remplissent les rues et les hymnes des enfants retentis-
sent." (23) .

a) Le banquet

Quand on évoque les banquets, on pense surtout à l'hédonisme
d'Anacréon (revu par ses successeurs), ou aux hétairies politiques. En

fait, dans la poésie lyrique, au moins, les choses sont beaucoup plus nuancées. D'une part le banquet - et les poètes y insistent - est un art qui doit obéir à certaines règles, de l'autre, même si l'on sent, à l'arrière-plan, la lutte politique, il reste toujours lié à la paix et aux différents thèmes de la paix ou, à tout le moins, à l'oubli de la guerre et de ses soucis.

C'est ce dernier aspect qui est le plus intéressant dans la poésie d'Alcée : le poète ne parle de banquets que lorsqu'il renonce à la lutte et cherche l'oubli de ses déceptions, ainsi dans ces vers (346L.P.=41B.;96D.;113R.P.) :

> "Buvons, à quoi bon attendre les lampes ; le jour n'a plus
> qu'un doigt de longueur ; apporte de grandes coupes, mon
> amour, des coupes bien ornées ; le vin, pour l'oubli, par
> le fils de Sémélé et de Zeus, a été donné aux hommes ; rem-
> plis-les, jusqu'au bord, d'une partie de vin pour deux par-
> ties d'eau, et qu'une coupe chasse l'autre !" [24]

Le banquet peut, cependant, être lié, chez lui, à des réflexions plus sereines, ainsi qu'en témoigne ce poème qui décrit la chaleur du foyer et le bien-être de qui n'a pas à lutter contre le froid de l'hiver (338L.P.=62R.P.;34B.;90D.) :

> "Zeus fait tomber la pluie ; du ciel vient le grand hiver ;
> les cours d'eau sont gelés... Mets l'hiver à la raison, en
> plaçant du feu sur le foyer, en versant dans les coupes, sans
> l'épargner, le vin au goût de miel (μέλιχρον) et, autour de
> ta tempe, pose un mol oreiller (μόλθακον... γνόφαλλον)."

Le banquet n'a pas cet aspect légèrement nostalgique chez Sappho. Dans le rayonnement des coupes de vin et de l'amour - une fois de plus tous les thèmes sont liés - il est l'expression de la joie parfaite, d'une vie digne d'un dieu (νέκταρ) :

> "Alors, prenant des couronnes, verse délicatement, Cypris,
> dans les coupes d'or, le nectar mélangé pour les festins."
> (2L.P.=4,5B.;suppl. p. 30 D., v. 13sqq.).

Avec les élégies de Xénophane, de même, différents thèmes re-
coupent celui du banquet. Pour lui, un banquet est caractérisé par la
gaieté et la pureté, les couronnes, les parfums, le vin odorant, le miel,
le pain blond, les fleurs et les chants de fête.

Tous les thèmes qui caractérisent le domaine de la paix sont
donc liés autour d'un thème dominant, qui est tantôt, comme ici, le
banquet, tantôt la nature, comme précédemment, tantôt le chant, etc. :
(Athénée XI, 462c=1D.;1B.;1W.) :

"Voici le moment où le sol de la pièce est purifié (καθαρόν)
comme aussi les mains de tous les convives et les coupes. L'un
place sur les têtes des couronnes tressées, l'autre, dans une
coupe, présente une essence parfumée. Le cratère se dresse,
source de joie (εὐφροσύνης) et il y a d'autre vin encore qui
promet de ne jamais manquer, tout prêt dans les vases, doux
et odorant (μείλιχος ἐν κεράμοισ' ἄνθεος ὀζόμενος). Au milieu
de la salle s'élève le parfum sacré de l'encens. L'eau est
fraîche, douce et pure (γλυκὺ καὶ καθαρόν). Des pains blonds
sont servis et la table est somptueuse, chargée de fromage
et de miel succulent. L'autel s'élève au milieu, tout couvert
de fleurs ; ce sont des chants de fête tout autour de la salle.
Mais il faut tout d'abord que ces hommes joyeux (εὔφρονας)
chantent la divinité par des mythes sacrés et de pures paro-
les (καθαροῖσι λόγοις) puis, après avoir offert des libations
et prié pour obtenir la force d'accomplir ce qui est juste -
car c'est là ce qui est particulièrement à notre portée - et
non les actes de violence, que chacun boive à sa mesure, de
façon à pouvoir retourner à la maison sans le secours d'un
esclave, à moins d'être trop âgé." (25).

Trois idées reviennent avec une curieuse insistance : la pure-
té (καθαρός), qui n'est pas très éloignée d'une pureté religieuse, la
douceur (γλυκύ, μείλιχος), et la joie bien gouvernée (εὐφροσύνη, εὔφρο-
νας). Peut-être s'agit-il d'une réunion d'initiés à un culte à mystè-
res (26), quoi qu'il en soit, il y a un véritable art du banquet.

Les vers d'Anacréon n'ont pas tant de noblesse, bien que le poète délaisse les beuveries "à la Scythe". Mais ils sont pleins d'une franche joie, à laquelle ils nous font participer en retrouvant le ton de l'interjection familière (ἄγε δή, ἄγε δηῦτε), ainsi (11P.(356)=63B.; 43D.) :

> "Allons, esclave, apporte-moi une coupe, je veux boire une large rasade. (...)",

et (ibid.) :

> "Allons, cessons de nous enivrer comme des Scythes, dans le tumulte et les cris ; buvons modérément en chantant de beaux hymnes (καλοῖς / ὑποπίνοντες ἐν ὕμνοις)."

Là encore, le vin est lié au chant et à l'amour, et Anacréon d'affirmer (28P.(373)=17B.;69D.) :

> "Je n'ai déjeuné que d'un petit morceau de gâteau léger, mais j'ai vidé une grande cruche de vin et, maintenant, je touche délicatement les cordes de ma harpe aimable (νῦν δ'ἀβρῶς ἐρόεσσαν / ψάλλω πηκτίδα) pour fêter ma tendre amie."

b) L'amour

L'amour est toute douceur chez Alcman (59aP.=36B.;101D.) :

> Ἔρως με δηῦτε Κύπριδος ϝέκατι
> γλυκὺς κατείβων καρδίαν ἰαίνει [(27)],

ou même chez le sévère Solon qui écrit (12D.=25B.;25W.) :

> "Tant que, parmi les fleurs aimables du jeune âge, il aimera les jeunes garçons, désirant leurs caresses et leurs doux (γλυκεροῦ) baisers",

et dans ces vers (Sol. 20D.=26B.;26W.), où l'on voit, toujours liés, apparaître les trois principaux thèmes symboliques de la paix, amour, vin, musique :

> "Les travaux de la déesse de Chypre, ceux de Dionysos et ceux des Muses me sont maintenant agréables, eux qui donnent la joie aux hommes (ἃ τίθησ' ἀνδράσιν εὐφροσύνας)."

Pour Anacréon, l'amour est, à la fois, un jeu des sens et un
jeu littéraire où il développe les thèmes de la lumière et de l'éclat
que nous avons déjà rencontrés à propos de la nature. C'est ainsi qu'il
écrit, évoquant, avant tout, une atmosphère et une certaine qualité d'é-
motion (13P.(358)=14B.;5D.) :

> "Voici de nouveau qu'Amour à la chevelure d'or me frappe de sa
> balle pourpre (σφαύρηι δηὖτέ με πορφυρῆι / βάλλων χρυσοκόμης
> Ἔρως) et m'invite à jouer avec une jeune fille aux sandales
> brodées."

Si l'amour fait souffrir Sappho, c'est d'une douce souffrance,
d'une souffrance qu'elle choie et qui ne lui laisse pas d'amertume
(120L.P.=72B.;108D.;69R.P.) :

> "Non je ne suis pas de ces gens rancuniers qui couvent leurs
> colères, mais j'ai l'âme naïve (ἀβάκην τὰν φρέν' ἔχω)."

Sa souffrance est poétique, c'est une souffrance d'oisif qui
n'a d'autre drame à vivre que le départ ou l'arrivée d'une amie. Elle
se prête aux jeux du langage, aux contrastes, aux tournures recherchées,
comme dans ces vers célèbres (1L.P.=Pap. Oxy. 2288 + testim.; 1B.;1D.;
1R.P., v. 21sqq.) :

> "Si elle te fuit, bientôt elle courra après toi, si elle re-
> fuse tes présents, elle t'en offrira elle-même, si elle ne
> t'aime pas, elle t'aimera bientôt, qu'elle le veuille ou non."

C'est une souffrance, aussi, qui délaisse vite la plainte
(94L.P.=96D.;93R.P.) :

> "(La voilà donc partie à jamais) et sans mentir je voudrais
> être morte. Elle, en me quittant, pleurait à chaudes larmes
> et me dit : 'Ah ! quelle est ma détresse, ma Sappho ! Je te
> jure que je te quitte malgré moi'. Et moi, je lui répondis :
> 'Pars en joie et souviens-toi de moi, car tu sais combien je
> me suis attachée à toi ; ou sinon, laisse-moi te rappeler ce
> que tu oublies, tant d'heures douces et belles que nous vécû-
> mes ensemble."

Rien d'étonnant, au demeurant, à ce que la souffrance soit tout de suite atténuée, puisqu' "il n'est pas permis, dans une maison vouée au culte des Muses, de faire entendre une lamentation, cela ne nous sied point." (150L.P.=136B.;109D.;101R.P.)

c) Le_chant

Tout est donc sublimé par la musique et la poésie chez les poètes lyriques proprement dits, et il semble bien que ce soit la caractéristique essentielle de leur évocation de la paix.

Si Théognis écrit encore, prosaïquement, la joie qu'il prend à entendre de la musique (v. 531-532) :

"Toujours mon coeur mollit en moi (ἰαύνεται) quand j'entends résonner les accents captivants des flûtes",

Pindare confère au chant un rôle autrement créateur.

Pour lui, non seulement la paix permet la poésie, mais la poésie, par une sorte d'incantation magique, est créatrice de paix, comme en témoigne la Ière Pythique :

"Lyre d'or, apanage commun d'Apollon et des Muses aux tresses violettes, à ta voix, le pas rythmé des choreutes ouvre la fête, et les chanteurs obéissent à tes signaux, lorsque, vibrante, tu fais résonner les premières notes des préludes qui guident les choeurs ; tu sais aussi éteindre, à la pointe du foudre, le feu éternel ; et le sommeil s'empare, sur le sceptre de Zeus, de l'aigle ; il laisse pendre, à droite et à gauche, son aile rapide, le roi des oiseaux ; sur sa tête crochue, tu as répandu un nuage sombre, doux fermoir de ses paupières ; il dort et soulève son dos souple, possédé par la magie de tes sons. Car lui aussi, le violent Arès, oubliant le rude fer des lances, laisse le repos amollir son âme (ἰαύνει καρδίαν / κώματι) et des dieux même tes traits charment le coeur, grâce à l'art du fils de Léto et des Muses aux amples draperies."

On retrouve dans cet étrange texte, étroitement liés, les thèmes préférés des lyriques dans le domaine de la paix : l'éclat de l'or, le sommeil, la douceur, le plaisir, la sagesse, mais l'on peut surtout dire que le rôle conféré par Pindare au chant résume assez bien ce qu'est la paix dans la poésie lyrique.

Si ces différentes activités sont, partout, liées les unes aux autres, c'est moins parce que le banquet appelle la musique, comme l'amour la parure des fleurs, que parce qu'elles sont limitées par les poètes au domaine de l'art sur lequel la poésie règne en maître.

Par le truchement des adjectifs, des verbes, des noms - c'est-à-dire par le truchement de la parole poétique - les activités pacifiques ne cessent de s'interpénétrer : elles ont abandonné la réalité quotidienne pour entrer dans le même monde clos du gratuit et du beau. Tous les échanges sont dès lors possibles : on parle de poésie en termes de croissance naturelle des plantes, d'amour en termes de lumière, et la chaîne symbolique atteint sa plus grande extension avec Pindare. La poésie fait croître la vertu, comme la rosée fait grandir un arbuste (Nem. VIII, 40-42). La gloire brille (Isth. I, 22), tout comme l'or resplendit (Nem. IV, 82-83), les chants enflamment (Ol. IX, 21-22). Au rebours, liées à l'or dans l'île des bienheureux (Ol. II, 79), les fleurs et les plantes désignent métaphoriquement le chant (Ol. VI, 105-106) et, comme il est d'usage, la jeunesse (Pyth. IV, 158 ; Isth. VII, 34) [28].

La paix est devenue un monde clos, créé, plus encore que recréé, par la poésie.

3/ Le rêve d'un âge d'or

Le monde réel que connaissent les poètes est trop pénétré par la guerre pour qu'ils puissent parler de la paix sans l'idéaliser. La vie quotidienne, le travail des champs, n'évoqueraient pour eux que les luttes sociales ou les ravages de la guerre. Ils sont donc amenés à laisser cet aspect de côté et à se ménager un domaine hors du temps, né de leur seule poésie. Ils y idéalisent les différents aspects de la paix qui peuvent subsister et qui s'y prêtent par leur vocation "artistique" : musique, jeux, banquets, amour.

L'évocation, toutefois, est encore fragmentaire, car la réalité quotidienne, même idéalisée, ne leur offre que des aperçus de la paix. Aussi, quand ils veulent décrire une paix parfaite, les poètes continuent-ils à se détacher vers le rêve, vers la peinture d'un âge d'or.

Depuis Hésiode, l'âge d'or est une sorte de miroir grossissant de la paix telle qu'on la rêve sur terre. Pour lui, il coïncide, dans un passé mythique, avec une absence de guerre entre les hommes. Les principaux attributs de la paix sont donc repris et portés - puisqu'il s'agit de l'âge d'or - à leur perfection.

Tout d'abord, la nature qui sert de cadre à la vie de ces êtres bienheureux tient à la fois de celle que dépeint Homère, dans ses passages sur la paix, et de celle que prisent les lyriques ; elle est féconde dans la production de biens qui serviront à nourrir les hommes, mais d'une fécondité qui n'appelle pas le travail humain, qui se donne immédiatement.

Ensuite, dans ce monde merveilleux, règnent des joies multiples et une atmosphère de perpétuel banquet musical, pour des êtres toujours beaux et jeunes, qui vivent ainsi "comme des dieux". On retrouve donc les thèmes principaux de la nature, de la fête, de la grâce et de la beauté, ainsi que de l'éclat puisqu'il s'agit d'une race "d'or" :

"D'or fut la première race d'hommes périssables que créèrent les Immortels, habitants de l'Olympe. C'était au temps de Cronos, quand il régnait encore au ciel. Ils vivaient comme des dieux, le coeur libre de soucis, à l'écart et à l'abri des peines et des misères : la vieillesse misérable sur eux ne pesait pas, mais, bras et jarret toujours jeunes, ils s'égayaient dans les festins, loin de tous les maux. Mourant, ils semblaient succomber au sommeil. Tous les biens étaient à eux : le sol fécond produisait de lui-même (αὐτομάτη) une abondante et généreuse récolte et eux, dans la joie et la paix (ἐθελημοὶ / ἥσυχοι), vivaient de leurs champs, au milieu de biens sans nombre." (Les Travaux et les Jours, v. 109sqq.)

Le fragment 26D. (=38B.;38W.) de Solon, dont on a parfois donné
des interprétations satiriques, géographiques, etc. [29], reprend, curieu-
sement, certains thèmes d'Hésiode, et n'est pas sans rappeler la descrip-
tion de l'âge d'or :

> "Ils boivent et ils mangent, les uns des galettes au miel, les
> autres du pain, les autres des gâteaux aux lentilles ; là il
> ne leur manque absolument aucune des friandises que la terre
> noire fournit aux hommes ; tout est en abondance à portée de
> leurs mains."

Solon veut-il évoquer simplement le mythe ancien ou montrer que
cet état heureux dont il parle est celui que l'on obtient par un bon gou-
vernement ? S'il cherche à illustrer son appel à l'eunomia, en montrant
ce dont pourrait jouir une cité si elle était bien gouvernée, peut-être
prend-il un exemple mythique, peut-être, au contraire, le situe-t-il dans
le temps et dans l'espace. En effet, l'idée était déjà chez Homère (Od.
XIX, 109sqq.) et Hésiode (Op. 225sqq.) que les hommes pouvaient, en pra-
tiquant la justice, réaliser une sorte d'âge d'or sur terre. Néanmoins,
il faut considérer ce court fragment avec d'autant plus de prudence qu'un
état se rapprochant de celui de l'âge d'or ne coïncide pas toujours, chez
Homère, avec de bonnes lois (cf. Od. IX, 105) et qu'il reste, malgré tout,
hors du temps historique aux yeux d'Hésiode.

Avec Pindare, en tout cas, le thème de l'âge d'or ne sert qu'au
rêve, en même temps qu'il s'idéalise d'une manière caractéristique de la
poésie lyrique.

Décrivant une vie qui, née de la paix, se rapproche de l'âge
d'or, Pindare la situe au pays du songe, au "lointain" pays des Hyperbo-
réens (Pyth. X, 37sqq.) :

> "Chez eux, la Muse n'est point proscrite ; partout tournent les
> choeurs de jeunes filles qu'accompagnent les sons de la lyre et
> les notes bruyantes de la flûte. Les cheveux ceints du laurier
> d'or ils se livrent à la joie des festins. Ni les maladies ni
> la vieillesse n'atteignent cette race sainte, ignorante des la-
> beurs et des combats ; ils vivent à l'abri de Némésis venge-
> resse."

A cet éloignement dans l'espace correspond, dans la IIe <u>Olym-pique</u> (v. 67(61)sqq.), un éloignement dans le temps, puisqu'il s'agit de l'île des bienheureux et des hommes qui jouissent, après la mort, d'une félicité divine :

> "Eclairés par un soleil qui fait leurs nuits toujours égales, toujours égaux leurs jours, les bons reçoivent en partage une vie moins pénible que la nôtre ; ils n'ont pas besoin d'employer la force de leurs bras à tourmenter la terre ni l'onde marine, pour soutenir leur pauvre vie. Auprès des favoris des dieux, de ceux qui aimèrent la bonne foi, ils vivent une existence sans larmes..."

Il en va de même dans le fragment de thrène (fr. 129Sn.= thrène 1 Puech) qui dépeint, d'une manière plus précise encore, la vie des hommes pieux dans "l'au-delà" :

> "Pour **eux** l'ardeur du soleil brille là-bas, pendant ce qui est ici la nuit, et des prairies fleuries de roses pourpres sont le faubourg de leur cité ; l'arbre à encens l'ombrage, et des fruits d'or y font plier les rameaux.
> ....
> Et les uns se distraient aux courses de chevaux ou aux exercices gymniques, d'autres au jeu des <u>pessoi</u>, ou au son des phorminx, et chez eux toutes les sortes de prospérité verdoient en leur fleur. Dans ce lieu aimable, se répand sans cesse l'odeur des parfums de toute espèce qu'ils mêlent sur les autels des dieux et que la flamme, visible de loin, consume."

Joies de la table, de la musique, de la nature raffinée, lumière, éclat, contraste des couleurs, parfums, perfection d'une vie vouée entièrement à "l'art", ce vers quoi tend l'image de l'âge d'or, dans ces trois textes, c'est, grossi plusieurs fois, puisqu'on est dans le domaine de l'extraordinaire, ce monde clos de la paix, cher aux lyriques, le monde du plaisir et de tous les raffinements, le monde "artificiel" qu'ils se créent : Pindare porte à sa perfection, dans l'utopie, le rêve que les lyriques tentent de vivre en s'enfermant dans les créations de leur art.

Au bout de l'évolution, les thèmes et les expressions que le lyrisme a développés pour évoquer la paix servent à l'image d'un monde définitivement hors du temps et de l'espace, et Pindare, qui ne cesse, pourtant, de prôner l'ἡσυχία et de vanter la paix réalisée par Hiéron, décrit avec plus de précision ce qui n'existe pas, que ce qui est ou pourrait être.

Les deux domaines ont donc en commun d'être évoqués d'une manière qui les détache de plus en plus de la réalité quotidienne. Le domaine de la guerre n'est plus, sauf dans la guerre civile et à l'exception, toutefois, de Solon, celui de la passion ou de l'émotion, de la joie ou de l'horreur. Les poètes raisonnent et ne dépeignent ni les sentiments des guerriers ni la guerre elle-même. Le réalisme descriptif, qui ne subsiste que chez les poètes les plus proches d'Homère, n'a pas pour fin d'évoquer les réactions des hommes face à une expérience bouleversante, mais de susciter une réflexion sur la technique du combat. Du domaine de la paix, est exclu tout ce qui n'est pas plaisir et art. Les moments privilégiés sont présentés comme les seules occupations des hommes en temps de paix, transformant celle-ci en un monde clos et symbolique. De même que la guerre bascule dans le champ de la raison, la paix est sublimée par la parole poétique : l'une et l'autre, de manière différente, mais selon une évolution identique, sont intellectualisées.

Il reste à vérifier si cette évolution se retrouve dans le détail des évocations, soit qu'il s'agisse des ressources littéraires qu'elles emploient ou de la philosophie qu'elles supposent.

NOTES DU CHAPITRE II

(1) Ce goût de l'insulte, avant la bataille et après la victoire, est partagé par les dieux ; cf. Il. XXI, 394sqq..

(2) Cf. 23W.(=35L.B.) ; 66D.(=126W.;120L.B.).

(3) A moins que le fragment n'ait un sens érotique ; cf. G. Lanata ("Archiloco, 69D.").

(4) D'après J.C. Kamerbeek (Alcée et son temps, p. 176-177), le poète invoquerait contre Pittacus l'Erinys de ses amis "tombés dans les luttes politiques", car Pittacus, avant d'embrasser la cause de Myrsilos, avait juré avec eux de tuer leurs adversaires ou de mourir.

(5) Sappho and Alcaeus, p. 241.

(6) Cf. Homère ; batailles à l'image des luttes entre bêtes : Il. V, 161 ; VII, 256 ; etc..

(7) Cf. Il. XXII, 345sqq..

(8) Cf. Il. IV, 477sqq. ; VIII, 124 ; etc..

(9) Nous modifions légèrement la traduction d'E. Bergougnan.

(10) Cf. e.g. Pfohl n° 159, Kaibel n° 6 et 179, Simonide 128 et 129D. (apocryphes).

(11) Cf. v. 891-894, qui ne sont sûrement pas de Théognis, mais sans doute antérieurs à 500.

(12) D. Page (Sappho and Alcaeus, p. 279) : ἀμφ' Ἐ[λέναι Φρύγες τε.

(13) Cf. l'étymologie même de πόλεμος (P. Chantraine, _Dictionnaire _ _éty-_
mologique de la langue grecque, s.v. πελεμίζω).

(14) Cf. encore II, 386sqq..

(15) Cf. IV, 134sqq. ; IV, 480sqq. ; etc..

(16) Cf. XXI, 122sq. ; Priam et Ajax n'hésitent pas non plus à l'évoquer
comme leur avenir immédiat (XXII, 66sqq. ; XVII, 242).

(17) Αἰδοῖα κ.τ.λ. : il ne s'agit sûrement pas d'une mutilation à carac-
tère religieux (cf. E. Bethe : "Die dorische Knabenliebe", _Rh. M._ 62
(1907), p. 464sqq.), mais d'un geste instinctif d'homme blessé (cf. R.
Nierhaus : "Eine frühgriechische Kampfform", _J.D.A.I._ 53 (1938), p. 90
sqq.). Pour l'interprétation de ce passage, cf. également C. Jacoby,
"Zu Tyrtaios", _Hermes_, 1918, p. 24-25, n. 1.

(18) Dans ce passage, ainsi que dans le suivant, nous modifions quelque
peu la traduction d'E. Bergougnan, préférant rendre αἰσχρός par "laid"
qui a une double connotation que par "honteux" qui ne traduit qu'un ju-
gement moral.

(19) On remarquera que, dans l'_Iliade_, les héros "au coeur solide" ne
sont pas automatiquement des hommes trapus et que, sans être, comme Mé-
nélas, vain de sa beauté, un général peut cependant avoir la taille
élancée et les cheveux frisés. Nous modifions quelque peu la traduction
d'A. Bonnard.

(20) Cf. Archiloque (Pap. Oxy. 2313, fr. 13, 1. 5-9=114L.B.;146W.) :
"... bouclier contre bouclier...(que personne ne) ménage les cadeaux de
bienvenue... serrons les rangs... protégés par nos armes... qu'on les
cerne pour les capturer..."

(21) Selon Bergk, il s'agirait de la victoire de l'Eurymédon.

(22) C'est ainsi que D.L. Page (<u>Alcman, the Partheneion</u>, p. 22 et p. 84-85) comprend le texte. En ce sens, le soleil est appelé comme témoin de la cérémonie en général (cf. D.L. Page, p. 85, et M. Puelma, "Die Selbstbeschreibung des Chores...", p. 16-19). Μαρτύρεται peut, aussi, avoir le sens de prendre à témoin (cf. e.g. Esch. <u>Eum</u>. 643) ; Agido prendrait alors le soleil à témoin de ce que le choeur ou elle-même brille (cf. C.O. Pavese, "Alcmane, il Partenio del Louvre", p. 122-123). Dans les deux cas, la construction et le sens du passage restent délicats. Il ne semble pas, toutefois, que μαρτύρεται puisse, comme μαρτυρεῖ, signifier "confirmer par son propre témoignage". On notera la lecture de M. Puelma, au vers 40 : ὁρῶσ᾽ (cf. p. 10-15 et n. 25, <u>ibid</u>.), qui implique, pour lui, que l'on prenne ἀείδω absolument.

(23) Παιδικοὶ ὕμνοι : "les hymnes des enfants" ; c'est l'interprétation courante. Peut-être s'agit-il, plutôt, d'hymnes en l'honneur des jeunes gens. La distinction entre ὕμνος et ἐγκώμιον n'est, en effet, plus très nette, à l'époque de Bacchylide, si tant est qu'elle l'ait jamais été, et l'<u>Isthmique</u> II de Pindare (v. 1sqq.) ne laisse aucun doute sur le sens de παιδεῖοι ὕμνοι (v. 3).

(24) Cf. encore 335L.P. (=35B.;91D.;63R.P.).

(25) Nous modifions quelque peu la traduction d'E. Bergougnan. Ὕβρις est une correction de Musurus, les manuscrits ont ὕβρεις qui se défend d'autant mieux que les infinitifs ὑμνεῖν (v. 13), πίνειν (v. 17) et αἰνεῖν (v. 19) dépendent de χρή (v. 13). Par ailleurs, nous pensons avec B. Gentili et C. Prato (<u>ad loc</u>.) qu'il faut lier ὕβρεις à πρήσσειν. Sans doute est-ce en se souvenant de ces vers de Xénophane que le sophiste Critias aurait écrit, beaucoup plus tard, en distiques élégiaques, lui aussi, une sorte de réglementation des banquets dans sa Πολιτεία Λακεδαιμονίων (cf. M. Untersteiner, <u>Sofisti</u>, IV, B. 6).

(26) J. Defradas, <u>Les élégiaques grecs</u>, <u>ad loc</u>., pense à la réunion d'un thiase philosophique.

(27) On note un début identique aux vers 13P.(358) d'Anacréon (cf. <u>infra</u>) et 83P.(428) (ἐρέω τε δηὖτε κοὐκ ἐρέω), chez Sappho (130L.P. Ἔρος

(suite de la note 27) δηὖτέ μ' ὀ λυσιμέλης δόνει) et Ibycus (6P.(287) Ἔρος αὖτέ με...). Cf. O. Tsagarakis, Self Expression..., p. 107 et C.M. Wells, "The Greek Lyric Poets 'Again' ".

(28) Sur cet aspect d'immense métaphore que présente l'oeuvre de Pindare, cf. J. Duchemin, Pindare, poète et prophète (IIIe partie, p. 193-265, chap. 1, "la mystique de l'or, de la lumière et des couleurs" et chap. 2, "images et symboles").

(29) Cf. A. Masaracchia, Solone, p. 359-360. On notera que c'est précisément de Solon que Critias, dans Platon, dit tenir le mythe de l'Atlantide (cf. Timée, 20e-25d, Critias 113a-b) où l'idée d'abondance matérielle a une place importante, tant dans la description de l'Attique (cf. Critias 111a et 111e) que dans celle de l'Atlantide (114e-115b).

CHAPITRE III

I. LES EPITHETES

Les épithètes de la guerre et de la paix expriment, à la fois, l'appréciation personnelle des poètes sur ce qu'ils évoquent et l'aspect le plus littéraire de cette peinture, car, signes de reconnaissance qui renvoient à l'acquis homérique pour l'accepter ou le modifier, elles ne sortent pas du champ de la littérature.

A mi-chemin entre la tradition de la langue et la volonté créatrice du poète, entre la traduction d'un vrai regard et un parfait désintérêt, tantôt extraordinairement "présentes", tantôt irritantes comme des tics de langage, elles offrent un jugement en même temps qu'elles le refusent.

1/ Les épithètes de la guerre

Sous-tendant et résumant la description émotive et réaliste, les épithètes font de la guerre, chez Homère, le lieu du meurtre (δήϊος πόλεμος, φθισήνωρ π., ὀλοός π., ἀΐδηλος Ἄρης, βροτολοιγὸς Ἄ., δήϊος Ἄ., μιαιφόνος Ἄ., οὖλος Ἄ., φθισίμβροτος μάχη), du sang (αἱματόεις πόλεμος), des larmes et de la désolation (λευγαλέος πόλεμος et δαΐς, οἰζυρὸς π., πολύδακρυς π., Ἄρης et μάχη, δακρυόεσσα μάχη, πολύστονος ἔρις).

Les épithètes de la guerre évoquent encore le bruit (δυσηχὴς πόλεμος, χάλκεος Ἄρης), la violence (πολυάϊξ π., ἀλίαστος π., θοῦρος Ἄ., θοὸς Ἄ., ὀξὺς Ἄ., ἀλίαστος μάχη) et la folie (ἄφρων Ἄρης, ἀλλοπρόσαλλος Ἄ., μαινόμενος Ἄ.), qui expliquent l'effroi et la haine de tous (ἀργαλέος π., κακὸς π., ὀκρυόεις π., στυγερὸς π., Ἄρης et δαΐς, πελώριος Ἄ., ἀργαλέα ἔρις, θυμοβόρος et κακομήχανος ἔρις).

Les armes ont droit aux mêmes épithètes. Elles sont "gémissantes" (στονόεν βέλος), elles font naître la peur (δεινὸν ὅπλον), quand les mains meurtrières(ἀνδροφόνοι χεῖρες) les empoignent.

Mais il est un autre registre, chez Homère et, à plus forte raison chez Hésiode, c'est celui du plaisir, du bien, de la valeur.

Arès λαοσσόος [1] semble se pénétrer de la sagesse d'Athéna λαοσσόος. Avec cette dernière, ce qui l'emporte c'est la valeur réfléchie (ἀτρυτώνη chez Homère et Hésiode, πότνια et ἀγέστρατος chez Hésiode) et la joie du butin (ἀγελείη chez Homère et Hésiode) [2].

Dès lors, on trouve, dans l'oeuvre d'Homère, des épithètes laudatives ou employées dans un contexte laudatif, comme κυδιάνειρα μάχη.

Quelles sont maintenant les épithètes utilisées par les poètes postérieurs, et quel est le jugement d'ensemble qui s'en dégage ?

Il y a, d'abord, les épithètes héritées directement d'Homère. On retrouve les idées de meurtre (δήϊος πόλεμος : Tyrtée 8D.,18 et Simonide 145D.,4 ; μιαιφόνος Ἄρης : Archiloque 31D. ; οὔλιος Ἄρης : Pindare Ol. IX, 76 ; οὐλομένα στάσις : Pindare Péan 9Sn.,15 ; βροτολοιγὸς Ἄρης : Tyrtée 1D.,47), de sang (αἱματόεις πόλεμος : Mimnerme 13D.,7), de larmes et de désolation (πολύδακρυς πόλεμος : Théognis 549 ; πολύδακρυς Ἄρης : Tyrtée 8D.,7), de bruit (δυσηχὴς πόλεμος : Anacréon 111D.,1), de dureté (χάλκεος Ἄ. : Pindare Ol. X, 15 ; Isthm. IV, 15), de violence (θοῦρος Ἄρης : Tyrtée 9D.,34 et Simonide 103D.,2 ; 116D.,2 ; ὀξὺς Ἄρης : Tyrtée 1D.,15 ; ὀξεῖα μάχη : Bacchylide XIII, 117).

L'idée de folie disparaît, mais on continue à trouver l'effroi et la haine (κρυόεις πόλεμος : Bacchylide fr. 60Sn.,12 ; ἀργαλέος πόλεμος : Tyrtée 8D.,8 ; δεινὸς πόλεμος : Pindare Pyth. II, 64 ; λυγρὰ μάχη : Bacchylide XI, 68 ; στυγερὰ μάχη : Anacréon 100D.,4 ; δεινὴ στάσις : Pindare Nem. IX,13 ; χαλεπὴ στάσις et διχοστασίη : Théognis 1082 et 78).

Il semble, cependant, ne plus subsister aucune épithète laudative. Même Tyrtée, qui continue à voir dans la guerre le lieu où peut se réaliser la valeur d'un homme, même Archiloque, qui ne refuse pas sa part de butin, n'utilisent, parmi toutes les épithètes de la guerre, que celles qui entrent dans le registre du malheur. Loin de lui conférer sa sagesse, Athéna rejoint de plus en plus Arès comme instigatrice de la guerre (πολέμω δότε[ρ]ρα et πολε[μαδόκος : Alcée 298L.P.,9 ; 325L.P.,1 ; ὀρσίμαχος : Bacchylide XV, 3).

Par le biais des épithètes, et par elles seulement, les poètes
font une concession à l'émotion que suscite la guerre. Mais cette émotion
ne saurait évoluer que dans le domaine traditionnel de l'horreur. Les poè-
tes ne cherchent pas à mettre en circulation des épithètes qui insiste-
raient sur la joie du combat, sans doute, comme l'écrit Pindare, parce
que seuls ceux qui ne connaissent pas la guerre ne la redoutent pas, mais
plus sûrement encore parce que, rejetant l'émotion, il ne leur appartient
pas de créer de nouvelles épithètes dans un domaine où Homère ne l'avait
pas fait.

Certaines des épithètes traditionnelles sont appliquées aux mê-
mes mots par les poètes nouveaux et par Homère. Pour d'autres, il y a des
déplacements. Ainsi, δακρυόεις est utilisé par Théognis, Ibycus, Anacréon
et Simonide pour le mot πόλεμος $^{(3)}$, tandis qu'Homère l'accole à μάχη.

Il en va de même pour κρυόεις, qui s'applique à πόλεμος chez
Bacchylide (fr. 60Sn., 12), mais à φόβος chez Homère (Il. IX, 2).

Le mot qui suscite les plus nombreux déplacements de ce genre,
est, sans doute, le mot στάσις. Son importance dans la poésie est, en ef-
fet, toute nouvelle et, pour le caractériser, on reprend d'anciennes
épithètes, en même temps qu'on en crée d'autres.

La στάσις est appelée ἀντιάνειρα par Pindare (Ol. XII, 16) qui
change le sens premier de cette épithète appliquée par Homère aux Amazo-
nes. Il l'appelle encore δεινή (Nem. IX, 13) et οὐλομένη (Péan IX Sn.,
15).

Χαλεπὴ στάσις se trouve chez Théognis (1082), mais Hésiode con-
naissait χαλεπὴ ἔρις (Théogonie, 637). Enfin, Pindare l'appelle ἐχθρὰ κου-
ροτρόφος (fr. 109Sn.,4), ce qui est le calque exact, mais inversé grâce
à ἐχθρά, de l'εἰρήνη κουροτρόφος d'Hésiode (Op. 228).

Si l'on étudie, à titre d'exemple, les épithètes d'Arès, on
s'aperçoit que seulement un quart des épithètes utilisées par Homère et
Hésiode sont reprises par les poètes (θοῦρος : Tyrtée 9D.,34 ; Simonide
103D.,2 ; 116D.,2 ; ὀξύς : Tyrtée 1D.,15 ; βροτολοιγός : Tyrtée 1D.,47 ;
μιαιφόνος : Archiloque 31D. ; οὖλος : Pindare Ol. IX, 76 ; πολυδάκρυος :
Tyrtée 8D.,7 ; χάλκεος : Pindare Ol. X, 15 ; Isth. IV, 15 ; ξυνός :
Archiloque 38D.,2). On délaisse donc les épithètes suivantes : ἄατος πο-
λέμοιο, ἀκόρητος ἀϋτῆς, βλοσυρός, δήϊος, θοός, μενεαίνων μάχης, πελώριος,

πτολίπορθος, ἀνδρεϊφόντης, ἀνδροφόνος, ἐναρσφόρος, φοινικόεις αἵματι, ἀΐδηλος, στυγερός, τυκτὸν κακόν, βρισάρματος, ἐγχέσπαλος, ῥινοτόρος,*τειχεσιπλήτης, ταλαύρινος πολεμιστής, ἄφρων, ἀλλοπρόσαλλος, μαινόμενος, λαοσσόος, ὄβριμος.

Sauf dans le cas de λαοσσόος, qui insisterait sur l'aspect positif de la guerre, il n'y a rien de significatif dans cet abandon.

Quant aux "créations" propres à la poésie qui nous occupe, c'est-à-dire les épithètes qui ne sont ni directement héritées d'Homère et d'Hésiode, ni déplacées d'un mot à un autre, elles sont surtout le fait de Bacchylide et de Pindare et renvoient, à peu près, aux idées suggérées par les précédentes.

S'il faut bien lire ἄγναμπτος Ἄρης (Bacchylide, fr. 24Sn.,2), l'épithète résume une idée exprimée partout dans Homère [4] : Arès est inflexible.

On retrouve, de même, l'idée de violence avec βαθυπόλεμος- profondément belliqueux, possédé par la guerre - et βιατάς chez Pindare (Pyth. II, 1 et Pyth. I, 10), et de courage avec καρτερόθυμος chez Bacchylide (V, 130).

Les armes d'Arès semblent retenir le regard des deux poètes : ε]ὐεγχής et χρυσόλοφος chez Bacchylide (XIII, 147 et fr. 20A Sn.,13), mais aussi - peinture plus vivante et plus imagée - κελαινεγχής chez Pindare (Nem. X, 84) et surtout χαλκεόστερνος chez Bacchylide (V, 34), χάλκασπις chez Pindare (Isth. VII, 25), ces deux dernières épithètes développant d'une manière plus précise le χάλκεος Ἄρης d'Homère.

Chez Anacréon, on trouve deux épithètes peu originales, à tel point qu'on pourrait les croire, au premier abord, traditionnelles φιλαύματος (100D.,3) - qui aime le sang -, et ὀρσόλοπος (48P.(393)) - qui taille l'ennemi en pièces -.

Laissons de côté les mots μάχη et πόλεμος qui sont surtout caractérisés par l'éclat et le bruit du bronze (χαλκεόκτυπος μάχη : Bacchylide XVIII, 59 ; σιδαρίτας, χαλκοχάρμης, χαλκεντὴς πόλεμος : Pindare Nem. V, 19, Isth. VI, 27, Nem. I, 16).

Ici encore, seul le mot στάσις suscite des emplois nouveaux et intéressants, qui inscrivent la guerre civile dans un contexte de dépré-

ciation morale, comme le δολομήχανος de Simonide (70P.(575)),appliqué à
Arès, dévalorisait peut-être la guerre étrangère sous sa nouvelle forme (5)

La guerre civile, c'est le **mal violent** (σφεδανή (?) στάσις :
Xénophane 1D.,23) et **sans mesure** (ἀμετρόδικος διχοστασία : Bacchylide XI,
67), la **haine** (ἐπίκοτος στάσις : Pindare fr. 109Sn.,3) qui **détruit une
cité** (λαοφθόρος στάσις : Théognis 781 ; πάμφθερσις στάσις : Bacchylide fr.
24Sn.,3).

Les épithètes de la guerre sont donc traditionnelles, il y a
peu de "créations". Toutes insistent sur le malheur qu'est la guerre,
guerre étrangère ou guerre civile. Mais, à la différence de ce qui se
passe dans l'oeuvre d'Homère, aucune, on l'a vu dans le deuxième chapitre,
n'est sous-tendue par une véritable description des maux qu'engendre la
guerre et de l'effroi qu'elle suscite : les épithètes relèvent d'un juge-
ment moral, plutôt qu'elles ne traduisent une impression directe et per-
sonnelle. On a même le sentiment que ce jugement est, avant tout, une sur-
vivance homérique, en contradiction avec le rôle positif et civilisateur
attribué, on le verra dans la deuxième partie, à la guerre étrangère.

Curieusement, il semble que l'époque lyrique ne retienne de
l'évocation homérique de la guerre que sa valeur formatrice pour l'homme,
d'un côté, ses épithètes dépréciatives, de l'autre ; d'où cet aspect figé
et passe-partout des épithètes.

2/ Les épithètes de la paix et les adjectifs récurrents

Εἰρήνη n'a pas d'épithète chez Homère,non plus qu'ἡσυχία. Mais
on trouve εἰρήνη κουροτρόφος et εἰρήνη τεθαλυῖα chez Hésiode (Op. 228,
Theog. 902).

Pindare innove donc, en poésie, avec les épithètes πλούτου τα-
μία (Ol. XIII, 7) et,peut-être, ἡσύχιος (6) (Pyth. IX, 22) pour εἰρήνη,
et avec μεγιστόπολις, μεγαλάνωρ et φιλόπολις pour ἡσυχία (Pyth. VIII, 2 ;
fr. 109Sn. ; Ol. IV, 16).

On note encore εἰρήνη γλυκεῖα, πλουτοδότειρα et στεφανηφόρος
dans des fragments méliques anonymes (103 et 100P.(1021 et 1018)),et l'on
a fait le tour des rares épithètes de la paix proprement dite.

On peut étendre cette étude des épithètes aux autres mots-clefs de la paix, εὐνομία, δίκη, θέμις, πλοῦτος.

Seuls ces deux derniers sont affectés d'épithètes chez Homère qui écrit πλοῦτος θεσπέσιος (Il. II, 670) et θέμις καλλιπάρῃος (Il. XV, 87), ou encore (Il. IX, 156) θέμιστες λιπαραί.

Chez Hésiode, on trouve δίκη ἰθεῖα (Theog. 86 ; Op. 36 ; fr. 286, 2 Merk.-W.) qui s'oppose à δίκη σκολιά, toujours blâmée (Op. 219, 221, 250, 264 ; cf. 262), ainsi que Δίκη κυδρή et αἰδοίη (Op. 257). Αἰδοίη est aussi épithète de θέμις (Theog. 16), appelée, également, λιπαρή (Theog. 901).

A la différence de ce qui se passe pour la guerre, les poètes n'ont donc que fort peu d'épithètes à leur disposition.

De celles d'Homère, aucune n'est reprise pour être appliquée au même mot. De celles d'Hésiode, seule ἰθεῖα est reprise, par Bacchylide, pour Δίκη (XV, 54).

Il faut attendre Bacchylide et Pindare pour que de nouvelles épithètes soient attestées dans la poésie. Elles tournent autour de deux idées essentielles : l'idée de croissance, car c'est la paix qui assure le développement, tant matériel que moral, des cités et des particuliers (μεγιστόπολις ἡσυχία : Pindare Pyth. VIII, 2 ; μεγαλάνωρ πλοῦτος : Bacchylide fr. 4Sn. ; μεγαλόδοξος εὐνομία : Pindare Ol. IX, 16), et l'idée de rectitude, de sagesse et de sauvegarde (ἁγνή εὐνομία : Bacchylide XV, 54, σαόφρων εὐνομία : Bacchylide XIII, 186 ; σώτειρα εὐνομία : Pindare Ol. IX, 15 ; ὀνησίπολις δίκη : Simonide 37P.(542),35) ; πινυτή θέμις : Bacchylide XV, 55), dans l'absence de guerre maintenue par un sage gouvernement (ἀπόλεμος εὐνομία : Pindare Pyth. V, 66).

Mais il faut s'éloigner de plus en plus du vocabulaire abstrait et aller vers l'évocation des activités pacifiques elles-mêmes, si l'on veut définir l'atmosphère dans laquelle les poètes cherchent à inscrire la paix.

Il semble, en effet, que les adjectifs récurrents de la lyrique grecque, dans le domaine de la paix, aient moins pour but de caractériser tel ou tel mot que de définir une atmosphère.

Nous ne prétendons pas donner un relevé exhaustif de ces adjectifs récurrents, mais, plutôt que de noter arbitrairement les épithètes

de certains mots désignant des activités pacifiques, comme la danse, le
chant, le banquet, etc., on verra comment les adjectifs se groupent, et
autour de quelles notions.

a) La douceur

L'atmosphère de la paix, c'est tout d'abord celle de la douceur :
douceur des chants, des fleurs et des parfums, des jeunes filles, du vin
et de l'eau, douceur du printemps, mais aussi "douceur" de notions abs-
traites, comme l'espoir ou la joie.

Les adjectifs qui traduisent cette atmosphère de douceur sont
très nombreux dans les passages qui parlent des activités pacifiques, tel-
les qu'on a pu les définir plus haut. On va voir que les qualifiants ont
plus d'importance que les qualifiés qui sont, en quelque sorte, interchan-
geables.

- ἡδύς

L'adjectif ἡδύς/ἀδύς s'emploie aussi bien pour le chant des Mu-
ses (Alcman 59P.(b)1) et des cigales (Alcée 347L.P.) que pour le vin et
l'eau (Scol. 909P.,4 ; Théognis 960 ; Bacchylide fr. 21Sn.,5), pour les
fleurs et les parfums (Alcée 362L.P. ; Hipponax 56bD.), pour la couche
(Pindare Pyth. IX, 41), et pour l'espoir (Pindare Pyth. IV, 201) ou la
χάρις (Pindare Isth. VI, 50).

Les composés de ἡδύς/ἀδύς recoupent ces différents champs d'ap-
plication.

Ils qualifient la voix et le chant : ἀδύγλωσσος (voix du héraut :
Pindare Ol. XIII, 100), ἀδυεπής (Homère : Pindare Nem. VII, 21 ; lyre :
Ol. X, 93 ; phorminx : Bacchylide IV, 7 ; hymnes : Pindare Nem. I, 4),
ἀδύλογος (chants : Pindare Ol. VI, 96), ἀδυμελής (tous les instruments de
musique : Sappho 44L.P.,24 ; 156L.P. ; Pindare Ol. VII, 11 ; les chants :
Pindare Nem. II, 25 ; Isth. VII, 20 ; Pyth. VIII, 70 ; l'hirondelle :
Anacréon 394(a)P.), ἀδύφωνος (la jeune fille : Sappho 153L.P.), ἀδύπνοος
(les Muses : Pindare Ol. XIII, 22 ; la voix et le chant : Isth. II, 25 ;
Bacchylide XIII, 73 (?)).

Ils qualifient aussi les <u>fleurs et les parfums</u> : ἡδύοδμος (prin-
temps : Simonide 597P.) et le bien-être du <u>sommeil</u> : ἥδυμος (Simonide 599P.).

- γλυκύς

A part un exemple chez Pindare (fr.110Sn.) où la guerre est pré-
sentée comme "γλυκύ", qualificatif que le poète lui refuse, ce deuxième ad-
jectif est, lui aussi, l'un des adjectifs récurrents de l'atmosphère de la
paix [7].

Γλυκύς s'applique aux <u>dieux de l'amour</u> (Eros : Alcman 59L.P.(a)
2 ; Aphrodite : Pindare <u>Ol</u>. VI, 35), à l'<u>amour</u> et au mariage (Pindare <u>Ol</u>.
III,33 ; <u>Pyth</u>. IV,223), aux <u>affections</u> (Sappho 102L.P.,1), aux <u>chants</u> et
aux <u>hymnes</u>, ainsi qu'aux <u>instruments de musique et aux Muses</u> (Pindare <u>Nem</u>.
IX,3 ; <u>Nem</u>. V,2 ; <u>Isth</u>. II,7 ; <u>Ol</u>. X,3 ; <u>Nem</u>. IV,44 ; <u>Ol</u>. X, 94 ; <u>Ol</u>. VI,
91 ; Bacchylide fr. 21Sn.,4 ; <u>Adespota</u> 954(a)P.), au <u>vin et à l'eau</u> (Xéno-
phane 1D.,8;18D.,3), au <u>sommeil</u> (Sappho 63L.P.,3 ; Alcman 3P.,7 ; Pindare
<u>Pyth</u>. IX,23), ou encore à des <u>notions abstraites</u> comme la joie (εὐφροσύνα :
Pindare <u>Isth</u>. III,10).

Parmi les composés et dérivés, on trouve, de même, dans les em-
plois les plus intéressants, γλυκερὸν μέλος (Sappho 71L.P.,5) et Μοισᾶν
γλυκ[ύ]δωρον ἄγαλμα (Bacchylide V,4) [8].

Si l'on s'arrête quelques instants sur les qualificatifs des ins-
truments de musique, on voit qu'ils ont plus une valeur symbolique qu'une
valeur descriptive. Que le chant de la flûte (αὐλός : <u>Ol</u>. X,94) puisse être
γλυκύς comme celui de la phorminx (<u>Nem</u>. IV,45), voilà qui montre bien qu'un
poète comme Pindare - et c'est valable pour tous les autres lyriques [9] -
attache moins d'importance à la sonorité même de ces instruments qu'à la
valeur symbolique qu'il leur confère. Parler de flûte, c'est parler de paix,
et parler de paix, c'est évoquer une douceur éclatante, ou, plutôt, parler
des flûtes c'est parler de la douceur et de l'éclat de la paix et du chant
qui la célèbre, sans que l'un se distingue de l'autre, pas plus que la
flûte ne remplit, dans le contexte où elle se trouve, une fonction bien
différente du vin ou de l'amour.

- μελι -

Depuis Homère, rien n'évoque mieux la douceur que le miel,
d'où tous ces composés de μελι - que l'on trouve, avec une fréquence
très grande, dans la poésie.

Leur registre d'application, lui non plus ne varie guère.

C'est le chant, les Muses, les hymnes et les paroles : μελί-
γλωσσος ἀοιδά (Bacchylide fr. 4Sn.,25(63)), μελίφθογγος (Muses : Pin-
dare Ol. VI, 21 ; Terpsichore : Isth. II, 7), μελίγηρυς (voix des jeu-
nes filles : Alcman 26P.,1 ; hymnes : Pindare Ol. XI, 4 et Isth. II,
3), μελίκομπος (chant : Isth. II, 32) et μελίγδουποι ἀοιδαί (Nem.
XI, 18).

C'est aussi le vin et l'eau μελιγαθὲς ὕδωρ (Pindare fr. 198b
Sn.), μελιηδὴς/ - αδὴς τρύξ (Anacréon 352P.,2), et οἶνος (Théognis 475 ;
Pindare fr. 166Sn.,2 ; cf. Alcée 367L.P.).

C'est enfin le contentement pacifique et serein (εὐδία μελι-
τόεσσα Ol. I, 98).

- μείλιχος -

Souvent rapprochés, par l'étymologie populaire, de μέλι, μειλι-
χόγηρυς s'applique à la parole persuasive (Tyrtée 9D.,8), μείλιχος au
vin (Xénophane 1D.,6), à l'amour et à l'amitié ou à l'hospitalité
(Anacréon 425P., Mimnerme 1D.,3). Μείλιχος caractérise encore le temps
d'une vie heureuse - μείλιχος αἰών - (Pyth. VIII, 97), ou le sourire
de la poétesse dans ce merveilleux vers d'Alcée (fr. 384L.P.) qui met
en valeur, à lui seul, trois adjectifs récurrents de la lyrique grecque :

ἰόπλοκ' ἄγνα μελλιχόμειδε Σάπφοι

- μαλθακός

Μαλθακός et ses doublets μόλθακος et μαλακός complètent l'i-
dée de douceur.

Ils s'appliquent aux chants et à la voix (Pindare Nem. IX,
49 ; Pyth. VIII, 31 ; Pyth. IV, 137), et donnent naissance à l'adjectif
composé μαλθακόφωνος (Pindare Isth. II, 8).

Mais, dans un contexte de paix, ils qualifient aussi les mem-
bres (Pindare Nem. IV, 4), et la couche sur laquelle ils reposent
(Sappho 94L.P.,21 ; 46L.P.,1 ; Xénophane 18D.,2) et, par voie de con-
séquence, le sommeil (dans l'ivresse : Théognis 470).

Un certain nombre d'adjectifs gravitent encore autour de
l'idée de douceur. L'amour étant une des grandes   occupations de la
paix, on ne manque pas de qualifier la femme par l'adjectif ἁβρός
(Anacréon 373P.,3 ; Alcée 42L.P.,8) ou ἁπαλός (Sappho 122L.P. ; 82(a)
L.P. ; 126L.P. ; Anacréon 370P.), et, de la vision générale de l'aimée,
on passe aux différentes parties de son corps : ἁπαλός s'applique,
alors, aux mains (Sappho 81(b)L.P.,2 ; Alcman 3P.,80 ; Alcée 45L.P.,
6), à la chevelure (Anacréon 414P.), et aux pieds (Alcman 3P.,10 (?)).

Λεπτός s'applique à la végétation (Pindare fr. 230Sn.) et τέρην
à des jeunes filles (Hipponax 79D. ; Théognis 261) et à la voix (Théo-
gnis 266), ou encore au laurier (Ibycus 315P.).

Πραΰς, enfin, est employé une fois par Pindare pour qualifier
un φάρμακον (Ol. XIII, 85) et deux fois pour des hommes qui gouvernent
et se conduisent sagement : dans la IIIe Pythique (v. 71) et, surtout,
dans la IVe (v. 136) qui offre un exemple particulièrement intéressant,
liant μαλθακός à πραΰς :

        ...   πραῢν δ' Ἰάσων
    μαλθακᾷ φωνᾷ ποτιστάζων ὄαρον
    βάλλετο κρηπῖδα σοφῶν ἐπέων.

Tous ces adjectifs qui suggèrent une idée de douceur sont em-
ployés par Homère, à l'exception de πραΰς et d'ἀβρός.

En revanche, les poètes ne semblent pas utiliser ἤπιος, même
dans un sens moral : comme le montre J. de Romilly [10], πρᾶος prend,
pour ainsi dire, la suite de l'homérique ἤπιος dans toute la littéra-
ture grecque.

L'atmosphère de la paix, à travers les adjectifs récurrents,
ce n'est pas seulement la douceur, c'est aussi l'éclat et la couleur,
la beauté et la grâce, et le sens du sacré. Là encore, on retrouve, mê-
lés, les différents champs d'application des adjectifs de la douceur :
Muses, chants, instruments de musique, femmes, plantes, vin et eau,
qui sont ceux du banquet, de l'amour, de la poésie et d'une nature "ar-
tistique".

b) L'éclat et la couleur

- l'or

L'éclat lumineux qui revient le plus souvent est celui de l'or.
Il est en majeure partie lié au domaine de la paix. Il peut, toutefois,
retrouver (notamment avec Alcée et Pindare) son ambivalence homérique
qui le lie, à la fois, à la paix et à la guerre (éclat des armes do-
rées, des casques, etc.). Mais cette ambivalence est moins nette que
chez Homère et tend à s'effacer.

Χρύσεος/χρύσιος qualifie Aphrodite et diverses divinités
(Mimnerme 1D.,1 ; Théognis 1293, 1381 ; Pindare Ol. XIII, 8 ; Bacchy-
lide V, 174 ; XV, 4 ; cf. Sappho 1L.P.,8 ; Pindare Isth. VII, 5) ; les
Muses et la phorminx, ainsi que les choeurs (Pindare Nem. V, 24 ; Bac-
chylide fr. 20BSn., 4 ; Sappho 127L.P. ; Adespota 936P.,3). Il qualifie
aussi la nature (plantes : Sappho 132L.P.,1 ; 143L.P. ; et astres, so-
leil ou lune : Stésichore 185P.,2 ; Simonide 581P.,3).

Le thème de l'or donne naissance à une importante série d'adjectifs composés. Pour Anacréon, Eros est χρυσοκόμης (358P.,2), Apollon χρυσοφόρμιγξ pour Simonide (511P., fr. 1(a)5), Aphrodite χρυσοστέφανος et l'Aurore χρυσοπέδιλλοςpour Sappho (33L.P. ; 103L.P.,13 ; 123L.P.), Cypris χρυσοέθειρα pour Ibycus (282P.(a),9) ; tandis que dans le Parthé-neion d'Alcman, la chevelure d'Hagèsichora ἐπανθεῖ/χρυσὸς ὡς ἀκήρατος (1P.,53-54).

- Les couleurs "lyriques"

Comme le montre M. Treu, les lyriques sont, peut-être, plus sensibles aux nuances de la couleur qu'Homère.

Il n'empêche que c'est de lui qu'ils héritent leurs couleurs, et il est bien difficile de savoir si elles correspondent, pour eux, à une réalité visuelle plus nuancée que le simple éclat [11].

Quelles sont ces couleurs lyriques ? Celles de la violette (et tous les composés en ἰο - et ἰανο -, ἰόκολπος, ἰόπλοκος, ἰοβλέφαρος, ἰανο-γλέφαρος, etc.), toutes les teintes soutenues (κυάνεος et πορφύρεος) ou pâles (χλωρός, λευκός, ξανθός) ou encore bigarrées (ποικίλος).

Si l'on regarde le champ d'application de ces adjectifs, on s'aperçoit qu'il relève, presque exclusivement, du domaine de la paix, tandis que celui de la guerre est, au sens propre du mot, étrangement "décoloré".

Ce sont les Muses qui ont les tresses (Pindare Isth. VII, 23 ; Bacch. III, 71 ; Adespota 1001P.) ou les paupières violettes (ἰοβλέφαρος Bacchylide XIX, 5 ; IX, 3) ; ce sont elles qui portent des couronnes de violettes (ἰοστέφανος Théognis 250, Bacchylide V, 3).

Ce sont, de même, les paupières d'Eros qui sont κυάνεος (Ibycus 287P.,1), comme la terre et la nature (Pindare fr. 87Sn. ; Ol. VI, 40) ou le regard des nymphes (Anacréon 357P.,2 : κυανῶπις).

Πορφύρεος est l'épithète de la mer (Alcman 89P.,5 ; Anacréon 347P.,18 ; Simonide 571P. ; Théognis 1035), et, par conséquent, d'Aphrodite, déesse de l'amour (Anacréon 357P.,3).

Comme le miel et l'olivier (cf. Stésichore 179P.(a), 2 ; Xéno-
phane 34D. ; Anacréon 443P.), la femme amoureuse, chez Sappho, est χλωρά
(31L.P.,13).

Quant à λευκός et ξανθός, ils qualifient des êtres aimés ou des
parties du corps (chevelure : Anacréon 358P.,7 ; Alcman 3P.,9 ; Sappho
98L.P.(a),6 ; Théognis 828 ; visage : Bacchylide XVII, 13 ; etc.).

Jusqu'aux chants qui sont dits ποικίλοι (Pindare Nem. V, 42 ;
IV, 14), comme la phorminx - ποικιλοφόρμιγξ - (Ol. IV, 2), qui est préci-
sément cette ποικιλόγαρυς φόρμιγξ dont le poète parle ailleurs (Ol. III,8).

- L'éclat

Tous les adjectifs que l'on a vus précédemment se rapportent à
des personnes ou des choses qu'ils qualifient en restant, malgré tout,
dans le domaine descriptif, en même temps qu'ils ont une valeur symbolique.

Les adjectifs qui suivent, traduisant l'éclat à l'état pur, sont
parfaitement abstraits et n'ont d'autre valeur que symbolique : c'est
l'éclat même de la paix qu'ils suggèrent.

'Αγλαός c'est l'éclat des cités (Théognis 785 ; ἀγλαόδενδρος :
Oponte, Ol. IX, 20 ; ἀγλαόκουρος : Corinthe, Ol. XIII, 5), des Muses et
du chant (Théognis 250 ; ἀγλαόκωμος : Ol. III, 6 ; ἀγλαόθρονος : Ol. XIII,
96) ; l'éclat de la nature (Pindare Ol. II, 80 ; fr. 220Sn.), de la vic-
toire aux jeux (Pyth. V, 52 ; Nem. XI, 20 ; Bacchylide XII, 36) et de la
jeunesse (Théognis 985 ; 1008 ; Bacchylide V, 154).

Λαμπρός, de même, caractérise le visage de l'aimée chez Sappho
(16L.P.,18), et la renommée aux jeux de la paix - pourvoyeuse d'une vie
douce, pour Pindare (Pyth. VIII, 96-97) :

      ... ἀλλ' ὅταν αἴγλα διόσδοτος ἔλθῃ,
   λαμπρὸν φέγγος ἔπεστιν ἀνδρῶν καὶ μείλιχος αἰών.

Λιπαρός, enfin, s'applique aux cités victorieuses et vivant en
paix (Théognis 947 ; Pindare Ol. XIII, 110 ; XIV, 3 ; Pyth. II, 3 ; fr.
196Sn. ; Bacchylide I, 13), ainsi qu'aux couronnes de la victoire (Bacchy-
lide I, 157), tandis que les déesses sont λιπαροπλόκαμοι pour Pindare
(fr. 87Sn.).

c) La beauté, la grâce et le sacré

Tout, dans l'évocation des activités pacifiques, doit donner
une impression de beauté et de grâce.

L'objet de la passion (Sappho 108L.P. ; 112L.P.,3 ; Anacréon
380P.), comme le banquet (cf. Alcée 368L.P. ; Théognis 477), les chants
ou les propos (Alcman 27P.,3 ; Théognis 763 ; Pindare Pyth. V, 107) est
χαρίεις.

Le charme de l'amour (τερπνός : Sappho 160L.P. ; Théognis 1345 ;
256 ; Pindare Nem. VII, 53) est aussi puissant que celui de la poésie
(τερψιεπεῖς ἀοιδαί : Bacchylide XIII, 230). Et ce parti pris de grâce et
de beauté explique l'abondance des composés en εὐ - et en καλλι -.

Dans un contexte amoureux, la femme est καλλιπρόσωπος (Anacréon
346P. fr. 1,3), mais les cités en paix sont καλλίχοροι (Pindare Pyth. XII,
26 ; Bacchylide XI, 32), car elles peuvent s'adonner aux chants et culti-
ver l'art des Muses καλλίκομοι (Sappho 128L.P. ; Stésichore 212P.,1 ;
Ibycus 288P.,2 ; Simonide 577P.(a),2).

Tout baigne dans la beauté : l'art des Muses et des banquets
(εὔφωνος Pindare Isth. I, 64 ; Pyth. I, 38), la lumière du soleil et de
la lune (εὐφεγγής : Bacchylide IX, 29 ; XIX, 26), la végétation (εὔδεν-
δρος : Simonide 507P.,2 ; Pindare Ol. VIII, 9 ; Bacchylide XVII, 80),
l'amour (εὐανθής : Sappho 81L.P.(B),3), etc..

Beauté, grâce, lumière, douceur, voilà qui explique, sans doute,
ce sens du sacré qui accompagne, dans toute la poésie, l'évocation de la
paix, avec des adjectifs comme ἀμβρόσιος et ἱερός ou ἁγνός.

Si les odeurs, l'eau, les oiseaux, les abeilles, la lumière ou
la nuit peuvent être dits ἀμβρόσιοι, ἱεροί ou ἁγνοί [12], c'est parce
qu'ils sont transmués par l'art divin de la poésie - par le chant ἀμβρό-
σιος (Bacchylide XIX, 2) ou ἱερός (Pindare fr. 194Sn.,1) et par les Cha-
rites ἁγναί (Alcée 386L.P. ; Sappho 53L.P.).

Homère n'était pas insensible aux raffinements d'une vision
"lyrique" avant la lettre : il faisait un usage symbolique de l'éclat lu-
mineux (cf. Od. XVI, 172 ; Il. XXII, 470 ; XIX, 282 ; etc.), et n'igno-
rait pas les aspects les plus "poétiques" de la nature, conçue comme

objet de contemplation artistique. Il mentionnait, lui aussi, la violette
(Od. V, 72), et parlait, en des termes que les lyriques lui empruntèrent,
de la douceur du corps féminin (Il. III, 395sqq. ; XIX, 282sqq.) ; mais
tout ceci ne relevait pas uniquement, chez lui, du domaine de la paix,
et, surtout, les adjectifs ne s'appliquaient pas indifféremment à telle
ou telle activité.

Avec les lyriques, au contraire, et quelques élégiaques, de
même que l'amour, la musique, les banquets, les éléments naturels se par-
tagent les mêmes adjectifs, de même ces thèmes de la paix servent à se ca-
ractériser les uns les autres, dans une chaîne sans fin. Voici un dernier
exemple de chaîne symbolique exprimée par un adjectif dérivé de l'un des
thèmes de la paix.

L'amour définit, outre la grâce corporelle des femmes et de la
jeunesse (ἐρόεις : Ibycus 282P.(a)44 ; ἐρατός : Sappho 16L.P.,17 ; Solon
3D.,20 ; 12D. ; Théognis 1131 ; 1348 ; ἱμερόεις : Sappho 31L.P.,5), la
musique (ἐρατός : Alcman 27P.,2 ; Stésichore 278P.,1 ; Pindare fr. 129Sn.,
8 ; Théognis 242 ; Pindare Isth. II, 31 ; fr. 124Sn.,1 ; fr. 235Sn.,3 ;
ἱμερόεις : Théognis 532 ; Bacchylide fr. 20Sn.C,5 ; ἱμερόφωνος : Sappho
136L.P. ; Simonide 583P. ; Alcman 26P.,1 (?)),les banquets (ἐρατός :
Théognis 778), la richesse (ἱμερόεις : Théognis 1117), ou encore, la lu-
mière de la lune et du soleil (ἐρατός : Pindare Ol. X, 75 ; Théognis 569).

Tout comme les épithètes de la guerre, traditionnelles, n'impli-
quent pas un véritable jugement, ainsi les adjectifs de la paix servent-
ils, avant tout, à prolonger une sorte de jeu fermé de la poésie avec
elle-même, et à accroître le symbolisme des évocations. Plus que jamais,
la paix apparaît comme un monde clos et littéraire, sans grand rapport
avec la vie quotidienne.

Les épithètes et les adjectifs récurrents expriment donc une
disposition générale de l'homme à l'égard de la guerre et de la paix,
plus qu'ils n'en décrivent les éléments.

xxxxx

xxx

x

II. LES IMAGES

L'image exprime concrètement un jugement abstrait. Mais, plus elle est développée, plus elle se rapproche de la description et plus le jugement reste implicite, car il n'y a pas identification entre les deux termes, mais, pour ainsi dire, juxtaposition ; plus elle est brève et plus l'appréciation abstraite passe au premier plan, rejetant au second la vision directe qui l'a suscitée.

On va voir comment l'on passe de l'abondance homérique à la concision élégiaque et lyrique.

1/ Les images de la guerre

Dans le seul domaine de la guerre, les comparaisons sont très nombreuses chez Homère. Comme l'indique justement S. Weil [13], "les guerriers apparaissent comme les semblables soit de l'incendie, de l'inondation, du vent, des bêtes féroces, de n'importe quelle cause aveugle de désastre, soit des animaux peureux, des arbres, de l'eau, du sable, de tout ce qui est mû par la violence des forces extérieures."

Seules les comparaisons nobles, celles de la violence, sont vraiment conservées par les poètes. Mais la grande différence avec Homère est que le procédé de la comparaison régresse, quand il s'agit de comparer un guerrier, ou même une armée, à ces forces naturelles, tandis qu'il se développe, quand il s'agit de la guerre elle-même et donne, alors, naissance à l'allégorie ou à la métaphore. Elles ont d'autant plus de succès, dans la poésie nouvelle, qu'en elles s'exerce le passage du particulier au général, et du général à l'abstrait, qui la caractérise.

Les allégories et les métaphores sont presque toutes issues de deux grandes comparaisons fort en honneur dans la poésie d'Homère : la comparaison d'un guerrier ou d'un groupe de guerriers avec la mer, d'une part, avec les nuages, les pluies, la neige, toutes les perturbations météorologiques, de l'autre.

a) Images_maritimes

On trouve plusieurs comparaisons "marines" chez Homère. Elles
sont, au reste, liées, le plus souvent, à des comparaisons "météorologi-
ques".

Au chant IV de l'Iliade (v. 275 sqq.), les armées évoquent,
pour le poète, le mouvement et le bruit de la mer sous un ciel d'orage ;
les bataillons, encore groupés, des deux Ajax, le nuage de la tempête qui
va éclater sur la mer et la déchaîner :

> "Ainsi du haut de sa guette, un chevrier voit un nuage qui s'en
> vient sur la mer, poussé par le Zéphyr. De loin, il lui appa-
> raît aussi noir que de la poix, cependant qu'il avance sur la
> mer et amène avec lui une immense tourmente. A le voir, il fré-
> mit et pousse ses ouailles à l'abri d'une grotte. Ainsi, avec
> les deux Ajax, s'ébranlent au féroce combat des bataillons de
> jeunes hommes issus de Zeus..."

De même, au chant XI (v. 297), Hector se lançant à la bataille
est comparé à "la rafale au souffle impétueux qui, soudain, pour la sou-
lever, fond sur la mer violette", et, au chant XV (v. 624), il tombe sur
les Danaens comme la vague sur "la fine nef".

Cette comparaison avec la mer est étendue par le poète à l'ar-
mée au repos. Au chant II de l'Iliade (v. 144sqq.), c'est l'assemblée qui
est "houleuse", tandis que, dans ce même chant (209-210), l'armée qui ac-
court à l'assemblée évoque le bruit et le mouvement de la vague :

> ... ὡς ὅτε κῦμα πολυφλοίσβοιο θαλάσσης,
> αἰγιαλῷ μεγάλῳ βρέμεται, σμαραγεῖ δέ τε πόντος. (14)

La comparaison la plus intéressante est celle du chant XV de
l'Iliade (v. 379sqq.), car elle introduit l'image du navire, qui sera si
chère aux poètes :

"Mais les Troyens, dès qu'ils entendent le fracas de Zeus porte-
égide, avec une ardeur nouvelle, fondent sur les Argiens et ne
songent plus qu'au combat. Tout comme un grand flot de la vaste
mer s'abat sur une nef, par-dessus ses bordages, quand le presse
la force du vent, qui fait monter si haut les vagues ; ainsi les
Troyens, dans une clameur immense, franchissent le mur et, pous-
sant leurs chars, ils combattent près des poupes, les uns de
près, avec leurs lances à deux pointes, les autres de leur char."

On note, cependant, qu'il s'agit toujours d'une comparaison et
que c'est quelque chose de concret, un bataillon, un guerrier, qui en
forme l'un des termes : il n'y a encore ni allégorie ni métaphore.

Aux débuts mêmes de l'élégie, on trouve une véritable métaphore
chez Tyrtée (9D.,22=12B.,12W.) qui atteint d'un coup à l'abstraction la
plus grande : κῦμα μάχης - la vague de la bataille.

Mais cet exemple est un cas isolé et l'on peut dire que la méta-
phore représente le terme de l'évolution vers l'abstraction et qu'elle ne
se dégage que lentement de la comparaison et de l'allégorie - nous prenons
ces termes dans le sens que leur a donné la rhétorique classique après
Aristote [15].

Selon Héraclite Pontique (Allégories d'Homère, § 5), il faut
entendre allégoriquement un passage d'Archiloque (56D.=103L.B.;54B.;105W.) :

"Archiloque (...), engagé dans les périls de la lutte contre les
Thraces, compare la guerre aux vagues déchaînées, à peu près en
ces termes :
        Regarde, Glaucos : sur la mer aux eaux profondes, voici les
vagues en remous ; autour des cimes de Giré, un nuage s'élève,
tout droit, signe de tempête ; et la peur tout à coup nous
prend".

Mais, évidemment, le texte est trop court pour que l'on puisse
décider s'il y a encore une comparaison ou déjà une allégorie [16].

De la guerre, on passe très rapidement, avec les guerres civi-
les, à la situation politique en général, et cela d'autant plus facilement

qu'Homère passait de l'armée en mouvement à l'armée au repos, et que la
στάσις est, à la fois, un problème qui concerne le corps social tout en-
tier, et une guerre.

C'est ainsi que Solon écrit (Plutarque, Solon, 3,7=11D.;12B.;
12W.) :

"Les vents troublent la mer, mais quand nul ne l'agite elle n'a
pas d'égal pour la sérénité."

Y-a-t-il allégorie ou comparaison ? On imagine assez bien,
cette fois-ci, une comparaison dont le deuxième terme serait "ainsi la
cité...", puisque ailleurs - on y reviendra - Solon compare la ruine de la
cité avec des bourrasques de neige et que Plutarque rapporte une méta-
phore qui reprend l'image maritime. L'Etat est alors comparé à un vais-
seau (Sol. 19, 2) :

"il était persuadé que la ville, solidement fixée sur ces deux
Conseils, comme sur deux ancres (ἐπὶ δυσὶ βουλαῖς ὥσπερ ἀγκύ-
ραις ὁρμοῦσαν), serait moins agitée (ἧττον ἐν σάλῳ), qu'il ren-
drait ainsi le peuple plus tranquille (μᾶλλον ἀτρεμοῦντα)" [17].

On retrouve la comparaison dans le recueil théognidéen (v. 855-
856) :

"Cette ville a été souvent, par la faute de mauvais chefs,
comme un vaisseau perdant son cap qui court en rangeant la
côte." [18]

Bien sûr, ce distique n'est pas daté et l'on s'accorde à penser
qu'il n'est pas de Théognis, ce qui peut jeter un doute sur l'authenticité
de la comparaison solonienne, mais l'image du navire se trouve au moins
par trois fois, et d'une manière indubitable, chez Alcée : les textes con-
vergent donc pour faire supposer qu'elle est particulièrement en faveur
au VIe siècle.

Ce qui est remarquable, dans les exemples précédents, c'est que la grande comparaison de type homérique disparaît au profit d'une comparaison moins longue, qui ne décrit pas pour lui-même chacun des termes comparés, mais recherche déjà la brièveté [19].

Avec Alcée, on fait un pas de plus dans le sens de l'abstraction, car ce sont de véritables allégories que l'on trouve dans son oeuvre.

Le vaisseau ballotté par les flots dont il parle, c'est assurément son parti face à la guerre civile. La comparaison disparaît, la métaphore du vaisseau de la cité n'est pas loin mais ne s'affirme pas encore, car la pensée ne va pas jusqu'à se condenser dans l'alliance de deux mots de registres radicalement étrangers l'un à l'autre. Alcée représente le stade intermédiaire de l'allégorie.

C'est bien ainsi qu'Héraclite (All. Hom. 5) présente deux fragments du poète où, montrant qu'il s'agit de la lutte contre Myrsile, il ajoute (§ 9) :

"Ce poète, habitant d'une île, regorge d'allégories tirées de la mer ; et le plus souvent il compare aux tempêtes du large les calamités que provoquent les tyrans."

L'un des fragments cités à l'appui de la thèse est le suivant (6L.P.=19B. ;119, 120D.;41-42R.P.), selon la traduction d'A. Puech légèrement modifiée :

"La vague (qui vient ici)...(?) approche, et nous donnera grand mal pour vider le vaisseau quand elle l'aura envahi...(?) Relevons au plus vite (les bords du vaisseau) et courons à un havre sûr ; et qu'aucun de nous ne se laisse gagner par une lâche crainte, car nous avons en vue un grand succès (?) - Souvenez-vous du discours de jadis ; que chacun soit aujourd'hui un homme brave. Ne faisons pas rougir par une lâcheté nos vaillants ancêtres, couchés sous la terre."

Voici l'autre (326L.P.=18B.;46aD.;54R.P.) :

"Je suis dérouté par la mêlée des vents ; la vague qui roule
vient tantôt d'ici et tantôt de là ; nous, cependant, au mi-
lieu des flots, nous sommes emportés avec notre noir vaisseau,
ballottés violemment par la grande tempête ; l'eau dans la
sentine couvre le pied du mât ; toute la voile est déchirée ;
elle pend en grands lambeaux et les cordages   de la vergue
cèdent."

Un dernier fragment, enfin, qu'Héraclite ne cite pas, pourrait
se rattacher à cette série (73L.P.=46bD.;49R.P.=Pap. Oxy. 1234 fr. 3).
Avant de le traduire, A. Puech précise que "l'image du navire est vrai-
semblablement, ici, encore, allégorique, quoi qu'en pensent Diehl et Wi-
lamowitz" :

"Battue par la vague grondante (la nef) n'a plus envie de lut-
ter contre la pluie et la tempête, elle a, dit-elle, heurté un
écueil invisible et s'y est brisée. Voilà comment elle roule
entraînée. Je veux, ami, oublier cela et festoyer avec vous
(...)"

Mais encore faudrait-il savoir ce que désigne cette nef. On
pourrait penser qu'elle représente le parti d'Alcée qui renonce à la
lutte. Pour D.L. Page, il n'en est rien, il s'agirait, plutôt, d'une
vieille courtisane fatiguée [20] : D.L. Page se fonde sur un commentaire
ancien du poème (Pap. Oxy. 2307 fr. 14=306L.P.),qu'il étudie avec beau-
coup de précision, et les arguments qu'il apporte sont, sinon décisifs,
du moins susceptibles d'ébranler les plus convaincus.

On retrouve le même type d'allégorie dans le recueil théogni-
déen ; en proie à la guerre civile, la cité apparaît comme un navire
dont l'équipage se mutine et qui est près de faire naufrage (v. 674-680) :

"Tenez, c'est le sauve-qui-peut ! Mais d'autres agissent ; ils
ont relevé le capitaine, un bon et qui savait tenir la barre ;
de vive force ils pillent la cargaison ; tout ordre a dispa-
ru. (...)Ce sont les faquins qui commandent ; les vilains do-
minent les nobles. Je crains que le vaisseau ne sombre dans
les flots." [21]

L'allégorie est intéressante, mais la paternité du texte pose un double problème. Les vers s'adressent, en effet, à un certain Simonide. Qui est ce Simonide, et quel est l'auteur du poème ? Est-ce Evénos de Paros ? Mais on en connaît deux et la question n'est pas résolue pour autant : cet Evénos est-il le contemporain de Simonide de Céos ou celui de Socrate ? autant de difficultés pratiquement insolubles [22].

On se contentera donc de remarquer que l'allégorie du vaisseau de l'Etat est singulièrement développée et, sans en tirer pour autant de conclusion quant à la datation du texte, que ces vers font étrangement penser à Platon (République, VI, 488sqq.) [23].

Cette allégorie a de nombreux prolongements chez Pindare, qui compare le chef de la cité au capitaine dirigeant son navire entre les écueils : (Pyth. I, v. 86)

νώμα δικαίῳ πηδαλίῳ στρατόν,
et (v.91) ἐξίει δ' ὥσπερ κυβερνάτας ἀνήρ
ἱστίον ἀνεμόεν (πετάσαις) ...

La ville d'Egine vogue, dans la VIIIe Pythique (v. 98), ἐλευθέρῳ στόλῳ, mais si le chef est un mauvais capitaine, c'est un dieu qui doit redresser la situation en prenant la barre (IVe Pyth. 272 sqq.) :

"Il est aisé d'ébranler une cité ; les plus vils manants en sont capables. Mais la rétablir en son état, voilà qui est difficile si la divinité ne vient, comme un bon capitaine, diriger les rois (εἰ μὴ θεὸς ἀγεμόνεσσι κυβερνατὴρ γένηται)."

Après Pindare, on voit s'imposer l'image du capitaine, une sorte d'abstraction seconde par rapport à l'allégorie du vaisseau de la cité. On trouve donc, conjointement, les deux allégories. Aussi bien dans le théâtre d'Eschyle (Sept contre Thèbes, v. 2-3 : capitaine ; v. 652 : capitaine ; v. 795-6 : navire ; v. 208-210 : navire ; Euménides, v. 16 : capitaine ; v. 765 : capitaine ; Suppliantes, v. 344 : navire, etc.) que dans celui de Sophocle (Antigone, v. 994 : capitaine ; Oedipe roi, v. 22-24 : navire battu par les vagues ; v. 922-23 : capitaine) et dans la prose philosophique, notamment chez Platon (cf. Politique,

297E). Mais, alors que l'allégorie du vaisseau naît de l'évocation de la
guerre extérieure, puis intérieure, elle finit par s'en écarter du tout
au tout et rentrer dans le domaine de la politique pacifique. Le mouve-
ment de moralisation et de généralisation, amorcé par les élégiaques et
les lyriques, qui intellectualisaient la comparaison homérique avec la
mer, en la déplaçant d'un combattant ou d'un combat à la guerre en géné-
ral, et de celle-ci à la guerre civile, puis à la vie politique, ne cesse
de s'accentuer. Dès Pindare, l'allégorie déborde même le cadre de la vie
politique : c'est la vie humaine tout entière qui, comme un navire, est
en proie à la tourmente [24].

L'appréciation des lyriques sur la guerre ne diffère pas de
celle d'Homère : la guerre reste ouragan et tourmente. Mais les poètes
font progresser l'expression vers l'abstraction et la généralisation, et
c'est en cela que se situe leur originalité. Les éléments concrets de la
description ne sont pas là pour eux-mêmes, mais en tant que signes qui
revêtent valeur d'idées.

Ce n'est pas que l'allégorie soit inconnue d'Homère. Héraclite
en voit même partout, car pour lui l'*Iliade* et l'*Odyssée* ont un sens gé-
néral qui est allégorique. Ce type d'allégories, qu'il faudrait plutôt
appeler symbolisme, est un peu suspect. Héraclite cite, cependant, un
exemple d'allégorie "limitée" qui annonce bien la poésie nouvelle
(All. Hom. 5, 14) :

> "Il nous offre un cas fort clair de ce mode d'expression dans
> les vers où Ulysse, énumérant les malheurs qu'apportent la
> guerre et les batailles, dit :
> > Le bronze y répand sur la terre
> > beaucoup de paille et peu de grain,
> > quand vient à s'incliner la balance de Zeus.
> > (*Il*. XIX, 222sqq.)
> Ici, on parle agriculture, mais on pense bataille ; en somme
> on fait entendre ce qu'on veut dire au moyen d'évocations tou-
> tes différentes."

Toutefois, il est juste de remarquer, avec F. Buffière [25],
que ce n'est pas une allégorie pure qu'Homère offre là, puisqu'il intro-
duit l'idée de bronze au lieu de ne mentionner qu'un élément de la com-
paraison. En outre, il est bien certain qu'Homère n'a que très rarement
recours à ce procédé. C'est donc vraiment avec les poètes nouveaux qu'il
se développe, et l'évolution vers l'abstraction est encore plus nette si
l'on considère le sort fait à la deuxième grande comparaison homérique
pour le domaine de la guerre, la comparaison météorologique : elle sus-
cite l'art de la métaphore.

b) **Images atmosphériques**

Les comparaisons avec les phénomènes atmosphériques sont liées,
chez Homère, aux comparaisons maritimes (cf. Il. IV, 275sqq.) et, comme
elles, les deux termes qu'elles développent n'ont rien d'abstrait.

Au chant III de l'Iliade (v. 1sqq.), par exemple, l'armée des
Troyens est comparée à une nuée de grues et au brouillard ; au chant V
(v. 85sqq.), Diomède à un fleuve impétueux grossi par l'orage, au chant
XIII (v. 795), les guerriers à des bourrasques et, au chant XII (v. 278
sqq.), les pierres lancées dans la bataille à des flocons de neige.

Comme pour les comparaisons précédentes, le premier terme de-
vient abstrait dans la nouvelle poésie : là encore, il s'agit de la
guerre en général ou de la situation politique, et non plus de telle ba-
taille ou de telle phase de la bataille.

C'est ainsi que Solon écrit (10D.=9B.;9W.) :

"De la nue viennent les bourrasques de neige et de grêle, le
tonnerre vient de l'éclair fulgurant : c'est par les grands
que la ville va à sa ruine, et le peuple, par sa sottise, est
devenu l'esclave d'un tyran." [26]

Si, dans l'épinicie XIII, Bacchylide use encore d'une comparai-
son qui s'explique d'autant mieux que son thème est celui de la guerre
de Troie, et qu'il imite le plus possible Homère, Pindare, au contraire,

va beaucoup plus loin dans l'abstraction que ne le faisait même Alcée,
et use de véritables métaphores.

Voici le texte de Bacchylide (v. 121sqq.) :

"Mais cette fois le fils intrépide de la Néréide couronnée de
violettes avait laissé la guerre.

Tel, dans la mer fleurissante d'azur, le Thrace Borée dé-
chire sous les flots le navire qu'il attaque lorsque la nuit
s'est déployée : il cesse avec l'aurore qui éclaire le monde,
il aplanit la mer, les brises favorables du Notos gonflent la
voile, et les marins gagnent en hâte la terre qu'ils n'espé-
raient plus.

Ainsi, quand les Troyens entendirent que le lanceur de
javelots, Achille, restait dans sa tente pour l'amour de la
blonde Briséis aux membres désirables, ils levaient leurs mains
vers les dieux, voyant dans la tempête une claire lueur." (27)

La comparaison, comme on le voit, reste de type homérique. Au
contraire, Pindare écrit dans la VIIe _Isthmique_ (v. 26sqq.), où il prodi-
gue ses encouragements à Thèbes :

"Mais la gloire est la récompense des vaillants. Ah ! qu'il
en ait l'assurance ! celui qui, dans cet ouragan qu'est la
guerre, combattant pour sa patrie, écarte d'elle la grêle de
sang :
... ὅστις ἐν ταύτᾳ νεφέλᾳ χάλα-
ζαν αἵματος πρὸ φίλας πάτρας ἀμύνεται."

Νεφέλα est repris par χάλαζα αἵματος. Il n'y a plus, comme
chez Alcée, allégorie, car on ne reste pas dans un seul et même registre,
il y a véritablement métaphore.

La nef ballottée par les vents était encore une nef avec tou-
tes ses caractéristiques. Ici l'ambiguïté est exclue : cette χάλαζα
n'est pas une véritable grêle, c'est une grêle de sang, expression syn-
thétique, qui allie, en deux termes indissociables, deux éléments déve-
loppés, auparavant, d'une manière séparée, par Homère.

On trouve, de même, dans la Ve _Isthmique_ qui fait l'éloge
d'Egine à la bataille de Salamine (v. 46sqq.) :

"Ma langue véridique peut lancer en leur honneur mille traits ;
mais de leur bravoure (ἐν Ἄρει), aujourd'hui, c'est la ville
d'Ajax, c'est Salamine qui peut rendre témoignage : les marins
d'Egine l'ont sauvée, dans la pluie meurtrière envoyée par Zeus,
dans la grêle sanglante qui a fait périr des guerriers innom-
brables (ἐν πολυφθόρῳ... Διὸς ὄμβρῳ / ἀναρίθμων ἀνδρῶν χαλα-
ζάεντι φόνῳ)."

De la comparaison homérique entre les armes et la grêle, on
passe à de véritables expressions métaphoriques : πολυφθόρῳ ὄμβρῳ et,
formé de la même manière, mais exactement inverse, χαλαζάεντι φόνῳ, dé-
veloppent la métaphore du texte précédent χάλαζα αἵματος.
Quand Pindare écrit ἐν ταύτᾳ νεφέλᾳ, il faut comprendre πολέ-
μου νεφέλᾳ, comme dans la IVe _Isthmique_ (v. 17) où il écrit τραχεῖα νι-
φὰς πολέμοιο, et l'on atteint la plus intéressante des métaphores de la
guerre que l'on retrouve, sous sa forme définitive, dans une épigramme
du recueil simonidéen (87D.=89B.) :

"Nous fûmes vaincus au pied du Dirphys, mais la tombe qui nous
recouvre, près de l'Euripe, a été élevée aux frais de l'Etat.
Ce n'est que justice, car nous avons sacrifié notre aimable
jeunesse en résistant à la nuée impétueuse de la guerre (τρη-
χεῖαν πολέμου δεξάμενοι νεφέλην)."

Si Diehl pense que l'épigramme peut être de l'époque de Simo-
nide, Bergk et Hauvette (n° 21) ne sont pas de cet avis, et son authen-
ticité est généralement contestée. Mais, même, et à plus forte raison,
si on la considère comme tardive, il est faux de dire que ce πολέμου νε-
φέλη est comparable au πολέμοιο νέφος d'Homère.
On trouve une seule fois πολέμοιο νέφος dans l'_Iliade_ (XVII,
243), Ajax y dit à Ménélas (v. 238sqq.) :

"Doux ami, divin Ménélas, je ne compte plus que nous sortions
jamais l'un ni l'autre de ce combat. J'ai grand peur, moins
pour le corps de Patrocle, qui rassasiera bientôt les chiens
et les oiseaux de Troie, que pour ma propre tête ; j'ai grand
peur qu'il ne lui arrive malheur - et à la tienne aussi - quand
je vois cette nuée guerrière, Hector, tout envelopper, et quand
clairement devant nous s'ouvre le gouffre de la mort.
(- -) ἐπεὶ πολέμοιο νέφος περὶ πάντα καλύπτει,
Ἕκτωρ, ἡμῖν δ' αὖτ' ἀναφαίνεται αἰπὺς ὄλεθρος."

Πολέμοιο a ici la valeur qu'aurait l'adjectif πολεμήϊον et la
liaison entre πολέμοιο et νέφος est à sens unique : πολέμοιο précise νέ-
φος qui est, lui-même, mis en apposition à Ἕκτωρ.

Homère ne compare donc pas Hector à la nuée de la guerre, ou à
la nuée qu'est la guerre, il le présente comme une nuée animée d'un pro-
jet guerrier, une nuée de guerre, ou encore guerrière, comme traduit jus-
tement P. Mazon.

Dans l'épigramme, au contraire, les deux mots n'étant pas épi-
thètes d'un troisième, πολέμου est complément de νεφέλη mais νεφέλη ca-
ractérise πολέμου. C'est la guerre elle-même qui est une nuée.

Le même procédé se retrouve dans une épigramme, attribuée à
Anacréon (A.P. VII, 226=100B.;100D.), où le poète écrit, en parlant d'un
guerrier mort au combat, qu'Arès assoiffé de sang l'a tué - στυγερῆς ἐν
στροφάλιγγι μάχης - dans la tourmente de l'horrible bataille.

Là encore, la guerre est une tempête. Mais la paternité de
l'épigramme est assez contestée et sa datation incertaine.

On peut donc dire que, pour la guerre, si la métaphore appa-
raît, avec l'expression κῦμα μάχης, dès les débuts de la poésie qui nous
occupe, son usage ne devient fréquent que plus tardivement, sans doute à
partir du Ve siècle. Il n'en a pas moins été longuement préparé, au VIe,
par les allégories d'Alcée et de Solon.

Cette évolution n'a rien pour surprendre. On a vu, dans le deux-
ième chapitre, comment tant l'émotion que le réalisme s'effaçaient peu
à peu des deux domaines, dans la poésie nouvelle, soucieuse de faire pas-
ser l'idée avant le tableau ou le sentiment.

De même, les poètes délaissent la comparaison pour l'allégorie ou la métaphore : ils usent d'images qui ne sont soutenues et justifiées que par les comparaisons pleinement développées d'Homère, tout comme les épithètes traditionnelles qu'ils emploient renvoient, sans les reprendre, aux peintures homériques.

Le raccourci allégorique et métaphorique impose l'appréciation des poètes sur la guerre en réalisant une identité totale entre la guerre et la manière dont elle apparaît : la guerre n'est plus comme un ouragan ou une mer démontée, elle est ouragan et mer démontée. Ce n'est pas l'appréciation sur la guerre qui est renouvelée, mais l'usage qui en est fait : les poètes vont tout de suite à l'idée en rejetant le plus possible les échelons intermédiaires.

Certes, on ne se trouve pas encore en présence d'une pensée totalement abstraite : les poètes continuent à s'exprimer par images, mais avec une économie de moyens, du moins pour le thème de la guerre, qui est très caractéristique de leur art.

2/ Les images de la paix

Le domaine de la paix est bien moins riche, ici, en comparaisons, allégories et métaphores, que celui de la guerre, car la notion abstraite de paix n'existe pratiquement pas mais est remplacée par la mention de ses attributs.

Dans ce cadre, il y a moins comparaison qu'image symbolique : c'est ainsi qu'on a vu apparaître, à travers les adjectifs récurrents, l'image de la lumière dans l'évocation du chant, du banquet, de l'amour. On ne peut pas dire que ceux-ci soient comparés à l'éclat lumineux, ils sont lumineux, et l'adjectif est, à la fois, un adjectif d'atmosphère, un adjectif symbolique qui renvoie à l'idée de paix, et un jugement sur la paix.

De même, dans une expression comme ἀοιδᾶν ἄνθεα, il y a moins une métaphore qu'un raccourci qui lie deux aspects, différents mais symboliques au même titre l'un que l'autre, de l'atmosphère de la paix : les fleurs et les chants.

Ἀοιδᾶν ἄνθεα (Bacchylide Péan fr. 4Sn.,25(62)) est bien dif-
férent de l'ἥβης ἄνθος d'Homère où il y a une comparaison implicite en-
tre la croissance naturelle et la croissance humaine. Ici, la comparai-
son entre la croissance des plantes et leur éclat, d'une part, le chant
qui s'élève et éclate, de l'autre, est dépassée par la valeur symbolique
des deux termes ἀοιδᾶν et ἄνθεα, qui renvoient à des thèmes récurrents
et symboliques de la paix.

Néanmoins, au sein des activités de la paix, le thème de l'a-
mour est renouvelé, chez Ibycus, par une comparaison intéressante.

Pour dire que l'amour n'a pas de saison, il développe une véri-
table comparaison de type "météorologique" (5P.(286)=1B. ;6D.; Athen.
XIII, 601B.) :

"C'est au printemps que reverdissent les cognassiers, arrosés
par l'eau des fleuves, dans le jardin inviolé des Vierges, et
que fleurissent les bourgeons de vigne, croissant à l'ombre
des rameaux. Mais, pour moi, l'amour ne connaît pas de saison,
et (comme ?) le Thrace Borée s'enflammant sous l'éclair, il
quitte Cypris et s'élance avec les folies brûlantes, sombre,
intrépide, et, de toute sa force, il (enchaîne ?) totalement
mon coeur." [28]

Ce n'est qu'avec Pindare que l'on trouve deux métaphores véri-
tables, jouant sur un double registre, abstrait et concret : ἄνθεσιν εὐ-
νομίας (fr. 52aSn.,10=Péan 1 Puech) et μεγαλάνορος Ἡσυχίας τὸ φαιδρὸν
φάος (fr. 109Sn.,2=Hyp. 3 Puech).

Toutefois, ces métaphores n'ont rien de bien original, puis-
qu'elles recoupent les images symboliques dont on a déjà parlé : l'éclat
et la croissance.

Il en va de même pour les allégories que l'on peut trouver
chez ce poète. D'une part, elles n'apportent rien de vraiment neuf par
rapport aux adjectifs récurrents, à la différence de ce qui se passe
pour la guerre, de l'autre, elles ne sont que le négatif des allégories
employées pour la guerre.

Si la guerre est une tempête, la paix c'est le ciel serein, le
beau temps (εὐδία ou εὐαμερία). Ainsi Pindare écrit-il, dans la VIIe

Isthmique, à propos de Thèbes et de l'oncle de Strepsiade (v. 34sqq.) :

"... tu as exhalé ton âme en son printemps, au premier rang de
la mêlée, là où les plus vaillants soutenaient l'effort du com-
bat (πολέμοιο νεῖκος) en un suprême espoir. La douleur que
j'ai ressentie ne se peut dire, mais aujourd'hui le Dieu qui
porte la terre m'a rendu la sérénité après la tempête (εὐδίαν
ὅπασσεν / ἐκ χειμῶνος)...",

et, dans la Ière Isthmique, pour déplorer le "naufrage" allégorique
d'Asopodore et de son fils Hérodote de Thèbes, exilés de leur cité, et
fêter les jours meilleurs (v. 34sqq.) :

"(...) je veux, en rendant hommage à ce vaillant, dire le sort
fameux de son père, Asopodore, et le champ paternel d'Orchomène
qui l'accueillit, abattu par un naufrage (ναυαγίαις), échappé
à la mer immense, glacé par l'infortune. Mais voici que mainte-
nant son destin héréditaire lui a fait reprendre le cours de
son ancienne félicité (εὐαμερίας)."

Il semble que, plus encore que la valeur allégorique d'εὐδία,
allégorie inversée de la tempête de la guerre, ce qui retient Pindare,
dans ces images, c'est qu'elles reprennent celle de la lumière.

Quand, délaissant l'allégorie, il parle, dans la Ière Olympi-
que, de μελιτόεσσαν εὐδίαν (v. 98), il dévoile bien son propos qui est
d'opérer une sorte de syncrétisme entre les idées de douceur (μελιτόεσ-
σαν) et de lumière (εὐδίαν).

Les allégories n'ont d'autre but que de venir renforcer ce
langage hautement symbolique qui est le sien, et qui s'appuie sur les
adjectifs, les noms, les verbes, ce tissu très serré de sens où la paix
est désignée par l'éclat lumineux qui, lui-même, renvoie à l'amour, etc.,
et où les différents termes ne peuvent se séparer les uns des autres.

De même, on peut dire que l'allégorie qui vient s'opposer à
τραχεῖα νιφὰς πολέμοιο dans la IVe Isthmique (v. 16sqq.) n'est qu'un
prétexte à une évocation symbolique de la paix à travers les fleurs,
leur croissance et leurs couleurs, ou plutôt qu'elle ne saurait exister
sans le langage symbolique de la paix :

"Mais, en une seule journée, le dur ouragan de la guerre (τρα-
χεῖα νιφὰς πολέμοιο) a dépeuplé leur foyer bienheureux (celui
des Cléonymides), en lui ravissant quatre guerriers ; et voici
cependant qu'après les ténèbres des mois hivernaux (μετὰ χει-
μέριον ... μηνῶν ζόφον), la terre s'est parée et a fleuri comme
de roses pourpres, par la volonté des dieux." [29]

Il n'y a donc pas vraiment d'allégorie, au sens propre du mot,
quand tout le langage de la paix, de par son symbolisme, est allégorique.

Les véritables allégories, les allégories indépendantes, si
l'on peut dire, celles qui n'utilisent pas le langage symbolique de la
peinture de la paix, sont des plus rares et naissent toujours des allégo-
ries guerrières.

Comme on l'a déjà dit, l'allégorie du vaisseau de la cité, bal-
lotté par les flots de la guerre extérieure ou de la guerre civile, donne
naissance, chez Pindare, à celle du bon capitaine.

Là encore, on observe le même mouvement de généralisation que
pour la guerre : le poète cherche moins à évoquer, par une image, la paix,
qu'à fixer, par une allégorie imagée, ses réflexions abstraites sur la
situation politique [30].

Les lyriques font preuve de plus de fantaisie quand ils s'amu-
sent à employer un vocabulaire guerrier pour parler de leurs activités
préférées : l'amour et la poésie.

Ce jeu a peut-être son origine dans les images religieuses d'un
Eros, fils d'Arès et d'Aphrodite, et d'un Apollon, archer et joueur de
lyre. Quoi qu'il en soit, c'est un des rares moments où les allégories de
la paix ne se contentent pas d'être le négatif de celles de la guerre,
mais se servent de la guerre elle-même pour désigner allégoriquement la
paix.

Le combat amoureux inspire surtout Anacréon qui écrit (51P.
(396)=62B.;27D.) :

"Apporte de l'eau, apporte du vin, petit, apporte-nous des cou-
ronnes de fleurs, apporte-les, pour que je me batte contre
Amour à coups de poing (ὡς δὴ πρὸς Ἔρωτα πυκταλίζω)." [31]

Allant plus loin, il fait même de ces Amours, dont il est le premier à parler, des guerriers en miniature. Il crée ainsi une image qui n'a pas fini d'attirer les poètes, à commencer par ses imitateurs "anacréontiques" (100P.(445)=129B.) :

ὑβρισταὶ καὶ ἀτάσθαλοι καὶ οὐκ εἰδότες
ἐφ' οὓς τὰ βέλη κυκλώσεσθε.

Pour sa part, Sappho compare le jeune marié à Arès, si le texte suivant est la bonne lecture (111L.P.=91B.;123D.) :

(...)
γάμβρος †εἰσέρχεται ἴσος † "Αρευι,
ἄνδρος μεγάλω πόλυ μέζων,

et l'amour à un combat, dans la fameuse prière à Aphrodite (σύμμαχος ἔσσο 1L.P.,28=1B.) [32].

Quant aux "flèches de la poésie" elles sont, semble-t-il, le bien de Pindare qui parle, au moins cinq fois, de son javelot, de son arc et du but ou de la cible (σκοπός) qu'il se propose d'atteindre.

Ainsi écrit-il dans la IXe Néméenne :

"Puisse mon javelot (ἀκοντίζων) atteindre le plus exactement le but que lui marquent les Muses (σκοποῦ' ἄγχιστα Μοισᾶν)" (v. 55),

ou encore, dans la XIIIe Olympique (v. 93sqq.) :

"Mais, tandis que je darde mes javelots (ἀκόντων) lancés droit au but, il ne faut pas que mon bras robuste envoie par delà (παρὰ σκοπόν) ses traits innombrables (τὰ πολλὰ βέλεα)" [33].

Les images de la paix ne renouvellent donc pas beaucoup le bagage homérique : l'évocation ne fait que resserrer son réseau de symboles.

Toutefois, même si le jeu symbolique entre les noms, les adjectifs, les verbes est, de loin, le plus important, il faut, cependant,

souligner la dépendance des images de la paix à l'égard de celles de la
guerre dont elles présentent, en quelque sorte, le reflet : l'antithèse
entre la guerre et la paix, rare dans le domaine sémantique, un peu plus
fréquente dans les oppositions thématiques, est visiblement sous-jacente
dans l'emploi des images.

Ici encore les poètes héritent beaucoup d'Homère et d'Hésiode.
Ils héritent jusqu'à l'appréciation qu'ils portent sur la guerre et la
paix, qui est traditionnelle. Mais ils en remanient la présentation
d'une manière qui exclut, quelque peu, la réaction et la sensibilité
personnelles.

Les épithètes de la guerre ne sont plus sous-tendues par de
véritables descriptions, mais deviennent des épithètes morales et passe-
partout qui accroissent encore l'aspect gnomique de la poésie, comme
celles de la paix relèvent du symbole.

De même, les images de la guerre s'éloignent de plus en plus
de la comparaison homérique qui leur donne naissance ; l'allégorie et
la métaphore guerrières procèdent par allusions, tandis que les images
de la paix parfont le symbolisme de l'évocation.

Tout comme le vécu immédiat et quotidien tend à se sublimer
dans les deux domaines, ainsi se sublime-t-il aussi dans l'appréciation
portée sur la guerre et la paix : par une expression abstraite ou un
jeu essentiellement littéraire, la poésie fait désormais plus appel à
l'intelligence et à la réflexion qu'aux sentiments et aux sensations.

Il en va de même pour la place que tiennent les dieux dans la
guerre et la paix, comme on va le voir maintenant.

NOTES DU CHAPITRE III

(1) L'hymne à Arès (très tardif) est un cas extrême qui fait du dieu du carnage et du massacre, du dieu haï qui ne reçoit point d'honneurs, sauf chez les Scythes qui n'élèvent de statues qu'à lui seul (Hérodote IV,59), la divinité chargée d'assurer la paix, la justice, la jeunesse, la perfection morale. Mais il s'agit d'une oeuvre fortement influencée par le syncrétisme religieux du IVe ou du Ve siècle de notre ère. Pour l'idée de demander la paix au dieu de la guerre, cf. Hymnes Orphiques LXV, 6.

(2) Cela n'exclut pas, toutefois, la violence : ἐγρεκύδοιμος (Hésiode).

(3) Cf. I.G. I^2, 920 = Kaibel 19 ; Bergk, t. 2, p. 238 ; Pfohl (Greek Poems on Stones), n° 75 ; ca. 500, Attique.

(4) Ἄγναμπτος est une correction de Bergk. Les manuscrits donnent ἄκαμπτος, attesté chez Eschyle (Choe. 455, etc.), Snell ἄκναμπτος.

(5) A moins qu'il ne faille lire κακομάχανος ou θρασυμάχανος.

(6) Si ἡσύχιον n'a pas un sens adverbial.

(7) Cf. Frag. Adesp. 1021 P., 1 : γλυκεῖα Εἰράνα.

(8) Sappho offre un composé très intéressant γλυκύπικρος (130L.P.,2) qui s'applique à Eros. On le retrouve développé, dans un autre contexte, chez Théognis (v. 301), en πικρὸς καὶ γλυκύς.

(9) Inversement, on trouve λιγύς pour le chant des flûtes (Théognis 242), des Muses (Alcman 14P.(a)1;30P.), et du barbitos (Bacch. fr. 20C Sn.,1). L'adjectif désigne moins la sonorité elle-même que l'éclat de cette sonorité dans le grave ou dans l'aigu.

(10) J. de Romilly, La douceur dans la pensée grecque, p. 38sqq.

(11) On se reportera, sur ce point, à l'étude détaillée de M. Treu : <u>Von Homer zur Lyrik</u>.

(12) Cf. e.g. ἀμβροσίης ὀδμῆς : Théognis 9 ; ἀμβρόσιον ὕδωρ : Pindare fr. 198bSn. ; ἀμβροσίαν νύκτα : Alcman 1P.,62 ; ἀμβρόσιον πρόσωπον ἀμέρας: <u>Adespota</u> 1010P. ; ἱαρὸς ὄρνις : Alcman 26P.,4 ; ἱαρᾶς νυκτός : Stésichore 185P.,3 ; ἱεραῖς μελίσσαις : Pindare fr. 158Sn. (cf. fr. 123, 11) ; ἁγνὴν ὀδμήν : Xénophane 1D.,7 ; ἁγνὸν ὕδωρ : Pindare <u>Isth</u>. VI, 74 ; ἁγνόταται παγαί : Pindare <u>Pyth</u>. I, 21.

(13) <u>La source grecque</u>, p. 32.

(14) Cf. <u>Iliade</u> IX, 4sqq. où la douleur des Achéens est comparée à la mer démontée par le vent.

(15) Sur les recherches de la linguistique moderne, cf. e.g. P. Ricoeur, <u>La métaphore vive</u>, Paris, 1975 ; M. Le Guern, <u>Sémantique de la métaphore et de la métonymie</u>, Paris, 1973.

(16) S' il y a une allégorie, elle porte sur la guerre, non sur le vaisseau de l'Etat. Pour F. Rodríguez Adrados ("Origen del tema de la nave del Estado...") qui s'intéresse au "vaisseau de l'Etat", ce fragment est plus réaliste, moins allégorique que ceux d'Alcée sur le même sujet : Glaucos et Archiloque s'embarqueraient avec un corps expéditionnaire sur un véritable bateau. Avant de partir, à Paros, Archiloque comparerait les événements de Thasos avec l'une des tempêtes qui se déchaînent sur Paros à partir de Thasos, et celle-ci menacerait le bateau parien qui finirait par symboliser la cause de Paros.

(17) Traduction de R. Flacelière, légèrement modifiée.

(18) Cf. J. Péron , <u>Les images maritimes de Pindare</u>, p. 150 : allusion à une mauvaise politique intérieure et <u>extérieure</u> ? Nous citons, en la modifiant légèrement, la traduction de J. Carrière.

(19) Cf. J. Péron, op. cit. p. 10, et notes 5 et 6. Il en va de même dans un fragment anonyme que Bergk rattache à Solon (Dion Chrysostome, XXXII, 432 = Iambi Adespotes fr. 23) :

Δῆμος ἄστατον κακόν

καὶ θαλάσση πάνθ᾽ ὁμοῖον ὑπ᾽ ἀνέμου ῥιπίζεται,

καὶ γαληνὸς ἦν τύχῃ, πρὸς πνεῦμα βραχὺ κορύσσεται,

κἢν τις αἰτία γένηται, τὸν πολίτην κατέπιεν.

Mais Solon pouvait-il vraiment parler en ces termes du δῆμος ? Le δῆμος est pour lui l'ensemble de la cité, non les classes inférieures. L'inspiration du poème est aristocratique ; s'il est bien ancien, il peut appartenir à la période des guerres civiles.

(20) D. Page, Sappho and Alcaeus, p. 193sqq.. Cf. J. Péron, op. cit., p.30.

(21) Nous suivons la traduction de J. Carrière, sauf pour ἀγαθοί et κακοί qui n'ont pas le sens moral de "bons" et "méchants" mais un sens social, et pour κυβερνήτης qui désigne non le pilote mais le capitaine.

(22) Cf. J. Carrière, Théognis, poèmes élégiaques, p. 166-167 ; B.A. Van Groningen, Théognis, le premier livre, ad loc. ; C.M. Bowra : "Simonides in the Theognidea", Class. Rev. 48, 1934, p. 2sqq.

(23) Cf. F. W. Walbank (A historical Commentary on Polybius, vol. I ; Oxford Clarendon Pr., 1957, p. 725) qui met les comparaisons de "Théognis" et de Platon en parallèle avec celles de Polybe, Histoires VI, 44, 3 (ἀεὶ γάρ ποτε τὸν τῶν Ἀθηναίων δῆμον παραπλήσιον εἶναι συμβαίνει τοῖς ἀδεσπότοις σκάφεσιν) et III, 81, 11 ; X, 33, 5 (image du navire sans capitaine).

(24) Cf. Ol. XII, 5-6 ; Isth. I, 34 sqq. et Euripide, Oreste v. 340-45, etc. (pour l'évolution de l'image maritime, cf. J. Péron, op. cit. p.104sqq.).

(25) Allégories d'Homère, éd. Les Belles Lettres, n. 3, p. 92.

(26) Dans le même ordre d'idées on peut noter qu'au fr.1D.,18sqq.(=13B.; 13W.), Solon compare une idée abstraite, la τίσις de Zeus, au vent qui soulève la mer, ravage les blés, puis s'apaise et laisse place à un ciel serein.

(27) Traduction d'A.M. Desrousseaux.

(28) Ailleurs, Ibycus parle de la "course", au sens le plus imagé possible, de l'amour (6P.(287)=2B.;7D.;Platon Parménide 137A) :

"De nouveau Eros me coule de tendres regards sous ses sombres sourcils et, par toutes sortes de charmes, me jette dans les lacs inextricables de Cypris ; ah ! certes, je tremble à son approche comme, aux portes de la vieillesse, le cheval, autrefois vainqueur, renâcle à conduire le char rapide au combat."

Une curieuse expression métaphorique vient parfaire avec Anacréon cette recherche de l'insolite, μεθύων ἔρωτι (31P.(376)=19B.;17D.), en même temps que, selon le procédé lyrique par excellence, elle unit deux des thèmes préférés de la paix : l'amour et le vin.

(29) Traduction d'A. Puech légèrement modifiée. Cf. les paroles de Clytemnestre à Agamemnon (Eschyle, Ag. 968-969) :

καὶ σοῦ μολόντος δωματῖτιν ἑστίαν,
θάλπος μὲν ἐν χειμῶνι σημαίνεις μολόν.

(30) On trouve déjà cet appel aux images nées de la guerre, pour définir les activités pacifiques, chez Solon : il se présente comme le guerrier qui étend son bouclier sur les deux partis à la fois, pour les protéger (5D.,5-6). Mais, de toute évidence, les liens entre la guerre et la paix sont trop étroits dans l'oeuvre politique de Solon pour que l'on puisse considérer que l'image guerrière, banalisée et "désarmée", est une image allégorique de la paix.

(31) Cf. encore 1P.(346)fr. 4=Pap. Oxy. 2321 ed. Lobel.

(32) Sans doute est-ce dans un tel contexte amoureux, et comme une allégorie de la paix, qu'il faut comprendre le mot μάχεσθαι que l'on trouve dans le texte - mutilé, mais quand même suggestif - du fragment 60L.P. (=84 D.;87R.P. ; Pap. Oxy. 1787, fr. 44).

(33) Cf. Ol. II, 83(91)sqq. ; Ol. IX, 5sqq. ; Nem. VI, 26sqq.. Nous traduisons εὐθὺν ἀκόντων ἱέντα ῥόμβον par "darde" plutôt que "vibre" (A.Puech).

CHAPITRE IV
─────────

DES DIEUX AUX HOMMES
────────────────────

Dans l'Iliade, les dieux prennent parti pour tel ou tel guer-
rier, détournent les traits qui pourraient le tuer ou dirigent la flèche
contre un ennemi. Ils ne se contentent pas, sauf Zeus, de rester dans
l'Olympe pour tirer les ficelles de la guerre, mais, combattant aux cô-
tés des hommes, ils empruntent pour cela une forme humaine.

Dans la poésie postérieure, cette présence "humaine" des dieux
va en décroissant au fur et à mesure que l'on descend les siècles.

Certes, elle ne disparaît pas totalement, du moins au VIIe et
VIe siècles, mais les poètes s'intéressent bien plus aux rapports de la
volonté divine et de l'action humaine qu'à la présence effective des
dieux dans la guerre.

I. L'ABSENCE RELATIVE DES DIEUX DANS LA GUERRE

C'est surtout avec Archiloque que l'on trouve des exemples de
dieux venant aider matériellement les hommes : on est aux débuts de la
nouvelle poésie et la rupture avec le monde homérique n'est pas encore
totalement réalisée.

Un texte d'Eusèbe rapporte qu'Archiloque aurait reçu l'ordre
suivant : Ἀρχίλοχ' εἰς Θάσον ἐλθὲ καὶ οἴκει εὔκλεα νῆσον (fr. 264-265
L.B.=295W.). Peut-être faut-il supposer qu'une tradition ancienne vou-
lait que le dieu se fût manifesté au poète par un oracle. Quoi qu'il en
soit, dans le "Monumentum Parium" qui retrace, entre autres choses, la
vie d'Archiloque et cite certains de ses vers, le rôle d'Athéna aux cô-
tés des Pariens est bien mis en valeur. Il s'agit d'une guerre contre
Naxos, au temps de la colonisation de Thasos (fr. 51D.I A, 1. 55sqq.=
101L.B.;94W.) :

"En leur combat, elle se tint propice à leurs côtés (ἴλαος πα-
ρασταθεῖσα), Athéna, la fille de Zeus tonnant, et elle ranima
le courage de ce peuple éploré."

Athéna a donc combattu aux côtés des Pariens, et c'est là un
exemple qui rapproche beaucoup Archiloque d'Homère.

La déesse apparaît dans un autre passage du "Monumentum Parium"
(IV A, 1. 46sqq.=fr. 110L.B.;98W.) où les vers d'Archiloque semblent re-
later une guerre au service de Thasos et, là aussi, on peut croire qu'elle
est réellement présente au combat.

Deux autres fragments peuvent encore aller dans ce sens.

Selon cette même inscription (IV A, 1. 5=106L.B.;95W.), Archi-
loque dit peut-être qu'il fut sauvé dans la bataille par Hermès, si,
toutefois, la restitution est exacte : πῇ μ' ἔσωσ' Ἑρμ[ῆς τρέμοντα -
υ - ῡ -]μενος.

Enfin, dans le fragment 75D., transmis par Plutarque (=86L.B.=
108W.), on le voit s'adresser en ces termes à Hèphaestos pour lui deman-
der d'être son σύμμαχος :

"Entends-moi, seigneur Hèphaestos. Je suis à tes genoux : com-
bats à mon côté. Accorde-moi les dons que tu sais accorder."

Au siècle suivant, Mimnerme offre un exemple à peu près identi-
que de la présence d'Athéna dans la guerre. Il s'agit d'un passage de la
Smyrnéide (13D.,1sqq.=14B.;14W.) où il exalte les exploits des ancêtres
de son peuple, dans leurs guerres contre la Lydie, au temps de Gygès :

"Ce que furent la force et le vaillant coeur de cet homme, je
le sais par mes ancêtres, eux qui le virent mettre en fuite les
phalanges serrées des Lydiens qui combattent à cheval, à tra-
vers la plaine de l'Hermos, lui, le héros à la lance. Jamais,
certes, Pallas Athéné n'eut à exciter, par ses reproches, la
rude vigueur de son coeur, lorsqu'il s'élançait, à travers les
premiers rangs, dans le fort de la bataille sanglante..."

Toujours au VIe siècle, Alcée présente Athéna défendant Coronée,
dans un texte qui suppose sa présence réelle puisque, dit-il, elle était

"devant le temple"(ναύω πάροιθεν) (Strabon IX, 411=325L.P.;16R.P.;9B.;
3D.) :

> "Souveraine Athéna, toi qui soutiens la guerre, qui étais là,
> veillant sur Coronée devant le temple battu par le flot, près
> des rives escarpées du Coralios." [1]

Toutefois, le poëte ne se préoccupe pas - souci un peu naïf,
mais émouvant, d'Homère - de donner des traits humains à la déesse.

Les poëtes nouveaux n'éprouvent guère le besoin de se représen-
ter les dieux, de voir leur aspect extérieur, leur attitude, de connaître
leur regard, leur voix, leurs armes. Si les dieux apparaissent dans la
guerre, c'est d'une manière qui est à mi-chemin entre la présence réelle
et le pur vouloir divin, mais on se rapproche beaucoup plus du vouloir
divin que de la présence "humaine". En effet, ce que les poëtes demandent
aux dieux et ce dont ils se réjouissent, c'est moins de les sentir à
leurs côtés dans la bataille que de savoir qu'ils ne cessent de veiller
sur eux et que leur volonté peut, à chaque instant, se manifester.

Callinos, rapporte encore Strabon (XIV, 1, 4=2D.;2B.;2W.), au-
rait demandé à Zeus d'avoir pitié des habitants de Smyrne - peut-être
était-ce à propos des malheurs causés par les invasions cimmériennes -
et il reste ce fragment de vers caractéristique :

> Σμυρναίους δ' ἐλέησον.

De la même manière, Tyrtée rassure ainsi les soldats prêts à
combattre (8D.=11B.;11W.) :

> "Allons, vous êtes de la race de l'invincible Héraclès, cou-
> rage ! Zeus n'a pas détourné de vous ses yeux. Que la foule
> des guerriers ne vous effraye pas et ne vous mette pas en
> fuite." [2]

Théognis, de même, demande par deux fois la protection divine
contre les Mèdes [3].

A Zeus, dans les vers 757sqq., où il écrit :

"Puisse Zeus, habitant l'éther, étendre toujours sur cette
ville, pour la préserver, sa main droite, et les autres dieux
bienheureux avec lui..."

A Apollon, dans les vers 773sqq. :

"Puissant Phoebos, c'est toi qui as élevé les murs de notre
citadelle, pour complaire à l'enfant de Pélops, Alcathoos : à
toi de détourner de cette ville la horde impudente des Mèdes..."

Dans le second exemple, non plus que dans le premier, rien ne
dit que le dieu viendrait, en personne, aider les Grecs à repousser les
Mèdes. La puissance d'Apollon peut aussi bien se manifester du haut de
l'Olympe, comme celle de Zeus ; et les poètes, suivant peut-être, en ce-
la, les critiques de Xénophane, se représentent mal des interventions
divines "humanisées" comme chez Homère.

Ainsi, pour honorer Hiéron, Bacchylide rappelle combien Syra-
cuse jouit des faveurs d'Apollon (IV, 1-3) :

"Syracuse est toujours la cité chérie d'Apollon aux cheveux
d'or et le législateur de la ville, Hiéron, reçoit ses fa-
veurs." (4)

Mais le texte suggère moins la présence effective d'Apollon, que l'exis-
tence de ses bonnes dispositions qui soutiennent et guident Hiéron. Il
s'agit d'ailleurs là d'une action plus pacifique que guerrière.

Le rôle tutélaire qu'il attribue à Artémis est le même quand
il évoque les aspects mythiques et religieux de la fondation de Méta-
ponte (XI(X), 113sqq.) :

"De là tu suivis, ô déesse, les guerriers achéens, amis d'Arès,
dans la contrée qui nourrit les chevaux ; et, sous de fortunés
auspices (σὺν δὲ τύχαι), tu habites Métaponte, ô souveraine
dorée des peuples. Près des belles ondes du Casas, mes ancê-

tres t'ont bâti un gracieux sanctuaire, lorsque, à force de temps, par la volonté des dieux bienheureux, ils eurent renversé la cité bien bâtie de Priam, avec les Atrides à la cuirasse d'airain." (5)

Enfin, Pindare, formant des souhaits de liberté pour Egine, écrit (Pyth. VIII, 98-100) :

"Egine, mère chérie, fais que cette ville poursuive en liberté le cours de son destin ; protège-la avec Zeus et le puissant Eaque, avec Pélée et le vaillant Télamon, avec Achille."

C'est cette même démarche de la pensée que l'on retrouve dans des σκόλια qui datent, selon C.M. Bowra (6), de l'époque de Marathon.

Dans le premier (884P.=1D.;2B.), le poète s'adresse à Athéna pour lui demander d'écarter de la cité, avec l'aide de Zeus, la guerre civile. Dans le second (888P.=5D.;6B.), il écrit :

"Nous avons vaincu comme nous le voulions et les dieux nous ont donné la victoire (...)"

On voit donc que ce qui était présence effective des dieux au combat, chez Homère, devient, maintenant, présence tutélaire du haut de l'Olympe.

On peut dès lors se demander si la réflexion sur le divin s'arrête là, ou si elle bouleverse plus profondément l'héritage homérique.

xxxxx
xxx
x

II. LA RESPONSABILITE HUMAINE

Au début de l'Iliade, c'est parce qu'Agamemnon a outragé Chrysès, le prêtre d'Apollon, que la colère du dieu s'abat sur les Achéens, donnant finalement naissance à la querelle désastreuse entre Achille et Agamemnon.

Calchas rend cette faute claire pour tous. Elle est donc in-
telligible aux hommes, au moins par l'entremise des devins, et elle in-
troduit la notion de responsabilité humaine dans les malheurs et dans
les guerres [7].

Mais cette première explication reste, le plus souvent, sous-
jacente. On a généralement l'impression, à lire Homère, que la guerre
de Troie est un phénomène qui dépasse tellement l'homme qu'elle lui appa-
raît comme la manifestation d'une fatalité voulue par un Zeus terrible.

Si, dans l'Odyssée, Zeus affirme la responsabilité des hommes
dans la naissance de leurs maux (I, 32-43), l'explication qui prévaut
dans l'Iliade est celle que Priam donne à Hélène (III, 164sqq.) :

"Tu n'es, pour moi, cause de rien : les dieux seuls sont cause
de tout ; ce sont eux qui ont déchaîné cette guerre, source de
pleurs, avec les Achéens."

On retrouve cette explication, concurremment avec la première,
dans l'Odyssée (VIII, 577-580) où Alcinoos dit à Ulysse :

"Dis pourquoi tu pleures et gémis, dans le secret de ton coeur,
quand tu entends chanter les malheurs des Danaens d'Argos et
d'Ilion. C'est l'oeuvre des dieux ; ce sont eux qui filèrent
la mort pour ces hommes, afin que la postérité y trouvât ma-
tière à des chants."

C'est que la justice selon l'ordre divin et la justice selon
l'ordre humain ne sont pas superposables, et n'ont pas encore de vérita-
ble point de contact. Les dieux, même dans le cas de Chrysès, n'inter-
viennent pas pour garantir une certaine justice dans les rapports hu-
mains ; ils interviennent soit pour se venger de qui les offense direc-
tement, soit, le plus souvent, comme "agents" [8] de la moïra, cette
force qui les transcende et qui, expression de l'incommensurabilité en-
tre le divin et l'humain, prive les hommes des racines de l'action pour
ne leur en laisser que les modalités.

Achille sait que son lot, de toute éternité, est de périr à
la guerre, mais il ajoute, réponse héroïque au problème de l'action (Il.
XIX, 422-423) :

ἀλλὰ καὶ ἔμπης
οὐ λήξω πρὶν Τρῶας ἄδην ἐλάσαι πολέμοιο. (9)

Toute l'action guerrière de l'Iliade est donc placée sous le
signe du ἀλλὰ καὶ ἔμπης : la volonté humaine n'a que la deuxième place.
Homère ne semble pas pressé d'insister sur l'intelligibilité, pour les
hommes, de l'action divine, ce qui, en retour, dirait, au niveau des
causes, leur responsabilité dans la guerre, ni de remplacer la μοῖρα par
la τύχη, donnant ainsi plus de champ à l'action humaine.

Un premier pas est franchi par Hésiode. Le poète indique clai-
rement que les dieux sont garants de la justice humaine. Pratiquer la
justice dans les relations sociales, c'est honorer Δίκη, la refuser,
c'est se rendre coupable, non seulement à l'égard des hommes, mais à
l'égard de Zeus. Dès lors, les interventions divines deviennent intelli-
gibles aux hommes, car le divin et l'humain doivent avoir un point de
contact : la justice.
L'homme a, en quelque sorte, prise sur le divin, et les mal-
heurs ou les guerres sont expliqués par la faute humaine contre une jus-
tice, terrible encore car elle peut égarer pour mieux perdre, mais in-
telligible aux hommes :

> "Ceux au contraire qui n'ont à coeur que la funeste démesure
> et les oeuvres méchantes sont réservés à la justice du Cronide,
> Zeus au vaste regard (...) Parfois aussi le Cronide leur dé-
> truit un rempart, une vaste armée, ou se paie sur leur flotte
> au milieu des mers" (Les Travaux et les Jours, 238sqq.)

Hésiode annonce la poésie nouvelle qui tendra à nier la fatali-
té et cherchera à comprendre la justice divine pour mieux affirmer la li-
berté de l'homme. Cette évolution ne se fera pas en une seule fois et
les poètes n'apporteront pas une réponse définitive au problème, mais
leur cheminement est intéressant (10).

Dans une ode à Polycrate où il parle de la guerre de Troie par
prétérition (1P.(a)(282)=3D.), Ibycus décrit le départ de l'expédition.
Le texte est assez mutilé puisque ce sont des papyri qui ont permis de le

restituer [11], mais il commence par l'antistrophe et l'épode suivantes :

"Et ils détruisirent la grande cité troyenne de Priam, illustre
et opulente, s'élançant d'Argos, suivant les desseins de Zeus
très grand, vers une lutte longuement chantée, pour la beauté
de la blonde Hélène, dans la guerre source de larmes. Et la
ruine (ἄτα) s'abattit sur la malheureuse Pergame, à cause de
Cypris à la chevelure d'or."

Comme Homère, Ibycus donne donc, pour cause première à cette
guerre, la volonté de Zeus, et pour causes secondes, celles d'Hélène et
de Cypris.

De même, la façon héroïque de résoudre le problème de la liber-
té de l'homme satisfait les poètes guerriers du VIIe siècle, proches
d'Homère.

Dans ces vers de Callinos on trouve une imitation de la solu-
tion homérique à travers l'imitation des formules (1D.,8-9=1B.;1W.) :

(- ∪∪ -) θάνατος δὲ τότ' ἔσσεται, ὁππότε κεν δή
Μοῖραι ἐπικλώσωσ'' ἀλλά τις ἰθὺς ἴτω.

Renouvelant le discours de Sarpédon (Il. XII, 322sqq.) qui in-
vitait Glaucos à se battre vaillamment puisque, aussi bien, il n'était
pas possible aux mortels d'échapper, à jamais, à la mort, le poète ne se
fait pas faute de développer, à son tour, cet argument du moindre mal
(1D.,12-15) :

"(...) car il n'est pas donné à l'homme d'éviter la mort, eût-
il pour ancêtres la race des immortels. Souvent celui qui re-
vient, après avoir fui la bataille et le choc des javelots,
rencontre chez lui le lot de la mort."

L'argument reparaît dans un fragment mélique de Simonide (19P.
(524)=65B.;12D.) :

ὁ δ'αὖ θάνατος κίχε καὶ τὸν φυγόμαχον,

mais, entre-temps, la réflexion s'est affinée et, avec elle, le choix.
Ce choix ne porte plus, comme précédemment, sur l'attitude que l'homme
doit adopter, mais sur la nature de la volonté divine.

L'angoisse de Théognis (cf. v. 373sqq. ; v. 743sqq.) en est
un signe. Les bouleversements sociaux que connaît le VIe siècle rendent,
en effet, bien difficile d'affirmer que la volonté divine vient mainte-
nir l'ordre social et que, comme chez Hésiode, le point de rencontre en-
tre le divin et l'humain se trouve dans la justice.

C'est pourtant un acte de foi chez Solon. Pour lui, les trou-
bles que connaît Athènes ne signifient pas que les dieux se désintéres-
sent des hommes, mais au contraire qu'ils les punissent : leur avidité
engendre les guerres, guerres étrangères et guerres civiles, car elle
blesse la Justice et s'attire ainsi le courroux de Zeus, garant d'une
justice intelligible aux hommes, qui dit leur culpabilité, mais aussi
leur responsabilité dans la naissance des guerres et, finalement, leur
liberté.

Dans l'élégie 3D.(=4B.;4W.), chère à Démosthène, l'action hu-
maine passe désormais au premier plan. Voici, en respectant la démarche
de la pensée, les passages les plus importants de ce texte :

"Notre ville ne périra jamais par l'arrêt de Zeus et les des-
seins des bienheureux dieux immortels, car la gardienne au
grand coeur, fille d'un père puissant, Pallas-Athéné, étend
son bras sur elle."

Ceci pour la bonne volonté des dieux, et Solon ajoute :

"Ce sont les citoyens eux-mêmes qui, par leur sottise, esclaves
des richesses, veulent détruire la grande cité ; les chefs du
peuple ont un esprit injuste (ἄδικος νόος) ; il est près de su-
bir de grandes épreuves, à cause de leur excessive démesure
(ὕβριος ἐκ μεγάλης).
(...)
Ils n'observent pas les principes vénérables de Justice ; la
déesse se tait, mais elle garde, en elle-même, la notion de ce
qui se passe et de ce qui s'est passé, puis, à son heure, elle
ne manque pas de venir et de punir."

Solon revient sur cette idée, dans un autre poème où il écrit
(8D.=11B.;11W.) :

"Si vous avez éprouvé des malheurs à cause de votre lâcheté,
ne rejetez pas sur les dieux ce qui revient à vos oppresseurs ;
car vous les avez grandis, vous-mêmes, en les protégeant et
voilà pourquoi vous êtes dans une triste servitude."

L'avertissement μὴ θεοῖσιν τούτων μοῖραν ἐπαμφέρετε suffit, à
lui seul, à indiquer le poids de la vieille conception fataliste sur les
esprits de l'époque.

L'homme passe ainsi au premier plan. Bien sûr, sa responsabili-
té ne s'exprime guère, avant Thucydide, dans le seul domaine des causes
et des effets, politiques, économiques et sociaux, et l'explication reste
encore religieuse, mais il y a, désormais, bien affirmé, ce point de con-
tact entre la volonté humaine et la volonté divine : la justice.

Parallèlement à cette réflexion religieuse en prise sur l'actua-
lité, on voit naître, à la même époque, avec Alcée et, au siècle suivant,
se prolonger avec Bacchylide, une réflexion nouvelle sur les causes de la
guerre de Troie, qui n'est pas sans importance si l'on songe à la place
que tient la guerre de Troie dans la poésie : pour tous elle reste le mo-
dèle par excellence de la guerre. Même si l'on affirme que ce modèle est,
désormais, dépassé, on ne cesse de s'y reporter.

Certains modifient les détails de l'histoire, et c'est la fa-
meuse querelle qui commence avec Stésichore : Hélène a-t-elle été en per-
sonne à Troie, ou si c'est seulement son εἴδωλον ? [12]

D'autres l'utilisent comme thème de propagande politique ; cer-
tains, enfin, embellissent la tradition en développant des épisodes mal
connus.

Mais Alcée et Bacchylide se préoccupent d'autre chose : renver-
sant tous les exemples précédents - sauf, peut-être, celui de Stésichore -,
rejetant l'avis même d'Homère, ils veulent voir en Hélène la source de
tous les maux et dans l'hybris des héros, la cause de la guerre.

Le rôle de Zeus est, là encore, de garantir la justice suivant
les hommes et de châtier les coupables. La racine de la guerre se trouve

dans l'homme, et non plus dans l'obscure volonté des dieux, ni dans les ordres de la moïra.

Le fragment d'Alcée qui concerne Hélène reste bien conjectural. En voici le texte, tel que le transmet le Papyrus Oxyrinchus 1233, fr. 2 II, v. 1sqq. (=42L.P.;74D.) [13] :

ὡς λόγος κάκων ἄ[χος ἔννεκ' ἔργων
Περράμωι καὶ παῖσ[ί ποτ', Ὤλεν', ἦλθεν
ἐκ σέθεν πίκρον, π[υρὶ δ' ὤλεσε Ζεῦς
Ἴλιον ἴραν.

Si l'on croit que Stésichore avait écrit, comme dit Platon dans le Phèdre (243a), une Ἑλένης κακηγορία, et si l'on replace ce fragment dans un tel contexte d'explication de la guerre de Troie, on voit combien le λόγος d'Hélène se trouve modifié depuis les paroles de Priam dans l'Iliade, et comment il culmine ici dans le ἐκ σέθεν : Hélène n'est plus la cause occasionnelle de la guerre, mais sa cause originelle, puisque Zeus, même s'il est mentionné, n'apparaît qu'au deuxième rang.

Cette interprétation semble confirmée par un autre fragment d'Alcée, malheureusement tout aussi mutilé (Pap. Oxy. 2303 fr. 1(a)=298 L.P.). Le poète raconte comment Ajax malmena Cassandre, réfugiée aux pieds de la statue d'Athéna, et termine ainsi :

"Mais Athéna, les sourcils froncés, livide de colère, tourna ses regards vers la mer lie de vin et fit s'élever de terribles rafales de vent." [14]

C'est cet orage qui empêchera Ajax de rentrer chez lui, comme punition à son hybris. Bien sûr, il ne s'agit pas ici, à proprement parler, de la guerre, mais nous obtenons la confirmation de ce que nous avancions : le thème de la guerre de Troie et les thèmes voisins développent désormais l'idée d'une plus grande culpabilité humaine et d'une plus grande attention des dieux à la manière dont les hommes, entre eux, pratiquent la justice [15].

Aussi Bacchylide n'hésite-t-il pas à placer dans la bouche de
Ménélas (XV, 50sqq.) ces paroles qui rappellent celles de Solon :

"O Troyens belliqueux, Zeus souverain qui voit toutes choses
n'est pas celui qui cause les grandes souffrances aux mortels
(οὐκ αἴτιος θνατοῖς μεγάλων ἀχέων) ; mais il est possible à
tous les hommes d'atteindre la droite justice (Δίκαν ἰθεῖαν),
compagne de l'Ordre pur (ἁγνᾶς Εὐνομίας) et de l'intelligente
Loi (πινυτᾶς θέμιτος). Heureux ceux dont les enfants la reçoi-
vent sous leur toit. Mais l'insolence (Ὕβρις) impudente dont
les fruits sont les ondoyants mensonges et les folies sacrilè-
ges, l'insolence prompte à faire don de la richesse et de la
puissance d'autrui, précipite ensuite à la profonde ruine
(βαθὺν... φθόρον)." (16)

Les poètes ne sauraient oublier, toutefois, que l'homme ne réa-
lise pas toujours ce qu'il voudrait et qu'il y a, en toute action humaine,
une part de faillibilité et de hasard.

Avec de multiples hésitations, de nombreux tâtonnements, c'est
au VIe siècle que se développe un vocabulaire nouveau destiné à en ren-
dre compte : les poètes utilisent la distinction amorcée par Homère et
Hésiode entre les dieux, d'une part, les forces qui leur échappent, comme
μοῖρα, ἀνάγκη, αἶσα, τύχη, de l'autre.

Quand on entre dans le domaine de la logique, des causes expli-
cables, on insiste, pour la guerre, sur la responsabilité des hommes,
pour la paix, sur l'aide que les dieux leur apportent pour l'établir.
Quand on le quitte, on ne mentionne pas les dieux, mais ces puissances.

Un bon exemple de cette évolution se trouve dans l'oeuvre de
Bacchylide et de Pindare.

Pour eux, là où il n'y a pas de faute humaine, αἶσα et τύχη
envoient les guerres civiles, mais ce sont les dieux qui collaborent avec
les hommes pour maintenir la paix.

C'est ainsi que Bacchylide écrit (fr. 24Sn.=36B.;20Jebb) :

"Les mortels ne choisissent pas eux-mêmes ni la richesse, ni l'inflexible Arès, ni les ravages de la guerre civile, c'est le destin (αἶσα) qui donne tout, qui envoie son nuage tantôt sur un pays, tantôt sur un autre."

En revanche, c'est Zeus qui, dans la XIe épinicie (v. 59sqq.), aide les hommes à établir la paix :

"C'est là que, depuis dix ans, ayant quitté Argos chère aux divinités, les héros intrépides au combat, armés de boucliers d'airain, habitaient avec leur monarque envié. Car une querelle inapaisable (νεῖκος... ἀμαιμάκετον), née d'une faible origine, s'exerçait entre les frères Proetos et Acrisios et les peuples étaient ruinés par les dissensions sans mesure et les batailles funestes (διχοστασίαις... ἀμετροδίκοις μάχαις τε λυγραῖς). Aussi prièrent-ils le fils d'Abas de décider, puisqu'ils possédaient une terre riche en orge, celle de Ti-rynthe, que le plus jeune irait s'y établir, avant qu'ils fussent tombés dans de redoutables extrémités. Zeus aussi, le fils de Cronos, pour honorer la race de Danaos et de Lyncée conducteur de chevaux, voulut faire cesser ces odieux malheurs (στυγερῶν ἀχέων)." (17)

Avec Pindare, la collaboration des dieux et des hommes pour maintenir la paix est désormais chose acquise, malgré le rôle pernicieux du sort. Hiéron réalise sur terre l'oeuvre de justice des dieux, comme le prouve la Ière Olympique où le poète écrit (v. 11-12) : "Au foyer bienheureux de Hiéron qui tient le sceptre de la justice dans la Sicile féconde", et (v. 106) : "un dieu veille sur tes desseins, Hiéron, il se donne cette tâche !".

Cette différence dans la façon de concevoir le rôle des dieux s'explique, évidemment, par l'évolution même de la société. Dans les siè-cles qui nous occupent, la guerre a changé et la vie politique s'est transformée.

Le monde des héros était lié à la faveur ou à la défaveur des dieux, à leurs brusques interventions dans le combat : celui qui n'était pas en relation directe avec les dieux n'était pas un héros et n'intéressait guère le poète.

A mesure que l'homme du rang passe au premier plan, à mesure que la tactique militaire se développe, le déroulement de la guerre ne peut plus dépendre de ces actions individuelles soutenues par une aide divine limitée à quelques guerriers.

Les dieux doivent aider tout le monde également, et l'on passe d'une présence réelle dans les combats à une tutelle bienveillante du haut de l'Olympe.

Ajoutons que les poètes chantent désormais des guerres qu'ils voient, qu'ils vivent, non plus des guerres mythiques rejetées dans les lointains de l'histoire où le surnaturel peut sembler normal.

Enfin, avec l'importance nouvelle de la troupe, la guerre devient un phénomène politique aussi bien que militaire : elle met en mouvement tous les rouages de la cité et elle ouvre la vie politique à un plus grand nombre d'hommes.

La fonction guerrière et le pouvoir ne sont plus réservés à une classe dont c'est la seule occupation, ils se désacralisent en quelque sorte, ou, à tout le moins, se démocratisent.

Le soldat est moins une incarnation d'Arès qu'un citoyen parmi d'autres, appelé à délibérer, à voter, à défendre sa patrie, à lutter même, dans la guerre civile, pour faire triompher son parti. Nul doute que cette éducation politique ne lui ait fait comprendre, peu à peu, qu'il était directement responsable de la guerre et de la paix.

La grande innovation de cette poésie, en la matière, sera donc la découverte de la politique.

NOTES DU CHAPITRE IV

(1) Traduction Reinach-Puech. Le texte est assez mutilé : 1. 1 πολε[.....
...] L.P. : πολεμαδόκος Welcker, Bergk, R.P., Page (<u>Lyrica Graeca Selecta</u>) ;
1. 2 †ἐπιδεω - † L.P. : ἐπιεϝύδεο R.P. ; 1. 3 ναύω πάροιθεν ἀμφι[.....
...] L.P. : ἀμφι[κλύστω R.P..

(2) Solon indique, quant à lui, que ce sont les dieux qui l'ont aidé dans
sa "lutte" politique et il s'agit bien d'une aide plus morale que maté-
rielle (23D.,18=34W.,6) : ἃ μὲν γὰρ εἶπα, σὺν θεοῖσιν ἤνυσα.

(3) La paternité des deux fragments est, évidemment, contestée. De toute
manière, ils semblent antérieurs, l'un et l'autre, à 450 (cf. appendice
n° 1) et concernent donc notre période.

(4) Traduction d 'A. M. Desrousseaux.

(5) <u>Id</u>..

(6) <u>Greek Lyric Poetry</u>, p. 386sqq. de la 1ère et 2e éd.

(7) Cf. H. Lloyd-Jones, <u>The Justice of Zeus</u>, chap. 1.

(8) L'expression est empruntée à P. Chantraine (<u>in</u> : "Le divin et les
dieux chez Homère", <u>Entretiens de la Fondation Hardt</u>, I, p. 73). Cf. E.R.
Dodds, "Agamemnon's Apology", <u>in</u> <u>The Greeks and the Irrational</u>, p. 7, pour
qui la <u>moïra</u> est le divin vu subjectivement.

(9) Cf. <u>Il</u>. XVIII, 120sqq..

(10) La question continue d'être discutée à la fin de l'époque lyrique
par Eschyle et Sophocle et, si l'on peut déterminer une ligne générale
d'évolution de la pensée religieuse grecque, dans laquelle s'inscrit bien
la poésie lyrique, il ne faut pas oublier qu'à l'époque d'Hérodote encore
rien n'est vraiment acquis.

(11) Pap. Oxy. 1790 et 2081 pour certains fragments.

(12) Cette querelle est, d'ailleurs, une preuve supplémentaire des nouvelles responsabilités que doit endosser Hélène. Si elle n'a pas été à Troie, elle n'est pas plus responsable de la guerre qu'elle n'est coupable d'adultère.

(13) Nous donnons entre crochets droits les conjectures de D. Page dans Sappho and Alcaeus, p. 278. Th. Reinach et A. Puech (fr. 82) restituent le texte d'une manière différente, en suivant, notamment, Wilamowitz. Leurs conjectures réduisent encore le rôle de Zeus (v. 1 ἀ[νέτηλ' ἀπ' ἔργων, v. 2 παῖσ[ι τέλος φύλοισιν, v. 3 π[υρὶ δ' αἰθάλωσας), leur traduction est la suivante :
"Selon la tradition, c'est par toi, c'est comme conséquence de ta faute, qu'une fin amère atteignit Priam et ses enfants ; c'est toi qui as réduit en cendres la ville sacrée d'Ilion."

(14) Nous traduisons en suivant les conjectures de D. Page, Sappho and Alcaeus, p. 283.

(15) Au reste, on peut supposer avec G.M. Kirkwood (Early Greek Monody, p. 94sqq.) que le mythe est appliqué à la politique contemporaine. Pittacus qui a trahi la fidélité jurée à Alcée et à ses compagnons dans la lutte contre Myrsilos serait coupable de la même démesure qu'Ajax. Le Papyrus Colon. 2021, publié pour la première fois par R. Merkelbach, est beaucoup plus mutilé que le Pap. Oxy. 2303, mais la colonne II contient à la ligne 23 les lettres ωυρραδον où il faut, sans doute, voir une mention du "fils d'Hyrras", Pittacus (cf. pour le texte, D. Page, Supplementum Lyricis Graecis, S. 262, p. 79).

(16) Traduction d'A.M. Desrousseaux.

(17) Traduction d'A.M. Desrousseaux. C'est nous qui soulignons.

DEUXIEME PARTIE

LA DECOUVERTE DE LA POLITIQUE

On a vu comment la poésie intellectualisait l'évocation de la
guerre et de la paix.

Plus le poète s'adresse, comme représentant de toute la cité,
à un groupe de citoyens qui participent également à la guerre, plus la
peinture est abstraite : la recherche de valeurs collectives tend à éli-
miner l'émotion ou le pittoresque, qui supposent le point de vue de
l'individu.

De même, l'évocation de la paix devient avec Solon, qui réflé-
chit sur les moyens de l'assurer, le lieu d'une analyse morale, tandis
que les poètes qui ne se soucient pas de la vie politique s'enferment
dans le symbolisme d'un rêve détaché du réel.

Toutefois, face à Tyrtée ou à Solon qui parlent au nom de la
cité, Archiloque et Alcée témoignent de leur propre expérience de la
guerre. Comme Solon, Pindare analyse les moyens d'assurer la paix, mais
la description qu'il en fait, héritière de tout l'acquis lyrique, est
une pure création de l'art, et la paix parfaite n'est évoquée que dans
un monde symbolique.

L'évolution par rapport à l'art homérique, pour être continue,
ne se fait donc pas sans à coups ni diversité.

Ce sont les aspects proprement politiques de cette évolution,
ses causes, à la fois individuelles et collectives, et son développement,
continu ou discontinu, que l'on va étudier maintenant, en suivant les
grandes étapes de l'histoire. On verra comment chaque poète prend cons-
cience de la vie politique de son temps, quel témoignage il en rend dans
ses vers, et selon quelle éthique.

CHAPITRE PREMIER

L'ENTREE DANS L'HISTOIRE

Le VIIe siècle est un siècle jeune, un siècle de formation de
la pensée historique. La société a beaucoup évolué depuis les âges dépeints
par Homère, depuis même l'époque d'Homère et celle d'Hésiode.

La vie politique, économique, sociale, s'est transformée, et les
poètes commencent à en rendre témoignage. Tous ne le font pas au même degré :
certains sont déjà engagés dans la réalité présente qu'ils commentent dans
des sens différents, d'autres restent encore en marge de l'esprit nouveau.

I. CALLINOS ET TYRTEE : LE GUERRIER HOMERIQUE ET LA NAISSANCE DU CITOYEN-SOLDAT

Callinos, qui écrit à Ephèse au début ou au milieu du VIIe siè-
cle - on n'a guère plus de précisions sur ses dates - évoque nettement les
invasions cimmériennes qui atteignent vers 663 la Lydie et les cités ionien-
nes, ainsi (3D.=5W.) :

"... et maintenant voici venir l'armée des terribles Cimmé-
riens",

et (4D.=4W.) :

"... amenant les guerriers Trères" [1].

De même, il demande à Zeus "d'avoir pitié des Smyrnéens" (2D.=
2W.), c'est-à-dire des Ephésiens (Strabon, XIV, 633), et l'invocation peut
entrer dans le même contexte.

Malheureusement, Strabon est assez peu clair. Il pense que
Callinos a connu les habitants de Magnésie au plus haut point de leur puis-
sance, tandis qu'Archiloque les voyait brisés par l'invasion cimmérienne
(19D.), et il en infère qu'Archiloque est plus jeune que Callinos. Puis, il
ajoute (XIV, 647) :

> "Callinos rappelle une autre invasion des Cimmériens, plus an-
> cienne, lorsqu'il dit : (3D.) Là, il s'agit de la prise de
> Sardes."

On pourrait donc supposer que Sardes est prise lors d'une pre-
mière invasion, et Magnésie détruite lors d'une seconde, après la mort de
Callinos.

L'histoire ne semble pas confirmer cette hypothèse, mais un
doute subsiste et, si Magnésie du Méandre n'est pas menacée en même temps
qu'Ephèse, il se pourrait que le long fragment (1D.), dans lequel Callinos
exhorte ses concitoyens à la vaillance, se rapporte non pas aux invasions
cimmériennes, mais à la lutte de Magnésie contre Ephèse. On s'est même de-
mandé s'il ne pouvait pas s'agir d'une guerre contre la domination des Mer-
mnades [2]. Mais, si Milet fut toujours en butte à la malveillance de la
Lydie, il ne semble pas qu'Ephèse ait été attaquée par elle avant le règne
de Crésus (Hérodote I, 26) et l'on comprend mal que le poète puisse écrire
que la guerre "tient tout le pays" (1D.,4).

Quoi qu'il en soit, le rôle du poète n'est plus, désormais, de
rappeler des événements lointains dans le temps et dans l'espace, mais
d'exhorter ses concitoyens à lutter, de susciter leur action, et de la sou-
tenir par ses encouragements.

Le poète prend parti et ne chante plus que pour l'un des grou-
pes en présence, le sien. La vision globale de l'épopée, où l'on se place
tantôt du côté achéen, tantôt du côté troyen, cède la place à un véritable
engagement dans l'action.

Il en va de même pour Tyrtée dont l'_akmè_ se situe, à peu près,
à la même époque que celle de Callinos.

Quand, vers 640, la Messénie se révolte contre Sparte, beau-
coup de choses sont en jeu : les revenus des Spartiates qui ont des terres

en Messénie, la puissance de la cité et, plus que tout, son unité même. Car, si le droit au klêros est le symbole et le garant de la citoyenneté, perdre le klêros, c'est ou bien demander un nouveau partage des terres - avec tous les troubles que cela peut entraîner - ou bien perdre la citoyenneté et tout espoir de faire partie du peuple victorieux.

C'est à ce moment qu'intervient Tyrtée. Il n'est pas question, dit-il aux citoyens, de perdre la "Messénie, bonne aux labours, bonne aux plantations", qu'ont conquise glorieusement les "pères de leurs pères" (4D.=5W.) :

> "C'est pour elle que combattirent, pendant dix-neuf ans, ces hommes au grand coeur, les pères de nos pères, et la vingtième année, abandonnant leurs riches cultures, leurs adversaires s'enfuyaient des hauteurs du mont Ithôme."

Il n'est pas question de perdre le klêros et de devenir comme ces vaincus, ces paysans de Messénie (5D.=6-7B.;6W.) :

> "Pareils à des ânes accablés sous de lourds fardeaux, contraints par une triste nécessité, (donnant) à leurs maîtres la moitié des fruits que porte la terre",

qui doivent (5D.=7W.) :

> "pleurer leurs maîtres, toutes les fois que le funeste lot de la mort (atteint) l'un d'eux" [3].

Selon Pausanias qui les cite (IV, 14, 5), ces vers s'appliquent au sort que les Spartiates font subir aux Messéniens. Et c'est en ce sens qu'on les comprend généralement. K.M.T. Chrimes, toutefois, s'étonne que Tyrtée puisse ainsi évoquer la dureté de sa cité. A son avis, le poète brosserait plutôt le tableau de la vie des hilotes opprimés par l'aristocratie dorienne (mais non spartiate) de Messénie [4]. Quelque interprétation que l'on choisisse, les intentions du poète restent les mêmes : montrer aux guerriers que ce sort pourrait bien être le leur, s'ils ne se battent pas vaillamment [5].

Par là, Callinos et Tyrtée rejoignent, du moins, un aspect de la poésie homérique, celui des exhortations au combat. Or, de l'hexamètre au distique élégiaque, la différence n'est pas si grande que les mêmes formules ne puissent s'y répéter et, par voie de conséquence, la même conception de la guerre.

Aussi les guerriers que présentent les deux poètes apparaissent-ils, avant tout, comme des émules de ceux d'Homère.

Il est alors piquant de voir, chez Tyrtée, les vainqueurs doriens se modeler sur leurs prédécesseurs achéens : Sparte n'attend pas le VIe siècle pour revendiquer l'héritage d'Agamemnon.

Prenons comme point de départ l'exhortation qu'Agamemnon adresse à ses troupes au chant V de l'Iliade (v. 529sqq.) :

"Amis, soyez des hommes ; prenez un coeur vaillant (ἄλκιμον ἦτορ). Faites-vous mutuellement honte (ἀλλήλους τ' αἰδεῖσθε) dans le cours des mêlées brutales. Quand les guerriers ont le sens de la honte (αἰδομένων ἀνδρῶν), il est parmi eux bien plus de sauvés que de tués. S'ils fuient, au contraire, point de gloire (κλέος) pour eux, point de secours non plus."

Les mots-clefs de ce passage sont ἄλκιμον ἦτορ et αἰδεῖσθε, αἰδομένων, puis κλέος, soit la vaillance, la conscience de ce que l'on se doit à soi-même, de ce que l'on doit aux autres, et la renommée.

Le ἄλκιμον ἦτορ est ce qui caractérise le bon guerrier, ce qui lui donne la force de bien se battre, la conscience de son honneur (αἰδώς) et, en retour, les honneurs (κλέος).

On remarque que ces motifs, qui sont les premiers à être invoqués par le poète, peuvent s'appliquer à n'importe quelle guerre. Que l'on attaque ou que l'on soit attaqué ne change rien à l'affaire.

La prouesse est individuelle et doit forcer l'admiration ; il s'agit d'être au-dessus des autres par ses propres qualités et pour sa gloire personnelle. Ensuite, et ensuite seulement, viennent d'autres raisons de bien se battre qui, elles, tiennent plus aux conditions particulières de la guerre.

Pour les Troyens assiégés de l'Iliade, il s'agit de défendre
leur patrie, leurs femmes, leurs enfants, leurs biens, ainsi que le montre
Hector au chant XV (v. 494sqq.) :

"Celui d'entre vous qui, blessé de loin ou bien frappé de près,
arrivera à la mort et au terme de son destin mourra, soit ! Il
n'y a pas de honte pour qui meurt en défendant son pays. Sa
femme et ses enfants restent saufs pour l'avenir ; sa maison,
son patrimoine sont intacts, du jour où les Achéens sont partis
avec leurs nefs pour les rives de leur patrie."

Pour les Achéens assiégeants, il y a l'espoir du butin (VIII,
281sqq.) et le désir de reprendre Hélène aux Troyens. Mais, comme les
Achéens ne sont pas menacés sur le sol même de leur patrie, ces mobiles
rentrent, eux aussi, dans la catégorie de l'honneur.

Au vrai, c'est pour venger un affront qu'ils sont partis assié-
ger Troie et si Nestor, au chant XV (v. 661sqq.), leur dit de penser à
leurs femmes, à leurs enfants, à leurs parents, à leurs domaines, ce n'est
pas seulement parce que la première condition pour les retrouver est de bien
se battre, mais parce que c'est là que leur honneur est enraciné : qu'ils se
rappellent qui ils sont et se mettent au coeur le sens de l'αἰδώς.

On a déjà vu, dans la première partie, comment Callinos et Tyr-
tée reprennent les épithètes homériques de la guerre. En fait, ils vont
beaucoup plus loin et leurs exhortations s'appuient sur les motifs mêmes
qu'invoque Homère.

On retrouve les mots-clefs de ἄλκιμος θυμός ou ἄλκιμον ἦτορ
ainsi qu'en témoignent ces vers de Callinos (1D.,1=1W.) :

... κότ' ἄλκιμον ἕξετε θυμόν,
et (1D.,10-11).. καὶ ὑπ' ἀσπίδος ἄλκιμον ἦτορ
ἔλσας.

Tyrtée écrit, de même (6-7D.,17=10W.) :

ἀλλὰ μέγαν ποιεῖσθε καὶ ἄλκιμον ἐν φρεσὶ θυμόν. (6)

Quant au sentiment de l'honneur, il ne change pas : αἰδώς dé-
signe à la fois ce que l'on se doit (Callinos 1D.,2-3=1W.) :

"... Ne rougissez-vous point (αἰδεῖσθε) de montrer votre ex-
cessive mollesse aux peuples voisins ?",

et ce que les autres vous doivent (Tyrtée 6D.,11-13=10W.) :

"(le guerrier vaincu qui erre en mendiant est rejeté de tous).
Si donc, pour un pareil vagabond, il n'est plus d'estime ni de
respect (αἰδώς), ni, dans l'avenir, de descendance, combattons
pour notre pays..."

Comme chez Homère, encore, le bon guerrier est à lui seul le
rempart du peuple (Callinos 1D.,20=1W.) :

"Il est comme une tour (πύργον), aux yeux de ses concitoyens,
car, à lui seul (μοῦνος ἐών), il fait l'oeuvre d'un grand nom-
bre."

Son courage à la bataille est celui d'un lion (Tyrtée 10D.=
13W.) :

αἴθωνος δὲ λέοντος ἔχων ἐν στήθεσι θυμόν,

et c'est par ses prouesses individuelles, par son ἀρετή, qu'il remporte la
plus grande gloire et le plus grand renom :

"Car un homme n'est pas bon au combat s'il ne peut soutenir le
spectacle du carnage sanglant et chercher à atteindre l'ennemi
en le serrant de près. Voilà la vraie valeur (ἀρετή), voilà le
prix le meilleur parmi les hommes, le plus beau à remporter
pour un jeune guerrier." (Tyrtée 9D.,10sqq.=12W.)

Mais Callinos et Tyrtée présentent des guerriers qui ont à dé-
fendre un bien qu'ils possèdent contre des envahisseurs ou des révoltés, et

qui se trouvent donc, à peu près, dans la condition des Troyens assiégés. Dès lors, comme eux, ils doivent se battre pour défendre leur peuple, leurs terres, leurs familles, pour échapper à l'errance et à la mendicité :

"car il est glorieux et beau (τιμῆέν τε γάρ ἐστι καὶ ἀγλαόν)
pour le guerrier, de lutter contre l'agresseur pour sa patrie,
pour ses enfants et pour la femme qu'il a épousée",

écrit Callinos (1D.,6-8) ; et Tyrtée, à son tour, (6D.,1sqq.=10W.) :

"Il est beau, pour un brave, de mourir au premier rang, en com-
battant pour sa patrie ; mais quitter sa ville et ses campagnes
fécondes, pour aller, en mendiant, avec sa mère vénérée et son
vieux père, avec ses enfants en bas âge et la femme que l'on a
épousée, c'est le plus pénible de tous les maux..."

On retrouve donc les deux séries d'arguments employées par Homère. Mais comment s'ordonnent-elles l'une par rapport à l'autre ?

Dans le seul fragment important qui reste de l'oeuvre de Callinos (1D.), le poète commence par faire appel à l'αἰδώς des soldats (v. 1-4), puis il les lance au combat (v. 5, après une lacune), et alors seulement il apporte de nouveaux arguments : lutter pour sa patrie, pour sa femme et ses enfants (v. 6-8).

Comme l'indique la particule γάρ, ces mobiles ne font que développer le premier mobile qui est le sentiment de l'honneur.

On ne sait pas, continue Callinos, quand la mort viendra (v. 8-9), mais il faut se battre vaillamment (v. 9-11) car, de toute manière, - c'est l'argument du "moindre mal" dont on a déjà parlé - elle est inévitable (v. 12-15).

L'élégie se referme sur l'évocation des honneurs qui attendent le bon guerrier (v. 16-21).

On le voit, les mobiles qui tiennent aux conditions particulières d'une guerre défensive sont étroitement encadrés par ce qui est le moteur de toute action : le sentiment de l'honneur, honneur que l'on se doit à soi-même, au début du poème, honneurs que l'on reçoit, à la fin.

Les mobiles qui tiennent à la nature même de la guerre se résument à ceux que peut mettre en avant toute cité qui risque d'être envahie. S'il en est d'autres qui dépendent plus étroitement de l'époque où le poète écrit, ils ne sont pas invoqués.

L'étude des sentiments qui doivent fonder l'action des guerriers ne permet donc pas de savoir s'il s'agit de la lutte contre les invasions cimmériennes, de la lutte contre Magnésie ou d'une éventuelle résistance à la Lydie. L'exhortation, dans sa généralité, est calquée étroitement sur le modèle homérique.

Il n'y a pas beaucoup d'éléments nouveaux chez Tyrtée. Néanmoins, il lie peut-être plus fortement que Callinos les deux séries de mobiles qui poussent le guerrier à rester ferme au combat.

En effet, perdre ses biens, c'est être condamné à errer, et l'on méprise le mendiant qui va de cité en cité (6D.,7) ; haï de tous (v. 7 : ἐχθρός), il déshonore sa race (v. 9 : αἰσχύνει τε γένος) et ne connaît (v. 10) qu'ἀτιμίη et κακότης.

En outre, trois mobiles supplémentaires insèrent les exhortations au combat dans un contexte typiquement spartiate.

Le premier (15B.) est, si l'on peut dire, un impératif catégorique que l'on trouve dans un ἐμβατήριον attribué généralement au poète : il ne faut pas se conduire en lâche, οὐ γὰρ πάτριον τᾷ Σπάρτᾳ.

Le second insiste sur la nécessité de ne pas déshonorer la race des Héraclides (8D.,1-2=11W.) :

"Allons, vous êtes de la race de l'invincible Héraclès, courage ! Zeus n'a pas détourné de vous ses yeux."

Le troisième rappelle l'intérêt matériel qu'a présenté la conquête de la Messénie (4D.,3=5W.) : c'est une bonne chose que de la cultiver.

Reprenons maintenant les fragments et voyons dans quel ordre se présentent les arguments.

Dans le fragment 8D.(=11B.;11W.), c'est tout d'abord l'honneur de la race des Héraclides qui est en jeu (v. 1-3). Il ne sera sauf que si les guerriers aiment autant la mort que la lumière du jour (v. 4-6). Qu'ils fassent donc appel à leur expérience de la guerre (v. 7-10). Quand les

guerriers restent fermes au combat, il y a peu de tués [7] - σαοῦσι.δὲ λαὸν
ὀπίσσω - et leur mort est utile, qui sauve la vie de leurs compagnons de
combat (v. 11-13). Mais on ne saurait dire tous les maux qu'entraîne la
lâcheté, "c'est une chose αἰσχρόν qu'un cadavre étendu dans la poussière,
frappé dans le dos par la pointe d'une lance" (v.14-20). Les guerriers doi-
vent donc former un tout uni et menaçant (v. 21-38 : conseils techniques).

     Comme on le voit tout le fragment repose sur une antithèse entre
la honte que l'on redoute et l'honneur que l'on se doit à soi-même. Le seul
argument qui pourrait échapper à ce raisonnement - il y a moins de morts
parmi ceux qui restent fermes au combat - est, aussitôt, réinséré dans une
éthique de l'honneur. On glorifie ceux qui, par leur sacrifice, assurent
le salut du groupe.

     Les fragments 6 et 7D.(=10B.;10W.) que Lycurgue transmet dans le
Contre Léocrate (§ 107) comme un seul ensemble, se présentent dans un or-
dre curieux. L'élégie commençant par Τεθνάμεναι γὰρ καλὸν ἐνὶ προμάχοισι
πεσόντα, on a longtemps discuté sur la valeur de ce γάρ qui semble pour-
suivre un raisonnement et appeler un début. De plus, les vers 11-14 forment
une véritable conclusion (εἰ δ'οὕτως...μαχώμεθα) avant une reprise au vers
15 (ἀλλὰ μάχεσθε) qui trouve sa conclusion propre dans les vers 31-32.
Diehl, à la suite d'Heinrich, pense qu'il s'agit de deux fragments diffé-
rents, mais l'hypothèse est aujourd'hui abandonnée : il peut s'agir, en
fait, d'un γάρ d'anticipation [8].

     Il est beau, dit le poète, de mourir au premier rang, pour sa pa-
trie, mais c'est le pire des maux que d'errer, avec sa femme et ses en-
fants, en terre étrangère (v. 1-6), car (ἐχθρὸς μὲν γάρ) on est rejeté de
tous et l'on connaît la honte au lieu des honneurs (v. 7-12). Dès lors, il
ne faut pas hésiter à se battre vaillamment pour sa terre et ses enfants
(13-14).

     Il faut que les jeunes gens serrent les rangs et montrent du cou-
rage (ἄλκιμον θυμόν) et qu'ils sachent bien qu'ils doivent combattre au
premier rang pour protéger les guerriers plus âgés (v.15-20), car c'est
une chose laide (αἰσχρὸν γὰρ δή v.21), laide et impie (αἰσχρὰ τά γ'ὀφθαλ-
μοῖς καὶ νεμεσητὸν ἰδεῖν v.26), que de les laisser mourir devant les rangs
de la jeunesse, dans la laideur et l'horreur (v.21-27). La mort reste belle,
au contraire, quand elle atteint de jeunes guerriers, aussi doivent-ils
combattre avec détermination (v.27-32).

Dans la deuxième partie du poème, seul est mis en avant le senti-
ment de l'honneur et de la considération que l'on se doit à soi-même et aux
guerriers âgés. Dans la première partie, interviennent les mobiles qui ani-
ment tout homme menacé dans ses biens matériels. Mais, même s'ils sont pla-
cés en tête du poème, ils n'entrent en ligne de compte qu'à cause de
l'honneur : perdre ses biens veut dire perdre tout droit aux honneurs et
faire preuve de sa lâcheté.

Là encore, comme chez Homère, tout est donc subordonné à la
gloire personnelle.

Pour mieux lancer ses guerriers à l'attaque, le poëte présente la
guerre moins comme une action sanglante destinée à repousser un ennemi, que
comme le moment privilégié qui permet l'accomplissement de soi et la re-
cherche de la plus haute ἀρετή. La guerre finit par déboucher sur autre
chose que sur elle-même, elle néglige le domaine pratique pour relever de
l'éthique, et Tyrtée va très loin en ce sens lorsqu'il écrit (9D.,1sqq.=
12W.) :

"Je ne garderais aucun souvenir et ne ferais aucun cas d'un
homme habile à la course ou à la lutte, même s'il avait la taille
et la force des Cyclopes et qu'il pût vaincre à la course Borée
le Thrace, même si sa prestance avait plus de grâce que celle de
Tithon et qu'il fût plus riche que Midas ou que Kinyras ; même
s'il était un roi plus puissant que Pélops, fils de Tantale, et
qu'il eût une voix plus persuasive que celle d'Adraste ; même
enfin s'il avait toutes les gloires, sauf celle de la valeur
dans l'élan de la bataille (...) Voilà la vraie valeur (ἀρετή),
voilà le prix le meilleur parmi les hommes, le plus beau à rem-
porter pour un jeune guerrier."

L'origine homérique de l'exhortation au combat explique, sans
doute pour une bonne part, la présence de l'idée. On peut même dire que
la pratique exclusive de ce genre, qui insiste uniquement sur l'éthique de
la guerre, rend Callinos et Tyrtée plus "homérisants" qu'Homère lui-même.

Mais il est bien certain aussi que les poètes veulent donner aux guerres dont ils parlent l'éclat de la guerre de Troie, et faire de tous les guerriers des émules - pour le courage, sinon pour la technique militaire - d'Achille ou d'Hector.

Ils répondent, en cela, à la demande de leur époque, comme le prouve cette épigramme funéraire de Corcyre qui date de la fin du VIIe siècle ou du début du VIe (Kaibel n° 180) [9] :

"C'est ici la tombe d'Arnias : le terrible Arès l'a fait périr alors qu'il luttait près des navires, au bord de l'Arathos, et accomplissait beaucoup d'actions valeureuses dans le funeste combat (πολλὸν ἀριστεύϝοντα κατὰ στονόεϝεσ(σ)αν ἀϝυτάν)."

On retrouve le même leitmotiv que dans l'Iliade (VI, 208) : αἰὲν ἀριστεύειν καὶ ὑπείροχον ἔμμεναι ἄλλων, et si l'on reprend les tournures et les idées d'Homère c'est, avant tout, parce que l'idéal guerrier homérique est, en grande partie, l'idéal guerrier du VIIe siècle.

Mais alors, la responsabilité des poètes dans le maintien de cet idéal est très grande. Ce sont eux qui lui donnent corps et qui continuent à l'inculquer à leurs concitoyens.

Est-il possible que Callinos et Tyrtée, après avoir opéré cette révolution poétique qui consiste à parler de guerres actuelles et d'événements contemporains, se contentent de les calquer sur le modèle homérique et négligent tout ce qui fait la réalité vivante de leur époque ?

Si les mobiles qui fondent le zèle des guerriers ne changent pas, si tout continue à être subordonné à l'honneur et si la guerre est présentée comme une éthique, on peut, cependant, noter une modification importante par rapport à l'Iliade ; elle porte précisément sur la nature de l'honneur.

Qu'est-ce que l'honneur ? Comme on l'a vu, c'est le sentiment de ce que l'on se doit à soi-même et de ce que l'on doit aux autres (αἰδώς), et le renom qui l'accompagne (κλέος).

Mais comment se définit-on par rapport aux autres ? C'est là que le changement intervient.

Dans l'Iliade, le guerrier qui meurt est pleuré par ses pairs, par ses proches et par sa maisonnée avec qui il entretient essentiellement des rapports d'individu à individu. Dans le meilleur des cas, ces rapports s'établissent sur un pied d'égalité, mais, la plupart du temps, il y a une sorte de sujétion : la maisonnée (serviteurs, esclaves, voire femmes et enfants) rentre dans la catégorie des "biens personnels" du guerrier, elle n'existe qu'autant qu'il existe et risque d'être dissoute après sa mort.

Il en va de même pour les rapports entre pairs. Si la notion de communauté guerrière n'est pas totalement absente, celle-ci reste composée d'individus que lient des contrats qu'ils ont passés les uns avec les autres, d'une manière strictement personnelle. Là non plus, il n'est rien qui vienne garantir la stabilité d'un groupe en dehors d'une pyramide de volontés individuelles : à chaque instant, le groupe et l'appartenance au groupe peuvent être remis en question. C'est ainsi que débute l'Iliade.

Dans les poèmes de Callinos et de Tyrtée, au contraire, s'insinuent, avec une fréquence de plus en plus grande, les mots λαός, δῆμος, πόλις : le groupe n'est plus une collection d'individus plus ou moins liés les uns aux autres, mais une entité qui les transcende.

Ce n'est pas que ces mots soient inconnus d'Homère, mais leur sens a évolué et, pour reprendre l'expression de W. Donlan [10], ils ont ici un "all inclusive meaning" ; ils ne désignent pas la "maison" ou les sujets d'un prince, mais l'ensemble des citoyens, comme en témoignent ces vers de Callinos (1D.,16-18=1W.) :

"Mais celui-là (le mauvais guerrier) n'est pas aimé du peuple (δήμωι) ni regretté ; l'autre, au contraire (le bon), tous, humbles et puissants (ὀλίγος ... καὶ μέγας) le pleurent, s'il lui arrive quelque chose. Pour le peuple tout entier (λαῶι... σύμπαντι) la mort du brave est un deuil..."

et de Tyrtée (9D.,15sqq.=12W.) :

"C'est un bien commun (ξυνὸν δ'ἐσθλόν) pour la cité et pour le peuple entier (πόληΐ τε παντί τε δήμωι) qu'un guerrier qui, bien campé, tient bon au premier rang, avec acharnement..."

Comme l'écrit encore Tyrtée (6D.,1-2=10W.) :

"Il est beau, pour un brave, de mourir au premier rang, en com-
battant pour sa patrie (περὶ ᾗι πατρίδι μαρνάμενον)",

et le mot πατρίς se trouve développé, dans les vers qui suivent et qui
s'opposent aux premiers, par πόλις, ἀγροί, μήτηρ, πατήρ, παῖδες, ἄλοχος.

On peut donc établir l'équation suivante : λαός = δῆμος = πό-
λις = πατρίς. Il est intéressant de constater, d'une part, que les biens
personnels (champs, femmes, enfants) rentrent dans l'évocation de la cité,
de l'autre, que c'est précisément dans la guerre que le mot δῆμος parti-
cipe à cette équation.

Certes, dans le poème de Tyrtée sur la Rhètra, δῆμος prend son
sens constitutionnel : le peuple, par opposition aux βασιλεῖς et à la γε-
ρουσία. Mais ici δῆμος désigne aussi bien les guerriers que les chefs,
le peuple que le gouvernement, les humbles que les puissants, il désigne
le peuple tout entier, comme dit Callinos, et la patrie comme entité civi-
que.

Les réformes de "Lycurgue", l'intérêt de Tyrtée pour la Rhètra
en témoignent aisément : la cité, loin de n'être qu'un lieu géographique
est devenue, au VIIe siècle, une réalité politique et sociale.

Si l'idée de communauté est encore plus nette chez Tyrtée que
chez Callinos, le fait tient à deux raisons majeures. Tout d'abord, à
Sparte, posséder une terre, ce n'est pas seulement avoir un bien personnel,
c'est participer à la citoyenneté, et cela d'autant plus que la terre est
donnée par l'Etat comme un bien inaliénable, qui lui appartient, et dont
le Spartiate n'a, somme toute, que l'usufruit.

L'équation possesseur d'un κλῆρος = πολίτης, qui est à la base
de la constitution (laissons de côté le problème de la terre "libre" qui
n'entre pas en ligne de compte), donne alors un tout autre sens à l'équa-
tion πόλις = πατρίς = ἀγροί.

Ensuite, la pratique de la guerre s'est modifiée [11]. A la fois
par suite d'une évolution technique et d'une évolution politique, les deux
causes étant inextricablement liées et se répercutant l'une sur l'autre,
on ne combat plus dans des duels meurtriers, mais en rangs serrés, là où
l'idée d'une communauté est une réalité tangible, mais une réalité qui

renvoie à la communauté civique, puisque l'état d'hoplite est garanti par
la possession d'un κλῆρος et que le κλῆρος , lui-même, est la preuve de la
citoyenneté. Il se peut que tous les hoplites ne soient pas citoyens, si
les périèques combattent avec eux comme à l'époque classique, mais il est
bien certain que c'est à la fois le sentiment qui domine et celui que Tyr-
tée veut mettre au premier plan : les guerriers qui combattent παρ' ἀλλή-
λοισι μένοντες sont essentiellement des citoyens qui défendent leur droit
au κλῆρος et leur participation à l'unité de la cité.

Dès lors, l'ἀριστεία, l'αἰδώς et le κλέος prennent un tout au-
tre sens que chez Homère.

La prouesse se réalise dans les rangs, parmi les compagnons de
combat et avec leur aide. Chacun doit veiller à maintenir cette unité du
groupe en en surveillant les rouages :

θαρσύνηι δ' ἔπεσιν τὸν πλησίον ἄνδρα παρεστώς. (Tyrtée 9D.,19=
12W.)

Le guerrier est de moins en moins isolé, il devient la cellule
agissante d'un tout.

Assurément, le goût de la prouesse individuelle reste bien ancré,
et l'on ne rejette pas l'idée qu'au sein même du rang, il y a des distinc-
tions à établir et comme une élite : le bon guerrier ne saurait mourir
qu'au premier rang (ἐν προμάχοις), à tel point que l'expression ἐν προμά-
χοισι πεσών devient presque une formule métrique toute faite chez Tyrtée.
Mais l'idée n'en reste pas moins amorcée que la prouesse se réalise par un
groupe de citoyens, et non plus par quelques chefs et leurs "gens".

Si la prouesse se réalise par le groupe, elle se réalise aussi
pour le groupe. La gloire devient moins personnelle : d'une part, comme
chez Homère, elle rejaillit sur l'individu et ses ancêtres, sur un groupe
fermé de particuliers, mais, de l'autre, elle rejaillit aussi sur l'ensem-
ble de la cité.

Cette double orientation est particulièrement nette dans les
vers de Tyrtée, elle n'est pas à proprement parler attestée chez Callinos,
chez qui l'idée de communauté semble moins forte.

Quand un guerrier se bat bien et meurt au combat, il honore, dit
Tyrtée, non seulement ses ancêtres, mais aussi le peuple auquel il appar-
tient :

(9D.,24=12W.) ἄστυ τε καὶ λαοὺς καὶ πατέρ' εὐκλεῖσας,

et ce λαός, on l'a vu, ce n'est pas une possession qui lui est assujettie, c'est la communauté dont il est membre.

En retour, c'est toute la cité qui le pleure (v. 28) :

ἀργαλέωι τε πόθωι πᾶσα κέκηδε πόλις,

et qui se porte garant de la gloire éternelle de son γένος (v. 29sq.) :

καὶ τύμβος καὶ παῖδες ἐν ἀνθρώποισ' ἀρίσημοι
καὶ παίδων παῖδες καὶ γένος ἐξοπίσω·

La gloire en effet vivra plus longtemps que tous ceux qui pour-ront témoigner de ces hauts faits, car ils ne sont pas inscrits dans la mémoire des hommes, mais dans la mémoire de la cité qui en perpétuera le souvenir :

οὐδέ ποτε κλέος ἐσθλὸν ἀπόλλυται οὐδ' ὄνομ' αὐτοῦ.

Ces vers sont confirmés par l'_embatèrion_ dont on a déjà parlé. C'est un chant d'assaut et une exhortation au combat que l'on attribue d'ordinaire à Tyrtée (15B.=Carmina Popularia 18D.;856P.) :

"Allez, enfants de Sparte féconde en braves, fils de nos conci-toyens (κῶροι πατέρων πολιατᾶν) ; de votre bras gauche, portez le bouclier en avant, poussez hardiment la lance et n'épargnez pas votre vie, car ce n'est pas la coutume à Sparte (οὐ γὰρ πάτριον τᾷ Σπάρτᾳ)." (12)

On note les mots πατέρων πολιατᾶν qui insistent sur la qualité de citoyen des ancêtres : ne pas les déshonorer c'est ne pas déshonorer la cité, et inversement.

L'expression finale οὐ γὰρ πάτριον τᾷ Σπάρτᾳ est particulière-ment intéressante. Πάτριον joue sur sa double valeur : τὰ πατέρων, τὰ πα-τρίδος ; la coutume de la πατρίς c'est à la fois la tradition des pères et la tradition des citoyens.

Ainsi donc, Tyrtée insiste sur l'étroite liaison qui existe entre l'individu et la cité, l'un et l'autre faisant échange de bons services.

Désormais le guerrier se bat par souci de sa gloire et de ses biens personnels, mais sa gloire étant d'être citoyen et ses biens marquant son appartenance au groupe, il se bat pour la gloire de sa cité, qui lui assure, en retour, à travers l'éloge du groupe auquel il appartient, cette gloire individuelle qu'il est amené peu à peu à sacrifier à la gloire de tous. Dès lors, que la guerre soit le lieu par excellence où se réalise la valeur de l'homme ne traduit pas un rejet de la réalité contemporaine dans une imitation totale d'Homère. La recherche éthique prend une valeur politique : la guerre forme des citoyens unis.

En insistant sur cette unité, puisque chaque guerrier est, à un égal degré, un délégué de sa cité qui lui confie son sort, en insistant sur la cohésion nécessaire des troupes, on unifie riches et moins riches, βασιλεῖς, γερουσία et δῆμος dans une sorte d'union sacrée contre l'ennemi : le citoyen-soldat est né.

En effet, si la définition du citoyen actif varie à travers les siècles en fonction des pouvoirs politiques qu'obtiennent les classes les plus pauvres, si la définition du soldat varie proportionnellement, et les deux termes l'un en fonction de l'autre, le citoyen-soldat, à n'importe quelle époque, se définit, avant tout, comme membre de la communauté que représente, à un moment donné, l'ensemble des citoyens reconnus par le corps social tout entier.

On comprend alors que la guerre apparaisse comme un bien chez Tyrtée. Certes, on se révolte devant les atrocités qui peuvent naître de la lâcheté des guerriers (cf. 7D.,21sqq.), mais le phénomène de la guerre lui-même n'est jamais remis en cause car il favorise l'unité de la cité. La guerre étrangère permet la paix intérieure.

Dans un curieux passage des Lois (I, 629, b-e), Platon met en scène un interlocuteur qui imagine l'opinion de Tyrtée sur la guerre. Il y a deux types de guerres, dit-il, les guerres civiles et les guerres étrangères. Les premières sont, de loin, les pires (ὃς δὴ πάντων πολέμων χαλεπώτατος) et, se tournant vers un Tyrtée imaginaire, il conclut ainsi :

"Tu as l'air, Tyrtée, de louer surtout ceux qui se signalent dans la guerre étrangère, celle du dehors ?"

C'est bien le sentiment que l'on a, à lire les poèmes de Tyrtée, mais il ne faut pas s'avancer plus loin que Platon. Car, si la guerre étrangère préserve de la guerre civile en unifiant la cité, il n'est pas certain, quel que soit le sens à donner au poème sur la Rhètra, que Tyrtée ait fait, pour la paix civile, une propagande didactique.

Pour homérisants qu'ils soient, les deux poètes n'en sont donc pas moins conscients de l'originalité de leur époque.

La guerre continue à avoir une valeur éthique, mais ce ne sont plus deux ou plusieurs héros qui concourent pour le prix de la valeur, c'est le corps social tout entier qui, ce faisant, favorise l'unité de la cité.

Si Callinos et Tyrtée sont des précurseurs en ce domaine, il ne faudrait pas croire, cependant, qu'en exprimant une idée appelée au plus grand succès, ils résument, à eux seuls, toutes les tendances du VIIe siècle.

Archiloque présente, dans des guerres de conquête et de colonisation, qui ont au moins autant d'importance, au VIIe siècle, que les autres, un type de guerrier tout différent, et une manière bien personnelle de prendre conscience des faits historiques.

xxxxx

xxx

x

II. ARCHILOQUE OU L'AUTRE FACE DE LA GUERRE

Archiloque est contemporain de Callinos et de Tyrtée. Il semble être l'aîné, de quelques années, de Tyrtée ; on le dit parfois, aussi, le premier de tous les poètes nouveaux, mais rien ne paraît moins sûr. Mieux vaut s'en tenir à son akmè qui peut être placée vers le milieu du VIIe siècle [13].

Le poète naît à Paros. Selon Critias, cité par Elien (Histoire Variée, 10, 13), si Archiloque ne l'avait dit lui-même, on n'aurait jamais su qu'il était le fils d'une esclave, Enipô. Mais l'information, dont il ne reste pas trace dans les oeuvres d'Archiloque que nous possédons, est à accueillir avec prudence.

L'inscription de Mnésiépès (11a L.B., p. CV) ainsi que l'Anthologie Palatine (XIV, 113) donnent le nom de son père, Télésiclès, qui aurait pu être, c'est du moins l'avis de M. Croiset, un homme important à Paros.

Ce Télésiclès fut sans doute le chef d'un détachement parti, sur l'ordre d'un oracle [14], coloniser Thasos vers 680. Archiloque lui-même aurait participé à la "deuxième colonisation" de Thasos vers 660/650, ce qui semble bien établi par l'étude des fragments qui restent de lui.

Il est probable qu'Archiloque mourut dans un combat entre les gens de Naxos et ceux de Paros [15]. Entre-temps s'était-il rendu à Sparte ? L'en avait-on chassé pour avoir avoué avec trop de plaisir malicieux qu'il avait abandonné son bouclier dans une expédition contre les Thraces [16] ? Etait-il rentré à Paros ? Rien n'est sûr, non plus que la date de sa mort.

Les vers d'Archiloque les plus célèbres, ceux qui ont fait naître le plus de commentaires, sont ceux sur le bouclier (6D.=6B.;13L.B.; 5W.) :

"Mon bouclier fait aujourd'hui la gloire d'un Saïen. Arme excellente (ἀμώμητον) que j'abandonnai (κάλλιπον) près d'un buisson, bien malgré moi (οὐκ ἐθέλων). Mais j'ai sauvé ma vie. Que m'importe mon vieux bouclier ! Tant pis pour lui ! J'en achèterai un autre tout aussi bon (οὐ κακίω)."

Ces vers sont apparus comme proprement scandaleux dès l'antiquité. Alcée, Anacréon et Horace les ont imités : le scandale a fait école. Comme l'écrit A. Bonnard dans son commentaire, il n'est, en effet, "pas raisonnable de penser que cette cascade de boucliers lâchés, à la suite d'Archiloque, à travers la poésie grecque et latine, soit autre chose que littérature."

Comment ces poètes ont-ils donc compris les vers d'Archiloque ?

Pour eux, le poète a fui le combat pour mieux sauver sa vie, et il s'en vante. Du coup ses vers deviennent originaux et méritent d'être imités, car ils se moquent de l'idéal homérique et des exhortations de Tyrtée.

Citant Alcée, Strabon écrit (XIII, 600) :

"Le poète Alcée dit de lui-même que dans un combat qui tournait mal pour lui, il jeta ses armes et prit la fuite (τὰ ὅπλα ῥίψαντα φυγεῖν)." [17]

Le οὐκ ἐθέλων d'Archiloque devient donc φυγεῖν, de même que κάλλιπον devient encore ῥίψας chez Anacréon (36P.(381)=51D.) :

ἀσπίδα ῥίψας ποταμοῦ καλλιρόου παρ' ὄχθας.

Enfin Horace parle nettement de fuite et d'une conduite honteuse (Odes II, 7, v. 9-10) :

"Tecum Philippos et celerem fugam
Sensi relicta non bene parmula."

Dans la tradition homérique, les armes ne sont pas des objets anonymes que l'on achète n'importe où et que l'on peut aisément remplacer. Elles ont, parfois, une origine divine, elles sont, souvent, des présents d'hospitalité, et, toujours, elles sont la possession inaliénable du guerrier qui les porte.

Avouer qu'on puisse abandonner son bouclier, même contre son gré, et s'en consoler en pensant qu'on a la vie sauve, c'est nier la valeur d'un grand nombre de combats homériques qui ne servent en rien la bataille elle-même, et n'ont d'autre but que de défendre l'honneur des guerriers morts, en évitant que leurs armes ne tombent aux mains de l'ennemi.

En rompant avec le schéma traditionnel, Archiloque veut amener ses concitoyens à réfléchir sur la manière dont il faut juger le courage d'un guerrier.

Les critères doivent changer : à courage égal, ils doivent s'in-
térioriser. Si la conduite est ἀμώμητος, la perte du bouclier ne devient
pas une honte irrémédiable. Il faut aller au delà des apparences et primer
l'efficacité. Archiloque veut bien se battre et mourir au combat si son
action est utile, il ne veut pas périr par souci de l'opinion d'autrui.

En cela il rompt nettement avec Homère ; de plus, il récuse aus-
si l'un des principaux mobiles sur lesquels Tyrtée compte quand il encou-
rage ses soldats à la vaillance. Car l'opinion d'autrui qui, de toute ma-
nière, n'est pas fidèle, ne saurait justifier une mort inutile :

> "Sitôt qu'un homme est mort, il n'est plus respecté de ses con-
> citoyens (ἀστοί), la gloire (περίφημος) l'oublie. Vivants, nous
> préférons chercher la faveur des vivants et pour le mort nous
> n'avons plus qu'injures." (64D.=117L.B.=63B.=133W.)

Refusant toute référence à l'opinion d'autrui, le poète est donc
amené à laisser de côté le mobile de la gloire, que ce soit une gloire de
type homérique et aristocratique, ou une gloire civique.

Sommes-nous, donc, renvoyés à l'image traditionnelle [18] d'un
Archiloque mercenaire ? :

> "Et voilà qu'on m'appellera mercenaire, comme un Carien !"
> (40D.,14B.;27L.B.;216W.)

Est-il ce soldat sans scrupules, ne travaillant que pour lui,
et prêt à trahir, dont il parle à Glaucos ? :

> "Glaucos, tiens un mercenaire pour ami, aussi longtemps qu'il
> se bat." (13D.=14B.;6L.B.;15W.)

Apparemment, il ne faut pas pousser le défi qu'Archiloque lance
à ses auditeurs jusqu'à ce point : il s'agit plutôt d'une mise en garde
dans le deuxième vers et, à supposer qu'il parle de lui-même, d'une bou-
tade dans le premier [19].

Mais ce que le poète cherche, plus que tout, c'est la lucidité,
pour lui-même et pour les autres. Par son ironie, par ses avertissements

et, surtout, par cette peinture très pittoresque que l'on a déjà vue, Archiloque limite la guerre à des actes humains et quotidiens.

Dans la réalité, dit-il, qu'est-ce qu'un bon général ? Ce n'est pas un héros qui ne pense qu'à son honneur ou à celui de sa cité, et qui préfère le plaisir esthétique d'un acte accompli pour la gloire, par un être fier de sa beauté physique et morale, à l'efficacité ; c'est un homme petit, râblé, musclé, tout tendu vers la victoire (60D.=58B.;93L.B.;114W.).

Dans la réalité, qu'est-ce qu'un soldat ? Ce n'est pas un citoyen fier de sa mission, c'est un homme patient qui n'oublie pas de s'enivrer un peu avant de monter une garde (5AD.=4B.;12L.B.;4W.), et qui n'hésite pas à se débarrasser de son bouclier, si sa vie est en jeu et qu'il n'y ait pas d'autre solution.

Archiloque refuse toute définition du guerrier qui ne soit pas technique, qui renvoie, non pas à ses actes, mais au sens de ses actes sur un plan éthique. Pour lui, la guerre n'est qu'un moyen, elle n'est pas une fin en soi. La guerre n'est qu'une série d'actes humains et quotidiens, de nature militaire, et ne se définit que dans la réalité vécue. La guerre n'est pas un acte privilégié qui permette à l'homme d'atteindre la plus haute ἀρετή ou à la cité d'affirmer son unité, elle est l'attaque, la riposte, le tour de garde.

Bien sûr, l'ἀριστεία, la valeur personnelle, peuvent s'exprimer dans certains vers du Monumentum Parium où l'on distingue, peut-être, le mot μένος (51D.,P. IV A, 1. 5=106L.B.;95W.), cette force qui anime les guerriers homériques ; et G. Tarditi [20] a pu définir, non sans raison, des motifs épiques dans ces tétramètres trop mutilés pour être cités.

Certes, le sens de la prouesse individuelle se retrouve dans cette élégie, plus complète (3D.=9L.B.;3B.;3W.) :

"On ne verra pas, en nombre, les arcs se tendre avec force, ni les frondes précipiter leurs coups, quand Arès engagera la mêlée dans la plaine. Seules les épées accompliront leur besogne gémissante. Car c'est à ce combat là qu'ils excellent, les seigneurs de l'Eubée, guerriers illustres (ταύτης γὰρ κεῖνοι δάμονές εἰσι μάχης / δεσπόται Εὐβοίης δουρικλυτοί)." [21]

Mais, dans un cas comme dans l'autre, Archiloque se contente de constater que la prouesse vient s'ajouter à l'action guerrière. Jamais il ne montre, comme Tyrtée, que là réside la vraie et l'unique valeur.

De même, quand il parle d'une communauté guerrière semblable à celle que connaissent Tyrtée et Callinos, la communauté des hoplites, il écrit ces tétramètres (Pap. Oxy. 2313 fr. 13, v. 1-9=114L.B.;146W.) :

"... Bouclier contre bouclier ... (que personne ne) ménage les cadeaux de bienvenue [22] ... serrons les rangs (ἀθρόοι γενούμε-θα)... protégés par nos armes ... qu'on les cerne pour les capturer",

ou encore ceux-ci (57D.=112L.B.;55B.;111W.) :

"Encourage (θάρσυνε) les jeunes soldats - νύκης δ' ἐν θεοῖσι πείρατα",

mais il n'ajoute nullement que cela est beau ou bien, que cela comporte une valeur en soi, indépendante de l'intérêt tactique. "Qu'on les cerne pour les capturer" : la prouesse n'est pas vue sous l'angle de l'honneur, elle n'est pas ce que l'on doit à soi-même et aux autres, elle n'est qu'un moyen. L'honneur peut entrer en ligne de compte, mais il n'est pas du ressort d'Archiloque : le poète ne se veut pas moraliste, mais guerrier.

Assurément, même s'il se défie de l'opinion publique, il n'est pas insensible au destin de la communauté civique, ce poète qui ne cherche pas son inspiration ailleurs que dans les malheurs de Thasos (19D.=20B.; 280L.B.;20W. : "je pleure sur le malheur de Thasos (τὰ κακά) non sur le malheur des Magnètes"), et qui souhaite que la pierre de Tantale soit écartée de son île (55D.=126L.B.;91W.,14-15), ou s'adresse directement à ses concitoyens (52D.=109W. <ʼΩ > λιπερνῆτες πολῖται), mais ce qui l'intéresse, ce n'est pas d'exalter cette communauté par des grands mots et des traits héroïques, c'est de lui montrer les dangers qu'elle peut courir.

Pour Archiloque, ce sont les faiblesses humaines, et non un sens de l'honneur exacerbé, qui font durer les guerres. Selon le Monumentum

<u>Parium</u>, relatant cette lutte qui reste pour nous bien obscure, entre les
Pariens, les Thraces et, peut-être, les Naxiens, le poète affirme (51D.,
A I, 1. 52=98L.B.;93aW.) :

οἰκείω⟨ι⟩ δὲ κέρδει ξύν' ἐποίησαν κακά.

Il semble, en effet, qu'une ambassade (de Pariens, de Naxiens,
de nouveaux venus ?) soit allée trouver les Thraces avec des musiciens et
de l'or - sans doute pour obtenir une alliance - et que la mauvaise foi
(des deux côtés ?) et la recherche de profits personnels aient été la
cause d'un malheur général.

L'inscription de Paros explique que ce malheur aurait été :

ὅτι τοὺς Θρᾶκας ‖ ἀποκτείναντες αὐτοὶ οὓ μὲν αὐτῶν
ὑπὸ Παρί|ων ἀπώλοντο, οἱ † ληστὰς Σάπας
ὑπὸ τῶν θρα|[κ]ῶν [23],

mais personne ne sait trop bien comment interpréter ces lignes.

Faiblesse humaine encore et non grandeur de la cité, si Archilo-
que raille bien la "dictature" d'un certain Léophilos, dont le nom n'est
peut-être qu'un jeu de mots sur la distance qu'il y a entre ses sentiments
apparents pour le peuple,   l'aveuglement de ce même peuple, et la réalité
(70D.=69B.;122L.B.;115W.) :

"Mais aujourd'hui, c'est Léophile qui commande. Léophile est le
maître absolu. Tout est voué à Léophile. On n'entend que Léo-
phile."

Une fois de plus, comme on le voit, Archiloque se contente de
mettre en garde ses concitoyens ; il ne lui appartient pas de faire appel
à un idéal de la cité, même si c'est cet idéal qui le pousse à parler.

Il veut que tous soient lucides, que tous comprennent les dan-
gers que l'intérêt personnel peut présenter pour le groupe, mais, en même
temps, il s'emploie à débarrasser tout idéal civique de son emphase. Pour
lui, c'est dans un sens bien différent de celui que l'on trouve chez Tyr-
tée, que la victoire d'un seul est la victoire de tous :

"Sept morts au sol, sept ennemis rattrapés à la course : nous
voilà mille à les avoir tués !" (61D.=99L.B.;101W.)

Somme toute, il y a un peu du Pascal en lui, "s'il se vante, je
l'abaisse, s'il s'abaisse, je le vante", mais Archiloque ne cherche pas à
faire école. Comme le pourrait-il, du reste ?

C'est un solitaire qui témoigne de sa propre expérience, de ses
espoirs et de ses échecs, ce n'est pas, pour reprendre la formule de M.
Détienne, un "maître de vérité". Quelle vérité apporterait-il à la cité,
puisqu'il n'est qu'un soldat, parmi d'autres, qui se refuse à considérer la
guerre comme un accomplissement de l'individu et du citoyen ?

Archiloque ne demande rien à son auditoire que la lucidité. Cette
lucidité rend pittoresque sa peinture de la guerre, mais, curieusement,
elle finit aussi par rapprocher le poète des héros d'Homère ; certes, Ar-
chiloque est citoyen, et il le prouve, mais ne pouvant, ou ne voulant pas,
fournir de valeurs communes à un groupe, il n'est pas l'expression de ce
groupe, il n'en est qu'un membre.

Avec Tyrtée, avec Simonide, plus tard, le poète est la voix du
groupe, et il s'adresse à tous comme détenteur de la vérité de la cité. Au
contraire, quand Archiloque parle en citoyen à d'autres citoyens, c'est en
son seul nom : "ah ! vous, mes concitoyens sans terre, comprenez donc mes
paroles (τἀμὰ ... ῥήματα)", dit-il, dans un vers qui nous est conservé par
une scholie à la Paix d'Aristophane [24].

Dès lors, ce solitaire, qui se limite à son propre témoignage,
se retrouve un peu dans la position du guerrier homérique dont il rejette,
pourtant, l'éthique. L'un combat en son propre nom, l'autre, s'il combat au
nom de la cité, témoigne, néanmoins, de la guerre en tant qu'individu.

A cela s'ajoute - cause et conséquence à la fois - le caractère
même d'Archiloque qui semble, dans tous les actes de son existence, avoir
une grande propension à ne pas laisser les autres empiéter sur ses droits
ou ses désirs.

Comme il le dit lui-même (66D.=65B.;120L.B.;126W.) :

"Il y a un art où je suis maître : me venger cruellement de qui
m'offense."

Si elle est véridique, la vengeance qu'il tire de Néoboulè en est la meilleure illustration.

Ce refus d'Archiloque d'être un maître de vérité, et de considérer la guerre comme une valeur, rend son oeuvre révolutionnaire, aussi bien par rapport à celle d'Homère que par rapport à celle de Callinos et de Tyrtée. Avec lui, on a un cas à part dans la réflexion sur la guerre et la vie de la cité, que l'on ne retrouvera pas dans toute la poésie. Seul Aristophane peut être considéré comme l'héritier direct d'Archiloque, à cette différence près qu'Archiloque s'accommode de la guerre.

Quel que soit le sens qu'il faille donner aux vers suivants (2D.= 2B.;7L.B.;2W.) :

Ἐν δορὶ μέν μοι μᾶζα μεμαγμένη, ἐν δορὶ δ' οἶνος
Ἰσμαρικός, πίνω δ' ἐν δορὶ κεκλιμένος,

la lance reste liée chez lui à la vie quotidienne ; tantôt joyeuse quand, de tout son être, il souhaite se battre, tantôt désabusée, quand il connaît les fatigues du combat, le plus souvent sereine car, précisément, la guerre n'est pas l'effrayante école de la valeur mais, dépouillée de tout mystère, la suite des jours d'un soldat en campagne.

Archiloque contribue fortement à détruire le monde des héros homériques, mais il n'adhère pas totalement aux valeurs civiques qui en naissent chez Callinos et Tyrtée : avec lui, le VIIe siècle s'interroge et se cherche.

Par delà leurs oppositions fondamentales, les trois poètes ont, à tout le moins, en commun de s'intéresser à la réalité historique, guerrière, politique de leur époque.

Peut-être était-ce aussi le cas de Sémonide d'Amorgos.

xxxxx
xxx
x

III. SÉMONIDE D'AMORGOS

Sa naissance, ou son akmè, pourrait se placer, selon Cyrille
d'Alexandrie (Contre Julien, I, p. 12 C), vers 664-661. Il serait donc
contemporain d'Archiloque.

A son sujet, la Souda précise (n° 446) : Ἔγραψεν ἐλεγείαν ἐν
βιβλίοις β', ἰάμβους (...) Ἔγραψεν ἰάμβους πρῶτος αὐτὸς κατά τινας. Or
la notice consacrée à Simmias de Rhodes (n° 431) présente une interpola-
tion avec celle de Sémonide d'Amorgos : καὶ ἔγραψε κατά τινας πρῶτος ἰάμ-
βους, καὶ ἄλλα διάφορα, Ἀρχαιολογίαν τε τῶν Σαμίων.

De la confrontation des deux notices, on peut admettre comme
vraisemblables les points suivants : Sémonide d'Amorgos serait originaire
de Samos, mais les Samiens l'auraient envoyé à la tête de la colonie
qu'ils fondèrent à Amorgos. Il aurait composé non seulement des iambes,
mais des poèmes de genres divers et une histoire de Samos en deux livres
de distiques élégiaques (25).

Le terme employé par la Souda, ἀρχαιολογία, invite à croire que
le poète devait surtout s'intéresser aux origines mythiques et religieu-
ses de sa cité. Il est impossible de savoir s'il évoquait aussi les événe-
ments marquants de son époque.

Sémonide est, avant tout, célèbre pour sa virulente satire con-
tre les femmes. Ailleurs, ses iambes semblent offrir un mélange de poin-
tes comiques, qui ne sont pas sans rapport avec celles d'Archiloque (cf.
16D.;19D.;7D.), et de réflexions morales amères sur la vie et la mort des
hommes, menacés par la maladie, la guerre, les naufrages, et tentés par
le suicide (1D.).

Mais rien ne permet de se faire une idée ni de son rôle de colo-
nisateur, ni de son oeuvre historique.

Peut-être a-t-on négligé de copier ses oeuvres à une époque pos-
térieure, où l'on n'avait que peu de goût pour l'histoire et où l'on s'at-
tachait surtout à composer des recueils moraux.

Peut-être aussi ne s'était-il pas intéressé à la vie politique
de sa cité. Il se pourrait que la tradition rapportée par la Souda ne soit
qu'une invention : à une époque où les colonies se multipliaient, on lui
aurait attribué un rôle identique à celui d'Archiloque parce que tous deux
composaient des iambes.

Quoi qu'il en soit, la mention même d'une histoire de Samos est
intéressante : on sait le goût naissant, au VIIe siècle, pour les recher-
ches sur la fondation des cités, et le désir de relier le passé au présent.

Il ne faudrait pas, cependant, se faire trop d'illusions sur la
valeur historique que pouvait avoir une telle oeuvre, si elle existait :
il reste quelques vers de la Smyrnéide de Mimnerme qui procède, semble-t-
il, du même type de recherches et qui est, elle aussi, écrite en distiques
élégiaques. Et ces vers, on le verra, ne sont pas vraiment axés sur les
réalités nouvelles du VIIe siècle, bien qu'ils parlent d'un passé proche.

Seules les exhortations de Callinos et de Tyrtée ou les réfle-
xions d'Archiloque, offrent, dans l'état actuel de nos connaissances, une
conscience nette de l'originalité du VIIe siècle et sont animées par un
sens certain de l'évolution historique.

Au reste, le souci de faire une oeuvre d'actualité politique
n'est pas encore partagé par tous les poètes et, si l'on étudie l'inspira-
tion d'Alcman et de Mimnerme, beaucoup plus riche que celle de Sémonide
d'Amorgos, il semble bien que la poésie ne soit rentrée dans le temps his-
torique que pour s'en évader aussitôt : pour eux, le monde des héros est
défait, celui de la cité ne s'impose pas encore, ni dans le domaine de la
guerre, ni dans celui de la paix.

xxxxx

xxx

x

IV. ALCMAN, MIMNERME : L'INDIFFERENCE

Alcman vit dans la deuxième moitié du VIIe siècle ; il est né à
Sardes, mais il vient très jeune à Sparte.

Comme le dit plaisamment Antipater de Thessalonique (Anth. Pal.
VII, 18) :

"Il est entre les deux continents une querelle : est-il de Lydie,
est-il de Laconie ? Les poètes ont plus d'une mère."

La Sparte que connaît Alcman est la même que celle de Tyrtée, engagée dans la deuxième guerre de Messénie et dans les guerres contre Argos. S'il diffère, du tout au tout, de Tyrtée, ce n'est donc pas parce qu'à des époques différentes ils auraient connu l'un et l'autre une Sparte différente, mais parce qu'ils ne portent pas le même regard sur les événements historiques.

Sans doute répondent-ils, en cela, à une attente différente de la même cité qui demande au poète, tantôt d'unir toutes les forces de la nation pour la guerre, tantôt de cultiver les arts et d'embellir par ses chants - dont Alcman représente le plus noble de tous, la lyrique chorale - les fêtes qu'elle célèbre.

A en juger par les textes qui nous restent, on a l'impression, bien que sa poésie s'inscrive dans le temps présent et non dans le mythe, que ni les événements marquants de son époque, ni même le temps, ne comptent pour Alcman.

On peut objecter que sa poésie est une poésie d'apparat qui se prête moins bien que l'élégie, par exemple, à la réflexion personnelle. C'est vrai, encore que Pindare fasse, après lui, tout autre chose de la poésie d'apparat. Mais ce qui est intéressant c'est que, dans la mesure même où il s'agit d'une poésie d'apparat, le poète travaille plus ou moins à la demande de la cité. Or pour la cité, surtout pour une cité qui justement s'affirme par des conquêtes et où le citoyen est le soldat, c'est la guerre qui est première, la paix n'est qu'une trêve. C'est la guerre qui, sous l'influence de Tyrtée et sans doute pour répondre à l'attente de la cité, est présentée comme une valeur en soi, non la paix. C'est par la guerre que l'on prend conscience de la vie politique et sociale, non par la paix.

Au vrai, on ne peut appeler toute la cité à la paix que lorsqu'on la considère comme un acte volontaire, au même titre que la guerre - ce qui ne saurait se produire souvent.

La guerre attire tout à elle, elle est le pôle rayonnant, le pôle positif. N'oublions pas que le couple εἰρήνη - πόλεμος, qui peut donner presque autant d'existence à la paix qu'à la guerre, n'est pratiquement pas employé au VIIe siècle, en tout cas ni par Tyrtée ni par Alcman. Aussi la paix n'a pas de valeur propre dans cette cité vouée à Arès et, si l'on présente la guerre comme l'oeuvre de tous, on n'éprouve pas le besoin de célébrer en commun la paix. Elle est, pour ainsi dire, sous-entendue dans les plaisirs quotidiens et dans les fêtes. Aussi bien, est-elle la condition nécessaire pour l'exécution d'une oeuvre telle que le Parthéneion.

Ce texte, le plus important d'Alcman, parmi ceux qui nous restent du moins, est un bon exemple d'oeuvre écrite pour des festivités religieuses, peut-être pour une procession en l'honneur d'Orthia.

Il pose un problème, déjà évoqué, qu'il importe d'examiner de plus près ici.

On lit, en effet, vers la fin du chant (v. 90-91) :

ἐξ Ἀγησιχόρ[ας] δὲ νεάνιδες
ἰρ]ήνας ἐρατ[ᾶ]ς ἐπέβαν

"C'est grâce à Hagèsichora que les jeunes filles ont atteint la paix qui charme le coeur." [26]

Comme son nom l'indique, ce Parthéneion est un chant de jeunes filles, celles qui composent le choeur.

Elles rappellent dans les premiers vers du poème les noms des fils d'Hippocoon, qui moururent dans un combat contre Héraclès, et elles insistent sur une morale qui prêche la modération.

Le mythe achevé, tout le poème est centré sur la description du choeur lui-même, d'Hagèsichora qui le conduit et d'Agido, prêtresse de la déesse, membre du choeur, ou chef d'un demi-choeur [27]. Mais avant d'atteindre, grâce à Hagèsichora, l'εἰρήνη de la fin, le choeur se trouve en compétition avec les Pléiades (v. 60sqq.) : ταὶ Πεληάδες γὰρ ἄμιν... / μάχονται.

Ces Pléiades peuvent désigner Agido et Hagèsichora elles-mêmes, c'est la tradition des scholiastes, un choeur rival, comme le pense D. Page, ou encore une constellation [28].

Dans les deux premiers cas, il y a une sorte de compétition artistique ; dans le dernier, on peut penser que le choeur lutte contre le temps pour achever la cérémonie nocturne avant que les Pléiades ne deviennent visibles [29].

Quoi qu'il en soit, seule Hagèsichora peut préserver le choeur
de ce danger (v. 64sqq.). Après une prière aux dieux et à Aotis qui déli-
vre des soucis - πόνων γὰρ / ἄμιν ἰάτωρ ἔγεντο (v. 88-89) - vient donc
l'affirmation soulagée qu'Hagèsichora a apporté la paix aux jeunes filles.

Si l'on admet que la restitution ἰρ]ήνας est exacte, εἰρήνη et
μάχονται ont partie liée. Comme μάχονται ne semble en aucun cas se référer
à la vie politique, mais bien à la vie religieuse ou artistique, il n'y a
aucune raison de donner à εἰρήνη un sens politique, à plus forte raison
quand tout le texte, mis à part le mythe initial, n'est qu'une longue des-
cription de l'art des choristes.

Rien ne semble justifier l'explication de C.M. Bowra [30] qui,
à la suite de H. Jurenka, rapporte cette "paix" à la seconde guerre de
Messénie. Ni le sentiment de joie et de soulagement qui, dit-il, anime le
poème, ni le sens qu'il faut donner aux aoristes ἐπέβαν et ἔγεντο et au
mot πόνων, ni les rapports que peuvent entretenir le mythe et le reste du
texte.

Laissons de côté la joie et le soulagement : on ne saurait s'at-
tendre à ce qu'un poète qui a écrit des vers pleins de grâce et de légè-
reté sur la jeunesse [31] - C. M. Bowra est le premier à s'en émerveiller -
oublie tout cela en composant, justement, un Parthéneion.

Quant au sens à donner à ἐπέβαν et à ἔγεντο, qui est la clef de
l'hypothèse de C. M. Bowra, ces aoristes pourraient aussi bien traduire
une sorte d'anticipation, puisque l'exécution de l'oeuvre touche à sa fin
et que l'aube approche.

Mais si ἐπέβαν et ἔγεντο renvoient, comme le pense C. M. Bowra,
à un événement passé, pourquoi imaginer pour autant qu'il s'agit de la
guerre de Messénie ? Ce poème qui, étrangement, parle tant du choeur lui-
même, pourrait fort bien être un chant de victoire pour un succès antérieur
remporté contre d'autres choeurs.

Il n'y a pas de raison, dans le texte, d'admettre que les πόνοι
dont la déesse délivre les jeunes filles désignent les troubles de la
guerre. Si l'action de la déesse s'exerce dans un domaine politique, son
rôle devient alors étrangement secondaire par rapport à celui d'Hagèsi-
chora :

"Je brûle de plaire à Aotis, car elle nous a délivrées de nos peines. Mais c'est grâce à Hagèsichora que les jeunes filles ont atteint la paix..."

Restent les rapports entre le mythe et la suite de l'oeuvre. Il faut reconnaître qu'ils sont assez mystérieux, mais est-ce une raison suffisante pour supposer qu'Alcman fait sensiblement le même usage du mythe que Pindare ?

Selon C.M. Bowra, l'hybris des rebelles messéniens aurait été punie comme celle des fils d'Hippocoon ; le début du poème et l'appel à la modération seraient donc liés à l'εἰρήνη de la fin [32].

Pourquoi ne pas croire, plutôt, ou bien que ce mythe est entièrement détaché du reste de l'oeuvre [33] et écrit à la gloire de Sparte [34], que la morale soit ou non intégrée au mythe, ou bien qu'il se rattache d'une manière assez lâche à la suite : après avoir honoré Sparte les jeunes filles montreraient, par exemple, qu'elles ne font pas, elles, preuve de l'hybris des fils d'Hippocoon dans leur lutte contre les Pléiades ?

On peut encore imaginer qu'elles reprennent dans ce mythe quelques uns des thèmes qu'elles auraient développés dans un précédent poème qui, précisément, leur aurait donné le succès (ἐπέβαν).

Il semble donc légitime de conclure avec D. L. Page que "the evidence for this theory could hardly be less substantial. (...) the solution is dictated by horror vacui" [35].

Il suffit bien que l'on ait besoin d'une paix relative à Sparte pour exécuter cette oeuvre, il n'est nullement nécessaire de donner à εἰρήνη un sens politique [36]. Au reste, C.M. Bowra abandonne cette hypothèse dans la seconde édition de son livre.

Il importe, toutefois, de mentionner une interprétation totalement différente de toutes celles qui ont été proposées jusqu'à présent. Elle ne remet pas en cause le sens non politique d'εἰρήνη mais présente le Parthéneion sous un jour nouveau.

Pour A. Griffiths [37] qui cite les vers de Léonidas de Tarente (Anth. Pal. VII, 19), où Alcman est appelé τὸν ὑμνητῆρ' ὑμεναίων, ce Parthéneion est, en fait, un épithalame [38]. Sans entrer dans les détails, voici ses principales conclusions.

Le choeur est formé de jeunes filles à marier. A chaque mariage il perd donc un de ses membres ; dans le cas présent il s'agit d'Agido [39] qu'au lendemain de ses noces, et de bon matin (ὀρθρίαι, v. 61), les jeunes filles viennent réveiller suivant la tradition [40].

Le mythe initial est relié directement à ce thème car les fils d'Hippocoon se sont rendus coupables d'attentat à la vertu d'Hélène. De même les géants (dont il est sans doute question aux vers 30 et suivants) ont désiré épouser des déesses. Par contraste, le poète met ainsi en valeur la légitimité du mariage qu'il célèbre [41].

S'il s'agit bien d'un épithalame, on ne conçoit guère que les jeunes filles aillent offrir un φάρος ou φᾶρος (charrue ou vêtement suivant les commentateurs) à la déesse, mais on les imagine plutôt s'éclairant avec des torches pour se rendre chez la jeune mariée (φάϝος) [42]. Et loin de lutter contre elles, les Pléiades, qui sont des astres, les prennent en pitié (non pas μάχονται mais ἄχονται) [43] : comme elles, elles ont perdu un de leurs membres. Des sept Pléiades, en effet, transformées en étoiles, l'une, honteuse d'avoir épousé un mortel ou désespérée de la chute de Troie, cessa d'être visible. De même, Agido a quitté le choeur.

Enfin, si l'on admet qu'Hagèsichora, dont la beauté est d'un ordre totalement différent [44], n'est autre qu'Hélène [45], les derniers vers peuvent se comprendre ainsi : d'un côté, les jeunes filles désirent plaire à Artémis, protectrice des vierges, de l'autre, elles souhaitent la "paix" du mariage, et s'en remettent à Hélène [46]. Mais on reconnaîtra qu'en ce domaine, le choix d'Hélène semble, pour le moins, une bien étrange idée de leur part ou de celle du commentateur [47].

Quoi qu'il en soit, la poésie chorale d'Alcman n'a pas pour but, on le voit, de célébrer la paix, mais d'en être un des plaisirs. Peut-être est-ce pour cela qu'elle rejoint très souvent la poésie monodique de Sappho et d'Anacréon. Etant objet d'art et de luxe, cette poésie, on l'a dit, ne peut se développer que sur des thèmes qui renvoient à ces deux notions : le rayonnement de la lumière, de l'or, de l'argent, les senteurs précieuses, les objets finement travaillés.

Dans la mesure où c'est la guerre qui apparaît comme la vie normale, la vie quotidienne d'un Etat qui se définit par ses conquêtes, les activités qu'Alcman décrit ne peuvent recouper qu'une très faible partie

de celles qu'Homère attribue à la paix. Parler de la vie quotidienne, ce
serait parler de batailles, non de moissons, d'actions, non de délibéra-
tions : c'est, encore une fois, l'absence de guerre qui est extraordinaire,
et l'extraordinaire appelle plus l'art que le quotidien.

Ainsi ce grand genre qu'est la poésie chorale - qui deviendra
surtout grand avec Pindare - anticipe sur la minutie ciselée et les des-
criptions "intimistes" de Sappho et d'Anacréon, lors même qu'il semblerait
voué au départ, de par la nature des moyens qu'il met en oeuvre, à plus
d'envergure.

Alcman ne s'y trompa pas, qui semble s'être aussi adonné à la
poésie mélique monodique, et si le poète a bien écrit (41P.=35B.;100D.) :

ἕρπει γὰρ ἄντα τῶ σιδάρω τὸ καλῶς κιθαρίσδην
- "la cithare bien maniée est digne de l'épée" - (48),

il ne voulait sûrement pas dire, comme aurait pu le faire Pindare, que le
poète avait autant d'influence sur la vie politique d'une cité, par ses
conseils, que le guerrier par ses actes. Il voulait plutôt se justifier
face à un Tyrtée, et montrer que ce n'était pas déchoir, ni pour lui ni
pour les autres Spartiates qui admiraient son oeuvre, que de se consacrer
à l'art.

Achille lui-même n'était-il pas poète à ses heures ?

La poésie d'Alcman passe au travers de l'histoire des hommes
sans y subir la moindre influence : elle ne parle que d'elle-même.

Le problème est légèrement différent avec Mimnerme, car Mim-
nerme parle de la guerre.

Avec lui, on abandonne la lyrique chorale pour l'élégie et l'on
retraverse les mers.

Mimnerme est de Colophon (ou de Smyrne). La Souda note à son
sujet : γέγονε δὲ ἐπὶ τῆς λζ' 'Ολυμπιάδος (soit la 37e Olympiade, 632-
629), mais, comme toujours quand il s'agit de la Souda, on hésite sur le
sens à donner à γέγονε. Est-ce la date de naissance du poète ? Est-ce
son akmè ? Est-ce enfin une date importante dans l'histoire de Colophon
(ou de la Grèce), que le rédacteur aurait choisie pour dater le poète, en
indiquant qu'il vivait à ce moment-là ?

Solon a écrit des vers qui semblent répondre à ceux de Mimnerme
sur la durée idéale de la vie humaine [49]. Mais rien ne prouve, sauf
l'autorité de Plutarque (Comparaison de Solon et de Publicola, I, 4) et
de Diogène Laerce (1, 60), qu'il les lui ait directement adressés.

Au reste, qu'il l'ait fait ou non ne prouve rien : si, en effet,
la date de 632 désigne l'akmè de Mimnerme, Solon, né en 640, peut encore,
soit répondre directement au poète, bien que cela semble peu probable car
ce fragment n'appartient sûrement pas à la jeunesse de Solon, soit répon-
dre, par une sorte de fiction poétique, à des vers devenus célèbres [50].
Si elle désigne la naissance de Mimnerme, tous deux sont, grosso modo, con-
temporains.

Dans un cas comme dans l'autre, il est impossible de trancher.

L'oeuvre de Mimnerme peut-elle nous aider ? Pour J. Defradas,
la Smyrnéide, qui rappelle la lutte de Smyrne et de Colophon contre la
Lydie, "servait d'illustration aux conseils qu'il adressait à ses contempo-
rains", et l'on pourrait alors situer la période de création littéraire de
Mimnerme vers 585, "quand le roi de Lydie, Alyatte, entreprit de soumettre
définitivement les cités ioniennes."

Malheureusement, cette interprétation [51], comme on le verra,
est loin d'être sûre.

Admettons donc, pour l'instant, que la date de la Souda peut
aussi bien indiquer l'akmè que la naissance de Mimnerme (ou tout autre
événement).

Dans la ΣΜΥΡΝΗΙΣ le poète évoque les exploits de ses ancêtres
contre la Lydie de Gygès [52]. Sans doute s'agissait-il d'une oeuvre de
taille respectable, puisque Pausanias parle d'un προοίμιον où le poète
s'adressait aux Muses, mais c'est un point qui reste obscur et peut-être
a-t-on tendance à surestimer l'étendue de ce poème [53].

Un seul fragment, de moyenne importance, en est conservé par
Stobée (3, 7, 11), un distique et un vers isolé par des commentaires.

Dans le fragment connu par Stobée (13D.=14B.;14W.), Mimnerme
rapporte les hauts faits d'un guerrier qui, à lui tout seul, met en fuite
les armées lydiennes. On y voit un Mimnerme "homérisant" employer des mots
comme ἀγήνωρ θυμός, μένος, πρόμαχος qui s'adaptent parfaitement bien à
l'idéal de prouesse et de valeur individuelle qui est au centre de ce
passage :

"Ce que furent la force (μένος) et le vaillant coeur (ἀγήνορα
θυμόν) de cet homme, je le sais par mes ancêtres, eux qui le
virent mettre en fuite les phalanges serrées des Lydiens qui
combattent à cheval, à travers la plaine de l'Hermos, lui, le
héros à la lance. Jamais, certes, Pallas Athéné n'eut à exci-
ter, par ses reproches, la rude vigueur de son coeur (δριμὺ μέ-
νος κραδίης) lorsqu'il s'élançait, à travers les premiers rangs,
dans le fort de la bataille sanglante (εὖθ' ὅ γ' ἀνὰ προμάχους /
σεύαιθ' αἱματόεν<τος ἐν> ὑσμίνηι πολέμοιο), bravant les traits
aigus de ses ennemis ; car il n'était aucun guerrier supérieur
à lui pour se lancer dans l'oeuvre de la puissante mêlée (φυλό-
πιδος κρατερῆς), lorsqu'il vivait, dans la clarté du soleil
rapide."

Dans son commentaire, C. Del Grande note qu'il pourrait bien
s'agir d'un ancêtre de Mimnerme. Reprenant l'hypothèse de G. Pasquali [54],
il ajoute qu'en son honneur le poète aurait été appelé Μιμν- Ερμος :
"celui qui résiste près de l'Hermos".

    Il est à peu près certain que le nom Μίμνερμος est formé sur le
verbe μίμνω [55], plutôt que sur μιμνήσκω / μνήμη (même racine +men, ce-
pendant) [56]. Mais il se pourrait qu'il faille rattacher le second terme
au dieu Hermès et non au fleuve Hermos [57]. C'est l'avis de S. Szádeczky-
Kardoss [58] qui note que les noms propres formés sur un nom de fleuve
sont très rares. Le poète serait donc celui qui "attend Hermès" [59].

    Quoi qu'il en soit, et sans embellir la légende, on remarquera
que Mimnerme dit précisément qu'il connaît ces exploits par ses ancêtres
(ἐμεῦ προτέρων πεύθομαι).

    La Smyrnéide serait-elle, alors, une épopée plus privée que na-
tionale ? On peut, à tout le moins, se poser la question.

Remontant plus haut encore dans le temps, jusqu'aux invasions
doriennes et à la migration ionienne, Mimnerme s'intéresse à la fondation
de Smyrne et de Colophon (12D.=9B.;9W.) [60] :

"Après avoir quitté la ville de Pylos de Nélée, nous atteignîmes,
avec nos vaisseaux, la terre séduisante de l'Asie ; munis de
puissantes forces, nous venions nous établir à Colophon l'aimable,

en chefs de la dure violence (ἀργαλέης ὕβριος ἡγεμόνες). De
là, (†... †) par le vouloir des dieux, nous nous emparâmes
de Smyrne l'éolienne."

On voit comment Mimnerme, suivant la tendance de son époque et
imitant curieusement Tyrtée (2D.), insère le mythe dans le temps histori-
que et écrit : "nous nous emparâmes de Smyrne l'éolienne." Il relie le
passé au présent et établit une continuité entre l'histoire des généra-
tions : c'est une démarche historique, mais il n'est pas certain que
Mimnerme ne s'arrête pas en chemin.

Si vraiment comme l'écrit S. Mazzarino [61], Mimnerme s'inter-
rogeait sur les raisons de cette lutte incessante entre les Grecs et les
Asiatiques, s'il croyait que l'hybris initiale des Grecs avait engagé le
processus et que la guerre de Gygès ne faisait que s'inscrire dans le dé-
roulement "naturel" de l'hybris, il se pourrait que son intérêt pour la
haute antiquité restât du domaine moral et religieux, et n'abordât pas
vraiment les problèmes politiques.

Même si cette hypothèse, qui a un peu tendance à faire de Mim-
nerme un Hérodote avant la lettre [62], brode beaucoup sur le seul mot
ὕβρις du vers 4, la comparaison avec l'oeuvre de Solon peut apporter des
preuves supplémentaires dans ce sens.

Solon, qui parle pourtant du présent et que les événements ramè-
nent, pour ainsi dire, de force, à une analyse politique, dépasse toujours
cette analyse dans la morale. Or Mimnerme, qui n'est pas engagé dans les
troubles d'une guerre civile et qui n'est pas homme d'Etat, a bien moins
de raisons que Solon de s'intéresser aux événements historiques et politi-
ques d'une manière pragmatique.

Il ne semble donc guère probable qu'à une époque sensiblement
contemporaine de celle de Solon, une oeuvre comme la Smyrnéide puisse se
développer dans un esprit réellement historique et établir des rapports
très étroits entre le passé et le présent, fondés sur une comparaison
précise des forces politiques concernées à chaque époque. L'explication
historique, quand elle est générale, reste pour longtemps encore, de na-
ture morale - on le verra d'une manière plus complète au chapitre suivant.

Il ne faudrait donc pas surestimer l'importance de la Smyrnéide :
entre la conscience d'avoir rompu avec le temps mythique et l'engagement
dans la vie politique, il y a tout ce qui sépare Tyrtée d'Alcman, Callinos
ou Archiloque de Mimnerme.

On remarquera, en effet, que pour parler de cette guerre contre
la Lydie qui se situe, il n'est pas inutile de le rappeler, au début du
VIIe siècle, donc dans un passé proche, Mimnerme suit constamment le mo-
dèle homérique : il s'agit d'individus hors du commun qui, à eux seuls,
mènent le combat.

Du côté grec, il y a ce vaillant ancêtre, du côté lydien (du
moins on peut le supposer, car il ne semble pas qu'il y ait eu de rois à
Colophon ou à Smyrne), les soldats de Gygès (12aD.=13aW.) :

ὥς οἱ πὰρ βασιλῆος, ἐπε[ί ῥ'] ἐ[ν]εδέξατο μῦθο[ν],
ἤ[ιξ]αν κοίληι[σ' ἀ]σπίσι φραξάμενοι.

L'expression οἱ πὰρ βασιλῆος est particulièrement caractéristi-
que d'une conception homérique de la guerre et du régime politique de la
Lydie : elle implique un rapport de personne à personne, le roi envoyant
ses sujets - ou ses pairs - défendre ses intérêts.

Mais, dès lors, l'épisode du vaillant ancêtre du poète n'en est
que plus intéressant : ce que Mimnerme oppose à la royauté lydienne ce
n'est pas le groupe des citoyens grecs, ce sont des individus. Somme toute,
il met face à face deux aristocraties. Et c'est encore à une aristocratie
de cavaliers macédoniens que peut faire allusion ce dernier vers (14D.=
17W.;17B.) :

"Chef des guerriers de Paeonie, le pays aux chevaux renommés" (63).

Il est certain que l'on sait peu de chose sur le régime politi-
que de Colophon et de Smyrne au début du VIIe siècle. Il ne semble pas,
toutefois, que ces cités aient échappé à l'évolution que l'on observe par-
tout ailleurs. Elles aussi ont dû passer d'un régime aristocratique, guer-
rier et féodal, où tout le pouvoir était concentré entre les mains de
quelques γένη, à une définition plus large du corps social.

On peut supposer que Colophon et Smyrne sont déjà, au VIIe siè-
cle, de véritables πόλεις, même si leur gouvernement reste aristocratique.

L'évolution vers la notion de πόλις se fait progressivement.
Comme   elle est bien attestée dans les vers de Mimnerme, à supposer
même que la date de 632 désigne la naissance du poète, il est certain
qu'elle était au moins en germe au VIIe siècle. Le poète écrit, en effet
(7D.=7W.) :

"Réjouis, toi-même, ton propre coeur : parmi tes concitoyens
malveillants (δυσηλεγέων δὲ πολιτέων) l'un dira du mal de toi,
l'autre quelque bien."

C'est donc volontairement que Mimnerme néglige cette réalité po-
litique originale pour rapprocher, le plus possible, les Smyrnéens et les
Colophoniens aussi bien des héros d'Homère que de l'aristocratie guerrière
lydienne.

Loin d'insister sur ce qui fait le particularisme des cités io-
niennes en territoire lydien, loin de montrer, comme le fera plus tard
Athènes aux prises avec Xerxès [64], qu'il y a un abîme entre les citoyens
libres qui n'obéissent qu'aux lois de la cité, et les "esclaves" du roi,
Mimnerme aurait plutôt tendance à masquer les différences trop criantes,
pour présenter un combat qui évoque la lutte des chefs achéens contre les
chefs troyens.

Bien sûr, le VIIe siècle ignorait encore l'opposition telle
qu'elle se présente au Ve, mais Callinos d'Ephèse a de beaux vers pour dé-
finir la cité. Il est significatif de ne pas en trouver l'équivalent chez
Mimnerme dans les passages où le contexte s'y prêterait.

Dès lors, il est difficile de croire, comme J. Defradas, que
ces vers étaient destinés à engager une nouvelle lutte contre la Lydie, à
sortir les Colophoniens de leur apathie politique en leur donnant l'exem-
ple de leurs ancêtres. Car le poète passe, précisément, à côté de ce qui
pouvait justifier cette lutte : le désir de rester une cité libre et unie
face à l'empire lydien, précurseur de l'empire perse.

En outre, à supposer que Mimnerme ait voulu utiliser le passé,
moins dangereux, pour dire ce qu'il avait à dire, pouvait-il vraiment es-
pérer atteindre son but en rendant ce passé plus lointain qu'il n'était.en
réalité, puisqu'il le calquait sur le modèle homérique ?

Enfin, n'est-il pas curieux, s'il adressait des conseils à ses concitoyens de cette manière détournée, qu'aucun témoignage ancien ne vienne le confirmer ? Car on peut, certes, se demander quel accueil la Lydie réserva à ce genre de poèmes. L'indignation n'aurait-elle pas assuré la célébrité du rôle de Mimnerme ? Partout ailleurs, les anecdotes abondent, véridiques ou non, sur ce sujet, et Mimnerme aurait été précisément le seul oublié ? Il ne serait resté de son oeuvre que cette propagande diffuse plus faite de silences que d'affirmations ?

E. Buchholz semble être assez près de la vérité qui voit, au contraire, dans l'élégie de Mimnerme sur les combats contre Gygès, le rappel mélancolique d'un passé plus brillant [65]. Mimnerme admire les exploits des ancêtres, mais cette admiration ne tire pas plus à conséquence, pour sa pensée politique, que son intérêt pour les guerres de la haute antiquité. Il est, avant tout, l'homme du temps qui passe et il module sa plainte aussi légèrement que fuit ce temps. Tout est contenu, même les regrets et les souffrances : Mimnerme semble adapter son vers à la précarité de l'existence, comme dans cette élégie (2D.=2W.) :

"Pour nous, comme les feuilles que fait pousser la saison fleurie du printemps, lorsqu'elles naissent vite sous les rayons du soleil, semblables à elles, pendant un fugitif instant, nous jouissons des fleurs de la jeunesse, sans connaître, grâce à la volonté des dieux, ni notre bien, ni notre mal : mais les noires Destinées s'approchent de nous, l'une apportant la pénible vieillesse, l'autre le terme de la mort. Ephémère est le fruit de la jeunesse comme, sur la terre, la clarté du soleil..."

Et le poète, qui est pourtant à la croisée des chemins, entre le VIIe siècle fier de ses guerres et le VIe torturé par les luttes civiles et par la pauvreté, ne semble pas considérer ces maux comme la conséquence des bouleversements sociaux dont parleront Solon, Alcée et Théognis, mais bien plutôt les élever au niveau d'un commun destin de l'humanité.

La pauvreté qui est la hantise sociale et politique du VIe siècle n'est, ainsi, qu'un malheur parmi d'autres, comme celui de voir sa race s'éteindre ou d'être gagné par la maladie. L'élégie 2D. continue, en effet, par ces vers :

> "Cependant lorsqu'est passé le terme de cet âge, la mort immé-
> diate est préférable à la vie ; car, dans notre coeur, viennent
> mille maux : l'un voit son patrimoine ruiné, et ce sont les dou-
> loureuses tribulations de la pauvreté ; un autre n'a pas d'en-
> fants et c'est avec cet amer regret qu'il s'en va sous terre,
> chez Hadès ; un autre souffre d'une maladie qui brise le coeur.
> Il n'est pas un homme à qui Zeus ne donne des maux sans nom-
> bre." (66)

C'est à juste titre que A. Croiset écrit : "on s'est demandé si cette mélancolie de Mimnerme ne venait pas des circonstances politiques où il avait vécu. On a rappelé à ce propos les malheurs de Colophon, les guerres contre les Lydiens. Mais rien de tout cela n'apparaît dans les vers que nous venons de rappeler (...) C'est en moraliste, non en politique, que Mimnerme s'exprime." (67)

Avec lui, la guerre est replacée dans les lointains des époques révolues, elle y perd toute violence et toute horreur, elle ne sert pas le présent. Si le poète en parle, c'est parce que les exploits le fascinent qui arrêtent, en quelque sorte, la fuite du temps. La pérennité de leur gloire et de leur éclat, leur survie dans la mémoire des hommes, semblent les préserver de s'abîmer dans l'éphémère auquel, pourtant, ils appartiennent.

Certes, il a peut-être manqué à Mimnerme d'être confronté à la réalité de la guerre ravageant sa cité, et nous estimerions volontiers que la date de la Souda (632) désigne son akmè. Dans ce cas, il n'a pas connu directement les guerres de Gygès ("je le sais par mes ancêtres"), et il était, sans doute, déjà mort, quand Alyatte entra en campagne contre les cités d'Ionie. Mais, s'il s'agit d'un sentiment, il ne peut s'agir d'une conviction car Alcman, lui aussi, néglige les guerres de son temps. Si Mimnerme a connu Colophon dans une période de paix, il ne s'est pas intéressé, pour autant, à la paix : non seulement on ne trouve pas, dans ses poèmes, de méditation sur les moyens et les buts de la paix, mais la vie politique elle-même n'existe pas aux yeux du poète.

Qui plus est, Mimnerme n'évoque même pas, comme le fait Alcman, les joies d'une paix qui s'ignore, joies esthétiques et plaisirs sensuels. On dirait qu'elles perdent tout sens dans une telle philosophie du fugitif qui aspire, cependant, à l'éternel.

Quand, en effet, le poète écrit (1D.,1-3=1W.) :

"Quelle vie, quel bonheur possibles, sans l'Aphrodite d'or ? Puissé-je mourir le jour où j'aurai perdu le souci de ces plai-sirs : secrètes amours, présents délicieux, amoureuses étrein-tes",

c'est pour évoquer, aussitôt, les malheurs qui peuvent s'abattre sur les mortels (v. 5sqq.) :

"Mais lorsque est survenue la douloureuse vieillesse qui rend l'homme laid et méchant à la fois, des soucis cruels rongent continuellement son âme ; la vue des rayons du soleil ne le ré-jouit plus."

A quelque niveau que l'on se place, relations internationales, vie interne de la cité, plaisir des hommes, la paix n'a pas de réalité propre dans son oeuvre, elle n'est qu'un manque. Seule la guerre est un acte éclatant, dont l'intensité peut contrebalancer la précarité de la vie humaine, mais la guerre appartient au passé.

Mimnerme avait l'atout qui manquait à Alcman pour parler de la paix, non pas seulement à travers ses activités, mais comme une réalité positive : il s'intéressait à la guerre. Mais cet intérêt ne fait pas progresser la réflexion, car la guerre n'est pour lui que le symbole d'un âge d'or terminé, qu'il rappelle quelquefois pour distraire son ennui.

Le poète délaisse, lui aussi, le monde de la cité : il méconnaît le rôle spécifique du citoyen-soldat et calque entièrement ses guerriers sur le modèle homérique, comme dans un dernier effort pour rappeler le temps des héros. Mais ce temps est révolu et, quand il regarde autour de lui, il ne voit que le vide d'une paix qui lui semble dépourvue d'intérêt, qui, à ses yeux, ne met d'aucune manière en jeu les rouages mêmes de la vie politique.

Comme Alcman s'était réfugié dans une poésie qui était à elle-
même son propre but, Mimnerme se réfugie dans un doute mélancolique et
dans cette acceptation désolée de l'instabilité de toute chose qui le ca-
ractérise. Les événements historiques ne lui servent que de points de re-
père pour illustrer la fuite du temps.

xxxxx

xxx

x

Dès ses débuts la poésie nouvelle s'oriente ainsi dans deux di-
rections : il y a les poètes dont les chants sont une véritable action
politique, il y a les poètes plus individualistes qui s'enferment dans la
contemplation passionnée de leur art.

Pour l'instant, ces deux voies de la poésie, si l'on met à part
le cas d'Archiloque, dont l'originalité échappe à toute définition, sem-
blent être superposables, la première au domaine de la guerre, la seconde
à celui de la paix.

A ne considérer que les textes qui nous restent, il faut atten-
dre le VIe siècle et l'oeuvre de Solon pour que la poésie, l'action politi-
que et la paix puissent se rencontrer.

Mais une tradition tardive, relative à Sparte, voudrait que Tha-
lètas (ou Thalès) et Terpandre aient rendu, par leurs poèmes, la cité bien
unie et portée d'un seul élan vers la guerre. Ils auraient eu un rôle de
poètes et de nomothètes, ils auraient ramené la concorde au sein de la
cité, et oeuvré à la fois pour la guerre étrangère et pour la paix.

Plutarque écrit ainsi, à propos de Thalès (Lyc. 4) :

"(il) passait pour être un poète lyrique ; mais son art n'était
pour lui qu'un prétexte : en réalité, il faisait oeuvre d'ex-
cellent législateur. Car ses odes étaient des exhortations à la
docilité (εὐπείθεια) et à la concorde (ὁμόνοια) sur des airs et
des rythmes fort propres à inspirer l'amour de la règle et de
l'ordre. (...) C'est ainsi qu'il   fraya en quelque sorte la
voie à Lycurgue pour former les Spartiates."

Et la <u>Souda</u> rapporte que "les Lacédémoniens, déchirés par la guerre civile, firent venir de Lesbos le serviteur des Muses, Terpandre. Celui-ci réconcilia (ἥρμοσεν) les esprits et mit fin à la guerre civile." [68]

Si le <u>floruit</u> de Terpandre peut se situer vers la moitié du VIIe siècle, il pourrait s'agir de ces troubles pour lesquels Tyrtée composa son élégie sur l'eunomie, qui prêchait l'obéissance à la <u>Rhètra</u> de Sparte. Dans ce cas, comme dans celui de Thalès, la lutte contre la guerre civile serait liée à l'établissement d'une constitution.

Il est bien dommage pour toute étude sur l'idée de στάσις qu'aucun texte de ces poètes n'ait été conservé et que leur rôle, comme celui de Lycurgue, relève peut-être de la légende.

NOTES DU CHAPITRE PREMIER

(1) Les Trères sont des Thraces qui rejoignent les Cimmériens vers 678 (cf. G. Glotz, Histoire grecque, t. 1, p. 266).

(2) Cf. E. Bergougnan, Hésiode et les poètes élégiaques et moralistes de la Grèce, note 368, et G. Glotz, op. cit., p. 273.

(3) Cf. Hérodote VI, 58 : les hilotes doivent participer au deuil qui suit la mort d'un roi.

(4) Ancient Sparta, p. 291 ; contra cf. P. Oliva, Sparta and her social Problems, p. 109.

(5) Se fondant sur les vers 31-33 du fr. 8D.(11W.) :

καὶ πόδα πὰρ ποδὶ θεὶς καὶ ἐπ' ἀσπίδος ἀσπίδ' ἐρείσας,

ἐν δὲ λόφον τε λόφωι καὶ κυνέην κυνέηι

καὶ στέρνον στέρνωι πεπλημένος ἀνδρὶ μαχέσθω,

K.M.T. Chrimes (op. cit., p. 291) admet que les Messéniens opposent des armées d'hoplites aux Spartiates. Or, si tous les Messéniens sont réduits à l'état d'hilotes à la fin de la première guerre de Messénie, d'où cette force militaire leur vient-elle ? L'auteur suppose donc que seule la plaine de Makaria est annexée quand la révolte éclate.

En fait, le sort des Messéniens à la fin de la première guerre est assez mal connu, mais, si l'on en croit Strabon (VIII, 362) et Pausanias (IV, 15, 7), ils ne furent pas sans alliances militaires dans la seconde : les Argiens, les Pisates, les Arcadiens et, peut-être, les Eléens (mais cf. Ephore apd. Strabon VIII, 355) auraient combattu à leurs côtés (cf. G.L. Huxley, Early Sparta, p. 57).

Par ailleurs, calqués sur le modèle homérique (cf. Il. XIII, 130-131 :

φράξαντες δόρυ δουρί, σάκος σάκεϊ προθελύμνῳ ˙

ἀσπὶς ἄρ' ἀσπίδ' ἔρειδε, κόρυς κόρυν, ἀνέρα δ'ἀνήρ)

(suite de la note 5) ces vers pourraient reprendre, simplement, l'appel à combattre παρ' ἀλλήλοισι μένοντες du vers 11 et ne porter témoignage que de la cohésion interne des rangs spartiates. Tyrtée décrirait un rang de guerriers où chacun s'appuie sur son compagnon pour opposer une ligne impénétrable à l'ennemi (cf. v. 3 : μηδ' ἀνδρῶν πληθὺν δειμαίνετε). Le poème n'apporterait, alors, aucune preuve sur l'existence d'éventuelles armées d'hoplites messéniens. Au demeurant, il n'est pas sûr que la tactique évoquée ici pour les rangs spartiates soit déjà celle de la phalange (sur ce dernier point, cf. A. Snodgrass, Early Greek Armour and Weapons, p. 181-182).

(6) Cf. ibid., v. 24.

(7) L'argument était déjà employé par Homère, cf. supra Il. V, 529sqq..

(8) Voir également B.A. Van Groningen, La composition littéraire archaïque grecque, p. 126-127.

(9) I.G. IX 1, 868=Peek, G.V. 73 ; Pfohl, Greek Poems on Stones, 11.

(10) W. Donlan, "Changes and Shifts in the Meaning of Demos...", p. 386. Cf. A. Forti-Messina, "δῆμος in alcuni lirici", p. 229-230. Nous modifions légèrement la traduction d'E. Bergougnan dans les citations qui suivent.

(11) Sur l'évolution de l'armement et des techniques militaires, on consultera, notamment : M. Lejeune, "La civilisation mycénienne et la guerre", in Problèmes de la guerre en Grèce ancienne, p. 31-51 ; G.S. Kirk, "War and the Warrior in the Homeric Poems", ibid., p. 93-117 ; M. Détienne, "La phalange, problèmes et controverses", ibid., p. 119-142 ; P.A.L. Greenhalgh, Early Greek Warfare ; A. Snodgrass, Early Greek Armours and Weapons.

(12) L'embatèrion est parfois attribué à Alcman, car les dimètres anapestiques sont écrits en dorien littéraire et non plus en ionien comme les élégies. On a contesté son antiquité. B. Lavagnini (Anthologia...) pense que le fragment ne serait pas antérieur, sous sa forme actuelle, au IIe s. av. J.C.. Il est certainement étrange que ce poème ne soit attesté que

(suite de la note 12) par Dion Chrysostome et Tzetzes, et que si Athénée
(XIV, 630) mentionne bien, à l'époque de Tyrtée, l'existence de danses
pyrrhiques, il n'en cite aucun exemple. Néanmoins, "l'embatèrion" des παῖ-
δες 'Ελλήνων dans les Perses d'Eschyle (v. 402-405) pourrait autoriser à
voir dans celui-ci une composition ancienne.

(13) Cette akmè se situe selon A. Hauvette et A. Bonnard vers 664. F. Ja-
coby, J. Pouilloux penchent pour une date voisine de 650. Il ne semble pas
légitime de retenir la "chronologie haute" de A. Blakeway ("The Date of
Archilochus") qui place sa naissance vers 740-730 et sa mort vers 670.

(14) Cf. Steph. Byz. s.v. Thasos. L'oracle concerne aussi parfois le
grand-père d'Archiloque ou Archiloque lui-même.

(15) Cf. Plutarque, De ser. num. vind. 17, et Souda, s.v. Archilochos.

(16) Cf. Plutarque, Instit. Lacon. 34.

(17) Traduction de Th. Reinach - A. Puech ; cf. Alcée fr. 153R.P..

(18) Cf. Critias apd. Elien (Histoire Variée, 10, 13).

(19) Sur la nature de la deuxième expédition à Thasos et sur l'histoire
sociale de Paros, cf. Les entretiens de la Fondation Hardt, t. X, Archilo-
que (notamment : J. Pouilloux, "Archiloque et Thasos, histoire et poésie",
p. 3-36 et N.M. Kontoleon, "Archilochos und Paros", p. 39-86) qui mon-
trent qu'on ne peut plus, pour reprendre la formule d'O. Reverdin (ibid.,
p. 77), "romantiquement, voir en Archiloque un bâtard lourd de rancunes
sociales, un pauvre diable abandonnant Paros et sa misère pour aller vi-
vre parmi les gueux une vie d'aventures, un mercenaire, un apôtre des re-
vendications populaires."

(20) Cf. "Motivi epici nei tetrametri di Archiloco".

(21) Selon G. Tarditi (ibid., p. 42), la bataille pourrait avoir lieu non
en Eubée mais en Thrace. Δαίμονες codd., Diehl : δαήμονες codd. : δάμονες
corr. Fick, West.

(22) = La mort, cf. 4D.(=6W.;14L.B.) : ξεύνια δυσμενέσιν λυγρὰ χαριζόμενοι.

(23) 93a West : οἱ δ' εἰς τὰς Σάπας <φυγόντες> ὑπὸ τῶν
Θρᾳ[κ]ῶν. (cf. app. crit. Diehl).

(24) Scholie au v. 603=52D. ; 125L.B. ; 109W.. Traduction d'A. Bonnard lé-
gèrement modifiée.

(25) Cf. Fr. Th. Welcker, Simonidis Amorgini Iambi qui supersunt, p. 7.

(26) Nous citons et traduisons le texte en suivant les conjectures et dé-
ductions de D. Page dans son édition : Alcman, the Partheneion.

(27) Cf. D. Page, op. cit., p. 57sqq. ; K.M.T. Chrimes, Ancient Sparta,
p. 268.

(28) Cf. D. Page, op. cit., p. 52sqq.. Le choeur rival pourrait être celui
que dirige Agido. Cf. encore F.R. Adrados, "Alcman, el partenio del Lou-
vre", p. 333.

(29) Cf. A.P. Burnett, "The Race with the Pleiades", p. 30-33, et K.M.T.
Chrimes, op. cit., p. 268.

(30) Greek Lyric Poetry, première édition, p. 34.

(31) Cf. 26P.(26B.;94D.).

(32) Op. cit., première édition, p. 34.

(33) Cf. B.A. Van Groningen, La composition littéraire archaïque grecque,
p. 40-41.

(34) Sur ce point, cf. les explications détaillées de D. Page, op. cit.,
p. 30-33.

(35) Op. cit., p. 94. Sur la nature des πόνοι, cf. M. Puelma, "Die Selbst-
beschreibung des Chores...", note 50, p. 21-22.

(36) Pour d'autres emplois métaphoriques d'εἰρήνη, au sens de repos des forces et de calme après une lutte ou une épreuve, cf. An. Mel. 127P. (1045) = Chor. Adesp. 2D., cité par D. Page, Alcman, the Partheneion, p. 94, et supra, p. 22   ; Pindare Pyth. IX, 22-23, Nem. I, 69-70 (cités supra, p. 38, n. 8).

(37) "Alcman's Partheneion : the morning after the night before", QUCC, 14, 1972.

(38) P. 11.

(39) P. 15.

(40) P. 17 et 18.

(41) P. 14.

(42) P. 18, le digamma aurait été mal retranscrit.

(43) P. 19-20.

(44) P. 23 : δέ au v. 51 n'introduit pas un nouveau sujet, toute la description se rapporte donc à Hagèsichora.

(45) P. 22sqq..

(46) Les aoristes ont un sens gnomique (p. 26). Pour l'interprétation du passage, cf. p. 27.

(47) L'hypothèse d'un chant épithalamique est reprise par B. Gentili, "Il partenio di Alcmane...", QUCC XXII, 1976, p. 59-67.

(48) Traduction d 'A. Croiset, Histoire de la littérature grecque, t. 2, p. 292.

(49) Cf. Mimnerme 6D., Solon 22D. (v. 3 : λιγυαιστάδη, adjectif appliqué, dit la Souda, à Mimnerme διὰ τὸ ἐμμελὲς καὶ λιγύ.

(50) Cf. Jacoby, Hermes, 1918, p. 278, n. 2.

(51) Les élégiaques grecs, introduction p. 14.

(52) Cf. Pausanias IX, 29, 4.

(53) La plus longue élégie de Solon, l'élégie "aux Muses" ne compte ja-
mais, telle qu'elle nous est parvenue, que 76 vers. Selon Plutarque (So-
lon, 8, 3), l'élégie sur Salamine en aurait, toutefois, compté plus de
cent.

(54) Stud. ital. fil. class., N.S. III (1923), p. 293-294.

(55) Cf. F. Bechtel, Die historischen Personennamen des Griechischen bis
zur Kaiserzeit, s.v. Mimnermos.

(56) Cf. H. Frisk, Griechisches Etymologisches Wörterbuch, s.v. μένω/μίμ-
νω, et P. Chantraine, Dictionnaire étymologique de la langue grecque, s.v.
μιμνήσκω. Commentant l'hypothèse de G. Pasquali, M.L. West (Studies in
Greek Elegy and Iambus, p. 73) note qu'un nom commémorant la bataille de
l'Hermos n'avait sans doute pu être donné que dans l'enthousiasme de la
victoire, ce qui amènerait à placer la naissance du poète avant 660.

(57) Cf. W. Pape-G. Benseler, Griechische Eigennamen, s.v. Mimnermos.

(58) RE, suppl. XI, s.v. Mimnermos, col. 937.

(59) Pour d'autres interprétations, cf. même article de la Realencyclo-
pädie.

(60) Selon Strabon qui les rapporte, ces vers appartiendraient à un
poème appelé Nannô (XIV, 634).

(61) Il pensiero storico, p. 40.

(62) Cf. F. Jacoby, "Zu Mimnermos", Hermes, 1918, p. 273-282.

(63) Selon F. Rodriguez Adrados (Los líricos griegos, ad loc.), ces guerriers accompagnaient les Trères et les Cimmériens. Le poète fait peut-être allusion à la mort de Gygès, tué par les Cimmériens.

(64) Cf. e.g. Eschyle, Les Perses, v. 242 et, pour les Spartiates, Hérodote, VII, 104 et infra, p. 264-267.

(65) Anthologie aus den Lyrikern der Griechen, notice p. 16.

(66) Cf. encore 3D. et 5D.=3W.;5W..

(67) Histoire de la littérature grecque, t. 2, p. 122.

(68) Souda, s.v. μετὰ Λέσβιον ᾠδόν.

CHAPITRE II

LE TEMPS DES GUERRES CIVILES

Au VIe siècle, époque des guerres civiles, on retrouve les deux attitudes caractéristiques du VIIe : l'intérêt pour l'actualité, représenté par Solon, Alcée et Théognis, le repli sur soi, hors du temps, représenté par Stésichore, Sappho, Hipponax, Ibycus et Anacréon. Mais la manière d'aborder l'actualité est différente d'un poète à l'autre, de même qu'est différent le repli sur soi : la réflexion sur la guerre et la paix a évolué depuis le VIIe siècle.

I. L'EQUILIBRE SOLONIEN

La tradition présente Solon comme l'un des sept Sages de la Grèce, à la fois homme d'Etat, comme tous les Sages, philosophe et poète [1].

Il naquit à Athènes vers 640, participa aux combats de Salamine vers 612, fut archonte en 594-593, puis voyagea, dit Aristote, une dizaine d'années, pour ne pas être obligé de modifier les lois qu'il avait promulguées [2]. Il semble qu'il ait vu Pisistrate instaurer un régime tyrannique, contre lequel il essaya de mettre en garde ses concitoyens, ce qui placerait la date de sa mort après 560.

Cette biographie politique est illustrée par trois pointes dans son oeuvre : l'élégie pour Salamine, tous les poèmes pour défendre sa législation et son action, des mises en garde contre Pisistrate.

C'est la recherche d'une véritable communauté civique, loin de l'individualisme et des intérêts personnels, qui anime toute la pensée de Solon. Elle se traduit avec netteté dans la réflexion sur la guerre civile, mais il est important de noter - car cela explique le passage de la pensée de Tyrtée à celle de Solon - que c'est de l'éthique de Salamine qu'elle naît. Après l'élégie pour Salamine, Solon aura trouvé sa voie et ne reviendra plus sur les guerres extérieures; toutefois elles fournissent comme un point de départ pour qui veut saisir sa pensée.

Dans l'élégie pour Salamine (2D.=3B.;3W.), Solon exhorte les Athéniens en faisant appel à leur sentiment de l'honneur. Mais c'est un honneur collectif, et tous les citoyens doivent se battre, en fait, pour l'honneur d'Athènes, qui serait ébranlé si elle renonçait à ses possessions, ainsi :

> "Allons à Salamine, combattons pour l'île aimable et chassons, loin de nous, une pénible honte (χαλεπὸν αἶσχος)."

Les vers qui suivent indiquent bien les rapports qui existent entre la gloire personnelle et la gloire de la cité (2B.;2W.) :

> "Puissé-je alors être un habitant de Pholégandros ou de Sikinos et avoir changé de patrie, au lieu d'être Athénien ; car voici ce qu'on dira bientôt parmi les hommes : "Celui-ci est un Athénien, l'un de ceux qui ont abandonné Salamine"."

Le poète affirme qu'il rougira d'être Athénien si les Athéniens, par lâcheté, refusent de se battre et se désintéressent des possessions de la cité. Quelle que soit sa valeur propre, l'individu est tributaire du groupe auquel il appartient. Tous donc, s'ils veulent conserver intact leur propre honneur, doivent veiller d'abord à celui de la cité. C'est l'éthique du citoyen-soldat qui s'exprime dans ces vers, et avec d'autant plus de force que Solon ne s'adresse pas à une élite mais à l'ensemble de la cité : s'il faut en croire Diogène Laerce (1, 46) et Plutarque (Vie de Solon, 8, 1), c'est, en effet, sur l'agora que Solon, se faisant passer pour fou, pour mieux braver le décret qui interdisait de parler de Salamine, aurait chanté ses vers.

Quand on passe de la guerre étrangère à la guerre civile, il ne s'agit évidemment plus de faire oeuvre de guerre, mais le poète continue à insister sur le même idéal du citoyen travaillant pour la communauté civique. C'est le citoyen-soldat qui donne naissance au citoyen pacifique au sein de son groupe.

Solon appelle toute la cité à l'unité. Lui-même ne veut pas
être le chef d'un parti, mais celui de tous les citoyens. Dès lors, il se
présente comme un guerrier pacifique, travaillant au bien commun, et pro-
tégeant chacun des partis de "son fort bouclier" (5D.,5=5B.;5W.), ou placé
comme une borne - ἐν μεταιχμίωι / ὅρος - entre eux (25D.=37W.).

Ce faisant, Solon délaisse, dans la guerre civile, l'exhorta-
tion au combat, qui voudrait qu'un parti triomphe de l'autre, et qui ca-
ractérise Alcée et Théognis, pour l'exhortation à la raison, au bon sens,
à la modération.

Solon veut avant tout convaincre et l'on a, avec lui, le début
d'un logos idéal, cher à Platon : la cité serait bien gouvernée, serait
dans l'eunomia, si tous, chefs comme citoyens, comprenaient les causes
des événements et le sens des réformes à faire, au lieu de se laisser por-
ter par leurs passions. C'est au médiateur d'expliquer tout cela, et com-
ment le ferait-il mieux que par des poèmes dont la forme gnomique, adap-
tée aux goûts de l'époque, se grave aisément dans les esprits ? C'est
toute une paideia que le poète entreprend, et une paideia de la paix.

Tyrtée avait su adapter les valeurs homériques aux réalités de
la politique contemporaine et offrir à ses concitoyens l'idéal du citoyen-
soldat. Solon prend la relève de la pensée du VIIe siècle qui a mis la
cité à l'honneur, mais il modifie les valeurs qu'elle doit proposer : pour
la première fois, les valeurs guerrières s'effacent devant les valeurs pa-
cifiques.

La réflexion des poètes sur la paix commence par une réflexion
sur la paix civile. Elle s'élargira, peu à peu, au Ve siècle, jusqu'à dé-
border le cadre de la cité, mais, et c'est très net chez Pindare, la re-
cherche de la paix extérieure ne rompra pas ses attaches avec la recher-
che de la paix civile, dont Solon fut le premier à se préoccuper.

Comme Alcée, comme Théognis, Solon se trouve à un moment où le
processus de destruction de sa cité est déjà engagé. Il regarde autour de
lui, et le premier bouleversement qu'il constate, la première rupture avec
l'ancienne société athénienne, c'est que tous se livrent à une course ef-
frontée à l'argent (1D., 71sqq.=13B.;13W.) :

"La richesse, pour les hommes, n'a pas de limites visibles ;
ceux qui, maintenant, sont les plus riches, parmi nous, se don-
nent deux fois plus de peine ; qui pourrait satisfaire tout le
monde ?"

L'ensemble de la cité (aussi bien le peuple que ses chefs, les
démocrates que les aristocrates) veut sans cesse accroître sa richesse.
Voilà la cause de la stasis, du malaise qui risque de détruire "la grande
cité", comme le poète l'explique dans son élégie sur l'eunomia. La recher-
che de profits personnels n'est pas génératrice d'ordre mais de désordres,
elle bouleverse l'ancienne stabilité de la société (3D.,5sqq.=4B.;4W.) :

"Ce sont les citoyens eux-mêmes(ἀστοί) qui, par leur sottise,
esclaves des richesses, veulent détruire la grande cité ; les
chefs du peuple (δήμου ἡγεμόνων) ont un esprit injuste et sont
près de subir de grandes épreuves, à cause de leur excessive dé-
mesure (ὕβριος ἐκ μεγάλης),car ils ne savent pas contenir leurs
désirs insatiables (κόρον) ni goûter avec mesure aux joies d'un
banquet paisible. Ils s'enrichissent en s'attachant à des ac-
tions injustes, ils n'épargnent ni les biens sacrés ni les
biens publics et volent par rapine, l'un d'un côté, l'autre
ailleurs." (3).

Quand le malheur est entré dans la cité, quand règne la course
à l'argent :

"A cause de ses ennemis, cette ville si aimable se ruine rapi-
dement dans les ligues de partis, chères aux hommes injustes.
Tels sont les maux qui tourmentent le peuple et, parmi les
pauvres (ταῦτα μὲν ἐν δήμωι... τῶν δὲ πενιχρῶν...), il en est
beaucoup qui s'en vont vers une terre étrangère, vendus et
chargés de honteuses chaînes." (3D.,21sqq.)

Mais pourquoi cette course à l'argent qui est aussi bien, aux
yeux des historiens modernes, cause que conséquence de la stasis ? Le
poète ne le dit pas explicitement. On remarque en outre que les problèmes

liés à la possession de la terre, et la manière dont ils touchent les différentes classes sociales, ne sont pas présentés dans un rapport direct de cause à effet avec la stasis, mais bien dans une construction paratactique qui énonce tous les malheurs qui s'abattent sur la cité.

Il en va de même dans le fragment 24D.(36B.;36W.). Solon analyse la question agraire plus comme un désordre auquel sa bonne politique a voulu remédier que comme une conséquence directe, et encore moins une cause - si on se place du point de vue des grands propriétaires - de la course à l'argent. Or, les deux avaient certainement partie liée et il est intéressant de constater que Solon ne cherche pas la raison première de ce désir de s'enrichir dans une mutation économique plus générale qui rendrait compte de l'attitude de tous ces citoyens qu'il décrit avides de richesses.

Assurément, l'analyse historique n'est guère poussée : il y a bien plus description que raisonnement sur la politique, l'économie, ou la société d'Athènes.

Est-ce à dire que Solon est incapable d'aller de ce qu'il voit à la "cause la plus vraie", comme dirait Thucydide ? Non pas, mais cette cause, il la situe à un niveau tout différent qui surprend par rapport à la pensée moderne, mais qui n'a rien de surprenant dans la mesure où le poète s'inscrit dans la ligne de pensée d'Hésiode.

La "cause la plus vraie" est dans un désordre moral, dans l'hybris.

Dès lors, le raisonnement de Solon se déroule autrement et avec une logique qui, pour n'être pas celle des économistes, n'en est pas moins réelle.

Le désir toujours insatisfait de s'enrichir lui apparaît comme une manifestation d'ὕβρις. Cette ὕβρις entraîne l'ἄτη qui est à la fois aveuglement et châtiment (1D.,11-13=13B.;13W.) :

"(la richesse) que les hommes recherchent par la violence (ὑφ' ὕβριος) ne vient pas selon le bon ordre (οὐ κατὰ κόσμον), mais, cédant à d'injustes actions (ἀδίκοισ' ἔργμασι πειθόμενος), elle suit, malgré elle (οὐκ ἐθέλων) et, vite, elle se mêle au malheur (ἄτη)."

Les hommes ont donc toujours à redouter la τύσις, la vengeance des dieux contre les impies (1D.,76;3D.,16), et c'est comme châtiment à leur ὕβρις, qui ne respecte même pas les biens sacrés, que Δίκη fait tomber les hommes dans la servitude, mère des guerres civiles et des guerres étrangères (3D.,14sqq.=4B.;4W.) :

> "... Ils n'observent pas les principes vénérables de Justice ;
> la déesse se tait, mais elle garde en elle-même la notion de
> ce qui se passe et de ce qui s'est passé, puis, à son heure,
> elle ne manque pas de venir et de punir (ἀποτεισομένη).
> Telle est la plaie incurable dont maintenant est envahie
> cette cité entière qui, rapidement, est tombée dans une vile
> servitude. Celle-ci réveille la révolution et la guerre assou-
> pie, qui a tué beaucoup d'hommes dans leur aimable jeu-
> nesse..." (4)

Solon développe ainsi, pour expliquer la naissance de la στάσις, un schéma κόρος - ὕβρις - ἄτη - τίσις qui, au niveau de la cité, prend le nom de δυσνομίη (ibid., v. 32).

Inversement, l'eunomia est ce qui permettra de lutter contre la stasis, c'est-à-dire, puisqu'on évolue dans le domaine moral, plus que des réformes, l'esprit de mesure qui les anime : la teneur même des lois est moins importante que l'attitude du chef de la cité et des citoyens (5) Comme dans Platon on redescendra ensuite de l'eunomia aux lois, on ne saurait aller des lois à l'eunomia.

Cette acception d'eunomia et de dysnomia se vérifie dans la suite de l'élégie où Solon montre les pouvoirs de l'eunomia. Il ne dit pas qu'elle répartit les biens, assure l'égalité des citoyens et le bon fonctionnement de l'Etat. Il dit quelque chose de plus général qui offre, on l'a vu dans la première partie, moins des connotations politiques que des connotations morales.

C'est l'εὐνομίη qui réprime le κόρος (v. 34), l'ὕβρις (v. 34), l'ἄτη (v. 35), les oeuvres ὑπερήφανα (v. 36) ; c'est elle qui rend tout εὔκοσμα καὶ ἄρτια (v. 32), ἄρτια καὶ πινυτά (v. 39), mettant, ainsi,fin à la mauvaise ἔρις (v. 38) dont parle Hésiode.

Aussi la distinction entre l'eunomia, attitude générale, et les lois, manifestation et cas particulier de cette eunomia du poète tendant à l'eunomia de toute la cité, est-elle toujours très nette : ce n'est pas dans l'élégie sur l'eunomia que Solon parle de ses réformes.

Si ces réformes veulent répondre à des problèmes précis, là n'est pas leur seul but : elles doivent aussi, et surtout, assurer définitivement l'eunomia. Pour cela, il n'y a qu'une seule solution, la juste mesure, celle qui est le contraire de toute hybris.

C'est donc l'esprit de juste mesure, de milieu, qui les caractérise. Et le milieu ne se situe pas dans une nouvelle répartition des richesses, mais dans la lutte contre quelques injustices criantes.

Comme Solon s'en explique dans le fragment 24 D.(=36B.;36W.) où il fait l'éloge de sa propre politique, il a retiré les bornes plantées dans la terre. Sans doute indiquaient-elles que les lopins étaient hypothéqués ou, ce qui revient sensiblement au même, cultivés par des hectèmores. La terre qui était esclave est désormais libre (v. 7). Il a ramené dans leur patrie bien des hommes qui avaient été vendus comme esclaves ou qui avaient fui pour échapper à leurs créanciers, et il les a rendus libres (v. 15). Enfin, il a écrit des lois égales pour le vilain et pour le noble, et organisé une droite justice pour tous.

S'il a fait oeuvre de justice, cette justice ne se situe ni dans le nivellement révolutionnaire, ni dans le refus farouche de donner à chacun de quoi vivre, mais dans l'effort déployé pour que les plus riches reconnaissent les droits des plus pauvres et que ceux-ci respectent les différences. Prêter l'oreille à l'un ou l'autre parti aurait ruiné la cité qui "se serait vidée de beaucoup d'hommes" (24D.,25=36W.).

Solon n'est sûrement pas un révolutionnaire, lui qui écrit (23D., 19-21=34W.,7-9) :

"Il ne me plaît pas d'agir par la violence de la tyrannie ni que les vilains et les nobles se partagent également la terre grasse de la patrie." (6)

La justice suppose, pour lui, le respect des deux groupes qui s'affrontent, et c'est la même idée qui anime ses réformes plus proprement politiques (5D. =5B.;5W.) :

"Au peuple, j'ai donné des privilèges suffisants, je n'ai ni
diminué ni accru ses honneurs ; quant à ceux qui avaient la
puissance et le prestige des richesses, pour eux aussi j'ai
fait en sorte de leur éviter toute honte ; je me suis dressé
et je les ai munis, de part et d'autre, d'un fort bouclier, et
il n'est plus permis aux uns d'opprimer les autres."

L'eunomia c'est donc, toujours et partout, le sens de la mesure
qui donne à chacun ce qui lui revient, mais pas plus.

Pour que l'eunomia se développe parfaitement, il ne suffit pas
d'édicter des lois, il faut aussi que toute la cité partage l'esprit de
mesure qui anime Solon. Le but de sa poésie est donc d'expliquer aux ci-
toyens le sens profond de ses lois et de les exhorter à une attitude inté-
rieure semblable à la sienne : elle seule pourra ancrer profondément les
réformes dans la vie de la cité.

L'oeuvre politique se double ainsi d'une exhortation morale,
qui est sûrement plus importante encore aux yeux de Solon.

Les riches doivent modérer leur ambition, faire preuve de μέ-
τρον (4D.,6-7=4cW.) :

"vous qui avez des richesses à satiété, ramenez votre esprit
fier à la modération (ἐν μετρίοισι τ[ίθεσθ]ε μέγαν νόον)".

Le dêmos doit se contenter de ce qu'on lui donne, puisque aussi
bien la richesse n'est rien et ne justifie pas ces luttes incessantes
(14D.=24B.;24W.) :

"Ils ont une égale richesse celui qui a beaucoup d'argent et
d'or, des champs d'une terre fertile en blé, des chevaux et
des mulets et celui qui n'a, pour avantages, que ceux-ci :
jouir d'un bon estomac, de bons flancs et de bonnes jambes,
ainsi que de la présence d'un enfant et d'une femme..."

Si l'union ne peut se réaliser sans un chef, et Solon ne se
fait guère d'illusions, ce chef devra être, comme lui, une borne entre
les partis adverses.

Le danger venant surtout du dêmos, il devra faire preuve à la
fois de justice et de fermeté (5D.,7-8=6B.;6W.) :

"Ainsi,le peuple marcherait à la suite de ses chefs, s'il n'é-
tait traité ni avec faiblesse, ni avec violence."

C'est ainsi que Solon lui-même a réalisé ses réformes, "fai-
sant agir, de concert, la force et la justice (ὁμοῦ βίην τε καὶ δίκην συν-
αρμόσας)" (24D.,16=36B.,14;36W.) [7].

En aucun cas, le chef ne saurait être un tyran, car la tyrannie
fait de lui l'homme d'un seul parti. En outre, elle est liée au désir de
s'enrichir et ne fait que favoriser une perpétuelle avidité, avidité du
tyran, mais aussi avidité de ses partisans. Solon s'en explique dans les
tétramètres à Phocus, où il montre bien que la tyrannie n'est que la forme
politique de l'avidité, et écrit, faisant ironiquement son propre éloge
en rapportant les propos de ses détracteurs (23D.,1-7=33B.;33W.) :

"Solon n'est pas un homme avisé ni malin,
Puisqu'il a refusé les beaux présents des dieux (ἐσθλά).
L'insensé n'a pas su tirer le grand filet
Plein de butin : l'esprit, le coeur lui ont manqué.
Sinon, pourvu qu'il fût puissant, riche et tyran
D'Athènes un seul jour, il eût accepté d'être
Ensuite écorché vif, et que pérît sa race !" [8]

Puis, évoquant l'attitude de certains de ses concitoyens, dé-
çus par sa politique, il ajoute (v. 13sqq.=34W.) :

"Ces hommes étaient venus pour la rapine, ils étaient riches
d'espoirs ; chacun d'eux pensait qu'il allait trouver une grande
fortune et que, malgré mes paroles aimables et douces, je mon-
trerais un esprit dur ; leurs espoirs furent vains et maintenant,
dans leur irritation, ils me regardent tous de travers comme un
ennemi."

Le tyran n'est pas un guide de la cité, il n'en est que le
flatteur et ne saurait donc travailler à sa sauvegarde ; Solon le cons-
tate avec douleur quand ses concitoyens se donnent à Pisistrate (8D.=
11B.;11W.) :

>"Si vous avez éprouvé des malheurs à cause de votre lâcheté,
>ne rejetez pas sur les dieux ce qui revient à vos oppresseurs
>(...) Vous faites attention au langage et aux paroles de ce
>flatteur (αἱμύλου ἀνδρός), mais, quand il en vient aux actes,
>vous ne le surveillez pas."

Solon a donc abordé dans son oeuvre les différents aspects de
la vie de la cité : de la guerre étrangère à la guerre civile, et aux
problèmes de la paix, il a tout évoqué, et, avec ce premier poète athénien,
la guerre et la paix ont vraiment pénétré le lyrisme.

On remarquera qu'il en a parlé à la fois en homme politique et
en moraliste, l'un apportant le poids de son action, l'autre le poids de
sa réflexion, ce qui n'est pas l'aspect le moins intéressant de cet équi-
libre général qu'il a tenté de réaliser.

Mais il n'est pas le seul à poser les problèmes politiques et
leurs solutions en termes moraux et cette manière d'approcher l'histoire
se retrouve chez les philosophes-poètes que sont Phocylide et Xénophane
dont la pensée rappelle, en partie, la sienne.

De Phocylide de Milet, on ne sait pratiquement rien. La Souda
en fait un contemporain de Théognis. Il a dû naître vers 590-580, au dé-
but des guerres civiles dans son pays, atteindre la maturité vers 544-41,
à la fin de ces mêmes guerres, voir renaître la prospérité de sa cité
sous le tyran Histiée, et mourir avant la révolte de l'Ionie (499) et la
chute de Milet (494).

Il a donc connu, outre les troubles intérieurs traversés par
Milet, la chute de Crésus, le joug perse, la rivalité avec Samos et les
intrigues de Polycrate, et il a vu sa patrie se mettre à coloniser le
Pont-Euxin.

Mais dans les rares fragments qui restent de lui, ce sont sur-
tout des maximes générales que l'on trouve.

L'une d'elles rejoint la pensée de Solon :

"Ceci est de Phocylide : une ville sur un rocher, si elle est
bien administrée (κατὰ κόσμον / οἰκεῦσα),vaut, dans sa peti-
tesse, mieux que Ninive frappée de folie." (4D.=5B.)

Une autre maxime est intéressante, qui reprend la théorie du
juste milieu chère à Solon :

"Les gens de moyenne condition (μέσοισιν) ont beaucoup d'avan-
tages : dans la cité c'est parmi eux que je veux être (μέσος
θέλω ἐν πόλει εἶναι)." (12D.=12B.)

Mais peut-être n'est-ce pas qu'une maxime, car Hérodote rapporte
(V, 28-29) qu'après une longue période de guerres civiles, Milet aurait
eu recours à l'arbitrage de Paros et que le gouvernement serait passé aux
mains des petits propriétaires : précisément la classe moyenne de la cité.

Xénophane, lui, est né à Colophon, vers 570-565, mais il n'y a
pratiquement pas vécu. On peut penser qu'il s'exila vers 545-540 pour fuir
la conquête perse et séjourna, le reste de son existence, en Sicile et en
Italie, dans une ville nouvellement fondée, Elée.
    Il mourut pendant le règne de Hiéron, semble-t-il, soit entre
478 et 467.
    Sa pensée politique s'oriente surtout vers un rejet des va-
leurs guerrières traditionnelles.
    Pour lui, _eunomia_ et exaltation de la force sont absolument in-
compatibles, comme il s'en explique dans ces vers (2D., 11sqq.=2B.;2W.) :

"... à la force des hommes et des chevaux, notre sagesse est
préférable. Mais c'est là un usage pris à la légère, et il
n'est pas juste de mettre la force au-dessus de la saine sa-
gesse. Car s'il se trouve, parmi le peuple (λαοῖσι), un athlète
bon pour le pugilat, ou habile au pentathle et à la lutte, ou
renommé pour sa vitesse à la course - ce qui est particulière-
ment apprécié dans les exercices de force qui se pratiquent

aux jeux - la cité n'en serait pas mieux gouvernée : οὐδὲ
(...) τούνεκεν ἂν δὴ μᾶλλον ἐν εὐνομίηι πόλις εἴη."

Certes, la réflexion sur l'eunomia est assez différente de
celle de Solon et, surtout, bien moins fouillée, mais l'idée d'eunomia
est désormais une chose acquise dans certains milieux intellectuels.

Par de tels vers mettant au premier plan la sagesse philoso-
phique qui doit réaliser le bon gouvernement, on peut voir combien les
poèmes de Solon avaient exprimé un aspect essentiel de la pensée de l'épo-
que.

Mais Solon n'en reste pas moins un cas à part, tout à la
gloire d'Athènes, dans la pensée politique du VIe siècle.

La guerre civile est bien différente chez Alcée et Théognis,
et, là encore, par contraste, Solon apparaîtra comme l'homme du juste mi-
lieu, qui tient compte de tous les aspects de la cité et tente de faire
de sa poésie le creuset qui réalisera l'unité.

xxxxx

xxx

x

II. L'ESPRIT DE PARTI : ALCEE ET THEOGNIS

Lesbos, où vit Alcée, et Mégare, où vit Théognis, connaissent
à peu près les difficultés évoquées pour Athènes.

Quelles qu'en soient les causes profondes, il semble bien que
tout le VIe siècle ait été bouleversé par un renversement de la hiérar-
chie sociale et par l'établissement, à partir de "révolutions" sociales
et économiques, de tyrannies.

Alcée, né vers 630 à Mytilène de Lesbos, appartient sans doute
à une grande famille, mais à une famille qui n'eut jamais le pouvoir, à
la différence de celles des Penthilides, des Cléanactides et des Archéa-
nactides.

Toute sa vie, il connaît la guerre civile, les complots et les tyrannies qui caractérisent la période et, comme l'écrit A. Croiset [9], sa politique est "une politique de passion ardente et naïve, une politique d'amoureux éconduit".

Dans toute l'histoire de la critique, il n'est guère de problème aussi embrouillé que celui que pose Théognis : à son sujet, tout est incertain, aussi bien l'époque où il a vécu, que son histoire personnelle et l'authenticité du recueil qui lui est attribué [10].

On s'est longtemps tenu à une datation moyenne qui le ferait naître vers 580 (J. Sitzler, J. Carrière), ou légèrement plus tôt (J.B. Bury, 600 ; E. Bergougnan, 592), et qui placerait son akmè entre 550 et 540 (J.M. Edmonds) [11].

Dix ans d'écart dans une chronologie aussi incertaine comptent assez peu et il faut se résigner à ce manque de précision. Mais, d'autre part, F. Rodriguez Adrados place cette même akmè vers 483, tandis que M.L. West, dans la préface de son premier tome des Iambi et Elegi Graeci (p. 172),écrit : "... Theognis, non sexto saeculo ut vulgo creditur sed ca. 640-600 elegias composuit, quae usque in Aristotelis tempora integrae legebantur..." [12]

Ajoutons encore ceci : Théognis de Mégare, dit-on, mais quelle Mégare ? Mégare de Sicile, comme l'indique la Souda et comme pourrait le faire croire un passage des Lois de Platon (I, 630a), ou Mégare de Grèce comme le suggère Etienne de Byzance ? Les deux problèmes, lieu et date, sont liés. Malheureusement, il n'est pas de témoignage qui vienne confirmer ce que l'on sait, par Théognis, de la politique intérieure de la Mégare dont il parle. On en est donc réduit à des suppositions.

Dans la mesure où les colonies suivent toujours, plus ou moins, l'histoire intérieure des métropoles grecques avec un certain retard, il semble qu'il faille placer Théognis au Ve siècle, si l'on opte avec G. Glotz pour Mégare de Sicile. Si, au contraire, il s'agit de Mégare de Grèce, ainsi que le pensent, entre autres, F. Jacoby, J. Carrière, A. Peretti, comme le VIe siècle semble bien être le temps des révolutions civiles, on peut placer l'akmè de Théognis dans la seconde moitié du VIe siècle [13].

Maintenant, quelles que soient les précautions dont on puisse s'entourer et les preuves qu'apporte l'étude du style ou de la composition du recueil, le choix reste toujours arbitraire et nous ne nous cachons pas les conséquences qu'il peut avoir sur notre recherche.

Nous dirons simplement, pour notre part, que rien dans ce que nous savons de l'évolution de la pensée grecque sur les problèmes de la guerre et de la paix, et notamment de la guerre civile, par l'entremise d'autres auteurs dont la chronologie est plus sûre, comme Solon, Alcée, ou même Anacréon, rien non plus dans le style des fragments que nous avons délimités [14], ne s'oppose à ce que nous options pour une chronologie qui place l'_akmè_ de Théognis vers 550 et le fait écrire pour Mégare de Grèce.

Comme Solon, Alcée et Théognis font débuter leur analyse des maux de la cité au niveau de la mutation des richesses et de la course à l'argent. Comme lui, ils ne disent pas le pourquoi de cette mutation : ils en étudient les conséquences qui empêchent que le processus de dégradation de la cité, une fois engagé, ne s'arrête.

Parmi les conséquences, il y a, tout d'abord et avant tout, la pauvreté qui les menace l'un et l'autre. Tous deux se voient dépouillés de leurs biens.

Alcée s'en plaint dans ces vers (130L.P.,16sqq.) :

"Malheureux que je suis. Je mène une vie de campagnard alors que je voudrais, fils d'Agésilas, entendre convoquer l'Assemblée et le Conseil. De ce que mon père et le père de mon père ont possédé (jusque dans leur vieillesse ? [15]) parmi ces concitoyens qui ne cherchent qu'à se faire du tort les uns aux autres, de cela je suis écarté, fuyant au bout du territoire..." [16],

et Théognis dans ceux-ci (345-347) :

"Je ne vois point venir le châtiment de ceux qui m'ont dépossédé (οἳ τἀμὰ χρήματ'ἔχουσι βίηι / συλήσαντες)".

C'est sur ce fond de remarques amères sur leur sort personnel qu'il faut inscrire les réflexions plus générales d'Alcée et de Théognis sur l'ébranlement de la société. A vrai dire, ils ne le considèrent que par là où il les atteint.

Bien sûr, Alcée écrit encore (364L.P.=23R.P.;92B.;142D.) :

"O Pauvreté, mal odieux, insupportable, qui avec ta soeur l'Impuissance pèse lourdement sur le peuple (λᾶον)",

mais, on le verra plus loin, il se soucie bien peu de l'ensemble de la communauté. En fait, sa pensée ne doit guère être différente de celle de Théognis qui, plus direct , écrit (v. 351-354) :

"O avilissante Pauvreté, qu'attends-tu pour me quitter et t'attacher à un autre homme ? Ne m'impose donc pas ton amitié, va frapper à une autre porte, ne t'associe pas pour toujours à ma misérable existence."

Solon veut endiguer les phénomènes qui bouleversent la hiérarchie sociale, mais il les reconnaît. Pour Théognis, ces troubles sont, plus encore qu'un désordre social, la négation de toute logique. Ainsi dans ces vers (53sqq.) :

"Cyrnos, cette ville est encore une ville, mais ses habitants ont changé : ceux qui autrefois ne connaissaient ni droit ni lois, juste bons à user autour de leurs flancs leurs peaux de chèvres et à pâturer hors des murs comme des cerfs, ce sont eux maintenant les bons (ἀγαθοί), les honnêtes gens d'autrefois sont devenus des gens de rien (οἱ δὲ πρὶν ἐσθλοὶ / νῦν δειλοί). Qui pourrait supporter ce spectacle ?"

Concernés directement, Alcée et Théognis sont donc beaucoup plus sensibles que Solon aux conséquences politiques de la pauvreté : l'un et l'autre montrent que c'est désormais l'argent qui donne la puissance, et non plus la naissance et la valeur.

Alcée reprend le mot d'Aristodème pour Sparte (360L.P.=138R.P.; 49B.;101D.) :

"Comme jadis, dit-on, Aristodème à Sparte prononça cette parole qui n'est pas sans force : 'l'argent, c'est l'homme', nul pauvre, en effet, n'obtient ni honneur ni dignité."

Et Théognis lui fait écho par cette dure sentence (v. 175-178) :

"Il faut vraiment fuir la pauvreté et se jeter, Cyrnos, dans la mer aux abîmes peuplés de monstres, ou du haut des rochers escarpés. Car sous son joug, l'homme ne peut rien dire ni rien faire et sa langue reste enchaînée."

Mais, ne nous y trompons pas, il s'agit uniquement des problèmes de l'aristocratie écartée du pouvoir et ce n'est qu'à elle qu'ils s'adressent pour mettre fin à la στάσις.

Là encore, le problème et sa solution sont posés en termes de morale. C'est une ambition insatiable (κόρος) qui engendre l'ὕβρις et amène la cité à sa perte.

Théognis prédit sans relâche les malheurs qui vont s'abattre sur la cité si l'on ne revient pas à la juste mesure, ainsi dans ces vers (v. 605-606) :

"La satiété (κόρος) a déjà perdu bien plus d'hommes que la famine, hommes qui, tous, voulaient avoir plus que leur part",

et dans ceux-ci (541-542) :

"Je crains que la même démesure (ὕβρις) qui a perdu les Centaures mangeurs de chair crue n'ait perdu notre ville, fils de Polypaos." (17)

Mais si Théognis prend plus de recul qu'Alcée face aux événements et fait une analyse morale de la situation, il ne s'adresse pas pour autant, comme Solon, à l'ensemble de la cité. C'est que, pour ce

dernier, l'ὕβρις des κακοί et celle des ἀγαθοί représentent deux forces
qui s'opposent et le rôle du poète est de servir de médiateur. Théognis,
au contraire, voit les deux ὕβρεις s'allier, et il est choqué de la tra-
hison de certains aristocrates qui, sous l'effet de l'ambition, pactisent
avec les κακοί et favorisent le processus qui les perdra en tant que
classe.

Certains nobles, en effet, n'hésitent pas à s'allier aux κακοί
par des mariages, pour redorer leur blason. Ce faisant, ils renient, aux
yeux du poète, et leur qualité sociale d'ἀγαθοί, et leur honneur de caste
qui ne devrait pas permettre une telle mésalliance.

Les vers 183-192 sont extrêmement méprisants à leur égard et
les ravalent en dessous des bêtes :

"Nous cherchons, Cyrnos, des béliers, des ânes et des chevaux
de race, et l'on ne leur fait saillir que des femelles au sang
pur ; mais un homme de qualité (ἐσθλός) ne se fait pas scrupule
d'épouser la fille d'un vilain (κακοῦ) si elle lui apporte
beaucoup de bien (χρήματα πολλά) ; pas davantage une femme ne
refuse de s'unir à un vilain s'il a de la fortune (κακοῦ ἀνδρὸς
... πλουσίου) : c'est la richesse et non la qualité du parti
qui la tente. On a pour l'argent un vrai culte ; l'honnête
homme prend femme chez le vilain et le vilain chez l'honnête
homme, l'argent croise la race. Aussi ne t'étonne pas, fils de
Polypaos, de la voir s'étioler chez nos concitoyens : c'est
qu'au bon sang s'y mêle le mauvais."

C'est en cela que réside l'hybris des ἐσθλοί, et pour Théognis
l'aristocratie dégénérée est, plus que les classes montantes (κακοί), res-
ponsable des malheurs qu'il connaît.

Dès lors, le mot κακός ne désigne pas uniquement, comme on le
croit trop souvent, les roturiers par rapport à l'aristocratie, mais aus-
si les aristocrates passés dans le clan adverse. Ces vers en témoignent
bien (305-306) :

Τοὶ κακοὶ οὐ πάντως κακοὶ ἐκ γαστρὸς γεγόνασιν,
ἀλλ' ἄνδρεσσι κακοῖς συνθέμενοι φιλίην.

Il en va de même dans le long fragment qui suit, où κακός désigne, à la fois, les κακοί au sens social du terme, les manants, et les ἀγαθοί qui, pactisant avec eux, se comportent en κακοί. Le mot a un sens à la fois social et moral. Ces ἀγαθοί- là corrompent le peuple et gouvernent dans l'injustice.

Théognis craint alors que les excès dont une partie de l'aristocratie se rend complice n'entraînent une révolte populaire qui porterait au pouvoir un tyran et, pour le coup, assurerait définitivement le pouvoir des véritables κακοί, des roturiers (v. 39-52) :

"Cyrnos, notre ville est en travail et je crains qu'elle n'enfante un redresseur de nos déplorables outrances (κακῆς ὕβριος ἡμετέρης) (18), car, si nos concitoyens font preuve encore de sagesse, nos chefs, eux, sont engagés sur une fort mauvaise pente.

Jamais, jusqu'à ce jour, Cyrnos, des gens de bien n'ont causé la perte d'une ville ; mais celle où, se complaisant dans la démesure (ὅταν ὑβρίζειν τοῖσι κακοῖσιν ἅδῃ), les méchants corrompent le peuple et donnent des gages à l'injustice afin d'en tirer profit et puissance pour eux-mêmes, point d'espoir qu'une telle ville connaisse une longue quiétude - même si elle repose aujourd'hui dans une paix profonde - dès lors que les méchants ont pris goût à ces bénéfices, présages de malheur public ; car il n'en sort que séditions, massacres entre citoyens, monarchie. Puissent pareils excès ne jamais être la loi de notre ville."

Le raisonnement d'Alcée est moins construit que celui de Théognis. Néanmoins le poète connaît sensiblement les mêmes problèmes à Mytilène que Théognis à Mégare.

Alcée n'a pas assez de noms pour flétrir Pittacus qui, bien que κακός (κακόπατρις), a trouvé une famille noble, celle des Penthilides, disposée à s'allier à lui. Au lieu de subir leurs malheurs, les Penthilides se sont inscrits dans l'ordre des événements. Ils ont fait cause commune avec les classes montantes, ils ont détourné la révolte populaire à leur profit.

J.C. Kamerbeek [19] rappelle que, d'après une scholie à l'Ars Grammatica de Denys le Thrace [20], le père de Pittacus avait été βασιλεύς à Mytilène, c'est-à-dire, vraisemblablement, qu'il avait rempli une magistrature semblable à celle de l'ἄρχων βασιλεύς athénien. Dans ce cas, Pittacus ne serait pas, à proprement parler, de "basse extraction", "ce qui, d'ailleurs est prouvé par son alliance avec les frères d'Alcée", et il faudrait adopter la thèse de S. Mazzarino qui pense que le mépris d'Alcée se porte sur son origine thrace [21].

Il n'empêche qu'aux yeux d'Alcée, Pittacus ne représente pas l'aristocratie mais la puissance de l'argent. L'attitude du poète participe donc du même mépris que celle de Théognis et porte témoignage de la même transformation sociale.

A l'inverse du retour aux valeurs traditionnelles que prônent Alcée et Théognis, la tyrannie va dans le sens de l'évolution sociale, mais elle oscille, pour servir ses intérêts, entre les deux forces en présence, les ἀγαθοί et les κακοί, qu'elle sacrifie toutes deux à sa propre puissance.

Alcée est sans illusion sur les vertus de la tyrannie. Pour lui, le tyran n'est qu'un individu qui réussit mieux que les autres dans la course à l'argent et au pouvoir. En aucun cas il ne saurait servir les intérêts des classes défavorisées. Tout au contraire, comme un animal monstrueux, il dévore la cité et se repaît de ses biens.

Un fragment est à ce sujet bien significatif (Pap. Oxy. 1234 fr. 2 I=70L.P.;143R.P.;43D.) :

"Que cet homme, fier de son alliance avec les Atrides, dévore la ville (δαπτέτω) comme il est arrivé aussi avec Myrsile, jusqu'à ce qu'Arès (nous donne le succès ?) et que nous mettions fin à cette peste qui dévore les coeurs (θυμοβόρω λύας) ainsi qu'à la lutte intestine (ἐμφύλω τε μάχας) qu'un des Olympiens a suscitée pour mener le peuple à la ruine et donner à Pittacus la gloire désirable."

Comme chez Théognis, c'est donc de la στάσις que naît la tyrannie. A peine porté au pouvoir par le peuple, le tyran dévore ses biens, et le verbe δάπτειν est à prendre dans le sens le plus littéral possible.

Une image semblable se trouvait déjà chez Hésiode (Op. 263-264 βασιλῆες
... δωροφάγοι) et Solon (25D.,7). Théognis ne l'ignore pas non plus qui
parle d'un δημοφάγος τύραννος (v. 1181-1182).

De même qu'ils n'analysent pas l'ensemble des causes mais uni-
quement celles qui sont responsables de leurs malheurs, de même Alcée et
Théognis ne cherchent pas tant à lutter contre la στάσις qu'à faire
triompher leur propre parti qui va s'amenuisant de jour en jour.

Ce sont des solitaires qui passent par des phases d'exaltation
et de douleur.

Tantôt Alcée en appelle aux dieux (129L.P.,v. 9sqq.) :

"Allez, soyez-nous favorables, écoutez nos imprécations et
délivrez-nous de nos souffrances et d'un pénible exil."

Tantôt il dit la solitude de l'exilé et son découragement
(Pap. Oxy. 2295, fr. 9=148L.P.) [22] :

(....)
νῦ]ν δὲ δυστάν[
πλά]σδομ' ἐρημ[
...] ετων φίλω[ν
οἶ]ος

A son tour Théognis écrit (209-210) :

"Point d'ami, point de fidèle compagnon pour l'exilé : sensa-
tion plus cruelle encore que l'exil !",

et (343-344) :

"... Plutôt mourir que de n'entrevoir nulle trêve à mes peines
et de ne faire payer mes chagrins d'aucun chagrin."

Alcée exhorte ses pairs à ne pas abandonner le combat (400L.P.
=61R.P.;30B.;61D.), τὸ γὰρ Ἄρευι κατθάνην κάλον, car ils ne doivent

pas faire "rougir (leurs) vaillants ancêtres couchés sous la terre"
(6L.P.,13-14=42R.P.,9-10).

Il lutte, dit-il (70L.P.=43D.;143R.P.), pour "mettre fin à
cette peste qui dévore les coeurs ainsi qu'à la lutte intestine qu'un
des Olympiens a suscitée" (v. 10sq.). Il veut tuer les tyrans et "déli-
vrer le peuple de ses maux" (129L.P.,20).

Comme Théognis, il a, cependant, à se battre sur trop de
fronts pour que sa lutte mène réellement à la recherche de la concorde
entre les citoyens.

Alcée sait bien qu'il a peu de partisans et son arme préférée
n'est pas tant l'exhortation que l'invective par laquelle il crache tout
son mépris pour le peuple et les tyrans issus de la "canaille".

Et Théognis avoue de son côté (419-420) :

"Je laisse passer bien des choses que, pourtant, je comprends.
Mais je me tais, par force, car je sais le peu que je puis."

Prenant le même recul que Solon face aux événements, Théognis
aurait pu faire déboucher la guerre partisane sur la paix. Ne se pose-t-
il pas en médiateur dans ces vers qu'Hartung, à tort semble-t-il, a cru
pouvoir attribuer à Solon ?

"Je me tracerai au cordeau une route droite que je suivrai
sans dévier, car je dois, en tout, faire preuve d'exactitude
(ἄρτια πάντα νοεῖν). J'instaurerai le bon ordre dans ma pa-
trie (πατρίδα κοσμήσω), brillante cité, sans me tourner vers
le peuple ni me laisser circonvenir par les hommes injus-
tes." (945-948) [23]

Mais, si même ces vers sont bien de Théognis, il n'y a pas
chez lui l'élévation morale de Solon. Sa politique du juste milieu de-
vient vite une politique de non-compromission, ainsi quand il écrit
(219-220) :

"Ne t'irrite pas trop,Cyrnos, du trouble où la ville est plon-
gée, chemine, comme moi, au milieu de la route."

Le "programme" de Théognis n'est guère plus explicite que ce-
lui d'Alcée. En fait, il reste un homme de parti. Ce qu'il attend, ce
n'est pas un médiateur, c'est le règne de l'aristocratie ayant enfin re-
trouvé son vrai visage. Pour lui le peuple n'est que la canaille (847sqq.) :

"Foule sous ton talon le peuple (δήμωι) à l'esprit vide (κενεό-
φρονι), pique-le de la pointe de l'aiguillon, et charge son
col d'un joug pénible. Car tu n'en trouveras, sous le regard
du soleil, aucun autre qui aime autant être asservi (δῆμον φι-
λοδέσποτον)."

Certes, l'aristocrate se dit encore "citadelle et rempart du
peuple" (233), mais en lui accordant sa protection, il le méprise et
ajoute, dans le même vers, qu'il s'agit d'un "peuple à l'esprit vide" :
pour Théognis, la cité reste toujours coupée en deux fractions de valeur
inégale [24].

Comme Alcée, Théognis reste seul et, lassé d'essayer de re-
grouper l'aristocratie, il finit par louvoyer dans les méandres de la po-
litique.

Pour notre part, nous lui attribuerions volontiers la paterni-
té du "polype politique" qui n'est pas sans rappeler l'impuissance des
vers 419-420 :

"A tous nos amis, ô mon coeur, présente un aspect changeant
de toi-même, nuance ton humeur suivant celle de chacun d'eux.
Prends les moeurs du polype aux nombreux replis, qui se donne
l'apparence de la pierre où il va se fixer. Adapte-toi un jour
à l'une, et un autre jour change de couleur. Va, l'habileté
vaut mieux que l'intransigeance." (v. 213-218)

L'audience de leur poésie permet aux deux poètes de compenser
le poids politique qu'ils n'ont pas dans la cité, de raisonner leurs
pairs, de les avertir des dangers qu'ils courent. Mais elle ne suffit pas

à elle seule, et, par des voies parallèles, Alcée et Théognis arrivent au même échec, l'inaction : leur poésie n'est plus alors qu'un cri de rage personnel et passionné, l'expression même de leur désespoir et de leur solitude.

La lutte partisane passe donc au premier plan dans leur poésie, car Alcée et Théognis la vivent profondément, à la fois en tant qu'aristocrates et en tant qu'individus rejetés par une partie de l'aristocratie : la guerre civile n'est pas seulement le drame de la cité, ni même le drame de l'aristocratie, elle est aussi leur drame quotidien.

Aussi est-ce tout juste si l'on peut relever, dans leur oeuvre, la présence du thème de la guerre étrangère.

Chez Alcée, il est curieux de constater que, si l'éthique de la guerre civile reste entièrement homérique et aristocratique, dans la guerre étrangère, au contraire, le poète semble hésiter entre le citoyen-soldat et le mercenaire.

L'idéal de la cité et du citoyen à son service pourrait en effet s'affirmer dans l'oeuvre d'Alcée, si l'on considère ce témoignage d'Aelius Aristide (ὑ.τ.τεττ. II, p. 273 Dindorf=426L.P.;23B.) :

> "Ce que dit autrefois le poète Alcée... que ce ne sont certes
> pas les pierres ni les remparts de bois, ni l'art des char-
> pentiers qui constituent les cités, mais que c'est là où il y
> a des hommes capables de sauver leur vie que se trouvent les
> vrais remparts et les vraies cités." [25]

Malheureusement, on ne trouve pas trace, dans les fragments qui restent, de cette belle maxime [26].

Quant au rôle nouveau des mercenaires dans la guerre, Alcée l'évoque à propos de son frère qui guerroie contre les Hébreux pour le compte de Nabuchodonosor. Ce qui domine dans ce texte (350L.P.=33B.;50D.; 126R.P.), c'est à la fois l'aspect intéressé du mercenariat - on se bat pour en tirer profit et richesse - :

"Tu es revenu des extrémités de la terre, porteur d'un glaive
à la poignée d'ivoire encerclée d'or",

et le goût homérique de la prouesse individuelle :

"Après avoir accompli un grand exploit, au service des Babylo-
niens que tu as sauvés du péril, en tuant un guerrier d'une
telle taille qu'il ne lui manquait qu'une seule main pour
avoir cinq coudées."

Avec Théognis, il est bien difficile de dater les fragments
sur les guerres étrangères.

Les vers 891-894, par exemple, sont-ils bien de lui ? décri-
vent-ils les malheurs de Chalcis ? Est-ce quand elle est attaquée par
Athènes (506) ou par Périandre de Corinthe ? Se rapportent-ils, au con-
traire, à la rivalité de Chalcis et d'Erétrie au VIIe siècle ? Il est
presque impossible de trancher, et il nous semble difficile de les at-
tribuer à Théognis.

Voici cependant ces vers où l'on remarquera que la guerre
étrangère, si guerre étrangère il y a, a les mêmes effets sur la hiérar-
chie sociale que la guerre civile :

"Pitié sur ma faiblesse ! Cérinthe a péri ; on saccage les
bons vignobles de Lélante, on bannit les honnêtes gens (ἀγα-
θοί), les méchants (κακοί) gouvernent la ville ; mais puisse
Zeus anéantir de même la descendance de Cypsélos !"

Comme chez Homère, le bon guerrier est le protecteur de son
peuple et conquiert la gloire par ses hauts faits militaires. On a déjà
trouvé cette idée, légèrement méprisante, à propos de la guerre civile ;
on la retrouve dans les vers suivants qui semblent évoquer une lutte con-
tre des ennemis extérieurs (865sqq.) :

"Le ciel donne une bienheureuse prospérité à beaucoup de gens
sans mérite. Mais ce bien sans valeur n'apporte rien de plus,
ni à eux ni à leurs amis. De la vertu (ἀρετή), au contraire,

la gloire est impérissable - αἰχμητὴς γὰρ ἀνὴρ γῆν τε καὶ
ἄστυ σαοῖ."

La réflexion ne semble pas s'appliquer à un cas précis, mais
avoir valeur générale. On remarquera que le poète n'emploie pas les mots
πόλις ou πατρίς mais γῆ et ἄστυ qui insistent plus sur la réalité con-
crète que sur une communauté civique.

Enfin deux vers (v. 780-81) pourraient faire croire que l'idéal
panhellénique est déjà né, puisque la notion de στάσις est étendue à
toute la Grèce dont les habitants deviennent comme les citoyens d'un en-
semble politique plus vaste mais unique :

"Pour ma part, je frémis au spectacle de la folie des Grecs
et de leur division, ruine d'un peuple."

Mais l'authenticité de ce passage est des plus contestées et
il est bien difficile de croire que le mot στάσις, qui en est encore à
ses débuts dans la poésie, puisse se trouver ainsi appliqué à une commu-
nauté plus vaste, de beaucoup, que les seuls habitants d'une même cité.
L'évocation de la guerre étrangère n'amène pas les deux poètes à prendre
conscience d'une unité supérieure de la cité se réalisant au delà des
classes sociales : l'unité n'est qu'épisodique et sans effet sur la pré-
sentation de la guerre civile.

Il y a donc chez Alcée et Théognis une conscience plus nette,
sans doute, que chez Solon de l'évolution économique, sociale et politi-
que et de ses conséquences, encore qu'ils ne remontent pas vraiment aux
causes premières ; mais, à la différence de Solon qui s'efforçait d'en
tenir compte, ils tendent de toutes leurs forces à l'anéantir. Par là-
même, c'est la notion de cité, telle qu'on l'a vu naître chez Tyrtée et
telle qu'elle s'affirme chez Solon, qu'ils rejettent. Alors que la socié-
té bouge, le cercle étroit des aristocrates reste. pour eux la seule po-
lis qui compte.

xxxxx

xxx

x

III. LE DESINTERET

1/ LA LYRIQUE INDEPENDANTE : STESICHORE ET SAPPHO

Avec Stésichore, on revient à la lyrique chorale à laquelle il donna, semble-t-il, tout son essor, puisqu'il fut le premier, dit-on, à "inventer" la triade qu'imitèrent ses successeurs [27]. Toutefois, la question est très controversée et certains, comme C.O. Pavese [28], préfèrent voir en Stésichore, malgré son surnom, un citharède chantant seul ses poèmes, trop longs, pensent-ils, pour être dansés par un choeur.

De sa vie, on ne sait que peu de choses et il est préférable, malgré Wilamowitz, de "rester assis sur des branches coupées" [29], et de s'en tenir à la tradition.

Il ne semble pas, en effet, qu'il y ait lieu de distinguer, comme il le fait, trois Stésichore différents (le nôtre datant de l'époque de Simonide), pour résoudre, si tant est que cela les résolve, les contradictions que présente la confrontation des dates d'Apollodore et de Lucien (vers 640-vers 555) et celles du marmor parium (485/484: arrivée de Stésichore en Hellade, 369/368: victoire de Stésichore d'Himère, le second, à Athènes).

Nous ne voyons pas non plus pourquoi adopter, comme M.L. West [30], une solution proche de celle de Wilamowitz, qui consiste à situer l'activité de Stésichore aux alentours de 560-540.

Nous nous en tenons donc aux dates traditionnelles qu'acceptent A. Croiset, W. Ferrari, V. Klinger, C.M. Bowra, etc. [31] : vers 640 - vers 555.

D'où était-il ? Wilamowitz, en même temps qu'il bouleverse la chronologie, en fait un citoyen de Locres. Il ne serait donc pas d'Himère, comme le dit Platon dans le Phèdre (244a) ?

La Souda, en effet, hésite et rapporte trois hypothèses : Stésichore est originaire d'Himère en Sicile (καλεῖται γοῦν Ἱμεραῖος), ou de Matauros en Italie, ou encore de Pallantion en Arcadie d'où, exilé, il se rend à Catane où il meurt.

Etienne de Byzance nous apprend, en outre, que Matauros est, précisément, une fondation de Locres, et Aristote, dans la Rhétorique (II, 1394b-1395a), rapporte des propos de Stésichore aux Locriens. Mais, inversement, toujours d'après Aristote (ibid. II, 1393b), il est en relations avec Phalaris, tyran d'Agrigente, qui a des vues sur Himère dont il est le stratège αὐτοκράτωρ.

L'hypothèse de W. Ferrari semble raisonnable, qui conclut, contre Wilamowitz, que Stésichore n'est pas de Locres, mais, né à Matauros, d'origine locrienne. Toutefois, il aurait passé la plus grande partie de sa vie à Himère, et y serait devenu un citoyen influent (anecdote de Phalaris) au point de passer pour son représentant le plus notoire [32].

Il est vrai que l'épisode de Phalaris est aussi appliqué à Gélon par Conon - nous y reviendrons - et qu'à soi seul il ne suffit pas à justifier la chronologie ou l'origine de Stésichore. Mais les autres témoignages inclinent à admettre cette opinion.

Rien ne prouve, en revanche, que Stésichore ait quitté la Sicile pour se rendre dans le Péloponnèse. L'hypothèse de C.M. Bowra [33] n'est pas, de son propre aveu, fondée sur des témoignages précis, mais, presque uniquement, sur une étude de l'Orestie dont nous reparlerons.

En fait, la grande question qui se pose au sujet de Stésichore est de savoir s'il eut ou non une activité politique. Seule la tradition indirecte en parle et il faut bien reconnaître que si Himerius écrit (H. Schenkl, "Neue Bruchstücke des Himerios", Hermes, 46, 1911, p. 414-430, n° 38, p. 420 (Or. XXIX)): "Stésichore ne se contente pas de libérer Himère de Sicile des tyrans, il lui fait encore une parure de ses discours", rien de tout cela n'apparaît explicitement dans les poèmes qui nous sont conservés.

Dans la Rhétorique (II, 1393b=104P.(281)),Aristote rapporte une sorte de fable à portée politique. Pour s'élever contre Phalaris qui cherchait à prendre le pouvoir à Himère, Stésichore aurait raconté l'apologue suivant : un cheval pâturait dans un champ quand un cerf vint le troubler ; désirant se venger et se débarrasser du gêneur, il demanda de l'aide à un homme qui en profita pour lui mettre le mors et l'asservir.

D'après Aristote, Stésichore aurait achevé son apologue par
ces mots :

"De la même manière, vous aussi, veillez à ne pas subir le
sort du cheval en voulant vous venger de vos ennemis, car le
mors, vous ·l'avez déjà, vous qui avez donné les pleins pou-
voirs à un stratège ; si vous lui accordez, en plus, une garde
personnelle et le laissez vous dominer, sans remède alors,
vous serez les esclaves de Phalaris."

Malheureusement cette fable, qui a inspiré La Fontaine, est
reprise par Conon (Narr. XLII) qui l'attribue bien à Stésichore mais la
rapporte à Gélon.

On a, évidemment, beaucoup discuté de l'origine de la fable et
du problème des dates de Stésichore. La conclusion la plus prudente est
celle de J. Vürtheim, qui écrit [34] : "Folglich war der Name irrelevant
und wurde der αἶνος mit jedem beliebigen Tyrann verbunden. Er stammte
wahrscheinlich nicht einmal von Stesichoros ; wurde nur deshalb mit ihm
verbunden, da der Autor unbekannt war und beweist für die Frage ob Ste-
sichoros und Phalaris Zeitgenossen waren nichts."

Strabon rapporte une autre histoire (VIII, 347 = spuria 101P.
(278);44B.;16D.) où apparaît un tyran : celle de Rhadinè.

Elle est fiancée au tyran de Corinthe, et se rend dans cette
ville. Mais son cousin, épris d'elle, tente de la rejoindre et le tyran
les fait égorger tous les deux.

Faut-il y voir une lutte voilée de Stésichore contre la tyran-
nie ? On ne possède que le début du poème, l'invocation à la Muse, et
c'est trop peu pour trancher.

Aristote encore (Rhet. II, 1395a=104P.(281b)) attribue à Stési-
chore une autre fable politique qu'il aurait peut-être racontée aux Lo-
criens en lutte avec Crotone : "il faut éviter la violence, si l'on ne
veut pas que les cigales chantent par terre", c'est-à-dire, comme le
suggère A.J. Podlecki [35], si l'on veut éviter que les ennemis ne rava-
gent le pays et ne coupent tous les arbres.

Enfin, selon Philodème (De musica 30, 31=104P.(281c)),Stési-
chore aurait joué un rôle de médiateur et ramené la paix grâce à la magie
de sa musique. Mais on ignore dans quelles circonstances.

Si l'on en croit donc la tradition indirecte, Stésichore aurait lutté contre la guerre civile et la tyrannie, voire contre les rivalités de cité à cité.

On remarque, toutefois, qu'il s'agit justement d'apologues dont la paternité est difficilement contrôlable.

En outre, il faut bien noter que Stésichore ne semble pas utiliser le genre de l'exhortation ou du discours didactique suivi, à la manière de Tyrtée ou de Solon. Le choix même de la forme, l'ode lyrique (on ne sait pas comment se présentaient les apologues), s'y prête de toute manière moins bien que l'élégie ou l'iambe. Or il ne reste que des odes lyriques où l'on ne voit jamais apparaître de considérations politiques.

Une éventuelle participation de Stésichore à la vie de sa patrie, et même à la vie politique de la Sicile tout entière, n'est pas impossible mais reste donc invérifiable. Tout, dans l'oeuvre que l'on connaît directement, place Stésichore en retrait des problèmes politiques de son temps : c'est une poésie fermée et symbolique qui, comme on l'a déjà vu, ne s'intéresse qu'à elle-même.

Nous nous réservons de parler plus loin de la théorie de C.M. Bowra, selon laquelle l'Orestie et les Palinodies seraient une propagande pour Sparte, ainsi que de la réponse de A.J. Podlecki, qui y voit un épisode de la lutte entre Locres et Crotone. Il faut, en effet, les mettre en relations avec d'autres explications concernant Ibycus et Anacréon qui posent, en fin de compte, la question d'une propagande politique insidieuse, et qui appellent les plus grandes réserves.

Sappho est née vers 630 [36] dans l'île de Lesbos et a vécu à Mytilène.

Elle appartient, comme Alcée, à la noblesse de Lesbos et l'on sait, par la chronique de Paros, qu'elle fut exilée et partit en Sicile. A. Croiset pense "qu'elle en revint quand Pittacus rappela les exilés." [37]

Voici ce texte du "marmor parium" (Jacoby, Fr. Gr. Hist. II, B, p. 997, n° 239) :

"Depuis que Sappho, exilée, quitta Mytilène et navigua vers la Sicile (...lacune...), Critias, le premier, étant archonte à Athènes, les géomores ayant le pouvoir à Syracuse."

C. Gallavotti [38] pense qu'en tenant compte, d'une part, des autres dates fournies par la chronique de Paros, de l'autre, du nom des archontes athéniens pendant les quatre années 595/3 et 592/0, on peut admettre que la date indiquée ici doit être comprise entre 604 et 595, s'il ne s'agit pas de l'année 593/2.

Sappho a donc connu toutes les luttes qui ont ravagé Lesbos, et sans doute en a-t-elle souffert. Mais à la différence d'Alcée, elle n'en fait pas le thème dominant de sa poésie.

L'entourage politique, les luttes, les révolutions, n'apparaissent que fort peu chez elle. En voici les seuls exemples, on verra comme ils sont ténus ; de fait, ils ne sont pas traités pour eux-mêmes mais toujours résorbés dans un autre centre d'intérêt.

C'est, tout d'abord, ce fragment de papyrus (98L.P.=suppl. p. 39,70D.) où Sappho s'adresse à sa fille et regrette de ne pouvoir lui offrir un bandeau pour sa coiffure. Nous donnons le grec, le texte étant trop mutilé pour être traduit :

```
              .    .    .
(b)    σοὶ δ' ἔγω Κλέι ποικίλαν [
       οὐκ ἔχω πόθεν ἔσσεται   [
       μιτράν<αν> · ἀλλὰ τῶι Μυτιληνάωι [

       —— ]
                   .    .    .
                   ] . [
       παι.α.ειον ἔχην πο. [
       αἴκε ..η ποικιλασκ...(.) [

       —— ]
       ταῦτα τὰς Κλεανακτιδα [
       φύγας †.. ισαπολισεχει†
       μνάματ' · ἴδε γὰρ αἶνα διέρρυε[ν
```

Les mots Κλεανακτιδα et φύγας peuvent faire penser à Myrsilos et à l'exil de Sappho, et s'interpréter ainsi, avec D. Page [39] : "such things (the fashionable attire) are indeed obtainable in Mytilene, but there the Cleanactidae are in power. They are reminders of the time when our enemies were in exile and we were in the city ; now _they_ are in the

city and <u>we</u> are in exile ; our fine clothes are all worn out, and we
have no means of obtaining more." (40)

      N'entrons pas dans toutes les interprétations de ce passage
qui sont aussi variées que peu convaincantes. Il en ressort, à notre avis,
que si vraiment Sappho est en exil, elle ne se plaint pas tant de voir
son parti vaincu ou d'être dépouillée de ses biens, comme Alcée, que fé-
mininement, de ne plus avoir à sa disposition le luxe et la mode de Les-
bos.

      Dans un fragment très mutilé (71L.P.=70D.), Sappho semble
reprocher à une amie d'avoir choisi la compagnie de femmes de la famille
des Penthilides (41) :

>   ] μισσε Μίκα
>]ελα [....] λά σ' ἔγωὺκ ἐάσω
>]ν φιλότ[ατ'] ἤλεο Πενθιλήαν [
>   ] δα κα[κο]τροπ' , ἄμμα [
>   (...)

      On sait que Pittacus s'était allié, par son mariage, à cette
famille, mais l'on ne voit guère d'allusion politique ou de calomnie con-
tre le tyran dans ces vers.

      Quand, de même, elle parle de la Lydie - et les échanges en-
tre Lesbos et ce pays devaient être importants - ce n'est pas, comme Al-
cée, pour rappeler une aide financière et militaire des Lydiens aux My-
tiléniens (69L.P.), mais pour décrire l'ancienne élève mariée à Sardes
qui regrette son pays et sa vie auprès de ses compagnes (96L.P.=96R.P.,
98D.) :

> "De Sardes, souvent, la pensée de l'exilée se reporte ici,
> quand nous vivions ensemble (...) Maintenant elle resplendit
> parmi les femmes de Lydie..."

      En fait, la poésie de Sappho est bien éloignée de toute poli-
tique. Comme elle le dit elle-même, dans ces vers déjà cités (16L.P.=
27D.;27R.P.) :

"Les uns estiment que la plus belle chose qui soit sur la
terre sombre, c'est une troupe de cavaliers ou de fantassins,
les autres une escadre de navires. Pour moi, la plus belle
chose, c'est pour chacun celle dont il est épris."

On dira que Sappho, en tant que femme, ne pouvait guère inter-
venir dans la politique et que ce silence n'a rien d'étonnant, d'autant
qu'elle pratique un genre intimiste, la lyrique monodique.

Si la tradition grecque ne fourmille pas, comme la tradition
latine, de femmes guerrières et vengeresses, il y a pourtant quelques
témoignages sur le rôle guerrier d'une poétesse comme Télésilla, par
exemple, qui n'en excluent pas, a priori, la possibilité, bien qu'ils
soient fort postérieurs. En outre, si son intervention était peu proba-
ble, il était au moins aussi improbable qu'une femme se mette à composer
des odes lyriques.

B. Lavagnini [42] résume fort bien son attitude, lorsqu'il
écrit qu'au milieu des luttes politiques de sa patrie, elle n'a prononcé
aucune parole de haine, mais est restée enfermée dans le songe qu'était
sa vie, dans le culte de la poésie et de la beauté, dans son petit monde
à elle.

Avec Stésichore et Sappho, le VIe siècle s'inscrit dans la li-
gnée de Mimnerme et d'Alcman. On ignore les guerres, les troubles politi-
ques, les bouleversements sociaux, pour se réfugier dans la poésie qui
est comme un monde clos, hors du temps.

Comme on l'a dit plus haut [43], Stésichore et Sappho commen-
cent à opposer les thèmes de la guerre à ceux de la paix, mais cette op-
position concerne moins la vie des hommes que le rôle de la poésie.

Quand Stésichore écrit (33P.(210)=35B.;12D.) :

"O Muse, délaisse les guerres et, célébrant avec moi les no-
ces des dieux, les banquets des hommes et les festins des
bienheureux...",

quand Sappho compose les vers que nous venons de citer, on a l'impression
qu'ils cherchent, l'un et l'autre, moins à opposer la guerre à la paix
qu'à circonscrire les thèmes de leur poésie : elle ne saurait s'accommo-
der de la violence et de la tristesse.

Stésichore a cette étonnante réflexion (67P.(244)=51B.;23D.) :

"Il est parfaitement vain et impossible de pleurer les morts",

et Sappho lui fait écho par ces vers (150L.P.=101R.P.;136B.;109D.) :

"Il n'est pas permis, dans une maison vouée au culte des muses,
de faire entendre une lamentation ; cela ne nous sied point."

Dès lors, il est bien évident que le poète ne sera en aucun
cas le chantre des morts à la guerre. Seules les guerres anciennes et my-
thologiques qui ont perdu leur violence et leur actualité pourront être
évoquées : c'est le cas chez Stésichore qui leur consacre la part la
plus importante, peut-être, de son oeuvre.

Cette attitude est intéressante à une époque où, le κοινὸν τῆς
πόλεως se développant, on aime de plus en plus les formules gnomiques sur
les morts au combat. Elle met en cause le rôle même du poète et de la poé-
sie dans la société. Il y a moins de différence entre Homère qui veut pré-
server le souvenir des hauts faits guerriers, Tyrtée qui appelle au com-
bat ses concitoyens et Solon qui médite sur l'art de gouverner, qu'entre
ces trois poètes et Sappho ou Stésichore. L'art des Muses ne coupe pas
les premiers de la vie politique, il est une invitation à l'action, et la
poésie est à la fois moyen et fin. Chez les seconds, elle n'est plus que
fin : c'est le culte des Muses qui est, en même temps, le but et le thème
de leur poésie.

2/ HIPPONAX

Hipponax confirme, en partie, l'attitude de retrait dont nous par-
lons et il sert, en même temps, de repoussoir, car on aborde avec lui un
cas limite où le manque d'intérêt pour la vie politique n'est pas compen-
sé par la beauté de l'oeuvre littéraire.

Selon la <u>Souda</u>, Hipponax était, comme Callinos, né à Ephèse, mais il fut exilé par les tyrans Athénagoras et Comas et vint habiter Clazomènes. Cet exil peut se situer vers 545 av. J.C., la tyrannie ayant, semble-t-il, repris à Ephèse après la conquête de la Lydie par Cyrus en 546 [(44)]. Pour F. Rodriguez Adrados, son <u>akmè</u> doit se placer vers 540.

On ne sait trop bien si les épodes de Strasbourg sont d'Archiloque ou d'Hipponax. Peu importe à notre sujet, mais le doute est intéressant car ce sont des vers de haine et, d'Archiloque, Hipponax ne garde précisément que la haine et la révolte, contre sa misère, contre ses ennemis.

Mis à part ces vers sur un trafic sans pitié d'esclaves vers Milet (43D.=46B.;27M.;27W.) :

"Et s'ils capturent des Barbares, ils les vendent : les Phrygiens pour aller moudre le blé à Milet...",

et une revue des gens et lieux mémorables de Lydie (3D.=15B.;42M.;42W.), le monde extérieur, la situation politique de l'Ionie, rien, à en juger par les fragments qui nous restent, n'existe pour lui.

Il ne voit pas plus loin que sa condition personnelle et particulière, et la peinture qu'il en fait ne tourne qu'autour des vêtements qu'Hermès ne lui donne pas (24aD.=16-18B.;32M.;32W.), de Ploutos qui le néglige (29D.=20B.;36M.;36W.), ou d'un glouton à qui il souhaite, parodiant Homère, de mourir lapidé παρὰ θῖν' ἁλὸς ἀτρυγέτοιο (77D.=85B.; 128M.;128W.).

3/ <u>LA LYRIQUE DE COUR : IBYCUS ET ANACREON</u>

Il semble que la poésie d'Ibycus ait été avant tout une poésie chorale et non monodique comme son ton général pourrait le faire penser, c'est du moins l'avis d'A. Croiset [(45)].

Ibycus aurait été l'un des premiers, sinon le premier, à inventer le genre de l'ἐγκώμιον, c'est-à-dire de l'ode chorale qui célèbre, comme chez Pindare par la suite, non plus des dieux mais des hommes.

Cette originalité se double d'une autre qui est, en partie, son corollaire : Ibycus est le premier de tous les poètes de cour, travaillant chez et pour un prince.

La Souda nous apprend qu'Ibycus était de Rhégium et qu'il alla à Samos ὅτε αὐτῆς ἦρχεν ὁ Πολυκράτης τοῦ τυράννου πατήρ. Χρόνος δὲ οὗτος ὁ ἐπὶ Κροίσου, ὀλυμπιὰς νδ', c'est-à-dire vers 564-561. On a, bien sûr, beaucoup discuté sur cette phrase car Hérodote (III, 39), qui ne parle que d'un seul tyran Polycrate qui régna de 533 à 522, dit que le père de ce Polycrate s'appelait Aiakès et que Polycrate prit le pouvoir à la faveur d'une révolution. La critique actuelle semble, toutefois, accepter la chronologie fournie par la Souda.

Si l'on en croit J.P. Barron [46], Polycrate Ier, fils d'Aiakès, serait devenu tyran vers 572, et Polycrate II serait né vers 570. C'est donc un tout jeune homme qu'Ibycus aurait eu à louer et, éventuellement, à instruire.

La domination de Polycrate Ier aurait été renversée vers 540-539, et Ibycus serait alors retourné à Rhégium qu'il avait quittée auparavant pour ne pas devenir lui-même tyran, comme l'explique Diogenianos (Proverbes I, 207), ce qui semble, au reste, aussi peu plausible que possible.

Même si Ibycus ne travaille que pour un simple particulier, celui-ci peut entretenir pour sa gloire une "maison" importante. C'est l'opinion de C. Del Grande, qui voit dans Polycrate Ier un riche particulier ayant assez de goût et de fortune pour jouer les mécènes et inviter Ibycus à prendre soin de son fils et à glorifier sa famille.

Mais le vrai problème est celui des rapports d'Ibycus avec le tyran Polycrate dont parle Hérodote (appelons-le Polycrate II pour simplifier les choses). Si l'on doit voir, avec C.M. Bowra, quelques allusions dans son oeuvre à la politique de Polycrate II (notamment à la guerre contre Sparte), il faut supposer qu'Ibycus vivait encore vers 524. Comme on ignore l'âge qu'il avait en arrivant à Samos, l'erreur chronologique risque de porter sur plusieurs générations. Cependant, les allusions à la politique de Polycrate II sont trop minces pour qu'elles puissent faire dédaigner la chronologie de la Souda. De toute façon, la moisson est pauvre.

Si, dans une ode (1P.(282)=3D.), Ibycus s'adresse à Polycrate, c'est uniquement pour le flatter. Il y parle, par prétérition, de la guerre de Troie et l'on peut supposer qu'il comparait Polycrate à ses héros puisqu'il ajoute à la fin :

"Toi aussi, Polycrate, tu auras une gloire impérissable, liée à ma propre gloire d'aède."

On trouve également une mention des Mèdes, que transmettent les Etymologicum Magnum et Genuinum (39P.(320)=20B.;18D.) :

Κυάρης · Ἴβυκος ·
οὐδὲ Κυάρας ὁ Μηδείων στρατηγός,

mais personne ne sait, vu la rareté du mot Κυάρης, s'il s'agit de Cyaxare (633-584), de Cyrus Ier (640-600) ou de Cyrus II (558-528), ce qui permettrait, peut-être, de rattacher ce passage au séjour à Samos et aux problèmes de l'Ionie face à la domination mède. Mais Ibycus s'en préoccupait-il ?

Enfin, et c'est le dernier point qui puisse recouper l'histoire, faut-il, avec C.M. Bowra [47], voir une allusion aux démêlés de Samos avec Sparte dans une raillerie, rapportée par Plutarque (Comp. Lyc. et Num. 3 (25), 6=58P.(339),61B.), où le poète aurait appelé les jeunes filles spartiates du nom méprisant de φαινομηρίδας ?

Ses poèmes sont orientés vers la peinture de l'amour. Ibycus y fait un sort à toutes les anecdotes qui entrent dans ce cadre, parfois même il en invente d'autres. C'est ainsi qu'il parle de l'enlèvement de Ganymède (8P.(289)),des noces d'Achille et de Médée (10P.(291)), de Ménélas vaincu par l'amour d'Hélène (15P.(296)), etc..

De même que les poètes guerriers puisent leurs comparaisons chez Homère et parlent volontiers des guerres anciennes et de la guerre de Troie, en même temps qu'ils parlent de l'actualité, de même Ibycus ne reprend le cycle troyen que par là où il rejoint son principal sujet : les amours célèbres. Son oeuvre pourrait presque se résumer par ces mots : Ἔρος αὖτέ με (...) (6P.(287)=2B.;7D.).

Avec Anacréon, on retourne à la lyrique monodique, mais il a
aussi écrit des iambes et des élégies.

Anacréon naît dans l'ionienne Téos vers 572/69. Comme beaucoup
de ses compatriotes, il s'exile sans doute vers 545, quand l'Ionie tombe
au pouvoir de Cyrus, et il s'installe alors à Abdère. Il n'y reste pas
bien longtemps. En 533, commence la tyrannie de Polycrate II, et l'on
peut supposer qu'il se rend assez tôt à sa cour, puisque Hérodote (III,
121) le compte au nombre des familiers du prince et qu'à en croire Stra-
bon (XIV, 638) il fait souvent mention de Polycrate dans ses poèmes.
Mais Polycrate meurt en 522 et Anacréon, invité par Hipparque, passe au
service d'une autre cour, celle d'Athènes. Après l'expulsion d'Hippias,
Anacréon se réfugie en Thessalie, puis disparaît de la scène littéraire
(pour nous, du moins) et l'on ne sait ni où, ni quand, il meurt. Peut-
être vers 487/84, puisque Lucien le fait vivre jusqu'à 85 ans (Long. 26).

Quasi-apatride, Anacréon n'est pas, et ne peut pas être,
l'homme d'une cité : sa vie même le lui interdit. Bien différent de So-
lon ou de Théognis, il pourrait cependant parler de guerre et de paix
dans une perspective, si l'on ose dire, plus "internationale". Il n'est
donc pas sans intérêt d'examiner les fragments qui restent de son oeuvre.

Le poète mentionne une cité dont la couronne est détruite,
c'est-à-dire qui a perdu ses remparts [48] ; il peut s'agir de Téos ou
d'Abdère (46P.(391)=72B.;67D.) :

νῦν δ᾽ ἀπὸ μὲν στέφανος πόλεως ὄλωλεν.

Il parle encore de marins rebelles à Samos (8P.(353)=16B.;
25D.), dans un vers qui nous est conservé par une scholie au chant XXI,
v. 71 de l'Odyssée (II, 698 Di.) :

"Les rebelles, dans l'île, Mégistès, sont maîtres de la ville
sacrée."

Peut-être s'agit-il de ces rebelles dont Polycrate avait vou-
lu se débarrasser en les envoyant guerroyer avec Cambyse contre l'Egypte
(cf. Hérodote III, 44-45).

Pour rester à Samos, on relève encore un vers sur la grandeur passée des Milésiens (81P.(426)=85B.) :

"autrefois les Milésiens étaient vaillants",

où l'on peut voir une allusion aux malheurs de Milet, affaiblie par la domination perse et vaincue par Polycrate.

Enfin, peut-être fait-il preuve d'ironie, comme Ibycus et pour les mêmes raisons, à l'égard de Sparte, dans ce vers (54P.(399)=59B.; 35D.) :

"retirer sa tunique comme une Dorienne".

On trouve, en outre, trois fragments très intéressants mais dont l'authenticité est problématique.

L'un se rapporte au gouvernement de Syloson, acheté et intronisé par les Perses (160P.(505)b) :

"grâce à Syloson, il y a de la place".

Le vers serait d'une ironie macabre si, comme le rapporte Strabon (XIV, 638), "(Syloson) gouverna avec cruauté, si bien que la cité perdit bon nombre de ses hommes. D'où le proverbe..." [49]

L'autre fragment fait d'Abdère le refuge des Téiens, - Anacréon en parlerait en connaissance de cause -, et il est encore conservé par Strabon (XIV, 644=160P.(505)a) :

"Abdère, belle colonie des Téiens".

Enfin, une épigramme de l'<u>Anthologie Palatine</u> (VII, 226=100B.; 100D.) parle d'un Abdéritain mort au combat. Nous y reviendrons.

On remarque qu'Anacréon ne parle ni d'Athènes, ni de la Thessalie, et surtout qu'il n'y a pas là de véritables réflexions sur la guerre ou sur la paix, mais des allusions, en passant, aux événements de son temps.

En fait, Anacréon ne semble pas avoir à coeur de développer des opinions politiques.

Ceci est confirmé par des passages d'inspiration plus géné-
rale, que l'on ne peut rattacher à aucun événement historique précis, et
qui reprennent des thèmes à la mode, sans que l'on puisse déterminer
vraiment où est le choix d'Anacréon, et même s'il choisit.

On trouve, tout d'abord, le thème, cher à l'époque, des bou-
leversements de la hiérarchie sociale. Ici, il fait le portrait d'un
gueux enrichi (43P.(388),11-12=21B.;54D.) :

"et il se promène, comme une femme, avec une ombrelle d'ivoire".

Mais Anacréon ne cherche-t-il qu'à faire rire, ou se comporte-
t-il en aristocrate pour le condamner ? Et faut-il voir dans ces vers un
sens politique ? (26P.(371)=15B.;19D.) :

"Je ne suis ni (constant ?) ni bienveillant à l'égard des
citoyens (ἀστοῖσι)." (50).

Serait-il à la recherche de parfaits ἑταῖροι politiques, van-
terait-il des manières franches en politique par ceux-ci ? (71P.(416)=
74B.;65D.) :

"Moi je déteste tous ceux qui ont des manières souterraines
et désagréables. Je sais, Mégistès, que tu fais partie des
gens tranquilles (τῶν ἀβακιζομένων)". (51)

En fait, on n'en sait rien car, parallèlement à cet idéal
aristocratique, si idéal aristocratique il y a, on trouve aussi le thème
du citoyen-soldat qui meurt pour sa cité.

Mais Anacréon a-t-il manifesté le moindre attachement à sa
patrie, comme pourrait le faire supposer ce fragment transmis par une
scholie d'Homère ? (Od. XII, 313;II, 550 Di.=160P.(505)c ; 36B.;56D.) :

"Je veillerai (ἐπόψομαι) sur ma patrie affligée."

A-t-il vraiment pratiqué le genre de l'épigramme ? Celles
que l'on possède sous son nom sont transmises par l'Anthologie Palatine
et l'on sait la part d'incertitude qui peut s'y attacher.

Dans ces épigrammes s'exprime l'éthique du citoyen qui meurt jeune pour libérer sa patrie. Ainsi (<u>Anth. Pal</u>.XIII,4=74P.(419);114B.; 90D.) :

"De tous mes vaillants compagnons, c'est toi, Aristokleidès, que je pleure en premier : tu as sacrifié ta jeunesse pour écarter de ta patrie la servitude."

Le citoyen reçoit, en retour, des funérailles nationales, comme dans cette épigramme (<u>Anth. Pal</u>. VII, 226=100B.;100D.) :

"Il est mort pour les Abdéritains, le terrible Agathon et cette cité tout entière l'a pleuré sur son bûcher, car il n'était pas de jeune guerrier qui le valût parmi tous ceux qu'Arès assoiffé de sang a tués dans la tempête de l'affreuse bataille (στυγερῆς ἐν στροφάλιγγι μάχης)."

Le vieux vocabulaire homérique, on le remarquera, sert encore, malgré l'évolution de l'idéal guerrier qui met en avant les mots πόλις et πατρύς. C'est que, pour une bonne part, l'idéal reste celui de la prouesse individuelle, et la destination même des épigrammes le prouve : on fait l'éloge d'individus morts pour leur patrie et honorés par elle. Le guerrier est tributaire de sa cité, il meurt pour elle, mais il faut attendre Simonide pour que l'on ne fasse plus, dans les épigrammes, l'éloge d'un guerrier, mais celui de tout le groupe auquel il appartient.

Plus le dévouement à la collectivité sera grand, plus la reconnaissance de cette collectivité s'affirmera et plus on délaissera l'éloge de guerriers individuels pour faire l'éloge commun de tous les soldats morts au combat.

Une épigramme, apocryphe selon Diehl et Bergk, résiste quelque peu au thème obligé d'une guerre exaltante et d'une mort joyeuse (<u>Anth. Pal</u>. VII, 160=101B.;101D.) :

"Il était ferme au combat, Timocrite dont voici la tombe ; mais ce ne sont pas les vaillants guerriers qu'Arès épargne, ce sont les lâches."

La diversité des tons d'Anacréon est grande. Après avoir fait l'éloge de la vaillance, il reprend aussi le thème du bouclier que l'on abandonne (36P.(381)b=28B.;51D.), et la même idée se retrouve dans une élégie transmise par Athénée (XI,463a=94B.) - οὐ φιλέω, ὃς κρητῆρι παρὰ πλέωι... -, déjà citée, ou encore dans cette scholie à l'Odyssée (Od. VIII, 294;I, p. 383 Di.=159P.(504)) :

Σύντιες · ... καὶ Ἀνακρέων δὲ ὡς πολεμικῶν μέμνηται · τί μοι, φησί, †τῶν ἀγκύλων τόξων φιλοκιμέρων καὶ Σκυθῶν† μέλει ;

Dans tout cela, où est le véritable Anacréon ? Nulle part à notre avis, si ce n'est dans l'aisance qu'il a pour reprendre habilement des thèmes déjà traités par d'autres poètes. Il n'y a, en fait, ni sentiment ni réflexion véritable sur la guerre ; et les poètes qui l'ont imité dans les fameuses oeuvres "anacréontiques" ne s'y sont pas trompés, eux qui ont laissé cet aspect de côté ; il semble n'être lié qu'au genre pratiqué. Quand elle n'est pas, en effet, refus de la politique, l'ode appelle plutôt l'idéal aristocratique individuel, tandis que l'épigramme tend à exprimer les valeurs civiques.

Anacréon est, avant tout, le poète du vin, de l'amour, des banquets et de la poésie. Il n'est pas de thème guerrier qui prenne une grande importance dans l'oeuvre qui subsiste[52].

La grande occupation du poète est de boire et de chanter (11P. (356)=63B.;43D.), d'être ivre d'amour (31P.(376)=19B.;17D.), et la réflexion n'intervient que pour déplorer d'avoir à quitter ces joies de la vie (50P.(395)=43B.;44D.) :

"Effrayant est le gouffre d'Hadès, terrible le chemin qui y mène : qui l'a descendu ne pourra jamais le remonter."

A la différence de celle de Stésichore ou de Sappho, voire d'Ibycus, la poésie d'Anacréon n'est pas à elle-même sa propre fin : elle chante la vie joyeuse plus qu'elle ne rend un culte aux Muses. De ce fait, le symbolisme recule quelque peu au profit d'évocations plus simples. Mais le thème pacifique n'en est pas moins limité aux plaisirs et ne comprend pas les activités de la paix qui relèvent du travail ou de la vie politique. En fait, Anacréon ne réfléchit ni sur les causes de la guerre, ni sur les moyens d'établir la paix, il ne s'engage pas, il ne prêche ni l'action ni la concorde,il n'est ni un homme de parti ni un médiateur ni même un serviteur des Muses ou, comme Alcman, le chorégraphe des fêtes de la cité. Il semble, durant toute sa vie et durant toute son oeuvre, ne chercher que le banquet qu'il pourra célébrer et où le bruit du siècle ne lui parviendra qu'assourdi. Au reste, a-t-il même à s'engager ? Il est le poète de cour, l'objet de luxe, l'hôte éternel des puissants qu'il quitte dès que leur puissance décroît.

On est bien loin d'un Tyrtée invité par une cité tout entière et s'y assimilant, faisant de la cause de cette cité la sienne propre ; on est bien loin d'un Solon, chantre et guide de son peuple à la fois. Ibycus comme Anacréon ne veulent que charmer les loisirs d'un prince. Mais l'attitude de ces derniers est, elle aussi, intéressante. Ils ne demandent pas qu'on chante leurs exploits ou qu'on médite, avec eux et pour eux, sur la politique ; mais, pour leur plaisir et comme un luxe, ils ne demandent qu'à être distraits.

La poésie de cour au VIe siècle est un genre très spécial qui réduit la poésie à un art mineur, de par la double volonté du poète et de son mécène. Cette attitude n'existe pas vraiment au VIIe siècle où le poète a un rôle. important dans la cité, mais elle naît peut-être, quand même, de la fonction purement artistique confiée à un Alcman. Dans la formation d'une poésie politique comme dans celle d'une poésie apolitique, la cité joue le rôle de précurseur, mais chaque cité apporte son génie propre et il est intéressant de noter que le premier théoricien de la guerre civile et de la paix sociale est aussi le seul poète athénien, Solon. Seule la Grèce proprement dite est vraiment politique.

C'est sous l'influence de la cité, demandant au poète d'être un éducateur politique, qu'au Ve siècle, Pindare, Simonide, Bacchylide voudront rejoindre leurs aînés prestigieux, comme Solon, et tenteront de réconcilier l'ancienne fonction civique du poète avec les réalités nouvelles du mécénat, et que le mécène, lui-même, attendra plus de son poète qu'un simple divertissement.

Alors, le choix du genre poétique cessera d'être lié à l'engagement politique ou au repli sur soi. L'élégie, les iambes, l'épigramme, n'auront plus le monopole de l'engagement politique, mais l'ode chorale

aussi exprimera des réflexions sur la cité et sur le gouvernement. Quant
à la pratique de la chanson monodique, chère à Sappho et à Anacréon, qui
n'est une arme politique que pour Alcée, cette chanson proprement "lyri-
que", au sens moderne du mot, où l'individu semble se replier sur ses
sensations pour mieux les affiner, elle sera pratiquement abandonnée
quand, sous la pression du bouleversement considérable que seront les
guerres médiques, l'engagement du poète dans la vie politique deviendra
de plus en plus courant.

xxxxx

xxx

x

IV. LE PROBLEME DE LA PROPAGANDE POLITIQUE INSIDIEUSE

Aux yeux de Solon, qui veut être un chef impartial, l'esprit
de parti, tel que peuvent l'illustrer Alcée et Théognis, est un mal con-
tre lequel il lutte par la parole et par l'action. Mais le manque d'in-
térêt pour la politique est un mal plus grand encore car il nie toute
communauté. Aristote (Ath. Resp., 8, 5) et Plutarque (Solon, 20, 1 ; De
ser . num. vind., 550 c ; Praec. ger. reipubl., 823 f) rapportent ainsi
que le poète avait établi une loi selon laquelle ceux qui, en temps de
guerre civile, ne prenaient pas parti et ne combattaient d'aucun côté,
devaient être frappés d'atimie et perdre leurs droits de citoyens (cf. Aris-
tote : ἄτιμον εἶναι καὶ τῆς πόλεως μὴ μετέχειν).

Comme l'explique Plutarque (Solon, 20, 1) ces hommes, sou-
cieux avant tout de protéger leurs biens par leur neutralité, n'acceptent
pas de souffrir des maux de la patrie, mais restent insensibles et indif-
férents. Par là, ils se mettent d'eux-mêmes en dehors de la cité et ins-
pirent plus d'horreur au poète athénien que tous ceux qui la divisent.

N'a-t-on pas vu un peu de cette ἀπάθεια chez Stésichore, Sap-
pho, Ibycus et Anacréon ? Il y a, pour ainsi dire, un désaccord entre
les phases mouvementées de la vie de ces poètes et le manque d'intérêt
pour la politique qui se manifeste dans leurs oeuvres. Dans le cas de

Stésichore, même, le désaccord entre les _testimonia_ qui lui attribuent un
rôle politique et l'oeuvre où il ne transparaît pas est frappant. Faut-il
supposer que ces poèmes ont été copiés à une époque où l'on ne s'intéres-
sait pas à la vie politique, ce qui expliquerait, dans la transmission
des textes, un choix rejetant une telle source d'inspiration ? Les cri-
tiques, qui se résignent mal à cette indifférence, ont plutôt tendance à
voir une sorte de propagande politique insidieuse dans certains poèmes de
Stésichore, Sappho, Ibycus, Anacréon et, avant eux, Mimnerme.

Comme il n'est pas de cité qui n'ait d'histoire mythique sur
sa fondation ou qui ne se réclame de la guerre de Troie, les poètes sont
souvents amenés à rappeler soit des mythes de fondation, soit des épiso-
des de la guerre de Troie qui se rapportent à leur cité. Dès lors, le pro-
blème du "pourquoi" de cet intérêt à une époque qui est entrée dans
l'histoire devient très compliqué. Est-il d'ordre littéraire, religieux
ou politique ?

C'est ici qu'intervient l'hypothèse de J. Vürtheim à propos
de Stésichore, reprise par C.M.Bowra [53] et étendue par lui à d'autres
poètes lyriques : les données changent, le principe explicatif reste le
même. On pense que les variantes que l'on peut relever dans un récit
traditionnel et mythique sont conscientes et voulues. Pourquoi le sont-
elles ? Non pas pour renouveler un thème, mais pour donner la caution
d'un mythe à telle ou telle politique.

L'hypothèse n'a rien d'étrange si l'on n'oublie pas que reli-
gion et politique sont liées dans toute cité grecque, mais, au niveau
des interprétations de détail et de la place que le poète prend et veut
prendre dans la cité, les choses deviennent plus délicates.

J. Vürtheim et C.M. Bowra sont aidés, dans leurs hypothèses,
par les _testimonia_ qui relèvent ce genre de variantes. C'est même, le
plus souvent, par les _testimonia_ que l'on connaît l'existence de telle
ou telle oeuvre.

Prenons, car c'est le cas le plus complet, l'exemple de
l'_Orestie_ de Stésichore. Voici ce que l'on sait d'elle par les témoigna-
ges anciens et les scholies :

1) Schol. Eur. Or., 46, I, 102 Schw.=39P.(216);39B.;14bD. :

"Il est clair que le drame se passe à Argos. Homère, pour sa part, situe le palais d'Agamemnon à Mycènes, Stésichore et Simonide à Lacédémone."

2) Schol. Aesch. Cho. 733, I, 388 Weckl.=41P.(218);41B.;14dD. :

"(Eschyle) appelle la nourrice d'Oreste Cilicie, Pindare Arsinoé (cf. Pyth. XI, 17), Stésichore Laodameia."

3) Plutarque transmet ces vers sur le rêve de Clytemnestre, Ser. num. vind. 10=42P.(219);42B.;15D. :

"Il lui sembla voir approcher un dragon, le haut de sa tête était dévoré, et le roi, fils de Pleisthénès en sortait."

4) Schol. Dion. Thrac. p. 183, 13 Hilg.=36P.(213);34B. :

"Stésichore, dans le deuxième chant de l'Orestie, dit que c'est Palamède qui inventa l'alphabet."

5) Philodème, De pietate, p. 24 Gomperz=38P.(215);38B.;14aD. :

"Stésichore, à la suite d'Hésiode, dit dans l'Orestie que la fille d'Agamemnon, Iphigénie, est celle que nous appelons maintenant Hécate."

Avec une ou deux autres citations que l'on peut, éventuellement, rapporter à cette Orestie, c'est là tout ce que l'on possède sur le sujet. L'intérêt est loin d'en être évident, mais avec l'hypothèse de J. Vürtheim et de C.M. Bowra le détail devient soudain révélateur.

Pour justifier son désir d'hégémonie sur le Péloponnèse, Sparte aurait invoqué l'héritage d'Agamemnon. Malheureusement, Agamemnon n'était pas roi de Sparte. Or Hérodote raconte (I,68) qu'on fit revenir de Tégée à Sparte les ossements d'Oreste. Sparte aurait donc inventé ou fait revivre des mythes prouvant que les Pélopides avaient autrefois ré- gné sur le Péloponnèse depuis Sparte. Et C.M. Bowra d'ajouter [54] que, par ce moyen, elle espérait vaincre les ambitions d'Argos fondées sur la possession de la capitale d'Agamemnon.

Mais pour imposer cette idée, il fallait déformer les mythes. A qui confier ce rôle sinon aux poètes ? Stésichore aurait donc pris part à cette entreprise : "indeed his Oresteia looks as if it was largely prompted by the Spartan attempt to take Orestes from Argos and Arcadia to Sparta." [55]

Revenons donc aux _testimonia_ que nous avons cités : C.M. Bowra en retient trois, les trois premiers.

Que le palais d'Agamemnon se trouve à Lacédémone, suffit-il à étayer la thèse ? C.M. Bowra ne réussit pas à cacher un embarras cer- tain dans la recherche d'autres preuves. Pour ce qui est de la nourrice, il rappelle que Pausanias (X, 9, 5) fait mention d'une Laodameia mère de Triphylos et fille d'Amyclas, roi de Lacédémone. Pour lui, cette généa- gie est tout à fait fantaisiste. Triphylos est un héros arcadien, l'an- cêtre éponyme des Triphyliens annexés à l'empire spartiate au VIIe siè- cle. Mais lui donner Amyclas pour grand-père, c'est revendiquer un droit à la possession de la Triphylie. Dans le même ordre d'idées, on lui choisit, pour mère, Laodameia, en partie parce que Stésichore l'aurait rendue célèbre en la présentant comme une Spartiate qui aurait sauvé le jeune Oreste de la mort. Il nous semble que c'est le type même du raison- nement en cercle qui ne prouve rien puisque la première hypothèse dépend de la seconde et que la seconde n'est vraie que si la première l'est aussi.

Pour le βασιλεὺς Πλεισθενίδας, l'explication apparaît tout aussi alambiquée : la tombe d'Atrée étant à Mycènes, l'intérêt de Sparte, qui voulait glorifier Agamemnon, était de lui trouver un autre père, "Pleisthenes was discovered and to this piece of manipulation Stesicho- rus gave his support" [56]. Pourquoi "glorifier" Agamemnon ? Agamemnon n'est qu'un moyen, c'est de Sparte qu'il s'agit. Il ne suffit pas, de plus, de trouver "some other father", encore faudrait-il que la diffé- rence soit significative. Or Pleisthénès est fils d'Atrée, le gain ne semble pas évident.

Reste donc qu'Agamemnon meurt à Sparte. On ne peut contester
ni le désir d'hégémonie de Sparte, ni l'histoire des ossements d'Oreste:
l'un et l'autre sont bien attestés (cf. Hérodote I, 67-68). Mais faut-il
en déduire que Sparte se met, pour autant, à torturer tous les mythes et
toute la tradition à son profit ? Faut-il en déduire, surtout, que Stési-
chore est de connivence avec elle ? En fait, il faudrait, d'abord, éta-
blir que Stésichore fut bien en relations avec Sparte, pour, éventuelle-
ment, prouver que l'Orestie fut écrite à sa demande. A ce compte, est-ce
pour les mêmes raisons que Simonide aussi fait mourir Agamemnon à Sparte ?

Quant à la Palinodie, elle doit, selon C.M. Bowra, s'expliquer
de la même manière : "the particular glory which Stesichorus gives to He-
len was appropriate in Sparta and almost nowhere else in the Greek
world." (57)

Malheureusement ce n'est pas l'avis de A.J. Podlecki ni de F.
Sisti (58) qui ont le mérite, à tout le moins, de suivre de plus près que
C.M. Bowra l'histoire de Pausanias (III, 19, 11-13), selon laquelle le
général de Crotone, blessé au cours d'une guerre entre Crotone et Locres
épizéphyrienne, se serait rendu à Delphes pour se faire soigner. Renvoyé
à Leukè dans le Pont-Euxin, il aurait rencontré Hélène qui lui aurait ap-
pris que la cécité de Stésichore venait de ses mauvais propos à son égard,
d'où la fameuse Palinodie.

En outre, Justin (Historiae Philippicae, XX, 2) - on voit
comme tous ces témoignages sont post-classiques et sujets à caution -
rapporte que, dans cette guerre, Locres aurait demandé de l'aide à Sparte
qui lui aurait répondu de prier Castor et Pollux : une mystérieuse appa-
rition des Dioscures dans le fort de la bataille les aurait sauvés. On
pourrait croire avec H. Holm, que cite A.J. Podlecki (p. 317), que Sté-
sichore reçut mission des Locriens de célébrer en leur nom les Dioscures
et leur soeur, ce qui confirmerait les relations entre Locres et Stési-
chore, mais il n'en est rien pour A.J. Podlecki. Tout au contraire, il
faut comprendre que Stésichore écrit pour Crotone : "in dwelling on sto-
ries of Sparta's 'first family', Stesichorus may have been challenging
the exclusive claims to these stories made by the Locrians." On voit en
tout cas, à partir de cet exemple, que s'il y avait une propagande poli-
tique insidieuse, il est bien difficile de dire quel était son but. Le
principe est admissible, mais les conclusions semblent fort incertaines

et ne justifient pas que l'on fasse de Stésichore ce poète quasi-machia-
vélique dont parle C.M. Bowra, qui se livrerait à toutes sortes de "ma-
nipulations" du mythe.[59]

Ce qui nous gêne, pour notre part, c'est la disproportion en-
tre le but supposé et les moyens mis en oeuvre. Si vraiment Stésichore
avait voulu aider Sparte dans sa recherche de l'hégémonie, les variations
sur le mythe initial n'auraient-elles pas été plus frappantes ? Et leur
signification relevée par les compilateurs anciens ? Sparte avait-elle
le temps de travailler ainsi dans l'insinuation, la légère différence ?
Ces modifications, ce mélange de traditions, viennent peut-être, tout
simplement, de l'indubitable curiosité de Stésichore pour les généalo-
gies divines et les belles histoires, de son goût à jouer les Homère et
les Hésiode, à faire des "vers nouveaux" sur des "pensers anciens". On
parle de son influence sur la tragédie : son attitude est peut-être la
même que celle d'Euripide : raconter, modifier, plaire et surprendre en
même temps [60].

Tout ce que l'on pourrait avancer, en supposant, ce qui est
le plus sûr en l'absence de preuves certaines, que l'Orestie n'a pas été
écrite pour Sparte, c'est que le déplacement du cadre de l'action d'Ar-
gos à Sparte, prouve la prédominance de facto de Sparte dans le Pélopon-
nèse. Un homme d'Himère, voulant parler du pouvoir régnant sur le Pélo-
ponnèse, parle naturellement, ou peut-être parce qu'il n'a pas de sympa-
thie pour Argos, de Sparte. De là à dire qu'il le fait à la demande de
Sparte ou pour lui complaire, il y a l'imagination des commentateurs qui
est d'autant plus grande que les preuves sont plus minces.

Rappelons, pour mémoire, quelques autres hypothèses.
Selon C.M. Bowra, Ibycus, déformant lui aussi une tradition,
ferait la même propagande politique, en faveur de l'hégémonie de Sparte,
que Stésichore.
Pausanias (II, 6, 5=27P.(308)=48B.) écrit, en effet :

"Ils disent que Sikyôn n'est pas fils de Marathôn, fils d'Epô-
pée, mais fils de Mètiôn, fils d'Erechthée.Asios est de leur
avis. Hésiode pense qu'il est fils d'Erechthée,Ibycus de Pé-
lops."

Il faudrait comprendre, selon C.M. Bowra [61], que, Sicyone
étant entrée dans la ligue de Sparte et ayant rompu son alliance avec
Athènes quand Pisistrate avait exilé les Alcméonides, des liens tradi-
tionnels avec Athènes étaient tout à fait indésirables, d'où ce passage
d'Erechthée à Pélops.

La thèse peut se défendre aisément, mais là encore, ce qui
nous gêne, c'est que C.M. Bowra ajoute :"so Ibycus, seeing how the situa-
tion lay, accomodated himself to it and manipulated mythology to suit
the new ideas."

Voilà, en effet, qui est curieux si, comme l'auteur le sup-
pose, ce même Ibycus raille, par ailleurs, les jeunes filles spartiates
lors de la guerre entre Sparte et Samos.

Toujours à en croire C.M. Bowra [62], si, selon Ibycus, le
fleuve Asopos qui passe à Sicyone vient de Phrygie (cf. Strabon VI,
271=41P.(322);47B.), c'est que l'ancêtre récemment "découvert", Pélops,
venait aussi d'Asie. En outre, entre 560 et 541, Crésus avait essayé de
s'allier à Sparte et Ibycus aurait approuvé ce projet en s'efforçant
d'établir d'étroits rapports, tant géographiques que mythologiques, en-
tre Sicyone et l'Asie Mineure.

De même, parler d'un dieu, le prier, c'est se mettre sous la
protection du peuple qui le révère entre tous. Quand Anacréon (3P.(348)=
1B.;1D.) s'adresse à l'Artémis de Magnésie en Ionie - si toutefois c'est
bien à elle qu'il s'adresse - il faut penser, disent D. Page et C.M.
Bowra [63], qu'il l'invoque parce que Magnésie est la résidence d'Oroitès,
satrape perse, et qu'Anacréon approuve une éventuelle alliance entre Po-
lycrate et Oroitès.

Enfin, on sait que les poètes reviennent toujours à la guerre
de Troie. Et il est certain que l'on peut noter chez Sappho de la sympa-
thie pour Troie, par exemple dans les vers sur le mariage d'Hector et
d'Andromaque (44L.P.=55D.;56R.P.). Mais faut-il penser que cette sympa-
thie et cette évocation des malheurs causés par la guerre faite pour une
femme (16L.P.=27D.;27R.P.) vont, ainsi que le suggère E. Mora [64], con-
tre la colonisation achéenne, parce que les descendants de ces Achéens,
maintenant à Lesbos, sont les ennemis de Sappho ?

Toutes ces hypothèses peuvent suggérer les rapports qui existaient, peut-être, entre le mythe, la religion, la politique intérieure et extérieure et les guerres. Mais, si on peut les soupçonner, leur interprétation reste très délicate. Nous croyons donc qu'il ne faut parler d'une propagande politique qui se ferait de cette manière voilée qu'avec la plus extrême prudence. Peut-être existait-elle - πολλὰ ψεύδονται ἀοιδοί - mais les relations que les poètes pouvaient entretenir, de ce point de vue, avec les gouvernements restent très obscures. Ce sont plutôt les grandes tendances de l'heure, quand on peut les discerner, qui s'y reflètent.

Quant à la fable, elle est rarement employée en politique et jamais, semble-t-il, comme un moyen masqué de propagande.

Le seul exemple complet d'αἶνος que nous ayons est celui du cheval et du cerf de Stésichore, rapporté par Aristote.

On a déjà remarqué que, de même qu'Hésiode racontait dans les Travaux et les Jours (v. 203sqq.) la fable de l'épervier et du rossignol et n'oubliait pas d'en tirer une morale pour le présent ("mais toi, Persès, écoute la justice..."), de même Stésichore, à en croire Aristote, aurait aussitôt après son apologue mis ses concitoyens en garde contre Phalaris. Il n'y a donc là rien de voilé ni de masqué, mais bien plus une sorte d'embellissement littéraire qui s'apparente à la comparaison homérique et qui n'est pas sans rapport avec le goût des poètes pour les phrases gnomiques.

L'αἶνος semble avoir été en honneur dans la poésie nouvelle, mais on peut supposer que, lorsqu'il se développait complètement, c'est-à-dire pour lui-même, il s'appliquait surtout à la vie privée du poète.

C'est ainsi qu'Archiloque met en scène le renard et l'aigle (89D.=86B.;168L.;174W.) dans un fragment que l'on peut rapprocher, à coup sûr, de la fable III d'Esope, et que le serpent apparaît dans les vers 599 et suivants de Théognis (cf. Esope LXXXII).

D'autres passages se rapportent sans doute à des αἶνοι : Archiloque parle de l'αἶνος du singe et du renard (81D.=89B.;190 et 224L.; 185W.), Sémonide d'Amorgos du milan (10D.=12B.;12W.), Hipponax du serpent (45D.=49B.;28W.), Théognis du cerf et du lion (1278 c.d.), etc..

Ailleurs l'αἶνος a surtout donné des thèmes-clefs et des comparaisons traditionnelles : dans les fragments dont le sens et l'application sont politiques, le renard désigne l'habileté, comme chez Solon (8D.,5-6=11B.;11W.), ou la fourberie, chez Alcée (69L.P.=42D.). Le scorpion est le symbole du danger, ainsi qu'en témoigne ce σκόλιον (20P. (903)=23B.;20D.;Praxilla (?) fr. 4P.(750)):

"Sous chaque pierre, mon ami, se glisse un scorpion. Prends garde qu'il ne te pique. Dans ce qui est caché, il y a toujours une ruse."

Que ce σκόλιον nous serve de conclusion au problème de la propagande politique insidieuse. Les interventions du poète dans la politique sont évidentes dans les exhortations, les conseils, les éloges directs. Ailleurs, il faut procéder avec prudence. Peut-être le poète n'est-il que la voix de la conscience politique de tous, et se contente-t-il d'enregistrer les modifications des mythes, ou de faire appel aux cadres traditionnels de la pensée, quand il utilise l'αἶνος ou ses dérivés. Peut-être, au contraire, s'engage-t-il, de cette manière détournée, dans les méandres de la politique. Quoi qu'il en soit, entre ces extrêmes, il y a place pour la personnalité de chacun et pour la subtilité de la poésie.

Avant de conclure sur le VIe siècle, on peut rapidement évoquer Athènes après Solon à travers un groupe de σκόλια qui restèrent toujours en faveur dans la littérature grecque.

V. SCOLIA ATTIQUES DES PISISTRATIDES AUX ALCMEONIDES

Les σκόλια sont, avant tout, des chants de ralliement de l'aris-
tocratie. Toutefois, ils débordent largement le cadre des hétairies politi-
ques qui leur donnent naissance et certains, comme les quatre scolia
sur le meurtre d'Hipparque, deviendront curieusement, avec le recul du
temps, des chants nationaux à la gloire de la démocratie. Ils garderont,
cependant, un certain parfum aristocratique qui donnera à entendre que
l'établissement de la démocratie est le fait de l'aristocratie.

Ce qui domine, dans ces scolia, de par leur origine même, c'est
l'esprit de parti. L'éternelle quête d'ἑταῖροι politiques, caractéristi-
que de tout le VIe siècle, apparaît nettement dans ce scolion que l'on
peut dater, selon C.M. Bowra, de l'époque des Pisistratides [65] (14P.
(897)=21B.;14D.) :

> "Pense à la maxime d'Admète ('Αδμήτου λόγον), mon ami ; aime les
> bons, tiens-toi loin des gens de rien, sachant bien qu'ils ont
> peu de reconnaissance." [66]

Les scolia 23 et 24P. évoquent la lutte des Alcméonides et de
leurs alliés pour renverser le tyran Hippias. Là encore, c'est un parti
qui s'oppose à un autre, ce n'est pas l'ensemble de la cité qui est consi-
déré, et l'inspiration est nettement aristocratique.
Le scolion 23P.(906)(=27B.;23D.) fait allusion à la tentative
de Cédon :

> "Verse aussi du vin à Cédon, serviteur, ne l'oublie pas, s'il
> faut en verser aux hommes de bien (τοῖς ἀγαθοῖς ἀνδράσιν)."

Il semble avoir été composé, comme le n° 24, peu de temps après
les événements, soit vers 510 [67].
Le scolion 24P.(907)(=14B.;24D.) rappelle la défaite des Alcméo-
nides à Leipsydrion. Selon Aristote qui cite ces vers (Ath. Pol. 19, 3),
les Alcméonides, essayant de revenir d'exil, auraient fortifié Leipsydrion
sur le mont Parnès, mais assiégés, auraient été vaincus par les tyrans.

"D'ou, par la suite, après cet échec, ils chantèrent le <u>scolion</u> suivant :

'hélas ! Leipsydrion, traître à tes amis, quels guerriers tu as
fait périr, vaillants au combat et nobles (εὐπατρίδας), qui mon-
trèrent de quels pères ils étaient nés !' "

Cette guerre est donc le fait d'eupatrides et le Leipsydrion
est considéré comme le traître de l'hétairie. L'éthique est entièrement
individuelle et d'inspiration homérique.

Le sort réservé aux quatre <u>scolia</u> qui mettent en scène Harmodios
et Aristogiton (10-13P.(893-896)=9-12B.;10-13D.) est très intéressant. Ces
<u>scolia</u> se réfèrent à des événements légèrement antérieurs, puisque Hipparque
que fut assassiné en 514, mais leur composition est peut-être un peu plus
tardive, au moins pour deux d'entre eux.
Voici ces quatre <u>scolia</u> dont la simplicité n'est pas aussi inno-
cente qu'il y paraît au premier abord, et qui auront un étrange destin :

<u>1/</u>   "Je porterai le glaive et le rameau de myrte, comme Harmodios et
       Aristogiton, lorsqu'ils tuèrent le tyran et établirent l'égalité
       des droits à Athènes (ἰσονόμους τ''Αθήνας ἐποιησάτην)."

<u>2/</u>   "Cher Harmodios, non tu n'es pas encore mort ; on dit que tu ha-
       bites dans les îles des bienheureux, là où est le rapide Achille,
       là où, dit-on, est le vaillant Diomède, fils de Tydée." [68]

<u>3/</u>   "Je porterai le glaive et le rameau de myrte, comme Harmodios et
       Aristogiton, lorsqu'aux fêtes d'Athèna ils tuèrent le tyran Hip-
       parque."

<u>4/</u>   "Toujours votre gloire vivra sur terre, chers Harmodios et Aris-
       togiton, car vous avez tué le tyran et établi l'égalité des
       droits à Athènes."

Le sens du premier vers - ἐν μύρτου κλαδὶ τὸ ξίφος φορήσω - pose
de nombreux problèmes, tant stylistiques qu'historiques, que G. Lambin a

fort bien résumés dans son article sur le vers 632 de Lysistrata $^{(69)}$. Se-
lon l'auteur, il faudrait donner un sens obscène à ξύφος et à μύρτου κλαδύ,
et voir dans le vers une plaisanterie gaillarde.

Si le jeu de mots emporte l'adhésion en ce qui concerne Aristo-
phane, dont l'ouvrage de J. Henderson, The maculate Muse, a bien mis en
lumière la verve licencieuse, il nous semble plus difficile d'admettre
avec G. Lambin, qui n'apporte guère de preuves sur ce point, que la plai-
santerie était déjà dans le scolion : c'est, alors, le texte d'Aristophane
qui perd tout son sel.

Il importe donc d'examiner d'autres hypothèses qui voient dans
ces scolia une déformation volontaire de l'histoire et un effort de propa-
gande politique.

Thucydide remarque fort à propos (VI, 53) qu'il y a dans la tra-
dition d'Harmodios et d'Aristogiton telle que la présentent ces scolia un
gauchissement de l'histoire. En fait, c'étaient les Lacédémoniens qui
avaient renversé la tyrannie et Hipparque n'était pas tyran, mais son
frère Hippias, qui ne fut expulsé que vers 510. Pourquoi donc fait-on
d'Harmodios et d'Aristogiton les martyrs de la libération d'Athènes, et
surtout de la démocratie, dans un genre qui, par tradition, est aristocra-
tique, et de quand datent ces scolia ?

D'après les recherches de M. Ostwald $^{(70)}$, il semble que les
statues des tyrannoctones par Anténor (groupe antérieur à celui de Critios
et Nèsiotès qui date, lui, de 477/6), dont Pausanias dit (I, 8, 5) qu'el-
les avaient été élevées à Athènes avant 480, et emportées en Perse par
Xerxès, datent de l'expulsion d'Hippias. Ceci concorderait, grosso modo,
avec la date fournie par Pline à leur sujet (N.H. 34, 17). Dès lors, comme
conclut M. Ostwald, si l'on pouvait, si tôt après le renversement de la
tyrannie, élever des statues à la gloire d'Harmodios et d'Aristogiton, il
n'y a pas de raison de douter que l'on ait pu, à la même époque, leur at-
tribuer la libération d'Athènes dans des chants.

Pour C.M. Bowra $^{(71)}$ et M. Ostwald, les tyrannoctones furent
ainsi honorés sous l'impulsion des Alcméonides. Ceux-ci voulaient, en ef-
fet, faire oublier qu'ils avaient demandé de l'aide à Sparte pour chasser
Hippias. Ils s'efforçaient donc de mettre en circulation une autre version
des événements.

Ainsi, c'est à une fraction de l'aristocratie (et l'on comprend mieux l'emploi même du scolion) qu'Athènes devrait un de ses chants civiques les plus populaires, celui de la révolte contre la tyrannie [72].

Réfutant la théorie de F. Jacoby selon laquelle ces strophes proviendraient de l'opposition aux Alcméonides, qui voudrait les priver de l'honneur d'avoir libéré Athènes, M. Ostwald attire l'attention sur le fait que la chute des tyrans et l'établissement de la démocratie sont liés : ἰσονόμους τ''Αθήνας ἐποιησάτην.

Faut-il penser avec A.J. Podlecki que les scolia 10 et 13P. dateraient de l'époque de Thémistocle (477 on dresse le groupe de Critios et Nèsiotès) et que c'est sous son influence que se serait établi le culte des tyrannoctones ? [73]

Il ne semble pas, puisqu'un groupe commémoratif existait déjà avant 477. En outre, toute l'étude de M. Ostwald sur νόμος et ses dérivés prouve que la notion d'ἰσονομία doit dater de l'époque de Clisthène [74]. Rien ne s'opposerait donc à ce que les quatre scolia datent de la même période. Les scolia 11 et 12P. auraient pu être composés entre 514 et 510, 10 et 13P., peu après les réformes de Clisthène, en 507 [75].

L'isonomia en question serait donc celle qu'établit Clisthène, le fondateur de la démocratie. Qu'on l'ait attribuée, elle aussi, à Harmodios et Aristogiton proviendrait du même gauchissement volontaire de l'histoire. Comme l'écrit encore M. Ostwald [76], loin de minimiser son propre rôle, Clisthène ferait oublier qu'il avait accepté d'Hippias l'archontat en 525/524 et donnerait une assise populaire à son programme politique en le présentant comme une suite à l'oeuvre entreprise par Harmodios et Aristogiton. Ce qui ne veut pas dire, pense-t-il, que les scolia soient nés directement dans le cercle de ses partisans, mais qu'ils étaient, au moins, approuvés par lui.

Quoi qu'il en soit, à travers cette image d'Epinal présentée par les quatre scolia, on aurait le premier exemple d'oeuvres aristocratiques qui ne sont plus réservées au cercle étroit des hétairies mais qui essayent de toucher toute la cité en donnant une portée générale, doublement politique, à un acte de nature privée.

Désormais, comme l'avait bien compris Solon, qui s'adressait à toute la cité, comme l'avaient compris les tyrans, le pouvoir a besoin d'une assise populaire : l'aristocratie qui renverse la tyrannie ne peut la négliger. Désormais aussi, le peuple a besoin de fêtes nationales et de héros.

Peu importe que la mort d'Hipparque n'ait rien bouleversé ou que les tyrannoctones aient appartenu à une jeunesse oisive et argentée, du moment que toute la cité se reconnaît dans leur acte et qu'elle garantit leur gloire. L'aristocratie s'aperçoit qu'elle ne peut gouverner seule, mais qu'il lui faut faire appel à un sentiment collectif qui ressemble déjà à une opinion nationale.

xxxxx
xxx
x

Le VIe siècle est un siècle sous pression où bouillonnent les deux tendances du VIIe : l'individu et la cité, qui connaissent l'une et l'autre leurs gloires et leurs échecs, et qui se creusent et s'affinent d'autant plus qu'elles ne trouvent que peu d'échappatoires dans les guerres extérieures.

Mais si certain poètes se détachent en pointe et font progresser la réflexion, d'autres se désintéressent des événements politiques. Pourquoi Solon, Alcée, Théognis, s'engagent-ils, et non Stésichore, Sappho, Anacréon ou Ibycus, quand les conditions politiques sont sensiblement identiques dans tout le monde grec ? Le genre poétique qu'ils pratiquent est-il fonction du rôle politique qu'ils choisissent, ou est-ce le choix du genre qui les lance dans la vie de la cité ou les en détourne ?

L'histoire des cités et l'histoire personnelle des poètes ne suffisent pas à expliquer ces différences : on butte toujours sur l'originalité propre de chacun, sur les manières variées de réagir à des situations identiques, sur l'étroit mélange, à tous les niveaux, humain, politique, littéraire, de choix et de nécessité.

Néanmoins, l'énorme choc des guerres médiques, au Ve siècle, guerres totales qui concernent toute la Grèce et ne peuvent laisser personne indifférent, aura le pouvoir de décanter les différentes tendances du VIe siècle, tant du point de vue politique que littéraire. Car ces guerres vont faire taire, dans une certaine mesure, les rivalités entre cités et, surtout, vont imposer à chacune le choix d'une ligne de conduite et d'une politique intérieure qui n'admettra plus - pour un temps du moins - la guerre civile ni l'hésitation entre les différents systèmes de gouvernement dont elles fixeront, pour ainsi dire, les traits définitifs.

NOTES DU CHAPITRE II

(1) Cf. Anth. Pal. VII, 81 et Diog. Laerce 1, 40-41.

(2) Cf. Aristote, Constitution d'Athènes, XI, 1 ; Hérodote, Histoires, I
29 ; Plutarque, Vie de Solon, 25, 6.

(3) Il ne semble pas que δήμου ἡγεμόνες désigne ici les chefs du parti po-
pulaire. Δῆμος = οἱ ἀστοί,c'est-à-dire tout le peuple, moins les hommes au
pouvoir. Cf. W. Donlan, "Changes and shifts in the meaning of demos", p.
389, et A. Forti-Messina, "δῆμος in alcuni lirici", p. 231-232. Traduction
d'E. Bergougnan, très légèrement modifiée.

(4) Nous modifions quelque peu la traduction d'E. Bergougnan : il n'y a
pas lieu de corriger ἐπεγείρει en ἐπέγειρεν. Peut-être faudrait-il donner
à ce texte une valeur plus générale et considérer que ἦλυθε (v. 18) et
ὤλεσεν (v. 20) sont des aoristes gnomiques, tandis que πάσηι πόλει désigne
non pas l'ensemble de la cité, mais toute cité. Dans ce cas, la stasis ne
serait pas encore un état de fait à Athènes, mais une menace bien près de
se réaliser, toutes les conditions étant réunies pour cela.

(5) Cf. A. Andrewes, "Eunomia", p. 89-102 et, plus particulièrement, p.
91 ; V. Ehrenberg, "Eunomia", p. 24 ; M. Ostwald, Nomos and the Begin-
nings of the Athenian Democracy, spécialement p. 70 ; J. de Romilly, La
loi dans la pensée grecque, p. 15sqq.

(6) Nous modifions quelque peu la traduction d'E. Bergougnan. Il ne fait
aucun doute que κακός et ἐσθλός aient un sens social et politique, et non
moral.

(7) ..... ταῦτα μὲν κράτει
ὁμοῦ βίην τε καὶ δίκην συναρμόσας
ἔρεξα......

(suite de la n. 7) Ces vers posent un grave problème. Le papyrus de Berlin de la Constitution d'Athènes (12,4) d'Aristote, qui transmet le fragment 24D., donne la leçon κρατηομου, celui de Londres, la leçon κρατεει νομου. Plutarque (Solon, 15, 1) cite le seul vers 16 et le fait commencer par ὁμοῦ. Aristide (Or. 28, 138) cite les vers 3 à 27 et écrit κρατει ομου. Pour un résumé et une discussion des différentes interprétations de la leçon νόμου, on se reportera à A. Masaracchia, Solone, p. 347-349, et à J. de Romilly, La loi dans la pensée grecque, p. 14-15.

(8) Traduction de R. Flacelière, "Sur quelques passages des Vies de Plutarque", RPh, 1949, p. 123. V. 3 ἀγασθεύς : ἀασθεύς (Ziegler), v. 5 ἤθελον (Xylander) : ἤθελε (Mss.) : ἤθελεν (Flacelière).

(9) Histoire de la littérature grecque, t. 2, p. 227.

(10) Sur ce dernier point, voir notre Appendice n° 1.

(11) La Souda parle de la 59e Olympiade, soit vers 544-1 av. J.C.. Mais la question est, comme toujours, de savoir quel sens donner à γεγονώς.

(12) Cf. Studies in Greek Elegy and Iambus, chap. IV, "The Life and Times of Theognis", p. 65-71.

(13) Contra : B. Lavagnini, F.R. Adrados, qui abaissent cette date.

(14) Cf. Appendice n° 1.

(15) Cf. D.L. Page, Sappho and Alcaeus, p. 203.

(16) Τούτων 1. 23 nous semble reprendre τά 1. 20, plutôt que πολίταν 1. 22. Τά désigne soit, comme on l'admet généralement, les droits politiques des ancêtres d'Alcée (ἀγόρας, βόλλας), soit, peut-être, leurs biens dont il serait dépouillé.

(17) Si les vers 153-154 sont bien de Théognis, on remarquera qu'ils imitent les vers 9-10 du fragment 5D. de Solon, et placent la naissance de l'ὕβρις dans le mauvais usage que les hommes (Solon) ou que les κακοί (Théognis) peuvent faire de l'ὄλβος.

(18) On remarque que Théognis écrit "nos déplorables outrances". Il n'avait pas un sens tel de l'unité de la cité qu'il ait employé semblable expression s'il avait voulu désigner uniquement les κακοί au sens social du mot, et non l'alliance des κακοί et des mauvais ἀγαθοί.

(19) "Alcée et son temps", p. 171.

(20) P. 368, 15 Hilgard.

(21) Cf. Diogène Laerce 1, 74 et Souda, s.v. Πιττακός.

(22) Les conjectures entre crochets droits sont celles de D. Page (Sappho and Alcaeus, p. 234).

(23) C'est nous qui traduisons.

(24) Sur le sens de δῆμος , cf. contra A. Forti-Messina, "δῆμος in alcuni lirici", p. 237sqq., qui ne réussit guère à prouver que δῆμος garde un "sens neutre" et continue à désigner, à la fois, les κακοί et les ἀγαθοί.

(25) Thucydide attribue une pensée semblable à Nicias pendant l'expédition de Sicile (VII, 77, 7). Cf. encore Eschyle, Perses, v. 349 : "la cité qui garde ses hommes possède le plus sûr rempart."

(26) Au reste, elle pourrait peut-être s'appliquer à la guerre civile. Alcée en exil montrerait alors aux hommes de son parti qui l'auraient suivi que ce sont eux qui forment la vraie cité, et non pas ceux qui sont restés à Mytilène.

(27) Cf. Souda, s.v. τρία Στησιχόρου.

(28) Tradizioni e generi poetici della Grecia arcaica, p. 243. La composition triadique n'entraînerait pas nécessairement, estime-t-il, une exécution chorale (cf. p. 245, ibid.).

(29) "Die Dichter mit dem Namen Stesichoros", p. 233, in Sappho und Simonides.

(30) "Stesichorus, C.Q., 1971, p. 302-314.

(31) V. Klinger, "A propos de la chronologie de Stésichore", Eos, 1929, p. 657-664, apporte à ce sujet des arguments très suggestifs fondés sur une comparaison entre l'oeuvre de Stésichore et un texte de Xénophane (1D.,19sqq.).

(32) "Stesicoro Imerese e Stesicoro Locrese", Athenaeum XV, 4, p. 248. C'est la solution qu'adopte aussi C.M. Bowra, Greek Lyric Poetry, 2e éd., p. 76.

(33) Op. cit., 1ère éd., p. 125, cf. 2e éd., p. 118 et "Stesichorus in the Peloponnese", C.Q., 1934, p. 115-119.

(34) Stesichoros' Fragmente und Biographie, p. 78.

(35) "Stesichoreia", p. 317. Cf. Rhet. III, 1412a, et note ad loc. d'A. Wartelle qui renvoie à l'Histoire des animaux, V, 30 (556a, 21-22), où Aristote dit qu'il n'y a pas de cigales là où il n'y a pas d'arbres.

(36) Cf. D.E. Gerber, Euterpe, p. 160 : "The main objection to this chronology is found in Herodotus (II, 134sqq.) who states that Rhodopis a famous courtesan, flourished in the reign of Amasis, ruler of Egypt, from 569 to 528, that Charaxus, Sappho's brother, bought Rhodopis'freedom, and that Sappho berated him in a poem upon his return to Mytilene. If Herodotus is correct, Sappho should be dated at least a generation later."

(37) Histoire de la littérature grecque, t. 2, p. 236.

(38) Saffo e Alceo, t. 1, testimonia, ad. loc..

(39) Sappho and Alcaeus, p. 102.

(40) C. Gallavotti, "La nuova ode di Saffo", p. 164, pense, à tort, croyons-nous, que Sappho s'adresse à Alcée. Dans les mots ΦΥΓΑϹΑΛΙϹΑΠΟ-ΛΙϹΕΧΕΙ (édit. Vogliano), il faudrait lire non pas αλισα mais Ἄλκα᾽ (K en deux morceaux) et corriger φύγας, Ἄλκα᾽, ἔχει πόλις.

(41) Cf. D. Page, Sappho and Alcaeus, p. 131.

(42) Nuova antologia..., p. 143.

(43) Cf. p. 35-36.

(44) Cf. F. Rodriguez Adrados, Elegiacos y iambógrafos arcaicos (intr. à Hipponax, t. II, p. 11) ; P.N. Ure, Cambridge Ancient History, t. IV, p. 94. O. Masson (Les fragments du poète Hipponax, p. 12) situe l'exil du poète vers 540-530.

(45) Histoire de la littérature grecque, t. 2, p. 341 ; cf. encore C.O. Pavese, Tradizioni e generi poetici della Grecia arcaica, p. 242, pour une opinion sensiblement opposée.

(46) "The 6th century Tyranny at Samos", C.Q. (N.S.), 14, 1964, p. 210-229.

(47) Greek Lyric Poetry, p. 278 de la 1ère éd.. L'hypothèse est abandonnée dans la 2e (cf. p. 264).

(48) Max Treu (Von Homer zur Lyrik, p. 289) rappelle que l'on trouve déjà chez Homère l'expression ἐυστεφάνῳ ἐνὶ Θήβῃ (Il. XIX, 99 ; cf. Hésiode, Theog. 978 ; Scut. 80). Mais la couronne de la cité pourrait aussi désigner, à son avis, la fleur de la jeunesse, si Anacréon pense, comme Alcée (426L.P.), que les hommes sont le vrai rempart de la cité.

Cependant, il ne faut pas oublier que, chez Homère et Hésiode au moins, στέφανος peut être glosé par une autre expression allégorique, κρήδεμνα empruntée au même registre (cf. Il. XVI, 100 ; Scut. 105). Selon les scholiastes d'Homère cette expression désigne bien les remparts de pierre (cf. Il. XVI, 100 ; schol. A (Erbse) : κρήδεμνα νῦν τὰ τεύχη, μεταφορικῶς). Cf. Eustathe.

(49) Selon Hérodote, Syloson ne serait responsable qu'indirectement de ce massacre : "quant à Samos, les Perses, en ayant pris les habitants comme dans un filet, la remirent à Syloson dépeuplée" (III, 149).

(50) Cf. C.M. Bowra, G.L.P., 1ère éd., p. 307 : "this betrays the man who has been mixed with princes and is not entirely in sympathy with the democratic ideal of treating all men as equals." Cf. 2e éd., p. 302. Bergk ad loc. : "vereor ne scripserit poeta : οὐδ' εὐπέμπελός εἰμι".

(51) Cf. Et. Magn. 2. 51 : ἀβακιζομένων · ἀντὶ τοῦ τῶν ἡσυχίων καὶ μὴ θορυβωδῶν.

(52) Le "parthéneion guerrier" (156P.(501)), transmis par le Pap. Oxy. 221, col. VII, 1-2, II, 62sqq., G.-H., qui est une scholie au chant XXI de l'Iliade, est rejeté aussi bien par D.L. Page que par C.M. Bowra (Early Lyric and Elegiac Poetry, p. 66-67), comme n'étant pas d'Anacréon.

(53) Cf. Greek Lyric Poetry from Alcman to Simonides.

(54) G.L.P., 1ère éd., p. 126, 2e éd., p. 112.

(55) G.L.P., 1ère éd. ; cf. 2e éd., p. 113.

(56) G.L.P., 1ère éd., p. 128 ; même idée, 2e éd., p. 114.

(57) "Stesichorus in the Peloponnese", p. 116.

(58) A.J. Podlecki, "Stesichoreia" ; F. Sisti, "Le due palinodie di Stesicoro".

(59) C.M. Bowra (G.L.P., 1ère et 2e éd., p. 107-112) prévient l'objection de l''Ελένης κακηγορία : Stésichore aurait écrit sa Palinodie pour calmer les Spartiates qui se sentaient insultés dans leur honneur national. A tout prendre nous préférons encore croire qu'il voulait apaiser la déesse.

(60) A.J. Podlecki ("Stesichoreia", p. 315) rapporte l'hypothèse intéressante de E.R. Dodds et de Ed. Schwartz selon laquelle Stésichore reprendrait une tradition parallèle dont on trouve des traces au chant IV (v. 514sqq.) de l'Odyssée : "Agamemnon is described as rounding Cape Malea on his homeward voyage, which seems to show that, in one version of the pre-Stesichorean story at least, he was heading home to Sparta and not to Mycenae."

(61) G.L.P., 1ère éd., p. 256 ; 2e éd., p. 246.

(62) G.L.P., 1ère éd., p. 258 ; 2e éd., p. 247.

(63) D. Page : "Anacréon fr. 1" (Studi in onore di L. Castiglioni, Flo-
rence, 1960, p. 659-67) ; C.M. Bowra, G.L.P., 1ère éd., p. 289 ; 2e éd.,
p. 274 ; cf. Wilamowitz, plus prudent, Sappho und Simonides, p. 113-114.

(64) Sappho, p. 43sqq..

(65) G.L.P., 1ère éd., p. 377 ; 2e éd., p. 402sq. ; cf. M. Ostwald, No-
mos..., p. 129.

(66) Ἀγαθοί / δειλοί : ces mots ont, évidemment, un sens politique sem-
blable à celui que l'on trouve chez Théognis.

(67) Cf. M. Ostwald, Nomos..., p. 127.

(68) Le texte est corrompu, on lit :
   Τυδεΐδην τέ †φασι τὸν ἐσθλὸν † Διομήδεα.

(69) G. Lambin, "Dans un rameau de myrte... (Aristophane, Lysistrata, v.
632)", R.E.G., XCII, p. 547. Pour un résumé des principales hypothèses sur
le sens à donner à ἐν μύρτου κλαδί, cf. M. Ostwald, Nomos..., p. 182-185.
Ajoutons encore que μύρτου κλαδί pourrait désigner par métonymie la fête
où l'on portait le rameau de myrte : "à la fête du myrte, je porterai le
glaive".

(70) Nomos..., p. 133.

(71) G.L.P., 1ère éd., p. 416, 2e éd., p. 394.

(72) L''Αρμόδιος semble ne pas avoir été uniquement chanté dans les cer-
cles aristocratiques, cf. Aristophane, Acharniens, v. 980 ; Lysistrata,
v. 631.

(73) L'hypothèse de A.J. Podlecki ("The Political significance of the Athenian 'Tyrannicide' - Cult") peut néanmoins se défendre si c'est auprès de Thémistocle que Simonide a réellement écrit ses vers sur les tyrannoctones (76D.=131B.).

(74) Cf. encore V. Ehrenberg, "Das Harmodioslied", p. 69, et "Origins of Democracy", p. 532sqq..

(75) Cf. C.M. Bowra (G.L.P., 2e éd., p. 395) qui hésite entre 510 et 477.

(76) Nomos..., p. 135.

CHAPITRE III

LE CHOC DES GUERRES MEDIQUES

Si les guerres médiques ne sont pas, comme on a trop tendance à le croire à la suite des orateurs du IVe siècle, le lieu par excellence du panhellénisme opposé à la barbarie, il est bien certain qu'elles ont précipité, cependant, comme toutes les guerres importantes, l'évolution de la Grèce d'Europe et d'Asie.

Les guerres médiques ont créé, de gré ou de force, une précaire union des Grecs contre les Barbares. Elles ont surtout permis à deux cités, Athènes et Sparte, de s'affirmer pleinement. Elles ont regroupé les forces et les sympathies, elles ont fait naître l'empire d'Athènes et ont sorti Sparte de son isolement politique. Elles ont brisé tout ce qui n'était que particularismes et sympathies immédiates pour telle ou telle cité, ou pour la Perse, en imposant un choix décisif qui réponde à l'urgence de la situation. Bien souvent elles ont apporté, par la force même des choses, une solution aux problèmes intérieurs des cités. Par les moyens mis en oeuvre, tant du côté perse que du côté grec, qui ont dépassé de loin tout ce que les cités avaient connu depuis leurs origines, elles ont frappé l'imagination des citoyens, en même temps qu'elles ont exigé, d'une manière ou d'une autre, le sacrifice des intérêts personnels à ceux de la communauté. Elles ont regroupé les cités autour de leurs chefs, quand bien même ces regroupements se seraient faits dans la lutte et la rivalité, en imposant un commandement unique. Elles ont modifié jusqu'aux techniques de la guerre, établissant, aussi bien dans les batailles sur mer que dans les combats sur terre, la cohésion des unités grecques face à la multitude des Barbares. Partout les guerres médiques ont d'abord unifié, regroupé, précisé jusqu'aux divisions mêmes.

Trois poètes dominent cette période : Simonide, Bacchylide et Pindare. Avec eux on a un aperçu de presque toute la Grèce et la Grande-Grèce pendant les guerres médiques. Si l'urgence de la situation entraîne un brassage, extraordinaire pour l'époque, de cités, et un bouleversement important des forces en présence en Grèce, forces qu'elle affirme ou détruit, elle entraîne aussi la rencontre de tous les courants de pensée que nous avons étudiés jusqu'à présent et elle impose un choix. Avec Simonide, on a le choix de la guerre et de la cité, avec Pindare et Bacchylide, le choix du prince éclairé et de la paix. On verra comment ces choix tiennent, comme par le passé, et comme de tout temps, à la condition même des poètes au sein de la société, mais aussi comment ils s'inscrivent dans une polémique générale sur la guerre et la paix et répondent à d'autres choix contraires qu'ils ne nient pas, dont le plus souvent ils tiennent compte, que parfois même ils saluent.

I. SIMONIDE OU LA PERFECTION DU CITOYEN-SOLDAT

Simonide est né à Céos vers 556. Hipparque l'invite à Athènes vers 526 et l'y retient, dit Platon, μεγάλοις μισθοῖς καὶ δώροις πείθων [1]. Il y séjourne sans doute jusque vers 514-510, c'est-à-dire jusqu'à la mort d'Hipparque ou l'expulsion d'Hippias. C'est alors la Thessalie qui prend la relève de la cour athénienne et, comme Anacréon, Simonide s'y réfugie : chez les Scopades, tout d'abord, à Cranon et à Pharsale, puis chez les Aleuades à Larissa. Vers 490, il revient à Athènes et célèbre la victoire de Marathon, dans un concours créé pour la circonstance, où il aurait, comme le veut la tradition, vaincu Eschyle [2]. Pendant toute la seconde guerre médique, il fréquente assidûment les grands chefs de la lutte, Thémistocle et Pausanias [3].

Après avoir, en 476, remporté à Athènes la victoire dans un concours de dithyrambes, il se rend en Sicile et en Grande-Grèce, à la cour de Hiéron de Syracuse, de Théron d'Agrigente et d'Anaxilas de Rhégium. On raconte, à ce propos, qu'il aurait même réconcilié Hiéron et Théron, toujours en lutte l'un contre l'autre [4].

Selon la Souda et Lucien [5], il vécut jusqu'à 89-90 ans. On peut donc situer sa mort vers 468/467, et à Syracuse, s'il faut en croire encore la Souda.

A. Croiset a fort justement résumé sa vie par ces mots : "(il fut) à la fois le favori des princes et l'ami des républiques" [6].

Peut-être est-ce à ce double titre qu'il utilise des genres aussi variés que l'ode, l'élégie ou l'épigramme. La poésie mélique convient mieux par ses épinicies, thrènes, encomia, péans et dithyrambes aux cours brillantes qu'il connaît et aux riches particuliers qu'il fréquente. L'élégie, elle, a une vocation plus politique et c'est à Simonide qu'il revient d'avoir donné à l'épigramme cet aspect "civique" qui assurera la gloire du genre. Néanmoins, cette distinction n'est pas aussi rigoureuse qu'on pourrait le penser : c'est par une ode qu'il célèbre les morts des Thermopyles (26P.(531)=4B.;5D.), et c'est une épigramme - si toutefois elle est bien de lui - qu'il dédie à Hiéron (106D.=141B.).

Simonide a beaucoup écrit à la gloire de la cité et c'est ce que la postérité a surtout voulu retenir de son oeuvre. C'est donc à ce seul aspect que l'on s'intéressera ici. Non pas que sa poésie mélique ne soit pas originale et intéressante, mais, mis à part l'éloge des morts aux Thermopyles dont nous parlerons, elle évolue dans des domaines assez différents de ceux de la politique, et qui sortent de notre propos. Comme il est évident, au demeurant, que la poésie civique de Simonide répond à une certaine attente du Ve siècle, le portrait de l'époque ne sera guère faussé, si celui du poète l'est quelque peu.

Quels combats le poète célèbre-t-il le plus volontiers ? Pour autant que l'interprétation soit exacte là où le nom de la bataille n'est pas cité dans le texte lui-même, ce sont ceux des Thermopyles, avec cinq exemples sûrs [7], un plus douteux (thrène 26P.(531)=4B.;5D.; épigrammes 91, 92, 83, 121D.=91,92,94,99B.;93$^+$D.=93$^+$B.) [8], de Salamine, avec trois exemples (épigrammes 90,95,65D.=96,97,136B.), ainsi que de Platées (élégie 64D.=84B.,10-11W. ; épigrammes 123,119D.=103,101B.) [9], enfin de Marathon (élégie 62D.=81B.,9W. ; épigramme 88aD.=90B.) et de l'Artémision (ode 28P.(533)=1-2B. et D. ; peut-être épigramme 109D.=135B.). Dans les oeuvres qui sont de Simonide, ou sûrement contemporaines de Simonide, et qui se rapportent aux guerres médiques proprement dites, ce n'est pas la gloire d'Athènes qui est la plus vantée (62,88a,119D.=81,90,101B.), mais celle de Sparte (26P.(531),91,92,83,121,105D.=91,92,94,99,138B.). Corinthe obtient autant d'éloges qu'Athènes (64,90,95D.=84,96,97B.), Tégée et

Mégare sont mentionnées une fois (123D.=103B.;96D.=107B.). Enfin, on
trouve un éloge d'une victoire commune des Grecs contre les Mèdes (107aD.=
140B.).

Les épigrammes "moins authentiques" ne sont pas aussi précises :
trois éloges nominaux seulement (Locres 93D.=93B. ; Athènes 109 et 144D.=
135 et 143B.) et un éloge de Hiéron (106D.=141B.), contre trois éloges
vagues de "morts à la guerre" (87,118,102D.=89,100,139B.), qui ne disent
ni de quelle guerre ni de quels morts il s'agit.

Quant aux épigrammes apocryphes, elles parlent de Sparte et de
Léonidas (120D.=95B.), de Tégée (122D.=102B.), d'Athènes et de Miltiade
(143D.=133B.), ou bien s'occupent d'événements nettement postérieurs aux
guerres médiques. Laissons-les de côté, pour l'instant, afin de simpli-
fier.

On remarque que la première catégorie d'épigrammes comprend es-
sentiellement des éloges sur des tombes ou sur des monuments commémora-
tifs élevés aux frais de la cité pour des groupes entiers de soldats. Le
cas de Mégistias, enterré à part, est exceptionnel. Exceptionnelle aussi
est l'offrande dédicatoire faite par un particulier pour remercier les
dieux et se glorifier de sa valeur personnelle. On en a un exemple avec
Pausanias (105D.=138B.), mais, en général, la dédicace est commune (cf.
107aD.=140B.), et Thucydide rapporte (I, 132) que les Spartiates firent
immédiatement effacer l'inscription de Pausanias, pour la remplacer par
la liste des cités qui avaient envoyé des contingents à la bataille.

Dans les épigrammes d'authenticité douteuse ou plus tardives
et dans les épigrammes apocryphes, au contraire, on trouve beaucoup plus
d'offrandes faites par des particuliers.

Ailleurs, seul Mégistias est nommé sur une tombe dans le corps
même de l'épigramme (83D.=94B.), et le seul nom qui apparaisse dans un
éloge collectif et voulu par la cité est celui de Léonidas, dans le
thrène fameux sur les morts des Thermopyles (26P.(531)). On notera, tou-
tefois, que le nom de Léonidas n'apparaît pas dans l'épigramme du tombeau
collectif, et ceci est significatif de la tendance de l'époque [10].

On peut donc dire qu'en règle générale et dans les épigrammes
les plus authentiques, c'est à des groupes que va l'éloge, et non à des
particuliers. Rien que par cette analyse tout extérieur, on voit l'im-
portance que prend la cité au détriment de l'individu. Or, à travers ces

épigrammes, on a à la fois, et inextricablement mêlés, un témoignage sur les événements les plus importants de la guerre et l'image que l'époque veut laisser d'elle-même à travers son poète. A ce titre, elles sont particulièrement intéressantes pour une étude des mentalités face à la guerre et à la paix [11]

L'accent est mis, tout d'abord, sur l'importance extraordinaire de cette guerre. La Grèce est "sur le tranchant du rasoir", près de tomber dans la servitude, ainsi qu'en témoigne cette épigramme en l'honneur des Corinthiens morts à Salamine (95D.=97B.) :

> "La Grèce tout entière était sur le tranchant du rasoir ; au
> prix de notre vie (ταῖς αὐτῶν ψυχαῖς), nous l'avons sauvée de
> la servitude (ῥυσάμενοι / δουλοσύνας), nous qui gisons ici."

Dès lors, les buts de la lutte sont clairs. On se bat pour la liberté de sa cité, comme Athènes qui a repoussé d'elle-même la terrible servitude (ἀργαλέην... δουλοσύνην : 119D.=101B.). On se bat aussi pour sauver la Grèce entière, comme Corinthe à Salamine, dans l'épigramme citée précédemment, et dans une autre encore (90D.=96B. : ἱερὰν Ἑλλάδα ῥυσάμεθα). Athènes et Sparte n'ignorent pas ce dernier but. Les Athéniens se vantent d'avoir combattu, à Marathon, pour tous les Grecs (88aD.=90B. : Ἑλλήνων προμαχοῦντες) - nous reviendrons sur cette épigramme - quant aux Spartiates morts aux Thermopyles, ils représentent la valeur de toute la Grèce (26P.(531),6-7) :

> ἀνδρῶν ἀγαθῶν ὅδε σηκὸς οἰκέταν εὐδοξίαν
> Ἑλλάδος εἵλετο (...)

Rares sont les épigrammes qui n'indiquent pas au moins l'un de ces deux buts. Certaines les lient étroitement l'un à l'autre, dans une phrase pleine de grandeur. C'est le cas avec l'éloge des morts de Tégée à Platées (123D.=103B.) :

> "Gardons le souvenir des farouches soldats dont voici la tombe.
> Ils sont morts pour sauver Tégée aux belles brebis, défendant

de leurs lances leur cité, pour que leur chère Grèce n'ait pas
à déposer, en périssant, sa couronne de liberté."

L'idée culmine magnifiquement dans ces vers à la gloire de Mé-
gare (96D.=107B.) :

Ἑλλάδι καὶ Μεγαρεῦσιν ἐλεύθερον ἆμαρ ἀέξειν
ἱέμενοι θανάτου μοῖραν ἐδεξάμεθα,

où le groupe Ἑλλάδι καὶ Μεγαρεῦσιν est jeté en tête du premier disti-
que (12).

De même, dans l'enthousiasme de la victoire, quand Sparte et
Athènes oublient un court instant de revendiquer la victoire pour elles
seules, naissent ces vers majestueux, servant de dédicace à un autel éle-
vé par tous les Grecs à Ζεὺς Ἐλευθέριος, qui insistent sur l'idée de
communauté hellénique et, par deux fois, sur celle de liberté (107aD.=
140B.) :

"Cet autel, ce sont les Grecs qui, victorieux dans les travaux
d'Arès et confiants dans la décision de leur volonté, ont re-
poussé les Perses, qui l'ont élevé à Zeus Libérateur pour être
un autel commun de la Grèce libre : (...) ἐλευθέρᾳ Ἑλλάδι κοι-
νόν / ἱδρύσαντο Διὸς βωμὸν Ἐλευθερίου."

Il est un deuxième aspect de la guerre qui frappe les Grecs,
c'est la disparité des forces en présence : un petit nombre doit lutter
contre une multitude. Cette inégalité ne peut que tourner à la gloire des
vainqueurs, aussi la rappelle-t-on avec fierté.

Le cas limite est celui des Thermopyles, même si l'on tient
compte, comme ici, des alliés de Sparte (91D.=91B.=Her. VII, 228) :

"Ici, contre trois mille milliers d'hommes, quatre mille soldats
du Péloponnèse ont autrefois combattu."

La disparité des forces se double parfois de l'inégalité dans
l'armement, comme dans ces vers (96D.=107B.,7sq.) :

"(...) Les autres dans la plaine de Béotie, qui eurent le cou-
rage d'en venir aux mains contre des hommes combattant à cheval."

Le thème de l'inégalité des forces deviendra presque un thème
obligé de l'épigramme guerrière, ainsi qu'en témoigne l'épigramme 109D.
(=135B.), plus tardive sans doute, qui montre la victoire des παῖδες
Ἀθηναίων sur les παντοδαπῶν ἀνδρῶν γενεὰς Ἀσίας ἀπὸ χώρας [13].

Pour compenser cette disparité des forces, les soldats tablent
sur la puissance que donnent l'union et la cohésion. A la différence des
soldats d'Homère qui cherchent toujours à se distinguer individuellement,
ils ne forment qu'un seul groupe, qu'un seul guerrier, entièrement
dévoué à sa cité et à ses chefs. Dès lors, on ne peut leur rendre hommage
que collectivement, mais, inversement, cet hommage collectif accrédite
l'idéal d'unité et de cohésion. Car dans l'épigramme, plus encore que
chez Tyrtée, puisqu'on se place après la bataille et non avant, il s'agit
moins d'un appel aux armes que d'une véritable éthique qui, dit-on, a
guidé tout le combat. Les soldats meurent comme un nouveau Briarée ;
leur chef est, pour ainsi dire, le cerveau de ce corps multiple, mais
s'il anime le groupe auquel il appartient, il ne s'en distingue pas, il
ne l'abandonne pas pour lutter seul et chercher une gloire individuelle :
il lui reste entièrement dévoué.
  Le soldat se dévoue à son chef qui représente la cité, même
lorsqu'il s'appelle Mégistias, qu'il est devin et sait le sort terrible
qui attend les Spartiates aux Thermopyles (83D.=94B.=Her. VII, 228) :

"C'est ici le monument de l'illustre Mégistias, que tuèrent
un jour les Mèdes après avoir franchi le fleuve Sperchéios, du
devin qui, pleinement conscient de la mort alors imminente, ne
put prendre sur lui d'abandonner le roi de Sparte." [14].

Et avec Mégistias, ce sont tous les guerriers tombés aux Ther-
mopyles qui sont honorés. On insiste beaucoup sur le fait qu'ils ont ac-
cepté leur sort en connaissance de cause (σάφα εἰδώς). Le dévouement à

la patrie n'a de sens, aux yeux de la cité et de Simonide, que s'il est
conscient et voulu, non si le massacre relève du hasard ou de l'impru-
dence (92D.=92B.=Her. VII, 228) :

$$\text{Ὦ ξεῖν' ἀγγέλλειν Λακεδαιμονίοις ὅτι τῆδε}$$
$$\text{κείμεθα, τοῖς κείνων ῥήμασι πειθόμενοι.} \quad (15)$$

   Le chef, en retour, meurt pour ses soldats. Même quand sa gloire
personnelle se répand ensuite dans tout le monde grec, il ne fait que
"témoigner", comme Léonidas, de la vaillante attitude des siens (μαρτυ-
ρεῖ) ; il en est la preuve exemplaire, et c'est uniquement pour cela que,
dans le thrène de Simonide, il reçoit un éloge individuel. A travers lui,
c'est tout le groupe qui est honoré, tout comme sa vaillance personnelle
était tributaire de celle de ses soldats (26P.(531)=4B.;5D.) :

   (...) μαρτυρεῖ δὲ καὶ Λεωνίδας,
   Σπάρτας βασιλεύς, ἀρετᾶς μέγαν λελοιπὼς
   κόσμον ἀέναόν τε κλέος.

   Comme on l'a déjà dit, Sparte est particulièrement à l'honneur.
Mais derrière les Spartiates qui meurent par fidélité aux liens de la pa-
trie et aux ordres de leurs concitoyens, ce sont tous les Grecs qui meu-
rent pour un idéal civique. C'est le δῆμος Ἀθηναίων qui est le héros de
Marathon (élégie 62D.=81B.;9W.), c'est pour leur πόλις que meurent les
Tégéates (123D.=103B.) [16], c'est leur πατρίς qui honore les Corinthiens
morts à Salamine (95D.=97B.). Mais ces tombeaux ou ces cénotaphes sont
disséminés dans toute la Grèce, sur les hauts-lieux des combats. Les
épigrammes débordent, ainsi, largement le cadre des cités qui les comman-
dent au poète. De même que l'idée prend corps que toute la Grèce s'est
battue pour le même idéal, de même ces épigrammes prennent une valeur
exemplaire et formatrice pour la pensée politique de la Grèce.
   La rupture avec la guerre homérique est ainsi définitivement
consommée. La poésie ne dépeint plus des héros mourant pour des biens
personnels (femmes, enfants, parents, champs et animaux domestiques), mais
des citoyens se sacrifiant à une patrie qui les regroupe et les dépasse
en un idéal beaucoup plus vaste. Chez Tyrtée, le mot patrie et l'évocation

des biens personnels coexistaient, ici la mention de la patrie, de la ci-
té, ou le nom même de cette cité, suffisent désormais, à eux seuls, à in-
diquer tous ces biens pour lesquels on meurt. L'abstraction relative de
la pensée est significative du nouvel idéal. La seule prouesse indivi-
duelle désormais célébrée, c'est celle d'une cité par rapport aux autres
cités. On en a un bon exemple avec Athènes (88aD.=90B.) :

> Ἑλλήνων προμαχοῦντες Ἀθηναῖοι Μαραθῶνι
> χρυσοφόρων Μήδων ἐστόρεσαν δύναμιν.

Athènes a combattu pour la Grèce (προμαχοῦντες), mais elle a
aussi combattu au premier rang (cf. Tyrtée : ἐν προμάχοισι θανεῖν), car
elle a été la première à défendre la Grèce, en combattant avant (προ-)
tous les autres Grecs et en prenant - du moins jusqu'à ce que Sparte se
décide à entrer en guerre - la tête des opérations.

A notre avis, l'idée qu'on lutte pour toute la Grèce est exac-
tement contemporaine des guerres médiques, mais elle traduit moins un
sentiment panhellénique - qui ne naîtra vraiment que plus tard - qu'une
sorte de gloire agonistique : dire que l'on a sauvé la Grèce, c'est dire
que l'on a été les meilleurs des Grecs. Si l'individu s'efface devant la
communauté civique, la cité, elle, garde son individualité propre au sein
de la communauté grecque. En revanche, les guerres médiques font incon-
testablement progresser - et c'est un apport essentiel - la réflexion
sur les liens qui unissent le citoyen et sa cité, et sur ce que doit
être la cité.

Comme chez Tyrtée, on sacrifie la recherche de la gloire indi-
viduelle à celle de la cité et, en retour (95D.=97B.,6 : ἀντ' εὐεργεσίης),
la cité prend en charge la gloire du soldat mort. Elle en devient le ga-
rant et le plus fidèle serviteur, la meilleure preuve en étant l'origine
même de toutes ces épigrammes. Mais, plus encore que chez Tyrtée, on in-
siste sur le fait que tout doit être sacrifié à la cité et que tout dé-
pend d'elle. La gloire que l'on atteint en mourant pour elle n'est, si
l'on peut dire, individuelle que d'une manière collective.

Tyrtée parlait de communauté mais s'adressait à chaque guer-
rier en particulier. Certes, cela tenait pour une bonne part à l'aspect

gnomique de sa poésie, mais il restait un certain parfum d'individualisme, comme dans ces vers (9D.,29sq.=12B.;12W.) :

> "Son tombeau comme ses enfants sont connus de loin, parmi les hommes, ainsi que les enfants de ses enfants et toute sa race dans la suite."

Avec Simonide, au contraire, l'éloge étant presque toujours au pluriel, l'individu s'efface dans le groupe civique.

Si la recherche de la gloire passe après le désir de bien remplir son rôle de citoyen-soldat, inversement, la garantie et la caution de la cité mettent la gloire à la portée de tous. La guerre homérique, où seuls les chefs et les "pasteurs de peuples" étaient pleurés, à leur mort, par tous leurs gens, par le λαός tout entier, s'est démocratisée. C'est la cité qui prend désormais en charge la formation de l'homme, qui n'est homme qu'autant qu'il est citoyen (53D.=67B.;15W. : πόλις ἄνδρα διδάσκει), mais c'est grâce à elle qu'il connaît un sort exceptionnel.

Le meilleur exemple en est le thrène pour les morts des Thermopyles (26P.(531)=4B.;5D.). Le poète montre tout d'abord que servir sa cité est, à soi seul, un sort de choix :

> "Ceux qui sont morts aux Thermopyles ont eu un sort glorieux, un destin d'élite."

Certes, de par la force des choses, les morts ne connaîtront pas les honneurs homériques, tombes, pleurs et plaintes, mais la cité leur offre un honneur plus grand qui dépasse ces signes extérieurs de deuil dans la perpétuité du souvenir et de l'éloge :

> "Pour tombe, ils ont un autel, pour pleurs, le souvenir, pour lamentation, la louange." [17]

D'une nature supérieure aux simples honneurs rendus par des particuliers à d'autres particuliers, ceux-ci ne sauraient être atteints par le temps, car la sépulture est de nature spirituelle :

"Une telle sépulture, ni la moisissure, ni le temps qui dompte
toute chose ne l'anéantiront."

Le Ve siècle découvre l'idée que la cité ne meurt pas quand
ses héros meurent pour elle, car elle n'est pas la simple réunion de guer-
riers et de citoyens, elle est une entité qui les transcende. Tout comme
on a vu précédemment que les mots πόλις et πατρίς suffisaient à eux
seuls à désigner tous les biens personnels des guerriers, en même temps
que la réalité qu'ils recouvraient leur était incommensurable, ainsi la
"mémoire" de la cité dépasse-t-elle la mémoire des hommes. Pour exprimer
la pérennité de la gloire, Tyrtée comptait encore en générations ("ses
enfants... les enfants de ses enfants... et toute sa race dans la suite"),
avec Simonide on échappe au temps (121D.=99B.) :

οὐδὲ τεθνᾶσι θανόντες...

La cité, qui transcende même la continuité des générations, a
définitivement trouvé son identité.

On voit donc ici que la cité ne délaisse pas la gloire, moteur
de l'action des héros homériques et tyrtéens, mais qu'elle intègre cette
gloire à son propre idéal. Le citoyen n'est pas l'être anonyme, il est
le héros en puissance : l'idéal aristocratique, ancré au fond de toute
la pensée grecque, n'est pas refusé mais détourné au profit de la cité.
Inversement, le héros ne sera honoré comme tel que parce qu'il aura fait
oeuvre de citoyen ; il ne sortira de l'anonymat que pour prendre la
place d'un citoyen parmi d'autres et passer de l'anonymat honteux à
l'anonymat glorieux.
On dira qu'il n'y a que des différences minimes par rapport à
Tyrtée et qu'elles tiennent simplement au fait que la cité a pris de plus
en plus conscience d'elle-même, d'une part, et, de l'autre, qu'il ne
s'agit pas d'exhortations au combat, où il faut bien entraîner chaque
guerrier en particulier si l'on veut que toute l'armée avance, mais de
funérailles nationales. Cela est certain, aussi bien Tyrtée reste-t-il
le père du citoyen-soldat. Mais il est un autre point sur lequel il faut
insister et qui marque toute la différence qu'il y a entre le VIIe siè-
cle et le Ve, à Sparte comme dans les autres cités.

Pour Tyrtée, la guerre est ce qui permet à l'homme d'affirmer
sa valeur et à la cité de réaliser son unité, les mobiles passent au se-
cond plan, l'esprit combatif est à lui seul, comme chez Homère, une va-
leur, et la guerre un bien. Avec Simonide, et surtout avec la menace que
représentent les guerres médiques, il en va tout autrement. Après tous
les troubles qu'ont connus les cités au VIe siècle, la guerre n'est pas
regardée avec soulagement comme ce qui créera une unité ni comme le seul
titre de gloire du citoyen ou de sa cité. Si la guerre étrangère suppose
l'unité de la cité, le courage et le dévouement des guerriers, elle s'ef-
face devant une valeur supérieure qui seule garantit l'identité de cha-
cun - guerrier et cité - : la liberté face aux ennemis extérieurs. Le
goût de la liberté est à la fois le mobile qui pousse les Grecs à se
battre, ainsi qu'on l'a déjà vu, et leur plus grand titre de gloire.
L'unité de la cité, le courage de chacun ne sont glorieux que parce
qu'ils permettent de conserver la liberté : la guerre n'est plus une va-
leur ou un bien, mais une nécessité pour qui veut vivre libre.

L'idée de liberté était absente de l'oeuvre de Tyrtée. C'est
la première que l'on rencontre, au contraire, quand on lit les épigram-
mes du Ve siècle. Tous se vantent d'avoir repoussé la δουλοσύνη et pré-
servé l'ἐλευθερία de leur cité et de la Grèce, car c'est cette recherche
de l'ἐλευθερία qui caractérise les Grecs face aux Barbares, et qui donne
naissance à une sorte de sentiment panhellénique.

Il est intéressant de constater que c'est précisément cette
recherche de la liberté qui relie Hiéron au reste de la Grèce. Victorieux
à Himère, en 480, des "barbares" carthaginois dont l'attaque était peut-
être alliée à celle de Xerxès, Hiéron s'empresse d'affirmer son apparte-
nance au monde hellénique : il fait proclamer que lui aussi a travaillé
pour la liberté de la Grèce et qu'il était animé du même idéal que tous
les Grecs. Ainsi dans cette épigramme (106D.=141B.) :

"Je dis que les fils de Deinoménès, Gélon, Hiéron, Polyzèlos,
Thrasybule, ont consacré ce trépied (...) après avoir vaincu
les races barbares, et qu'ils ont été de vaillants alliés des
Grecs dans la lutte pour la liberté (πολλὴν δὲ παρασχεῖν /
σύμμαχον Ἕλλησιν χεῖρ' ἐς ἐλευθερίην)."

Grèce et liberté sont donc désormais liées dans ces épigrammes d'une concision remarquable, qui mettent en valeur à la fois l'action et la raison. La nature de la guerre explique ce changement : ce qui est en jeu, ce n'est plus un régime politique plutôt qu'un autre, ni même l'union des citoyens, c'est l'existence de la cité, ou sa fusion dans l'empire perse. Face au danger, les Grecs s'aperçoivent que ce qui est leur drame - le morcellement de la Grèce en cités jalouses de leur autonomie - est aussi ce qui les unit dans une commune répugnance, quel que soit leur régime politique propre, à passer sous la domination du Grand Roi.

Par ses épigrammes qui se gravent aussi bien dans la pierre que dans la mémoire des hommes, Simonide (ou tout autre poète de la même époque) contribue puissamment à accréditer une vision des guerres médiques qui fascinera les écrivains postérieurs. C'est que, ballotté d'une cité à l'autre, d'une cour à l'autre et n'étant, semble-t-il, enraciné nulle part, Simonide devient, grâce à son art, la voix impersonnelle de la Grèce. Le fait qu'il écrive pour plusieurs cités à la fois lui donne une vue plus générale de la situation et contribue à faire passer l'idéal guerrier d'un patriotisme simple à une commune aventure pour défendre la liberté.

Son originalité par rapport à un poète comme Timocréon de Rhodes, qui dépouille cette guerre de toute grandeur, s'en tient aux haines et aux rivalités personnelles, et accuse Thémistocle de "médisme" (cf. 3P.(729)=3B.;3D.), n'est pas à démontrer. Elle ressort plus nettement encore, si l'on rapproche Simonide d'Eschyle et d'Hérodote qui se sont tous deux longuement penchés sur les guerres médiques et qui en parlent, l'un en contemporain, l'autre avec une génération de décalage.

Avec Eschyle, l'intérêt tragique est centré sur la Perse et le poète veut surtout montrer le châtiment exemplaire qui frappe les êtres solitaires lorsqu'ils font preuve d'hybris. La présentation de la guerre est donc plus religieuse que politique. Néanmoins, l'esprit est le même que dans les épigrammes de Simonide, car les Perses sont représentés en 472, quand les événements sont encore récents, et lorsque la principale conséquence des guerres médiques - la volonté de puissance d'Athènes et de Sparte - n'amène pas encore le monde grec à se déchirer.

Eschyle est sensible, lui aussi, à la disparité des forces en
présence ; il écrit ainsi (Perses, 337sq.) :

"S'il ne se fût agi que du nombre, sache que le barbare aurait
triomphé...",

et il ne cache pas l'importance du conflit qu'il met en scène ; comme
dans les épigrammes, l'enjeu de la lutte c'est la liberté de la Grèce.

Dès le début de la pièce, le rêve d'Atossa sert à opposer les
"deux soeurs de même sang" (v. 181sqq.), la Grèce libre qui ne peut to-
lérer le joug et la Perse fière d'être esclave du roi. Un peu plus loin,
le coryphée accroît l'angoisse de la reine en lui répondant que les Athé-
niens "ne sont esclaves ni sujets de personne" (v. 242). Et quand la
flotte grecque attaque, tous font retentir une sorte d'embatèrion qui
vient confirmer le rêve d'Atossa ; la Grèce ne veut pas se soumettre ni
se laisser intimider, elle est bien déterminée à préserver sa liberté,
à rester elle-même :

"Allez, enfants des Grecs, délivrez la patrie, délivrez vos
enfants et vos femmes, les sanctuaires des dieux de vos pères
et les tombeaux de vos aïeux : c'est la lutte suprême !" (v.
402sqq.)

Mais la tragédie étant, par nature, l'histoire d'individus
hors du commun, la mise en scène n'aurait pu se contenter de dépeindre,
comme l'épigramme, uniquement des foules et des héros anonymes. Eschyle
a centré l'intérêt tragique sur la Perse et son roi, ce qui lui a permis,
pour la Grèce, de rester fidèle à l'idéal guerrier que l'on trouve chez
Simonide, et qui rejette toute prééminence de l'individu. Face aux Per-
ses dominés par un roi voué à un destin tragique, les Grecs, anonymes,
affirment leur commune appartenance au monde des cités dont le poète
tait les rivalités, comme il tait les rivalités entre les chefs athé-
niens, Thémistocle et Aristide [18].

Cette fidélité semble disparaître quelque peu des Histoires
d'Hérodote, influencées aussi bien par le succès éclatant que remporte
le genre tragique que par la faveur persistante dont jouit l'oeuvre
d'Homère.

L'anecdote héroïque y prolifère à tel point que l'on pourrait croire à une mise entre parenthèses pure et simple de toute l'évolution de l'idéal guerrier pendant plus de deux siècles. Pour n'en prendre qu'un seul exemple, on note que la bataille des Thermopyles n'est plus seulement cette lutte où les soldats sont honorés pour s'être effacés devant le respect dû aux lois de la patrie. Certes, il y a bien cet aspect chez Hérodote, mais ce qui l'attire surtout, c'est le panache, comme celui dont fait preuve le Spartiate Diénékès qui annonce que si les traits des Perses sont tellement nombreux qu'ils cachent le soleil, on doit être à l'ombre pour combattre (VII, 226). Même avec Léonidas, le rapport entre l'individu et la cité semble inversé par rapport aux épigrammes. Il n'y a pas, d'abord, le dévouement à la cité et, ensuite seulement, la gloire personnelle qui honore tous les soldats à travers leurs chefs. Chez Hérodote, Léonidas calcule que "si au contraire il restait, il laissait après lui une glorieuse réputation et la félicité de Sparte ne subissait pas d'effacement" (VII, 220).

Cependant, Hérodote n'oublie pas ce qui fait, dans les épigrammes, la grandeur des guerres médiques et du rôle des cités. Il en cite plusieurs ayant trait aux Thermopyles (VII, 228) et, comme Simonide et Eschyle, il montre bien que ce qui caractérise la Grèce c'est son goût de la liberté. Les Grecs, qui ne sont pas les sujets d'un despote mais des citoyens libres dans leurs cités respectives, ne peuvent que se battre pour préserver cette liberté contre un ennemi extérieur, qui leur est étranger à tous points de vue. C'est là ce qui fait la force des Spartiates (VII, 104), mais Xerxès ne veut pas l'admettre, non plus qu'il ne comprend pourquoi il ne réussira jamais à réduire ces Athéniens qui répondent aux envoyés de Sparte (VIII, 144) :

"Sachez-le bien, si vous ne le saviez pas déjà auparavant : aussi longtemps qu'il survivra un Athénien, il n'y aura pas d'accord entre nous et Xerxès."

C'est-à-dire qu'à la suite de Simonide qui opposait d'un côté les cités, le citoyen-soldat, la liberté, de l'autre l'esclavage et non pas les πόλεις mais les ἔθνη, la différence se creuse entre le Perse et le Grec.

Mais avec Hérodote quelque chose d'autre apparaît que l'époque
de Simonide ignore, car il écrit à un moment où Sparte et Athènes sont
de nouveau dressées l'une contre l'autre et revendiquent l'une et l'au-
tre tous leurs titres de gloire. Il semble, dans les Histoires, que
l'honneur de chacun soit beaucoup plus chatouilleux que dans les épigram-
mes, et par delà le désir commun d'être libre, on lit plus des rivalités
de cité à cité qu'une union sacrée. Certes les Athéniens cèdent aux Lacé-
démoniens (VIII, 3) le commandement des forces navales, mais cela ne se
fait pas sans réticences, et Hérodote, qui juge en fonction de son époque,
montre bien par son admiration que ce serait maintenant impossible. Dé-
sormais, les cités se vantent moins d'avoir libéré en commun la Grèce
que, chacune, de l'avoir emporté sur les autres en bravoure : on sent
naître les arguments d'Isocrate pour prouver les droits d'Athènes à avoir
fondé son empire, et ce qui reste des épigrammes de Simonide, ce n'est
pas tant κοινόν / ἱδρύσαντο Διὸς βωμὸν Ἐλευθερίου (107aD.=140B.), que
Ἑλλήνων προμαχοῦντες Ἀθηναῖοι (88aD.=90B.).

Les paroles des Athéniens qui, se fondant sur leur rôle glo-
rieux à Marathon, revendiquent, contre les Tégéates, l'honneur de con-
duire l'aile gauche de l'armée, à Platées, le prouvent bien (IX, 27) :

"Pour nous, si même nous n'en avons accompli aucun autre -
alors que nous en avons accompli beaucoup et de glorieux, non
moins que personne d'autre parmi les Grecs - par l'exploit de
Marathon nous sommes dignes de cet honneur et de bien d'autres
encore : nous qui, seuls des Grecs, ayant risqué si grande en-
treprise que de lutter contre le Perse en combat singulier,
avons remporté la victoire, triomphant de quarante-six peuples."

Toutefois, ils acceptent encore de se soumettre aux Lacédémo-
niens et ajoutent fièrement :

"où que nous soyons placés, nous tâcherons de nous conduire
en braves. Commandez, on vous obéira."

Hérodote, qui connaît les lendemains des guerres médiques, ne peut donc pas en parler exactement comme Simonide ou Eschyle : s'il s'exprime souvent en termes dignes de Simonide, bien des réflexions prouvent aussi, dans son oeuvre, que l'équilibre de la Grèce s'est modifié depuis Marathon et Salamine.

Les guerres médiques ont unifié et les cités, qui n'ont plus eu le temps de se déchirer dans des guerres civiles, et la Grèce tout entière, qui s'est reconnue dans le même idéal de liberté. Pour un court instant la guerre étrangère est devenue le meilleur garant de la paix, et c'est cette unité qui a accrédité l'idéal du citoyen-soldat ; c'est parce que tous voulaient être des citoyens,qu'ils se reconnaissaient comme Grecs et luttaient pour leur liberté. Mais l'unité de la Grèce avait déjà un certain aspect agonistique qui s'affirme pleinement quand les guerres médiques sont terminées : Sparte et Athènes cherchent à se partager le monde grec, conscientes qu'elles sont d'avoir eu un rôle de premier plan.

Dès lors, l'éthique du citoyen-soldat, fondée sur le dévouement total à la cité, est impuissante à assurer la paix dans l'ensemble de la Grèce. Peut-elle même l'assurer à l'intérieur des cités ?

Confrontés aux problèmes de l'après-guerre, Bacchylide et, plus encore, Pindare, dont la cité n'a pas connu la gloire des guerres médiques, mais le rôle honteux d'avoir été traître à la Grèce, vont se charger de la réflexion sur la paix et la faire déboucher, avec une netteté qui tient, pour une bonne part sans doute, à leur fonction de poètes de cour, sur l'idéal du prince éclairé.

xxxxx

xxx

x

II. BACCHYLIDE ET PINDARE : LE PRINCE ECLAIRE

Bacchylide est né à Céos comme son oncle Simonide. Selon A. Severyns [19], on pourrait placer la date de sa naissance vers 518/517.

Sa vie est fort mal connue. Il a sûrement séjourné à la cour de Hiéron, et Plutarque [20] rapporte qu'il s'exila dans le Péloponnèse.

La date de sa mort est incertaine, les dernières odes de lui que nous possédions sont les épinicies VI et VII qui ont dû être composées vers 452.

Rappelons les conjectures d' A. Severyns et voyons comment il date les oeuvres de Bacchylide qui nous restent.

Bacchylide aurait tout d'abord séjourné, comme son oncle, en Thessalie, entre 498 et 490 (fr. 15Sn., épinicie XIV), puis, peut-être, en Macédoine vers 490, époque où il composa une chanson de table pour Alexandre. Vers 489/485, il aurait été à Egine (ép. XII et XIII), puis, de 487/5 à 476, à Athènes, sans doute, encore une fois, invité par Simonide (dithyrambes XVII, XVIII, XIX, X). En 476, il aurait fait un court séjour en Sicile (ép. XI), puis serait retourné à Céos. De 475/4 à 466, il aurait de nouveau été en Sicile à la cour de Hiéron (ép. IV(470) et III(468)). En 466, il aurait composé l'épinicie VIII pour Liparion de Céos, mais aurait été exilé avant de la faire représenter. De 466 à 456, il aurait alors séjourné dans le Péloponnèse (ép. IX et dith. XX), puis, son exil prenant fin, il serait retourné à Céos (456 : ép. I et II, 452 : ép. VII et VI).

La force et la faiblesse de cette biographie de Bacchylide tient à ce qu'elle est calquée en grande partie sur celle de Simonide - l'oncle étant censé s'occuper constamment de son neveu et lui procurer la faveur des cours. En outre, s'appuyant sur la rivalité certaine qui existait entre Bacchylide et Pindare, A. Severyns n'a que trop tendance à les faire se rencontrer sans cesse.

Pindare naît, non loin de Thèbes, vers 518, à Cynoscéphales. A vingt ans, il se rend sans doute en Thessalie pour y faire représenter la Xe Pythique, entrant ainsi, pour la première fois selon A. Severyns, en compétition avec Bacchylide. Peu de temps après, si l'on en croit la chronologie de ses oeuvres telle que l'établissent A. Puech et B. Snell, il retrouve, peut-être, Bacchylide à Egine [21]. En 486/485, Pindare écrit deux épinicies pour Athènes et, semble-t-il, veille lui-même, sur place, à leur exécution (Pythique VII et Néméenne II). Puis Thèbes trahit la cause grecque, et l'on voit la production de Pindare chanter les louanges d'Egine.

Faut-il en déduire avec A. Croiset qu'il "(passa) hors de Thèbes, dans la patriotique Egine, presque tout le temps de la seconde guerre médique" [22] ? Ce n'est pas sûr.

A partir de 476, il écrit vraiment [23] pour la Sicile (Olympiques II et III pour Théron d'Agrigente, Néméenne I pour Chromios de Syracuse, Olympique I pour Hiéron), mais il est bien difficile de dater ses séjours en Sicile, qui peuvent trouver place de 476 à 470.

En outre, de 476 jusqu'à sa mort vers 438, Pindare écrit pour Egine, Corinthe, Cyrène, Oponte, Thèbes, Camarine, Argos, pour la Macédoine et pour Rhodes où, sans doute, il se rendit.

Autrement dit, Bacchylide et Pindare se placent à la charnière entre le monde ancien de Marathon et de Salamine, et le monde nouveau qui commence, car, dans ces lendemains des guerres médiques, on sent bien que la guerre du Péloponnèse est déjà en germe. Ce fait explique la forme prise, dans leur oeuvre, par le thème qui nous occupe.

Même si la paix y est favorisée par rapport à la guerre - on verra plus loin comment - guerre et paix ont toutes deux place dans leurs vers. Les couples antithétiques πόλεμος - εἰρήνη, ἡσυχία - στάσις, et parallèles πόλεμος - στάσις, ἡσυχία - εἰρήνη ne sont jamais absents ni de l'expression ni de la pensée des deux poètes. Toujours la guerre se définit par rapport à la paix, la paix par rapport à la guerre, et l'une et l'autre sont de véritables actes politiques qui ne touchent pas seulement, comme chez Solon, à la vie interne de chaque cité, mais aussi à celle de tout le monde grec.

Avec Pindare, on a la réflexion la plus élaborée sur la guerre et la paix qu'ait jamais connue la poésie. C'est un poète de cour, mais il retrouve, dans une liberté magnifique, le vieux rôle du poète qui consistait à la fois à honorer les guerriers et à donner des conseils directs aux citoyens, comme Solon le faisait pour les Athéniens.

La guerre est présentée sous son double aspect, celui de l'éthique du citoyen-soldat, d'un côté, celui de l'idéal aristocratique et individuel d'Homère, de l'autre. Mais le premier aspect est nettement moins développé que le second. Tout pousse, en fait, Bacchylide et Pindare au culte de l'individu. Néanmoins, Pindare ne saurait totalement ignorer l'idéal de la cité démocratique qui a assuré la liberté de la Grèce, cette liberté que lui-même chérit plus que tout dans ses rapports avec les princes.

Quand il s'agit, pour lui, de louer le rôle d'Athènes pendant
les guerres médiques, Pindare sait parfois retrouver les accents de Simo-
nide. Ainsi dans ce fragment de dithyrambe, à propos de l'Artémision (fr.
77Sn.=dith. 6 Puech) :

"où les fils des Athéniens jetèrent, éclatante, la base de la
liberté",

ou encore dans ces vers (fr. 76Sn.=dith. 5 Puech) :

"O toi la brillante, toi dont le front est couronné de violet-
tes, toi que célèbrent les poètes, rempart de la Grèce, illus-
tre Athènes, divine cité !"

Ici, comme dans les épigrammes, c'est toute la cité qui agit
et c'est pour sauver toute la Grèce [24].

Mais la joie de Pindare ne saurait s'exprimer librement. Il
souffre du rôle honteux qu'a joué sa patrie, quand bien même il est sou-
lagé de la voir épargnée par les Grecs victorieux.

Dans la VIIIe Isthmique (v. 5sqq.), il exprime à la fois son
espoir et sa détresse :

"Moi-même, si affligé que soit mon coeur, je me vois prié
d'invoquer en son honneur (Cléandre d'Egine) la Muse dorée.
Délivrés d'une grande angoisse ne souffrons pas que nos fronts
soient veufs de couronnes ; poète ne cultive pas ton deuil.

Mettons fin à de vaines tristesses, et publions encore
quelques doux chants, même après l'épreuve ! Car du moins la
pierre suspendue sur notre tête, la pierre de Tantale, un
dieu l'a détournée de nous, cette épreuve trop forte pour la
Grèce !" [25]

De même, dans la Ve Isthmique (v. 48sqq.), Pindare fait l'é-
loge d'Egine à la bataille de Salamine, mais il n'insiste guère sur son
rôle guerrier, car toute gloire militaire dit, en retour, la honte de
sa patrie [26].

Il n'en reste pas moins vrai que Pindare n'ignore pas que
c'est le citoyen-soldat qui a libéré la Grèce. Dans un fragment de di-
thyrambe (fr. 78Sn.=dith.7Puech), on trouve, en un curieux mélange, les
vieux mots homériques et le nouvel idéal, mourir pour la patrie :

"Ecoute-moi, Alala, fille de la guerre, prélude au jeu des
lances, à qui les hommes, pour défendre leur cité, font of-
frande du sacrifice de leur vie."

Mais le citoyen-soldat de Pindare se rapproche plus de celui
de Tyrtée que de celui des épigrammes de Simonide. S'il défend l'honneur
de sa patrie et sa liberté, s'il est honoré par la cité, il ne se fond
pas totalement dans l'anonymat des guerriers : il accomplit des proues-
ses, il est parmi les premiers. On retrouve le fameux πρόμαχος qui réta-
blit une hiérarchie de la valeur et que Simonide, dans son éloge égali-
taire des guerriers, avait réservé à la cité d'Athènes elle-même.

On en a un bon exemple dans la VIIe Isthmique (composée et exé-
cutée vers 454) qui ne parle plus des guerres médiques mais de la lutte
des Thébains unis aux Lacédémoniens contre Athènes. Voici ce texte (v.
23sqq.) où l'on sent bien que jamais Pindare ne renoncera à l'éloge de
la valeur individuelle, valeur aux jeux, mais aussi valeur militaire :

"Les Muses aux boucles violettes font resplendir sa gloire, et
il la fait partager à son oncle maternel, cet autre Strepsiade,
à qui Arès au bouclier d'airain apporta son destin fatal ; mais
la gloire est la récompense des vaillants (τιμὰ δ' ἀγαθοῖσιν
ἀντίκειται). Ah ! qu'il en ait l'assurance ! celui qui dans cet
ouragan qu'est la guerre, combattant pour sa patrie, écarte
d'elle la grêle de sang et va porter la mort dans le camp enne-
mi ; celui-là fait grandir jusqu'au ciel la gloire de ses con-
citoyens (κλέος) par sa vie comme par sa mort.

Toi donc, fils de Diodote, jaloux de Méléagre, jaloux
aussi d'Hector et d'Amphiaraos, tu as exhalé ton âme en son
printemps, au premier rang de la mêlée, là où les vaillants
soutenaient l'effort du combat, en un suprême espoir (προμάχων
ἀν' ὅμιλον, ἔνθ' ἄριστοι / ἔσχον πολέμοιο νεῖκος ἐσχάταις
[ἐπ'] ἐλπίσιν)."

En fait, aussi bien l'origine des commandes qu'il reçoit - il
a un destinataire beaucoup plus précis que Simonide - que son goût pour
l'aristocratie et sa méfiance à l'égard d'Athènes, impitoyable pour Thè-
bes, incitent Pindare à louer des individus plus que des cités.

Quand il parle des guerres médiques, dans la Ière Pythique, non
seulement il met en parallèle les victoires de Hiéron et de ses frères,
victoires d'individus hors pairs (Συρακοσίων ἀρχῷ), et les victoires
d'Athènes et de Sparte, Cumes et Himère, avec Salamine et le Cithaeron,
mais encore il donne la première place à Hiéron.

Dans l'épigramme citée plus haut (106D.=141B.), on s'efforçait
de minimiser les différences et d'honorer Hiéron en montrant qu'il était
animé du sentiment qui caractérisait les cités grecques, le goût de la
liberté, et que dans cette lutte pour la liberté il avait été d'un grand
secours à la Grèce. Ici, un pas est franchi, et c'est Hiéron qui a libé-
ré la Grèce : Sparte et Athènes passent au second plan.

L'individu est ainsi exalté et Pindare accède aux plus chers
désirs de Hiéron : prendre part à la gloire des guerres médiques au
même titre qu'Athènes et Sparte, ce qui correspond bien à la nouvelle
répartition des forces dans le monde grec (v. 71sqq.) :

"Je t'en supplie, consens, ô fils de Cronos, que le Phénicien
reste tranquille en sa demeure, et que se taise le cri de
guerre des Tyrrhéniens, depuis qu'ils ont vu, devant Cumes,
leur insolence pleurer la perte de leur flotte !

Ils savent ce qu'ils ont souffert, quand le chef des Syra-
cusains les a domptés et que, du haut de leurs vaisseaux rapi-
des, il a jeté à la mer la fleur de leur jeunesse, arrachant
ainsi la Grèce à la dure servitude.

J'irai chercher pour Salamine, à Salamine, la reconnais-
sance des Athéniens, et à Sparte je dirai la bataille livrée
au pied du Cithéron - deux désastres pour les Mèdes à l'arc
recourbé - mais non sans avoir apporté aux fils de Dinomène le
tribut de l'hymne que, le long des eaux limpides de l'Himéras,
ils ont mérité par leur vaillance, quand ils infligèrent un dé-
sastre pareil à leurs ennemis."

Le vieil idéal homérique de la prouesse est donc bien vivant
chez Pindare ; en fait l'éthique de la cité et du citoyen anonyme n'ap-
paraît que sous la pression des événements, et ce qui l'emporte c'est
toujours l'éloge d'une aristocratie, quand il s'agit de cités, du prince
victorieux, quand il s'agit de la Sicile.

Chez Pindare, comme chez Bacchylide, les comparaisons entre
leurs contemporains et les héros d'Homère abondent. Elles se font tantôt
par l'intermédiaire d'un vocabulaire proprement homérique et choisi spé-
cialement pour les suggérer, tantôt directement. Au rebours, pour accen-
tuer cette similitude, les héros anciens ont souvent droit à des épithè-
tes modernes qui insistent sur une fonction militaire précise, comme
celle de stratège ou de polémarque.

C'est ainsi que Bacchylide appelle Minos (XVII, 39) πολέμαρχε
Κνωσίων et (ibid. v. 120-121) Κνώσιον στραταγέταν. Quant à Hiéron, il
est à la fois (V, 1-2) εὔμοιρε [Σ]υρακ[οσίω]ν / ἱπποδινήτων στρατα[γ]έ
et (III, 69) φίλιππον ἄνδρ' ἀ[ρ]ήϊον, comme Minos (I, 113)-Μίνως ἀρ[ήϊ]ος.
Hiéron apparaît à Bacchylide comme un successeur des rois d'Homère. Comme
eux, il est tout puissant (III, 11), πλεύσταρχον Ἑλλάνων γέρας (λαχών),
comme eux, il est riche (III, 13 et 65), comme eux il est ἀρήϊος, et
comme eux, surtout, il détient le σκᾶπτρον Διός (III, 69), tandis que
sa gloire est chantée par les Muses (ibid. v. 71) :

ἰοπλό]κων τε μέρο[ς ἔχοντ]α Μουσᾶν.

On est bien loin ici des chefs, tels que les présente Simonide,
qui se fondent rapidement dans l'anonymat.

Il en va de même chez Pindare. Dans la VIe Olympique, Adraste
fait ainsi l'éloge d'Amphiaraos mort au combat, éloge qui reprend le
vieil idéal homérique de vaillance et de sagesse individuelle (v. 16-17) :

"Où est l'oeil de mon armée, le héros qui fut à la fois un bon
devin et un guerrier vaillant ?"

Or, comment sont présentés Théron et ses ancêtres, dans la IIe
Olympique (v. 8sqq.) ? Comme le symbole même de la valeur et de la sa-
gesse innée qui guide la Sicile dont ils sont "l'oeil" (Σικελίας τ'ἔσαν/
ὀφθαλμός).

Rien que d'aristocratique et d'individuel dans cet idéal, où le chef - qui est roi - se distingue de son peuple par sa valeur exceptionnelle et par la faveur constante que les dieux lui accordent, sa richesse et sa gloire en témoignent :

"Ses ancêtres, après mainte épreuve, occupèrent cette sainte résidence au bord du fleuve ; ils furent l'oeil de la Sicile ; le temps et le destin veillèrent sur eux, apportant richesse et gloire à leurs pures vertus (γνησίαις ἐπ' ἀρεταῖς)." [27]

De même, la comparaison avec les héros homériques est très nette dans cet éloge guerrier de Hiéron (Pythique I, 46sqq.) : comme eux, il combat en solitaire et en récolte une gloire, supérieure à celle de tous les autres hommes, qui vient "couronner" sa richesse :

"Puisse le temps, toujours comme aujourd'hui, régler sa prospérité, le combler de biens et lui procurer l'oubli de ses fatigues !

Certes, le temps saura lui rappeler dans quelles batailles, en ses guerres, il montra la constance de son âme, lorsqu'avec les siens il acquit, protégé par la main des dieux, une gloire telle qu'aucun autre Grec n'en moissonne, couronnement magnifique de son opulence. Mais aujourd'hui, c'est en suivant l'exemple de Philoctète qu'il s'est mis en campagne et la nécessité a contraint l'orgueilleux à le flatter pour obtenir son amitié."

Prenons,enfin, un dernier exemple, celui de Chromios, le vainqueur chanté dans la IXe Néméenne. C'est un nouvel Hector qui revit en lui.

La comparaison est soutenue tout du long par un vocabulaire homérique soigneusement choisi (ὀξείας ἀυτᾶς, λοιγὸν 'Εννα λίου, θυμόν) et par le rôle même du dieu qui, ici, inspire au guerrier sa vaillance (v. 34sqq.) :

"Si tu avais été l'écuyer de Chromios dans les combats d'infan-
terie ou de cavalerie comme dans les batailles navales, tu au-
rais vu parmi les périls de l'ardente mêlée (ὀξείας αὐτᾶς) que
tel fut le dieu qui, à la guerre, forma son âme vaillante (θυ-
μὸν αἰχματάν) à repousser le fléau d'Enyalios. Peu d'hommes ont
assez de force d'âme et de vigueur physique pour prendre la ré-
solution de tourner contre les rangs des combattants ennemis le
nuage de la mort qu'ils voient venir devant eux !"

Cet éloge des êtres d'élite n'est pas le fait d'un hasard mais
d'une nécessité librement consentie et d'une volonté mûrement pesée de la
part du poète. Car Bacchylide et Pindare n'ont pas écrit uniquement pour
des princes comme Hiéron, mais aussi pour des cités comme Athènes. Or,
ils se sont moins intéressés, dans l'histoire d'Athènes, à son rôle pen-
dant les guerres médiques, toujours évoqué avec quelques réticences, qu'à
son glorieux passé.

Bacchylide ne fait pas l'éloge de Thémistocle ou de Cimon, il
fait l'éloge de Thésée, le héros solitaire, le guerrier qui, à lui seul,
sans escorte, s'impose en chef à la cité.

L'attitude du poète est très intéressante, car il compose ce
dithyrambe (XVIII (XVII)) pour une procession des Céens à Délos et, comme
l'écrit A. Severyns [28], "on peut voir là un reflet de l'époque où Athè-
nes, grande par son rôle dans les guerres médiques, était à la tête de
la ligue de Délos." Or précisément, le poète ne parle pas de ces guerres
et il semble que, si Athènes s'impose aux autres cités, ce n'est pas par
ses actes présents, mais par la gloire de ses anciens héros :

"Deux hommes seulement l'accompagnent, dit-on ; à ses brillan-
tes épaules il porte l'épée ; deux javelots affilés sont dans
ses mains, un beau casque forgé en Laconie sur sa tête aux che-
veux roux ; une tunique de pourpre entoure sa poitrine, avec
une chlamyde de laine thessalienne. On dit que ses yeux lancent
la rouge flamme des volcans de Lemnos. Et c'est un enfant dans
la prime jeunesse, qui sait les jeux d'Arès, la guerre et les
combats retentissants d'airain. Il cherche, dit-on, la bril-
lante Athènes." (XVIII, 46sqq.) [29]

Toutefois, dans cette évocation de l'idéal homérique, l'accent est moins mis par les deux poètes sur la seule valeur guerrière, que sur l'alliance nécessaire du courage et de la sagesse. Et aux valeurs guerrières montrées par Hiéron, ils allient aussitôt ses mérites dans la paix.

Pour Bacchylide, Hiéron n'est pas seulement ἀρήϊος, il est aussi ἀστύθεμις (IV,3) et son esprit cultive la justice (V,6). Pindare, de même, écrit que Hiéron a réalisé pleinement, pendant sa jeunesse, sa valeur guerrière, mais qu'il n'oublie pas, comme il convient, dans sa maturité, la sagesse et la modération :

"Célébrer ta vertu c'est m'embarquer sur un navire paré de fleurs. A la jeunesse convient l'audace des guerres terribles ; par là aussi, je l'affirme, tu as acquis ta renommée infinie, tantôt en combattant parmi les cavaliers, tantôt dans les rangs des fantassins. Les sages desseins de ton âge mûr me permettent de te donner sans risque des éloges sans réserves." (Pythique II, 62sqq.)

On peut donc dire que, pour Bacchylide comme pour Pindare, Hiéron a atteint cette perfection, cet équilibre entre le courage et la sagesse que prêchait l'Iliade (cf. IX,443), mais que les guerriers et les chefs, comme Agamemnon, réalisaient rarement dans sa plénitude.

Hiéron est plus qu'un héros homérique, il est l'idéal homérique tout entier incarné. Et peut-être est-ce non seulement parce qu'ils connaissent les problèmes de l'après-guerre et voient la Grèce près d'être ravagée par une lutte entre les cités, mais aussi parce que cet idéal ne se réalise jamais totalement dans l'Iliade, où les héros sont toujours tentés de négliger l'aspect pacifique de leur devoir, que Pindare et Bacchylide mettent surtout l'accent sur les vertus de la paix, tant à l'intérieur d'une cité que dans ses rapports avec d'autres cités.

La guerre n'est douce qu'à ceux qui ne la connaissent pas, dit Pindare (fr. 110Sn.=hyporchème 3 Puech) :

"mais, si l'on en a fait l'expérience, on tremble étrangement en son coeur, quand on la voit approcher."

Le vrai chef, celui qui est sûr de sa valeur guerrière, n'es-
saye pas de s'en donner la preuve en suscitant des guerres, mais cherche
à prévenir tout conflit ou à le transformer en paix. La guerre n'est plus
un but en soi, elle n'est qu'un moyen de la paix. Certes, en elle, se dé-
veloppe la valeur de l'homme, mais cette valeur n'a de sens et n'atteint
sa perfection que si elle réalise la paix.

Si l'on considère l'ensemble de l'oeuvre qui nous reste de Pin-
dare, on constate qu'il loue vingt-sept fois la paix et la vertu, dix-
huit fois les valeurs guerrières. Mais il faut noter que sur ces dix-huit
exemples, il y en a onze où il fait conjointement l'éloge des valeurs
guerrières et des valeurs pacifiques. Ainsi, il n'y a que sept exemples
où, pour louer une cité ou un particulier, Pindare ne fasse appel qu'à
leur ἀρετή militaire. Encore cette valeur est-elle, le plus souvent, rap-
pelée pour illustrer la valeur aux jeux panhelléniques, activité pacifi-
que par excellence, comme on le verra plus loin.

On peut donc parler d'un véritable pacifisme de Pindare, mais
de quelle paix s'agit-il ?

Pour la première fois dans la poésie lyrique, il s'agit à la
fois de la paix intérieure des cités (ἡσυχία) et de la paix dans les re-
lations avec le monde extérieur (εἰρήνη), l'une et l'autre étant, généra-
lement, liées d'une manière fort intéressante.

Dans la IXe Néméenne, Pindare souhaite que la ville d'Etna nou-
vellement fondée ne connaisse pas les lances des Carthaginois ni la
δυσνομία intérieure (v. 28sqq.) :

"S'il est possible, ô fils de Cronos, l'épreuve guerrière dont
nous menacent les lances de l'armée phénicienne, cette épreuve
qui sera une lutte pour la vie ou la mort, je voudrais la re-
tarder le plus loin dans l'avenir, et je te supplie d'accorder
longtemps aux enfants des Etnéens le bonheur d'un gouvernement
sage (μοῖραν δ'εὔνομον), ô Zeus, ô père ! Fais que le peuple
prenne part aux fêtes que donnera la cité (ἀγλαΐαισιν δ'ἀστυνό-
μοις ἐπιμεῖξαι / λαόν)."

Comment cette paix à l'intérieur et à l'extérieur peut-elle se
réaliser ?

Tout d'abord, comme chez Solon, par l'εὐνομία et le respect de
la justice et des lois. Εἰρήνη est en effet soeur d'Εὐνομία et de Δίκη,
et fille de Θέμις. Toutes trois "sont prêtes à repousser l'Insolence
("Υβρις), mère effrontée du Dédain (Κόρος)" (Ol. XIII, 6sq.).

On peut croire que c'est Egine, parmi toutes les cités, qui
réalise au plus haut point cet idéal de Pindare. Il la loue plusieurs
fois pour sa justice : justice à l'égard des étrangers (Nem. IV, 12), jus-
tice de tous les citoyens (Pyth. VIII, 22 ; Isth. V, 22) et participation
de Thémis à la vie quotidienne (Ol. VIII, 22sq.). Mais c'est aussi le cas
de Cyrène à la "politique droite et prudente" (Pyth. IV, 262), de Corin-
the (Ol. XIII, 6sqq.) et d'Oponte qu'habitent Thémis et Eunomie (Ol. IX,
14sqq.). C'est enfin le cas de la ville nouvellement fondée par Hiéron,
Etna (Pyth. I, 70).

Mais l'eunomia n'existe pas toute seule, et l'on peut se deman-
der comment le poète envisageait, pratiquement, sa réalisation, car Pin-
dare, quoi qu'en pense G. Norwood [30], avait une pensée politique cohé-
rente.

On peut écarter tout de suite la solution de la démocratie.
Non seulement Pindare ne parle presque pas d'Athènes, mais encore il se
méfie de la foule (Pyth. II, 87 : λάβρος στρατός) et du règne du plus
grand nombre (Nem. VII, 24 : τυφλὸν δ'ἔχει / ἦτορ ὅμιλος ἀνδρῶν ὁ πλεῖσ-
τος).

On peut de même écarter la tyrannie. Non pas la tyrannie en
tant qu'usurpation du pouvoir (comme dans le cas de Hiéron), mais en tant
que forme violente de gouvernement par un seul homme, même s'il s'agit
d'un βασιλεύς officiel (cf. Pyth. IV, Arcésilas de Cyrène).

Restent donc l'aristocratie et la royauté que l'on appellera
éclairée pour la distinguer de l'autre qui n'est qu'une tyrannie.

Sans doute Pindare écrit-il qu'il refuse le lot d'un tyran et
préfère la voie moyenne (Pyth. XI, 52) :

τῶν γὰρ ἀνὰ πόλιν εὑρίσκων τὰ μέσα μακροτέρῳ
[σὺν] ὄλβῳ τεθαλότα, μέμφομ' αἶσαν τυραννίδων ,

mais il ne vise là que l'ὕβρις dans laquelle un pouvoir unique peut tom-
ber, il ne vise pas le statut de Hiéron, par exemple, qu'il continue

d'appeler βασιλεύς. Au reste, il ajoute, dans cette même <u>Pythique</u>, ces
vers auxquels on ne prête généralement pas assez d'attention, et qui
viennent pourtant corriger l'affirmation péremptoire des précédents :

> "Il évite le danger fatal de l'envie, celui qui, <u>parvenu au
> faîte</u> (ἄκρον ἑλών) et usant de son bonheur avec modération, a
> su fuir l'affreuse violence." [31]

La monarchie éclairée a donc toutes ses faveurs et, de même
qu'elle ne doit pas virer à la tyrannie, de même l'aristocratie qu'il ad-
mire aussi ne doit pas tomber dans la timocratie.

Plutarque nous transmet, en effet, un fragment (<u>De cohib. ira</u>
8,457b=fr.210Sn.;87Puech) où le poète aurait écrit :

> ἄγαν φιλοτιμίαν μνώμενοι ἐν πόλεσιν ἄνδρες ·
> ἱστᾶσιν ἄλγος ἐμφανές. [32]

Maintenant, qu'est-ce qui l'emporte, chez Pindare, de la monar-
chie éclairée et de la bonne aristocratie (<u>Pyth</u>. II, 88 : (ὅταν) πόλιν οἱ
σοφοὶ τηρέωντι) ?

Pour A. Croiset, Pindare est l'admirateur passionné de Sparte
et des cités, comme Egine, qui ressemblent à Sparte [33]. Mais il note
aussi que "sa préférence pour le gouvernement aristocratique n'a d'ail-
leurs rien d'absolu. Comme la plupart des grands poètes et des grands phi-
losophes de la Grèce, il est sensible à la grandeur de la royauté" [34],
à certaines conditions de douceur et de modération qu'il conseille à Hié-
ron ou à Arcésilas.

Il nous semble, pour notre part, que cet idéal du prince éclai-
ré n'est pas un pis aller, aux yeux de Pindare, pour une cité qui n'a pas
la chance d'être gouvernée par des ἄριστοι. Et nous mettrions beaucoup
plus l'accent qu'A. Croiset et nombre de commentateurs, dont C.M. Bow-
ra [35], sur la place que tient le prince éclairé dans son oeuvre.

En fait, même sans oublier que l'origine souvent royale des
commandes qu'il reçoit n'est pas sans influencer sa poésie, il y a dans
son oeuvre un goût irrépressible pour l'individu hors pair qui laisse
loin derrière lui même les meilleurs ; et ce goût doit amener à renverser

le rapport qu'entretiennent, chez lui, idéal aristocratique et idéal
royal.

Pindare lui-même n'a-t-il pas le sentiment d'être le seul poète
digne de ce nom ?

Le poète loue les cités qui imitent Sparte, nous dit-on, donc
il prône une constitution aristocratique. Voilà qui appelle plusieurs re-
marques.

Tout d'abord, il n'y a pas de discontinuité entre la nature des
différentes cités concernées. C'est Egine aristocratique (Ol. VIII, 30 :
Δωριεῖ λαῷ ταμιευομέναν ἐξ Αἰακοῦ), mais c'est aussi Etna, gouvernée par
le fils de Hiéron (Pyth. I, 62sqq.) :

"Hiéron fonda cette ville, où, consacrée par les dieux, la li-
berté (ἐλευθερία) règne selon des lois conformes à la discipline
d'Hyllos. Les descendants de Pamphyle, que dis-je ? ceux des
Héraclides, qui habitent sous les coteaux du Taygète, veulent
conserver toujours la règle d'Aigimios, en Doriens."

Et c'est encore la Thessalie des Aleuades (Pyth. X, 1sqq.) :

"Heureuse Lacédémone ! Bienheureuse Thessalie ! Sur toutes deux
règne une race issue du même père, du plus vaillant des héros,
Héraclès !..."

Si Hiéron, si les Aleuades, prennent la suite d'Héraclès, d'Hyl-
los et d'Aigimios, c'est l'idéal du prince éclairé qui se retrouve proje-
té sur les cités mêmes que Pindare admire, Sparte ou Egine. Bien plus,
ces cités elles-mêmes doivent leur respect des lois et de la justice,
moins au corps social tout entier qu'à son premier chef. C'est parce
qu'elles ont eu, un jour, des princes éclairés qu'elles peuvent, mainte-
nant, pratiquer l'eunomie. Egine peut se réclamer du roi Eaque, χειρὶ καὶ
βουλαῖς ἄριστος (Nem. VIII, 8), qui régnait sur tous sans avoir à combat-
tre. Il en va de même pour Céos (fr. 52dSn.=Péan 4 Puech). A son propos,
Pindare rappelle la légende d'Euxantios qui refusa de prendre sa part de
l'héritage de Minos et préféra garder son modeste royaume de Céos. Repous-
sant ainsi la lutte contre les dieux et ce que l'on pourrait appeler, en

termes modernes, les guerres de conquête, pratiquant la modération à
tous égards, il ne visait, dans sa sagesse, qu'à assurer la paix inté-
rieure de sa cité : (v. 52-53, col. 19)

ἐμοὶ δ' ὀλίγον δέδοται θά[μνου υ υ,
     οὐ πενθέων δ'ἔλαχον, <οὐ> στασίων.

Dès lors, les conseils que Pindare donne à Hiéron ou à Arcési-
las ne sont pas destinés à modérer un pouvoir qui lui répugnerait, mais
à les engager à un véritable retour aux sources légendaires et politiques
des cités qu'il admire.

Il ne souhaite pas que ces monarchies évoluent vers l'aristo-
cratie, il souhaite qu'elles soient aussi éclairées que les monarchies
légendaires de Sparte, de Céos, ou d'Egine.

Comme le note E. Kirsten, on remarque que, louant Hiéron, dans
la Ière Pythique, d'avoir fondé Etna Ὑλλίδος ἐν νόμοις (v. 62), Pindare
ne fait pas allusion à des institutions politiques précises, à des νόμοι
ou des ἐπιτηδεύματα, mais insiste sur la σύμφωνος ἡσυχία (v. 70) qui y
règne. En fait, les Ὑλλίδος νόμοι, c'est cette ἡσυχία, l'accord σύμφωνος
entre les citoyens et leur roi. On peut supposer que l'aristocratie y
trouve sa place, mais ce n'est pas à un titre différent de tout le reste
du corps social, et la royauté, comme aux débuts de Sparte, n'est pas dé-
pouillée de ses prérogatives (36). Peut-être Pindare souhaite-t-il une
sorte de monarchie constitutionnelle, mais ce qui l'intéresse c'est moins
la constitution en elle-même que l'unité dans la liberté (v. 61), orches-
trée par le bon roi dont l'image l'inspire le plus.

Là encore, Pindare parle moins de préceptes et de règles que
de vertus. Pour Pindare, comme pour Solon, c'est, en effet, la valeur mo-
rale qui rend le gouvernement bon, non les lois à elles seules.

Certes,   il s'agit d'une épinicie, et l'on imagine mal, dans
cette Ière Pythique, Pindare élaborer point par point une constitution
et un ensemble de lois. Mais il s'agit aussi d'une cité nouvellement fon-
dée, et cette imprécision volontaire de la pensée, qui ne parle que de
vertus politiques, est autre chose qu'une convention imposée par la poé-
sie. En fait, ce que Pindare développe, c'est l'image même du roi-philoso-
phe de Platon, de cette monarchie éclairée, où tout peut se résoudre

dans la perfection de "l'inspiration" politique, et que des lois rigides
ne sauraient codifier.

Dans sa propre cité, Hiéron est un père aussi bien pour ses su-
jets que pour les étrangers qui résident à Syracuse (Pyth. III, 70sq.) :

"Souverain (βασιλεύς) qui gouverne Syracuse, plein de douceur
pour les citoyens (πραῢς ἀστοῖς), sans jalousie pour les bons,
admiré comme un père par les étrangers (ξείνοις δὲ θαυμαστὸς
πατήρ)."

Et l'on retrouve là l'idéal même de l'Odyssée qui parlait au chant II
(v. 230) de l'ἀγανὸς καὶ ἤπιος (...)σκηπτοῦχος βασιλεύς [37].

Comme on l'a déjà vu, son sceptre est pur (Ol. VI, 93 : καθαρῷ
σκάπτῳ διέπων), qu'il a hérité de Zeus et dont il se sert pour réaliser
de justes desseins (ibid. v. 94 : ἄρτια μηδόμενος). Plus que toute autre
qualité, c'est la justice que Pindare loue dans Hiéron et qu'il lui re-
commande (Pyth. I, 86 : νώμα δικαίῳ πηδαλίῳ στρατόν), car c'est elle qui
permet au roi de mener ses sujets, dans le respect des lois, ou plutôt de
cette loi, interne à son règne, de bonté et de modération, vers la con-
corde de la Ière Pythique.

C'est le roi juste qui unit son peuple pour qu'il n'ait plus
qu'une seule voix (σύμφωνος), qu'une seule pensée. Réalisant autour de
lui l'unité dans le respect de sa justice, parce que lui-même respecte
les citoyens, il n'a pas de peine à conduire son peuple à l'ἡσυχία, à la
paix intérieure :

"Zeus,qui mènes toutes choses à leur terme, que toujours, le
long des eaux de l'Aménas, la voix publique décerne à bon droit,
aux citoyens (ἀστοῖς) comme aux rois, le même éloge !
Grâce à toi, le prince avec son fils pour lieutenant, doit
savoir traiter avec honneur le peuple et le former à la con-
corde pacifique (δᾶμον γεραίρων τράποι σύμφωνον ἐς ἡσυχίαν)."
(Pyth. I, 67sqq.)

Hiéron, ou le bon prince, car Pindare conseille plus encore
qu'il ne dépeint, joue en quelque sorte ce rôle d'élément modérateur dont
Solon se vantait. Ce faisant, il atteint la plus haute ἀρετή. Toutefois,
s'il le peut, c'est parce qu'il est, non pas l'émanation de la volonté
du peuple, mais bien le représentant de Zeus dont il détient le sceptre.
Ainsi dans la Ière Olympique (v. 8sqq.) :

> "Il inspire le génie des poètes, accourus pour chanter le fils
> de Cronos, au foyer bienheureux de Hiéron, qui tient le scep-
> tre de la justice dans la Sicile féconde, qui cueille toutes
> les vertus sur leur plus haute tige..."

Seule cette ἡσυχία peut assurer la paix extérieure, εἰρήνη,
dans le monde grec. Car le prince éclairé est, pour ses voisins, un sau-
veur providentiel, éminemment pacifique. Lui qui pratique la modération
dans sa propre cité, étend cette modération et cette bienveillance aux
cités qui l'entourent. Ainsi Hiéron, qui sait délivrer Locres et lui re-
donner l'ἀσφάλεια sans étendre ses conquêtes.

Peu importe que Pindare passe sous silence la politique réelle
du prince, qui ne fait pas de doute, pour n'en présenter que l'aspect
humain et doux, car, à travers l'éloge, c'est son propre idéal politique
qu'il développe : une cité qui pratique la modération chez elle assure
la paix du monde grec.

Egine, Oponte en sont de bons exemples dont nous avons déjà
parlé, et cette modération elles la doivent au prince éclairé qui les a
fondées.

Locres, personnifiée par une jeune fille, loue Hiéron en ces
termes dans la IIe Pythique (v. 18sqq.) :

> "Toi donc, fils de Dinomène, la jeune vierge de Locres Zéphy-
> rienne te chante devant sa porte, car c'est grâce à ta puis-
> sance qu'elle lève un regard tranquille, sauvée du désespoir
> où la menace de l'ennemi l'avait jetée." (38)

La comparaison avec Bacchylide est particulièrement intéres-
sante. Si ce dernier brosse le même portrait de Hiéron, le prince qui

détient le σκᾶπτρον Διός et qui se livre aux activités de la paix, le
poète reste cependant à la surface des choses et sa poésie ne développe
pas l'idéal du prince éclairé avec la même force que celle de Pindare.

Hiéron est bien ἀστύθεμις, mais le poète ne dit pas que c'est
là ce qui lui permet d'assurer la συμφωνία à l'intérieur de la cité, ni,
à plus forte raison, dans les relations avec les autres cités.

A vrai dire, Bacchylide donne l'impression d'emprunter à Pin-
dare la liste des vertus politiques de Hiéron sans s'occuper de savoir
en quoi, précisément, ce sont des vertus politiques. Pour Pindare, au
contraire, l'idéal du prince éclairé devient la ligne de force de sa poé-
sie, l'éthique qu'il se doit de défendre et qui lui fait retrouver ainsi,
au sein même de sa condition de poète de cour, le rôle du poète qui guide
la vie des hommes.

Si l'on peut croire, comme cela semble bien établi, qu'il s'est
intéressé plus particulièrement à Cyrène, vers la fin de sa vie, on peut
supposer qu'il a voulu faire de son prince, Arcésilas, un nouveau Hiéron,
au moins en politique intérieure.

Dans la IVe _Pythique_, il s'attarde à évoquer les joies que sou-
haite retrouver l'exilé Damophile, ces joies de la patrie qui sont fina-
lement les joies de la concorde quand la στάσις est écartée :

"Aujourd'hui Damophile souhaite, après avoir supporté jusqu'au
bout le mal désastreux qui l'accable (οὐλομέναν νοῦσον διαν-
τλήσαις), de revoir sa maison ; de prendre part encore aux
banquets, près de la fontaine d'Apollon ; d'abandonner souvent
son coeur aux joies de la jeunesse et, parmi ses doctes amis
(σοφοῖς ... πολίταις),tenant en main la lyre brillante, de
goûter les douceurs du repos (ἡσυχίᾳ), sans plus offenser per-
sonne que souffrir lui-même de ses concitoyens (ἀστῶν) aucune
offense." (v. 293sqq.)

Et, s'adressant à Arcésilas, il lui conseille d'assurer la paix
intérieure par le pardon et la douceur, car, dit-il, il est plus facile
de soulever les citoyens que de les accorder [39] et, quand le mal est
fait, seul un dieu pourrait alors sauver la cité (v. 271sqq.) :

"Il faut que, d'une main bénigne, tu soignes la plaie que le
coup a faite. Il est aisé d'ébranler une cité (πόλιν σεῖσαι) ;
les plus vils manants en sont capables. Mais la rétablir en son
état, voilà qui est difficile, si la divinité ne vient, comme
un bon capitaine (κυβερνατήρ), diriger les rois."

Tout au long de sa vie, c'est donc le problème de la στάσις et
de l'ἡσυχία qui semble avoir le plus hanté Pindare.
Ailleurs, il écrit (fr. 109Sn.=Hyporchème 3Puech) :

"Que les citoyens fassent régner le calme (εὐδία) dans la chose
publique, et qu'ils cherchent l'éclatante lumière de la Tran-
quillité qui grandit le coeur des hommes (μεγαλάνορος Ἡσυχίας
τὸ φαιδρὸν φάος), qu'ils arrachent de leurs âmes la discorde
vindicative (στάσιν ... ἐπίκοτον), pourvoyeuse de pauvreté,
odieuse éducatrice de la jeunesse." (40)

C'est de la στάσις encore qu'Adraste est vainqueur dans la IXe
Néméenne (v. 13), et l'éloge de Psaumis de Camarine insiste, lui aussi,
sur l'idée d'ἡσυχία, dans la IVe Olympique (v. 14sqq.) :

"Oui, je le dois louer, puisqu'il met tant de zèle au soin de
ses haras, puisqu'il se plaît à une large hospitalité et qu'en
la pureté de son coeur, il rêve de la paix amie des cités
(Ἡσυχίαν φιλόπολιν)."

Il peut sembler paradoxal que Pindare parle tant de l'ἡσυχία
à une époque qui était moins bouleversée que le VIe siècle par des guer-
res civiles et qui avait plutôt à affronter, après les guerres médiques,
les πόλεμοι qui déchiraient le monde grec. C'est là son originalité. Il
refuse d'entrer dans les grands problèmes internationaux posés par la
politique athénienne qu'il désapprouve, et propose une solution person-
nelle pour assurer la paix du monde grec : moins des traités ou des al-
liances que l'ἡσυχία de chaque cité. En effet, une cité bien gouvernée,
qui vit dans l'εὐνομία, mère d'ἡσυχία, ne se lance pas à la légère dans
les πόλεμοι.

Dans la VIIIe Pythique, c'est précisément Ἡσυχία qui détient
les clefs des βουλαί et des πόλεμοι. Les guerres justes, selon Pindare,
ne naissent pas de l'irréflexion mais du souci de préserver l'ἡσυχία de
la cité et c'est sur cette ἡσυχία qu'elles doivent déboucher. On ne com-
bat pas pour se lancer dans de nouvelles conquêtes mais pour préserver
ce calme intérieur qui est le bien suprême. Et quand on se défend contre
un ennemi extérieur, la paix obtenue par la victoire est définie, non pas
par rapport à l'ennemi (εἰρήνη), mais par rapport à la cité elle-même
(ἡσυχία).

Evoquant la paix conquise par Athènes au moment des guerres mé-
diques (fr. 52bSn.=Péan II,28sqq. Puech), le poète prête à Abdère une ma-
xime générale :

> "Je suis une ville nouvelle et j'ai vu la mère (Athènes) de ma
> mère (Téos) ruinée de fond en comble par la flamme qu'alluma
> l'ennemi (πολεμίῳ πυρί). Mais celui qui, pour secourir ses amis,
> fait front avec un courage obstiné contre l'adversaire (ἐχθροῖ-
> σι) voit le labeur (de la guerre), survenu à propos, lui appor-
> ter l'ἡσυχία."

Pourquoi Pindare n'emploie-t-il pas le mot εἰρήνη comme on
l'attendrait, par opposition à πολεμίῳ πυρί ? Sans doute parce qu'il n'a
guère de sens à ses yeux dans la mesure où les divisions de la Grèce,
après les guerres médiques, apportent un démenti cruel à l'εἰρήνη. L'εἰ-
ρήνη ne souffre pas de demi-mesure, si elle existe, elle doit être to-
tale. Ici, tout ce que le poète peut souhaiter, c'est que chaque cité se
tienne tranquille de son côté (ἡσυχάζειν) et étende, comme Hiéron à
l'égard de Locres, son ἡσυχία propre aux cités environnantes. Il se place
à la racine des conduites politiques et oppose à πόλεμος non pas son con-
traire absolu, εἰρήνη, mais ce qui garantit l'absence de πόλεμος, ἡσυχία.
Comme en politique intérieure, Pindare propose donc une solution "de la
vertu" aux conflits extérieurs.

Les rapports entre la paix extérieure et la paix intérieure
sont sensiblement identiques chez Bacchylide.

La paix extérieure permet à la cité de revivre :

"La paix (Εἰρήνα) fait naître pour les mortels l'opulence pleine
de superbe et fleurir les chants doux comme le miel..." (fr.4Sn.)

Elle lui permet aussi d'aller vers cette εὐνομία qui garantit
les festivités communes, telles celles qui ont lieu à Egine (XIII,183sqq.).
Mais l'εὐνομία elle-même est ce qui préserve l'εἰρήνη (ibid.) :

Εὐνομία τε σαόφρων
ἅ θαλίας τε λέλογχεν
ἄστεά τ'εὐσεβέων
    ἀνδρῶν ἐν εἰ[ρ]ήναι φυλάσσει

Comme il n'y a guère de raison de réduire ici le sens d'εἰρήνη
à celui d'ἡσυχία, il faut donc penser que la paix n'est réalisée à l'ex-
térieur que lorsqu'elle commence par l'être dans chaque cité.

Cependant, à la différence de Pindare, Bacchylide, plus opti-
miste croit à cette εἰρήνη, tandis que le poète thébain se contente d'es-
pérer une ἡσυχία généralisée.

On peut dire, en tout cas, que jamais l'accent n'a été autant
mis sur la liaison entre la politique intérieure et la politique exté-
rieure des cités, et que le champ d'action de l'εὐνομία solonienne s'é-
tend, pour la première fois, de la cité qui la pratique à toutes celles
qui l'entourent.

On sent bien, à travers ces réflexions de Pindare et de Bacchy-
lide, que le grand problème de l'après-guerre est d'éviter que l'unité
des cités ne se fasse au détriment de la Grèce tout entière. S'il faut
désormais canaliser les énergies inemployées, qui se trouvent libres
après l'échec de l'ennemi commun, le Perse, de peur qu'elles ne se re-
tournent contre la cité elle-même, cela ne saurait se faire, de l'avis
des deux poètes, dans de nouvelles guerres extérieures : il faut affron-
ter le mal à sa racine et prévenir une éventuelle στάσις, non par une
guerre extérieure, mais par un appel à l'εὐνομία. La paix extérieure
viendra de surcroît.

Tout naturellement, chez Bacchylide et Pindare, pour qui seules
une monarchie éclairée ou, à défaut, une bonne aristocratie peuvent as-
surer l'ἡσυχία, la définition des activités de la paix est d'inspiration
aristocratique.

Alors que chez Aristophane, par exemple, on verra les petits
paysans évoquer les joies modestes de la paix, chez Pindare, au contraire,
quand la συμφωνία et l'ἡσυχία sont rétablies dans la cité, le peuple tout
entier se livre à la joie des banquets et des chants et "prend part aux
fêtes de la cité" (Nem. IX, 31). L'ἡσυχία est définie suivant les grandes
lignes des occupations aristocratiques, celles justement que retrouvera
l'exilé Damophile, banquet, musique, amour (cf. Pyth. IV, 293sqq.) et
hospitalité (cf. Ol. IV, 14sqq.). Et l'on peut noter que c'est encore le
chant qui résume et symbolise la paix extérieure (cf. Pyth. II, 18sqq. ;
Bacchylide : fr. 4Sn.;XIII,183sqq.).

Ainsi, de même que l'ἡσυχία du bon prince s'étend à son peuple
tout entier, et de son peuple au monde grec, de même les activités de la
paix, définies par des occupations aristocratiques qui semblent naturel-
les quand il s'agit du prince, aristocrate par excellence, restent aris-
tocratiques quand on passe du prince au peuple et du peuple à l'ensemble
de la Grèce. La définition de l'ἡσυχία renforce donc le programme politi-
que.

Mais l'aristocratie qui, traditionnellement, cultive la valeur
homérique, peut-elle s'accommoder de banquets et de chants ? Peut-elle
se contenter de la paix qui ne semble pas favoriser, de prime abord,
l'action d'éclat ni préciser la différence entre le commun des hommes et
l'élite ?

L'originalité de Pindare est de définir d'une nouvelle manière
l'ἀρετή.

Comme on l'a vu, ce qui rend le bon prince ἄριστος, ce sont
moins ses exploits guerriers que sa faculté d'assurer la paix. Là réside
la difficulté, de là vient la gloire. Le culte homérique de l'excellence
est déplacé dans le champ de la paix qui passe ainsi au premier plan.
Mais cette valeur de la paix n'a de sens que si elle est conquise sur
les forces destructrices de la guerre. Un prince lâche et sans puissance
militaire, qui serait pacifique par défaut et non par une victoire sur
lui-même, n'intéresse pas Pindare. La nouvelle ἀρετή politique est une

tension entre la guerre et la paix, elle est le témoignage pacifique de
la valeur guerrière. Aussi trouve-t-elle son meilleur symbole dans les
jeux panhelléniques auxquels, pour cette raison et non parce qu'il s'agit
de leur gagne-pain, les poètes donnent tant d'éclat.

Dans l'Iliade, les jeux sont parallèles aux activités guerriè-
res. Plus tard, ils continuent à être chantés par les poètes, mais on
peut dire que la Grèce prend vraiment conscience de leur double valeur,
héroïque et pacifique, grâce à Pindare et à Bacchylide. Les jeux gardent
le caractère de leur origine homérique ; ils restent très étroitement unis
à la guerre. Quand on fait l'éloge d'une cité ou d'un particulier, on met
sur le même plan leur valeur à la guerre et leurs exploits aux jeux.

Dans l'épinicie V, adressée à Hiéron, Bacchylide le loue, ain-
si que ses frères (v. 33-34) :

(...) κυανοπλοκάμου θ'ἕκατι Νίκας
χαλκεοστέρνου τ'"Αρηος,

et le mot Arès renvoie, selon toute probabilité, à la bataille d'Himère,
tandis que Νίκη désigne la victoire aux jeux que le poète est en train
de célébrer.

Pindare lie, de même, la valeur guerrière à la valeur agonisti-
que et écrit, dans la Ière Isthmique (v. 50) :

ὅς δ'ἀμφ' ἀέθλοις ἢ πολεμίζων ἄρηται κῦδος ἁβρόν.

Mais cette valeur guerrière est, pour ainsi dire, pacifiée dans
les jeux : Psaumis de Camarine qui prend grand soin de ses haras trouve
dans les compétitions un dérivatif suffisant au besoin d'affirmer sa va-
leur. Son coeur est tout tourné vers l'ἡσυχία.

C'est que les jeux, épreuves où peut se révéler la valeur - même
par personne interposée - apportent le même type de gloire que la guerre
homérique : ils apportent une gloire personnelle où l'excellence de l'in-
dividu atteint sa plénitude, une gloire que le chant du poète préservera
à jamais de l'oubli, et qui éclaire de joie la vie des vainqueurs.

Ainsi Bacchylide écrit-il (XIII, 175sqq.) :

"L'éclatante Valeur ne se cache pas dans les ténèbres de la
nuit, elle n'y perd pas son rayonnement ; mais, sans cesse,
faisant retentir une infatigable renommée, elle parcourt inlas-
sablement la terre et la mer aux mouvements éternels."

Et Pindare dans la Ière Olympique (v. 97-98) :

"Puis le vainqueur, toute sa vie, savoure le miel de la félici-
té (μελιτόεσσαν εὐδίαν) : les Jeux du moins ont comblé ses voeux !"

Tous révèrent le vainqueur, comme ils peuvent révérer le bon
guerrier qui sauve leur cité. Un exemple probant s'en trouve dans la VIIe
Olympique, où Pindare écrit (v. 89sqq.) :

"Protège ce héros à qui son poing a conquis la gloire ; donne-
lui le respect affectueux (αἰδοίαν χάριν) de ses concitoyens
et des étrangers."

Paradoxalement, c'est par le biais des jeux, épreuves aristo-
cratiques, que, dans le monde aristocratique de Bacchylide et de Pindare,
prend corps l'idée de services rendus à la patrie. Si, chez Simonide, le
bon guerrier s'efface en tant qu'individu devant la collectivité quand il
meurt pour sa patrie, avec Bacchylide et Pindare, c'est au contraire
quand l'homme réalise au plus haut point sa valeur individuelle dans les
jeux qu'il sert le mieux sa cité, en faisant rejaillir sur elle sa pro-
pre gloire.

Bacchylide s'écrie ainsi, dans la VIe épinicie (v. 15) :

... στάδιον κρατήσας
Κέον εὐκλέϊξας.

Cette gloire permet à la cité d'être la première parmi toutes
les cités grecques, d'une manière pacifique, de même que le vainqueur
est, pacifiquement, le premier parmi ses concitoyens.

Pour Simonide, la prouesse d'une cité par rapport aux autres
cités supposait que le guerrier sacrifiât sa vie au groupe, ici, la

prouesse, qui se réalise sans effusion de sang, reste individuelle, mais
elle prend corps sur deux plans différents et complémentaires, le γένος
ou la tribu du vainqueur, et sa patrie. Ainsi dans l'épinicie X (v. 9
sqq.) de Bacchylide :

> "Aujourd'hui l'époux de ta soeur a, Pasias, éveillé pour toi
> l'abeille à la voix mélodieuse, afin qu'un éternel monument des
> Muses donnât à tous les hommes la joie de louer tes mérites,
> en attestant aux habitants de la terre (ἐπιχθονίοισιν) combien
> aujourd'hui la victoire qui ceint de fleurs ta tête blonde a
> par toi donné de lustre à la grande Athènes et de gloire à la
> tribu Onéide,
> κῦδος εὐρείαις 'Αθάναις
> θῆκας Οἰνείδαις τε δόξαν." (41)

L'idée se retrouve chez Pindare, où c'est toute la cité qui
est couronnée de gloire par la victoire d'un seul, comme dans la Ière
Isthmique (v. 10sq.) :

> "L'Isthme a octroyé à la troupe des Cadméens six couronnes ga-
> gnées dans les jeux - καλλίνικον πατρίδι κῦδος."

Mieux qu'une victoire guerrière, une victoire aux jeux permet
à une cité de reprendre vie et de renaître de ses cendres. L'idée est
particulièrement nette dans la Ve Olympique, et montre bien que les jeux
sont le symbole et la meilleure preuve, pour Pindare, d'une guerre "pa-
cifiée". Camarine, repeuplée en 461/460, ne se relève vraiment, aux yeux
du poète, que vers 456 ou 452, quand la victoire de Psaumis à la course
de chars lui donne l'honneur de voir son nom proclamé devant tous les
Grecs :

> "Vainqueur, il t'a fait partager sa gloire exquise : il a fait
> proclamer par la voix du héraut le nom de son père Acron et
> celui de sa patrie ressuscitée (καὶ ὅν πατέρ' 'Άκρων' ἐκάρυξε
> καὶ τὰν νέοικον ἕδραν)." (v. 7sqq.)

Ainsi donc, les jeux remplissent toutes les fonctions de la guerre homérique, mais ils présentent l'avantage de préserver l'ἡσυχία des cités.

On ne saurait trop insister sur la valeur des jeux chez les deux poètes. Ils sont le témoignage de leur pacifisme, un pacifisme vivant qui ne néglige nullement l'affirmation de l'ἀρετή que l'on croyait jusqu'alors réservée à la guerre, mais qu'ils détournent dans le sens de la paix.

Les jeux viennent compléter la recherche de l'ἡσυχία en proposant un but commun qui canalise les énergies et les enthousiasmes et réponde au désir de gloire des individus et des cités. Une nouvelle éthique naît avec les deux poètes : celle d'une lutte amicale et pacifique où c'est la maîtrise que l'on a sur soi-même qui assure la victoire, non les forces brutales du meurtre, de même que c'est l'empire qu'une cité a sur elle-même grâce à l'εὐνομία qui assure son rayonnement sur les autres cités [42].

Dans l'enthousiasme de la victoire, Simonide ne peut que négliger les problèmes de l'après-guerre. A la cour de Hiéron, Bacchylide et, surtout, Pindare, sont amenés à présenter comme un éloge de ce qui est, un conseil sur ce qui devrait être.

Mais le danger qui guette la cité comme le prince, la démocratie comme la royauté éclairée ou les aristocraties qui en sont nées à Sparte et à Egine, n'a pas fini de dresser ces deux éthiques l'une contre l'autre, et de reposer la question du meilleur gouvernement.

Au vrai, le problème qui, né au VIIe siècle, a toujours été présent dans la poésie, mais ne s'est jamais affirmé avec autant de netteté qu'au Ve, ne fait que commencer : les trois poètes auront ouvert la voie.

NOTES DU CHAPITRE III

(1) Hipparque, 228c.

(2) Cf. Vita Aeschyli, 119.

(3) Cf. Plutarque, Cons. Apoll. 6, 105a ; Thémistocle, 5.

(4) Timée apd. schol. Pind. Ol. II, 29d Drachmann.

(5) Macrob., 26.

(6) Histoire de la littérature grecque, t. 2, p. 347.

(7) On trouvera dans l'Appendice n° 2 la liste des épigrammes que nous considérons comme de l'époque de Simonide, d'une authenticité plus douteuse, ou apocryphes. Nous donnons également un tableau de concordance entre les éditions de Bergk, Diehl, Hauvette, pour les épigrammes citées, celles de Bergk, Diehl, West, pour les élégies, et de Bergk, Diehl, Page, pour les odes.

(8) L'épigramme 120D.=95B. est nettement apocryphe.

(9) Cf. commentaire ad loc. de Th. Bergk, et n. 16 infra.

(10) Selon Hérodote, cependant, Léonidas sera honoré par un lion de marbre élevé à sa gloire (VII, 225).

(11) Sauf indication contraire, nous considérons lès épigrammes que nous allons citer maintenant comme authentiques ou contemporaines de l'époque de Simonide.

(12) Parmi les épigrammes d'authenticité plus douteuse ou apocryphes, cf. 93, 118, 102D.(=93,100,139B.) et 122D.(=102B.).

(13) Cf. l'épigramme 120D.(=95B.), apocryphe.

(14) Traduction de Ph.-E. Legrand.

(15) Cf. C.M. Bowra, Early Greek Elegists, p. 194-195.

(16) Les Tégéates meurent, sans doute, à Platées. Cf. A. Hauvette, n°30. Il ne semble pas qu'il s'agisse des Athéniens.

(17) C'est l'interprétation de C.M. Bowra, G.L.P. 1ère et 2e éd., p. 345-349. Contra, cf. A.J. Podlecki, "Simonides 480", p. 258-262.

(18) Cf. J. de Romilly, Problèmes de la démocratie grecque, p. 135.

(19) Bacchylide, essai biographique.

(20) De exilio, 14, 605d.

(21) L'épinicie XIII et la Néméenne V, toutes deux pour Egine, datent, en effet, de 489/485. De même, plus tard, l'épinicie V et la Ière Olympique, pour Hiéron, sont composées vers 476 et, toujours pour Hiéron, vers 470, l'épinicie IV et la Pythique I.

(22) Histoire de la littérature grecque, t. 2, p. 394.

(23) Son premier contact avec la Sicile date de 490 (VIe Pythique pour Xénocrate d'Agrigente), mais c'est à l'occasion d'une oeuvre "volontaire", non de commande.

(24) Athènes fut enthousiasmée par un tel éloge (les railleries d'Aristophane le prouvent bien), mais non pas Thèbes. Selon R.W. Macan, "Pindar as historian", p. 59, Pindare aurait voulu se disculper aux yeux de ses concitoyens quand il écrivit, la même année, dans la IXe Pythique,

v. 95-96 : αἰνεῖν καὶ τὸν ἐχθρὸν / παντὶ θυμῷ σύν τε δίκᾳ καλὰ ῥέζοντα. ·
J. Péron, "Pindare et la victoire de Télésicrate", p. 72sqq., donne un
sens beaucoup plus général à cette "sorte de γνώμη, assez dans la manière
du sentencieux Théognis" (p. 76).

(25) Il nous semble, comme le suggère, à la suite d' U. von Wilamowitz,
W. Kierdorf, Erlebnis und Darstellung der Perserkrieg, p. 33sq., que "la
pierre de Tantale" représente la menace qui pesait sur les Thébains, aux-
quels les Grecs réclamaient de livrer les μηδίζοντες (cf. Hérodote IX,
86-88), et non la menace perse sur toute la Grèce.

(26) Peut-être s'aperçoit-il aussi que Salamine n'a pas réglé définitive-
ment la guerre, et veut-il insister sur l'idée que le futur dépend des
dieux. Cf. C.M. Bowra, Pindar, p. 113.

(27) Sur les rapports entre la richesse, la valeur guerrière innée et la
faveur divine, cf. C.M. Bowra, Pindar, p. 102.

(28) Bacchylide, essai biographique, p. 59.

(29) Traduction d' A.M. Desrousseaux.

(30) Pindar, p. 45, cf. p. 65.

(31) G. Norwood, Pindar, p. 123, pense, à tort nous semble-t-il, que Pin-
dare, de retour de Syracuse, vante τὰ μέσα pour éviter que ses conci-
toyens ne le prennent en haine et ne le regardent comme "an agent of the
tyrants". Pour C.M. Bowra, Pindar, p. 155, le poète blâmerait dans ces
vers le gouvernement illégal imposé à Thèbes après la bataille d'Oinophyta.

(32) ἢ στάσιν (Puech).

(33) La poésie de Pindare, p. 257-258.

(34) Ibid., p. 256.

(35) Cf. <u>Pindar</u>, p. 158 : "He had in his day been fascinated by the wealth of tyrants and the ancestral dignity of kings, but he was most happily at home among settled aristocrats, like those of Aegina, who combined a love of action and prowess with a warmth of welcome which touched his affections and satisfied his desire to see men living together in harmony."

(36) Sur l'idée de συμφωνία et sur ses rapports avec la constitution spartiate, on consultera l'article fort pénétrant d' E. Kirsten, "Ein politisches Program in Pindars erstem Pythischen Gedicht".

(37) Cf. encore, dans les rapports privés, <u>Il</u>. XXIV, 770. Sur la continuité de cet idéal, cf. J. de Romilly, <u>La douceur dans la pensée grecque</u>, notamment chap. VIII, "La douceur des princes", p. 127-144.

(38) Pour C.M. Bowra, Hiéron aurait délivré Locres, non pas, comme on le pense généralement, de Rhégium mais de Crotone, cf. "Pythian II", <u>in</u> <u>Problems in Greek poetry</u>, p. 70-71.

(39) Cf. Solon, 10D.,5-6 (=9B.;9W.).

(40) Polybe (IV, 31, 6) se fonde sur ce fragment pour prouver que Pindare a partagé le médisme des Thébains. Il est certain que la simple opposition ἡσυχία / στάσις ne permet pas d'extrapoler ainsi. Néanmoins, comme le fait remarquer W. Kierdorf, <u>Erlebnis und Darstellung der Perserkrieg</u>, p. 32, il est possible qu'au moins indirectement cette prise de position soit allée dans le sens de ceux qui "médisaient" si, à en croire Diodore de Sicile (11, 4, 7) c'était bien contre le parti pro-mède que s'élevait la <u>stasis</u>. Nous ajouterons que, pour Pindare,l'ἡσυχία est,par excellence, une attitude de la cité qui repousse les guerres intérieures. L'interprétation de Polybe n'est peut-être donc pas aussi dénuée de bon sens qu'on serait tenté de le croire au premier abord.

(41) Traduction d' A. M. Desrousseaux.

(42) Il nous semble que B.R. English, "Pindar and the Problem of Free-
dom", se laisse à tort fasciner par l'aspect "éristique" des jeux. Ou-
bliant qu'il s'agit là, comme dirait Hésiode, d'une bonne ἔρις, d'une
ἔρις pacifique, il écrit (p. 116) : "If toil and strife represent a fun-
damental condition of human happiness, if they constitute the necessary
challenge to enterprise, then there can hardly be any real distinction
between war and peace."

CONCLUSION

Le progressif éloignement d'Homère, sensible dans la façon
même dont les lyriques remanient l'évocation littéraire de la guerre et
de la paix vers l'abstraction et le symbolisme, l'est plus encore dans
la réflexion sur la vie de la cité, et la découverte de la politique cons-
titue le renouvellement essentiel qu'ils apportent à la poésie.

Aux débuts du lyrisme, seuls les poètes guerriers sont des poè-
tes engagés. Peu à peu, toutefois, mais plus lentement, la paix fait son
entrée dans le domaine de la poésie. C'est Solon qui, le premier, lui
confère autant de réalité politique qu'à la guerre. Mais il n'est pas
suivi par tous les poètes de son époque, et cela d'autant moins que naît
au VIe siècle un genre nouveau, la poésie de cour, qui ne s'intéresse pas
encore à la guerre ni à la paix. Néanmoins, le chemin est tracé pour le
siècle suivant : tandis que Simonide, répondant à la demande des cités,
continue à célébrer la guerre, Bacchylide et Pindare engagent la poésie
de cour dans la voie de la paix qu'ils considèrent comme un acte vérita-
ble, non plus comme l'envers ou l'attente de la guerre.

Face au courant guerrier, individualiste et aristocratique, que
l'on trouve dans les poèmes homériques, un courant nouveau, qui met au
premier plan les valeurs civiques, naît dès le VIIe siècle, avec Calli-
nos et Tyrtée. Solon lui donne ses lettres de noblesse, et il culmine, au
Ve siècle, dans la poésie de Simonide. Mais les guerres civiles lui au-
ront, auparavant, porté un rude choc, mettant en pleine lumière les ré-
sistances de l'aristocratie (témoins Alcée et Théognis) aux pouvoirs
grandissants du dêmos.

Le courant aristocratique n'est donc jamais entièrement supplan-
té par le courant civique, et l'opposition s'affirme au Ve siècle, dans
le choix que doit faire la Grèce entre la cité et le prince éclairé.

Entre-temps, l'idéal de la cité a perdu le monopole de la ré-
flexion sur la paix que lui avait conféré Solon au siècle précédent. Si
l'aristocratie ne s'en était guère souciée au VIe siècle (Stésichore,

Sappho), non plus que les princes (Ibycus, Anacréon), elle rattrape, d'un coup, son retard au Ve siècle, et avec d'autant plus d'éclat par rapport à l'idéal du citoyen-soldat que Simonide et les cités qui font appel à lui, dans la joie de la victoire, ne se préoccupent pas des problèmes intérieurs de la Grèce aux lendemains des guerres médiques. Une double équation semble, dès lors, s'établir dans la poésie entre l'éthique du citoyen-soldat et la guerre (Simonide), celle du prince éclairé et la paix (Bacchylide et Pindare).

Dans un cas comme dans l'autre, la guerre cesse d'être une valeur par elle-même. Au terme de la réflexion des poètes, elle n'est plus qu'un moyen permettant d'assurer une valeur qui la dépasse et sans laquelle elle n'a pas de sens.

Ce n'est plus, comme chez Tyrtée, l'_arétè_ guerrière des particuliers, ni même des cités, qu'elle doit réaliser, ni encore leur unité. Valeur guerrière, unité, ne sont que des conditions du combat. Le but véritable est ailleurs : dans la recherche de cette liberté qui caractérise le monde grec, pour Simonide, dans celle de la paix, chez Pindare, pour qui toute guerre doit aussitôt être transformée en paix.

Il semble, ainsi, que la Grèce soit en train de chercher une nouvelle définition de la vie humaine : la fascination de la vie guerrière, cultivée pour elle-même, qu'exerçait sur les esprits le modèle homérique, toujours vivant aussi bien dans l'éthique aristocratique que dans l'éthique civique, tend à perdre de sa force. L'homme commence à se définir autrement que comme un guerrier et par d'autres valeurs que celles de la guerre : par les valeurs de paix et de liberté.

Mais cette nouvelle réflexion du Ve siècle a été longuement préparée par toute la poésie, dès Callinos, dès même Hésiode. Car, par delà l'idéal de l'individu et celui de la cité, par delà l'intérêt ou le désintérêt pour la vie politique, il est un trait commun à tous les poètes, leur goût pour l'analyse morale.

C'est l'_arétè_ que la guerre développe chez Callinos et Tyrtée, tandis qu'Archiloque cherche à la définir d'une manière nouvelle, où elle ne dépendrait plus de l'opinion d'autrui et des convenances, mais de l'efficacité de chacun. C'est la modération qui sauverait Athènes,

pour Solon, dont toute l'analyse repose sur les mots hybris, dikè, tisis.
C'est une régénération morale qui, aux yeux d'Alcée et de Théognis, per-
mettrait la victoire de l'aristocratie. Ce sont des qualités morales de
dévouement et de fidélité à la patrie, plus encore que des prouesses
techniques, qui ont permis, pour Simonide, la victoire des guerres médi-
ques. C'est, enfin, l'esprit de mesure et l'empire sur soi qui unifie-
raient, selon Pindare, les cités et la Grèce.

Inversement, les poètes qui ne se soucient pas de politique
ont, eux aussi, choisi leur voie en fonction d'une réflexion morale sur
ce qui fait la valeur de la vie. La recherche de l'art s'exprime dans les
poèmes d'Alcman et de Stésichore, celle de la beauté et de l'amour anime
l'oeuvre de Sappho. C'est l'amour encore qu'analyse Ibycus, et c'est une
réflexion sur l'existence humaine qui pousse Anacréon vers une poésie de
l'hédonisme.

On peut dire que tous les poètes de l'époque lyrique s'emploient,
dans une sorte de recherche pré-philosophique, à classer les genres de
vie et à les illustrer dans leurs vers.

Rien d'étonnant, donc, à ce que toute analyse politique soit
aussi une analyse morale. Lors même que la poésie est définitivement en-
trée dans l'histoire et l'histoire dans la poésie, l'analyse de la guerre
et de la paix, si elle tient compte des réalités sociales et économiques,
des événements et des changements politiques, si elle part d'une expé-
rience vécue et concrète, n'en est pas moins, plus que tout, le lieu
d'une réflexion éthique qui explique le goût des poètes pour l'abstrac-
tion. Remaniant, ainsi, moins la langue d'Homère que son art, ils délais-
sent les séductions de la description concrète pour l'emploi d'adjectifs
récurrents qui ont valeur de signe, et subliment métaphores et images en
un raccourci vers l'idée et le symbole. C'est précisément cet aspect gno-
mique de la poésie lyrique qui assure sa survie dans la littérature pos-
térieure. Peut-être est-il également responsable, en partie, de son dé-
clin comme genre littéraire propre.

Nul doute que ce soit par cet aspect gnomique que la poésie ly-
rique attire le plus un compilateur comme Stobée, ou des historiens mora-
listes comme Polybe, Plutarque, Strabon, Pausanias, Athénée ou Diogène
Laerce. Point n'est besoin de rappeler qu'on leur doit bon nombre des

rares fragments qui restent. Certes, leur goût pour les sentences et les exemples ne leur fait, probablement, choisir dans la lyrique que ce qui y correspond le mieux, la rendant, par là, plus gnomique qu'il n'y paraîtrait autrement. Toutefois, ils ne sauraient être seuls en cause, et les auteurs plus proches des poètes vont, eux aussi, chercher dans leurs oeuvres des maximes édifiantes.

On pourrait, en effet, se demander dans quelle mesure et pourquoi le lyrisme cesse pour être remplacé par d'autres genres, comme la tragédie. Les raisons sont complexes, mais on peut, à tout le moins, avancer que, si les poètes lyriques ont été les premiers à réfléchir sur la vie politique et à affiner l'évocation d'émotions complexes, leurs formes d'expression ne correspondent plus au monde nouveau de la foule et de ses passions,ni à celui de la démocratie de type péricléen, non plus qu'aux nouveaux aspects de la guerre. Ils deviennent alors pour le théâtre, l'histoire, la philosophie, les orateurs, ce qu'Homère était, toutes proportions gardées, pour eux-mêmes. Le phénomène semble s'accentuer nettement après la guerre du Péloponnèse.

De fait, si l'on regarde ce qu'il advient, assez vite, du lyrisme, on note, outre l'imitation   directe de l'art ou de la pensée, dans la tragédie, par exemple, qui reste toujours malaisée à cerner, trois grandes manières de citer les poètes et de les rendre actuels.

Pour ne s'en tenir qu'à la morale politique, il y a, tout d'abord, les citations qui viennent illustrer une étude biographique, politique, ou littéraire, sur le poète lui-même, sur son oeuvre, ou sur l'histoire de sa cité. Aristote en est le principal représentant. Il cite Solon (cf. e.g. Pol. 1256b=1D.,71sq. ; Ath. Pol. V,2=4D.,1sq. ; V,3=4D., 5sq. ; XII,1=5D.,1sq. ; XII,2=5D.,7sq. ; XII,3=23D.,13sqq. ; XII,4=24D. ; XII,5=25D.), mais aussi Alcée (Pol. 1285a=348L.P.), Phocylide (Pol. 1295b=12D.), Stésichore (Rhét. II, 1393b=104P.(281)),Simonide (Rhét. I, 1363a=67P.(572) ; III, 1405b=10P.(515)), et des scolia attiques (Ath. Pol. XIX,3 ; XX=24 et 23D.). De même, Hérodote (VII,228 ; V,77) et Thucydide (VI,59 ; I,132) citent des épigrammes du recueil simonidéen (91, 92,94,132B.;111,138B.).

Vient ensuite un procédé qui est à mi-chemin entre le jeu littéraire et l'application d'une citation à un cas actuel ; il est représenté presque exclusivement par Aristophane.

A ses propres vers, Aristophane mêle quelques vers ou quelques
mots empruntés aux poètes. En général, cette brusque irruption d'une ex-
pression lyrique ou iambique dans un contexte qui lui est étranger pour
le sens, et, parfois, pour la métrique, tourne la citation en dérision.
Par exemple, les vers d'Archiloque sur son bouclier sont repris dans la
Paix (1298-1301), le πάλαι ποτ' ἦσαν ἄλκιμοι Μιλήσιοι d'Anacréon (81P.
(426)=85B.) dans le Ploutos (1002), quelques vers d'Archiloque, encore,
(52D.=50B.;125L.B.;109W.) et de Stésichore sur son art (35P.(212)=37B.;
14D.), dans la Paix (603,796). L'Harmodios se retrouve dans Lysistrata
(632), le scolion sur le scorpion dans les Thesmophories (528), la ma-
xime d'Admète dans les Guêpes (1238), etc.. A chaque fois, l'effet est
comique. Toutefois, si Aristophane tourne encore en dérision, dans les
Acharniens (639), le fragment 76Sn. de Pindare (ὦ ταὶ λιπαραὶ... Ἀθᾶναι),
il l'emploie presque sans ironie à la fin des Cavaliers (1329). L'inté-
grant, alors, à un véritable chant du choeur, Aristophane supprime, pour
autant qu'il puisse être sérieux, tout effet parodique. C'est dans ce
jeu sur la citation que se trouve son application à l'actualité, et les
vers qui parlent de paix sont traités avec bien moins d'ironie que tous
les vers guerriers.

Le dernier cas, enfin, dans l'utilisation des citations, donne
tout son éclat à l'autorité de la poésie : on cite les poètes pour con-
firmer ses propres paroles et tirer une leçon de cette confrontation en-
tre le passé et le présent.

Dans le Contre Léocrate (§ 107sqq.), Lycurgue cite l'élégie
6D.(=10B.;10W.) de Tyrtée et conclut (§ 108) :

"Nobles pensées, Athéniens, et utile leçon pour qui veut y
être attentif !"

Il rapporte ensuite les épigrammes 88aD.,92D.(=90,92B.) de Si-
monide et les applique aussitôt au cas présent (§ 110) :

"Ce sont là de glorieux souvenirs, Athéniens, ils sont l'hon-
neur de ces héros et, pour la ville, une renommée impérissa-
ble. Quel contraste avec la conduite de Léocrate qui, de pro-
pos délibéré, a flétri une gloire accumulée au cours des siè-
cles !"

Démosthène, de même, cite le long 'fragment 3D. de Solon, sur
l'eunomie, et il en fait un usage identique (Sur l'Ambassade, § 254sqq.) :

"Prends donc et lis aussi l'élégie de Solon, celle-ci, afin
que vous voyiez que Solon, lui aussi, détestait les individus
de cette sorte."

Avec Platon, politique et morale sont liées, d'où le succès
que Pindare rencontre auprès de lui. Relevons, par exemple, dans le do-
maine de la morale politique, les fragments 214Sn., sur l'espoir et la
justice (République, I, 331a), et 213Sn., sur la justice (Rép. II, 365).
Dans le domaine de la pure morale, Platon cite le fragment 169Sn. (Gor-
gias, 484b), et il reprend, dans le Ménon (81b-c), les considérations
eschatologiques du fragment 133Sn.. Platon s'intéresse encore à Simonide
de Céos, dont il rappelle, dans le Protagoras (339a. sqq.),les vers sur
l'arétè (37P.(542)=5B.;4D.), tandis que dans le Phèdre (243a) il cite
la palinodie de Stésichore (15P.(192)=32B.;11D.).

Mais c'est assurément Solon qui jouit de la plus grande fa-
veur : les logographes et les orateurs l'invoquent sans cesse, comme au-
torité chargée de cautionner leurs propres vues politiques.
Pour Aristophane, déjà, Solon était φιλόδημος τὴν φύσιν
(Nuées, 1187), mais, comme le montre A. Masarrachia (Solone, p. 1-78),
c'est à partir de la restauration démocratique de 403 que se fixent vrai-
ment les traits d'un nouveau Solon.
Au moment où Athènes est le plus secouée politiquement, au mo-
ment où elle cherche désespérément un nouvel équilibre constitutionnel
après toutes les guerres étrangères et les révolutions intérieures qui
ont détruit la démocratie péricléenne, elle commence à faire appel à So-
lon comme parfait législateur et père de la πάτριος πολιτεία. Il est in-
pressionnant de voir que, rien que pour le IVe siècle, on peut compter
dans l'ouvrage d'A. Martina, Solon, Testimonia veterum, plus de deux-
cent-cinquante textes et références invoquant l'autorité de Solon ou rap-
pelant sa pensée.
Pour Isocrate (Aréopagitique, § 16), Clisthène n'a fait que
reprendre à son compte la constitution de Solon (ὁ δημοτικώτατος) - ἧς

οὐκ ἂν εὕροιμεν οὔτε δημοτικωτέραν οὔτε τῇ πόλει μᾶλλον συμφέρουσαν.

Dans le <u>Contre Ctésiphon</u> (§ 257), Eschine écrit à son tour :

"Voici Solon, l'homme qui a paré la démocratie des lois les plus belles, un philosophe, un grand législateur, qui vient, avec la réserve qui lui est propre, vous demander de ne jamais faire prévaloir les discours de Démosthène sur les serments prêtés et sur les lois."

Mais dans le <u>Sur la Couronne</u> (§ 6), Démosthène qui, au demeurant, rattache à Solon à peu près toutes les lois de l'Athènes du IVe siècle, tire le poète à soi et le qualifie d'εὔνους envers les citoyens et de δημοτικός, adjectif que l'on retrouve encore chez Hypéride dans le <u>Contre Athénogène</u> (§ 21 : δημοτικώτατος).

Il est évident que l'image que chacun présente de Solon varie avec ses propres choix politiques, mais il est intéressant de constater que la poésie sert, désormais, de "pièce à conviction", ou de point de départ d'un commentaire moral et philosophique.

Les générations postérieures voient dans les poètes de l'époque lyrique à la fois des ancêtres proches, qui ont connu des difficultés et des aspirations semblables aux leurs, et des sages à l'ancienne mode, des "maîtres de vérité".

APPENDICES

Ces appendices n'ont pas pour objet de discuter ni même résumer des questions aussi embrouillées que longtemps débattues et qui ont fait, à elles seules, l'objet de très nombreux travaux.

Ils n'ont d'autre but que pratique : alléger les notes de la première et de la seconde partie.

En ce qui concerne l'authenticité des fragments de Théognis et des épigrammes de Simonide, nous avons adopté une sorte de "méthode des résidus" dont nous voyons bien les insuffisances, mais qui peut apporter - du moins dans l'état actuel de la critique sur ces deux poètes - des présomptions de datation.

On ne trouvera donc ici qu'un bref résumé des difficultés rencontrées, les autorités sur lesquelles nous nous sommes appuyée et nos choix.

Nous espérons ainsi permettre les vérifications et corrections qui s'imposent pour qui aborde ces questions d'une manière différente.

Dans le même souci, nous présentons à la fin de l'appendice sur Simonide un résumé très succinct de l'évolution, pour la période qui nous concerne, des inscriptions métriques et amétriques et des rapports qu'elles entretiennent avec le <u>corpus</u> simonidéen d'une part, les thèmes politiques qu'il développe de l'autre.

LES FRAGMENTS DE THEOGNIS

On sait comment se présente le recueil de Théognis : une série de poèmes, de longueur différente, qui ne se relient que d'une manière fort lâche les uns aux autres.

Dès le début de la critique sur Théognis, les commentateurs ont été hypnotisés par le problème de la σφρηγύς. Quel est ce fameux sceau dont parle le poète (v. 19) et qui doit authentifier son oeuvre ?

Ils ont de même été fort gênés par le manque d'unité du recueil.

Au vrai, il est certain que les Grecs ont eu de bonne heure (cf. Isocrate, A Nicoclès, § 44) le goût des ἐκλογαί et que l'oeuvre de Théognis, volontairement moralisante, ne se prêtait que trop bien à ces choix. Nous n'avons donc plus aucune idée de l'ordre du recueil original - si ordre il y avait - ni de l'étendue exacte de chaque poème. Un poème pouvant fort bien donner naissance à plusieurs morceaux choisis.

Bien des solutions ont été proposées depuis que Nietzsche découvrit un principe de classement : selon lui un rédacteur anonyme aurait classé ces fragments en suivant des "liaisons verbales", mais il aurait abandonné cette idée en cours de route ou les fragments ne s'y seraient pas bien prêtés.

Pour intéressantes qu'elles soient, les études récentes sur la formation du recueil théognidéen, notamment celles de J. Carrière [1], A. Peretti [2] et M.L. West [3], ne permettent pas de juger de l'authenticité des fragments : A. Peretti s'interdit de le faire, J. Carrière est bien obligé d'avoir recours à la critique traditionnelle, stylistique, historique, littéraire, etc..

Or, presque tous les fragments peuvent paraître suspects à un titre ou à un autre : suspects parce qu'ils ne portent pas le nom de Cyrnos ou ne présentent pas de lien avec un groupe de pensées déjà exprimées ; suspects au contraire parce qu'ils dénotent une répétition ou une interpolation, à moins que ce ne soit une imitation, suspects enfin parce qu'ils sont bien peu moraux, ou que la critique ne voit pas à quoi le poète peut faire allusion (4).

En cette matière, l'extrême prudence de B.A. Van Groningen semble de rigueur. Au lieu de partir de l'idée - juste pourtant à certains égards - que les interpolations et "falsifications" du texte original sont nombreuses, B.A. Van Groningen part du texte avec le moins de préjugés possible.

Pour notre sujet, le problème se restreint. Il importe, en fin de compte, assez peu, de savoir si le texte est réellement de Théognis ou non, du moment qu'il appartient à son époque.

Mais qui est Théognis, à quelle époque a-t-il vécu et dans quel pays, voilà une autre question sur laquelle la critique achoppe.

On l'a déjà évoquée. Rappelons que nous optons pour une chronologie où Théognis - de Mégare en Grèce - est à son akmè vers 550.

Cela admis, il reste à définir quels sont les passages qui peuvent être considérés, - 1) comme de Théognis ou de poètes contemporains, c'est-à-dire antérieurs, au plus tard, à 500, - 2) comme composés dans la période qui nous intéresse, donc antérieurs à 450, - 3) comme particulièrement problématiques.

Nous avons d'abord cherché quels étaient les fragments que d'anciennes autorités, comme Pindare ou Aristote, attribuaient à Théognis, et nous avons pensé qu'il y avait d'autant moins de raisons de mettre en doute leur authenticité que, par une méthode différente, J. Carrière, B.A. Van Grogingen et J. Sitzler arrivaient au même résultat (ex. v. 27-38).

Pour les autres fragments, les plus nombreux, nous avons eu recours aux recherches philologiques et historiques de J. Carrière et de B.A. Van Groningen.

Trois autres groupes de fragments se dégagent donc du texte :
- 1) Les fragments qui reprennent des vers de Tyrtée, de Solon, de Mimnerme, etc. (ex. v. 153-154 ; 227-232) ;
- 2) les fragments qui ont une "allure théognidéenne" (ex. v. 1071-1074 ; 1079-1082b), soit qu'il répètent d'autres vers du poète, soit que la pensée ne diffère guère de celle exprimée dans les poèmes les plus authentiques.

Ces deux groupes de fragments, n'évoquant pas d'événement historique précis, échappent à tout essai de datation par recoupement avec l'histoire. Il est bien certain que ceux du premier groupe ont pu entrer par erreur, pour ainsi dire, dans la somme théognidéenne, sans que cela remette en cause, pour autant, leur date de composition. Pourtant ils présentent souvent des variantes avec d'autres sources de Tyrtée ou de Solon, et semblent avoir eu, en quelque sorte, une vie propre, liée au fait qu'ils étaient cités, ça et là, indépendamment de leur contexte.

Ces variantes sont-elles le fait d'un usage collectif, Théognis imite-t-il ses prédécesseurs, s'agit-il de compositions nettement postérieures au VIe et même au Ve siècle ? Le problème est identique pour les vers du deuxième groupe.

Néanmoins, rien, ni dans la langue, ni dans la pensée, toujours gnomique, ne s'oppose à ce que ces vers puissent avoir été composés ou remaniés au VIe siècle à partir d'un héritage hésiodique, solonien, théognidéen, etc.. Dans le doute, nous les portons donc au crédit de Théognis et de son époque.

- 3) C'est le troisième groupe de fragments qui pose les problèmes les plus nombreux : ou bien les événements historiques auxquels ils font allusion dénoncent un auteur qui peut ne pas être Théognis et qu'il importerait de situer d'une manière précise, ce qui est difficile, le plus souvent, dans la mesure où il ne s'agit que d'allusions qui se prêtent à de multiples interprétations, ou bien la langue, le style et la pensée, semblent différer de ce que l'on sait du "Théognis le plus authentique".

Ce sont ces fragments qu'il faut délimiter du mieux possible, de manière à ne pas fausser les études évolutives de la pensée.

Pour notre part, cependant, et suivant en cela l'opinion de B.A. Van Groningen, nous croyons que tous ces vers ont fort bien pu être composés avant 450, et que bon nombre d'entre eux, comme les vers 757-768, ne sont que légèrement postérieurs à l'époque de Théognis, s'ils ne sont pas contemporains du poète [5].

Voici donc la liste des vers qui, composés peut-être au VIe ou au Ve siècle, méritent, toutefois, des réserves et des critiques, tant linguistiques qu'historiques, plus approfondies que le noyau primitif et les vers gnomiques portés au crédit du VIe siècle. Nous mettons entre parenthèses ceux qui ne se rapportent pas directement à notre sujet.

(1-4)	apocryphes ?	637-638	887-890
(5-10)		667-682	903-930
235-236		691-692	(939-942)
(237-254)		699-718	(943-944)
(257-260)		757-768	949-954
(261-266)		769-772	(959-962)
279-282		773-782	(971-972)
303-304		783-788	993-996
305-308		789-792	(997-1002)
429-438		799-800	1043-1046
467-496		(837-840)	1157-1160
511-522		841-842	1160a-1160b
535-538		(843-844)	1163-1164
599-602		845-846	(1207-1208)
621-622		879-884	1209-1210
			1211-1216

NOTES

(1) Théognis de Mégare, étude sur le recueil élégiaque attribué à ce poète.

(2) Teognide nella tradizione gnomologica.

(3) Studies in Greek Elegy and Iambus, chap. III, "On the history of the Theognidean Sylloge", p. 40-64.

(4) Un remarquable et plaisant exemple de cette tendance hypercritique se trouve dans la préface de J. Sitzler à ses Theognidis reliquiae. On peut lire (p. 32sqq.) : "... excludemus 1) repetitiones et imitationes. 2) versus aliis nostrae collectionis, quos Theognidis esse verisimile est, contrarios. 3) versus qui sine dubio aliqua causa ad praegressos adscripti sunt. 4) omnes versus amatorios. 5) carmina quae vinum canunt,

(suite de la n. 4) gaudiam ac laetitiam commendant, iuventutem praeteritam et senectutem advenientem queruntur. 6) omnes versus qui nomen Cyrni neque habent neque admittunt, ac primum quidem a) qui aliis nominibus insigniti sunt ut Polypaedes, b) qui in deos scripti sunt, c) qui aliis de causis Cyrni nomen non admittunt. 7) versus qui ex aliis poetis in collectionem nostram irrepserunt..."

(5) Cf. B.A. Van Groningen : Avant-Propos (à son édition du livre I), p. 4 : "les morceaux postérieurs à 450 sont rarissimes, pour ne pas dire non existants."

LES EPIGRAMMES DE SIMONIDE

LES INSCRIPTIONS METRIQUES ET AMETRIQUES
DU VIIe AU Ve SIECLE

I. LES EPIGRAMMES DE SIMONIDE

Les rédacteurs d'anthologies ont eu très vite tendance à attribuer à Simonide la majorité des épigrammes connues.

Un exposé très clair et très précis de la question se trouve dans l'ouvrage d'A. Hauvette, De l'authenticité des épigrammes de Simonide, ainsi que dans les pages 426-448 du tome III des Poetae melici de Bergk. On s'y reportera pour tous les problèmes relatifs à la transmission et à l'attribution à Simonide de ces épigrammes.

Chaque éditeur de Simonide reprend cette question cruciale de l'authenticité des épigrammes et, à ne considérer que les éditions de Bergk, Diehl et Hauvette [1], on s'aperçoit très vite que les avis diffèrent souvent et que les deux tiers, et même plus, des épigrammes attribuées à Simonide peuvent, à un titre ou à un autre, être soupçonnés d'inauthenticité.

Les deux grandes méthodes employées, conjointement le plus souvent, sont la critique historique et la critique stylistique.

Mais, mises à part les rares épigrammes dont la paternité est attestée par Hérodote ou par Aristote et qui évoquent, sans doute possible, des événements précis (comme la bataille de Marathon), la majorité des épigrammes se contente d'allusions à des événements qu'elle ne précise pas.

Revenir sans cesse, dans le cours de l'exposé, sur l'authenticité des épigrammes, voire marquer d'un astérisque tout passage qu'un des nombreux éditeurs de Simonide avait pu suspecter, aurait été décourageant et sans doute inutile car les membra disiecta du poète n'auraient jamais donné une seule idée de son allure propre. Mais il importe ici de définir exactement le classement adopté de manière à permettre toute correction éventuelle [2].

I. <u>CATEGORIE I</u> : épigrammes pouvant être considérées comme de Simonide,
de l'époque de Simonide, ou antérieures à 450.

BERGK	=	DIEHL	=	HAUVETTE		BERGK	=	DIEHL	=	HAUVETTE
90		88a		22 [3]		111		85		4
91		91		3		112		86		40
92		92		1		113		84		41
94		83		2		125		98		51
96		90		25		131		76		6
97		95		26		132		100		68
98		94		27		134		108		63
99		121		29		136		65		7
101		119		62		137		104		8
103		123		30		138		105		9
104		89		39		140		107a		64
105		115		32		141		106		65
107		96		34		147		77		10
108		117		35		149		111		71
109		97(a,b)		36						

II. **CATEGORIE II** : épigrammes d'une authenticité douteuse ou très dou-
teuse et dont la datation est incertaine

BERGK	=	DIEHL	=	HAUVETTE		BERGK	=	DIEHL	=	HAUVETTE
89		87		21		142		103		66
93		93		38		143		144		67
100		118		28		145		79		81
106		116		33		148	p.	119		83
110		141		23		152		148		73
114		80		42		153		151		74
121		137		48		155		147		76
124b		131		50		p. 516–518				
135		109		69						
139		102		70						

III. **CATEGORIE III** : épigrammes vraisemblablement tardives (le plus sou-
vent, de l'époque alexandrine)

BERGK	=	DIEHL	=	HAUVETTE		BERGK	=	DIEHL	=	HAUVETTE
95		120		24		124a		140		58
102		122		31		133		143		61
115		128		43		144		145		85
116		129		44		154		149		75
117		130		45		156		153		86
119		135		55		182		124		37
120		136		47		184		126		60

CONCORDANCE ENTRE LES EDITIONS DES FRAGMENTS ELEGIAQUES ET LYRIQUES CITES DANS LE TEXTE

POESIE ELEGIAQUE			POESIE LYRIQUE		
BERGK =	DIEHL =	WEST	BERGK =	DIEHL	= PAGE
67	53	15	1-2	1-2	28 (533)
81	62	9	4	5	26 (531)
84	64	10-11			

II. INSCRIPTIONS METRIQUES ET AMETRIQUES

L'épigramme simonidéenne ne naît pas ex nihilo. Elle présente toutefois une originalité propre que l'on ne trouve guère avant le Ve siècle : c'est une épigramme d'inspiration politique, qui veut être la voix collective de la cité.

Tout au début (VIIe siècle et début du VIe), l'épigramme funéraire est plutôt une inscription métrique d'un seul vers qu'un véritable petit poème.

Peu à peu, toutefois, elle s'étoffe et se présente généralement sous la forme de deux vers (ce n'est pas toujours un distique élégiaque) qu'un particulier fait graver sur la pierre pour honorer un autre particulier.

La formule qui revient le plus souvent est la suivante : le nom du mort, le nom de celui qui l'honore, leur lien de parenté. Ce type de formulation, adapté à l'inscription métrique d'un seul vers, comme [4] :

Δηϊδάμανι | Πυγμᾶς ὁ πατὲρ [τ]όνδ᾽ οἶρ[ον ἔτευhσεν] ,

persiste longtemps dans les inscriptions de deux vers. Tout à la fin du VIe siècle, abondent encore des épigrammes funéraires du type [5] :

Σῆμα πατὴρ Κλεόβουλος ἀποφθιμένωι Ξενοφάντωι
θῆκε τόδ᾽ ἀντ᾽ ἀρετῆς ἠδὲ σαοφροσύνης.

Les épithètes sont passe-partout (ἀγαθός, σώφρων) et n'apprennent pas grand chose sur le mort.

Dans cet ensemble, le thème de la mort au combat ne tient qu'une place très réduite.

On ne trouve aucune réflexion sur la paix, mais quelques brèves mentions de ses occupations (navigation, mariage, etc.) auxquelles le mort ne participe plus.

Si le thème de la mort au combat n'apparaît pratiquement pas il faut insister sur un autre point, de loin le plus important : ce n'est pas la cité qui prend en charge l'éloge d'un mort à la guerre, d'un homme politique ou d'un groupe de citoyens. Ce qui règne ici, c'est l'individu considéré dans ses rapports avec d'autres individus.

Corrélativement, ou, plutôt, parallèlement, l'idéal guerrier quand, par exception, il apparaît, est un idéal individuel qui s'apparente bien plus à la prouesse homérique qu'à la lutte pour la défense de la cité, telle qu'en parle Simonide, mais aussi, dès le VIIe siècle, Tyrtée.

Qui plus est, à la différence des épigrammes dédiées, chez Simonide, par des particuliers à des particuliers, jamais ces épigrammes-ci ne parlent des services rendus à la patrie non plus qu'elles ne font l'éloge de la patrie du mort.

L'idéal est aristocratique et individuel, comme la stèle est personnelle, le regret familial. On n'y voit donc ni le thème de la lutte pour la liberté du pays, ni cet échange si caractéristique dans l'idéal de la cité, dès le VIIe siècle, de bons services entre la cité et le citoyen.

Enfin, quand il y a regret de la terre natale, c'est en tant que terre des ancêtres, non cité de citoyens à laquelle on appartient.

Deux exemples illustreront cet aspect des rares épigrammes guerrières des VIIe et VIe siècles : on notera la permanence du vocabulaire homérique (ἀϋτή, θοῦρος Ἄρης).

Cette épigramme de Corcyre, tout d'abord, datée de la fin du VIIe siècle ou du début du VIe (Kirchhoff, Pfohl) que nous rappelons :

Σᾶμα τόδε Ἀρνιάδα   χαροπὸς τόνδ' ὤλεσεν Ἄρης
βαρνάμενον παρὰ ναυσὶν ἐπ' Ἀράθθοιο ῥοϝαῖσι
πολλὸν ἀριστεύϝοντα κατὰ στονόϝεσ(σ)αν ἀϝυτάν. (6)

Et celle-ci, attique, datée par G. Pfohl des environs de 540 [7] :

Στέθι : καὶ οἴκτιρον : Κροῖσο | παρὰ σῆμα θανόντος :,
ⱶ ὸν | ποτ' ἐνὶ προμάχοις : ὄλεσε | θōρος : Ἄρες.

Ce n'est vraiment que dans les toutes dernières années du VIe
siècle que la cité fait son apparition dans les épigrammes funéraires qui
sont très nettement en retard, sur ce point, sur la poésie proprement
dite. Dans le même temps les autres thèmes se développent et leur ex-
pression devient plus chargée d'émotion.

Bien sûr, ce n'est pas toujours la cité qui a l'initiative de
l'éloge, mais, même quand ce sont des particuliers qui font graver la
stèle, ils commencent à louer les qualités de bon citoyen du mort.

On peut voir une marque de cette évolution dans les trois épi-
grammes qui suivent.

Les deux premières sont datées par G. Pfohl des VIe/Ve siècles.
L'une est sans nom de lieu et l'on peut lire [8] :

τῶν αὐτοῦ τις ἕκαστος ἀπολλυμένων ἀνιᾶται,
   Νικόδικον δὲ φίλοι καὶ πόλις ἥδε ποθεῖ,

l'autre est de Béotie [9] :

Ἀστοῖς καὶ χσένοισι Φάνες φίλος [ἐνθάδε κεῖται] ,
   ὃς ποτ' ἀρισστεύōν ἐν προμάχοις [υ υ -] .

La troisième, enfin, se trouve sur une stèle collective, élevée
aux frais de l'Etat. Elle provient d'Attique et date de 507/506 [10] :

Δίρφυος ἐδμήθημεν ὑπὸ πτυχί, σῆμα δ' ἐφ' ἡμῖν
   ἐγγύθεν Εὐρίπου δημοσίαι κέχυται,
οὐκ ἀδίκως · Ἐρατὴν γὰρ ἀπωλέσαμεν νεότητα,
   τρηχεῖαν πολέμου δεξάμενοι νεφέλην.

Mais, si nous avons la satisfaction de voir confirmées, par ce
biais, nos déductions, nous nous heurtons alors à un problème pratique-
ment insoluble : plusieurs de ces épigrammes, à commencer par celle que
nous venons juste de citer, qui attestent l'évolution de l'idéal guer-
rier et la place que prend la cité dans la vie de chacun, se retrouvent,
en effet, dans le corpus de Simonide.

Simonide n'a sans doute pas été le premier à parler de la cité
dans les épigrammes, mais on peut supposer que le choc des guerres médi-
ques et le génie du poète, faisant définitivement de l'épigramme le genre
civique par excellence, ont accéléré le processus qui tendait, vers la
fin du VIe siècle, à introduire, peu à peu, la cité dans les éloges funé-
raires.

Si la cité n'apparaît pratiquement pas dans les inscriptions
métriques des VIIe et VIe siècles, il ne faut pas croire que les inscrip-
tions amétriques compensent ce manque.

Pendant toute la période qui nous intéresse, ou bien elles
rapportent des actes religieux, comme l'offrande de la dîme à un dieu [11],
ou bien elles attestent une faveur consentie par la cité à un particulier
(comme l'atéleia) [12], mais sans en donner, pour autant, les raisons.

Celles où l'on voit le mieux vivre la cité, en tant que commu-
nauté civique, datent, là encore, du Ve siècle. Elles sont gravées non
seulement dans les cas déjà cités, mais encore lors d'une offrande à un
dieu, à l'occasion d'un succès militaire [13] - si l'offrande est collec-
tive, elles mentionnent alors les cités qui ont participé à la guerre -
ou comme un monument aux morts donnant une longue suite de noms.

Dans ces deux derniers cas, elles continuent à se limiter aux
faits purs et simples, laissant aux épigrammes qui le plus souvent les
complètent le soin d'expliquer les sentiments qui animaient les guer-
riers morts au combat et de mettre en valeur leur éthique ou l'éthique
que l'on veut accréditer.

Deux exemples permettront de mesurer la différence qu'il y a
entre ces inscriptions amétriques et les épigrammes. Cette inscription,
tout d'abord, qui accompagnait une offrande d'Athènes à Delphes (Ditten-
berger, Syll. Inscr. Graec. I^3 n° 23, a. 490) :

a :   ['Α]θενα[ῖοι 'Απόλλονι Πυθί]οι ἀκρ[οθύνια τῆς Μαραθῶνι μάχες ἀνέ-
       θεσαν] ἀ[πὸ Μέδον],

et, plus tardif, le "catalogus sepulcralis Erechtheidis" (Dittenberger,
Syll. Inscr. Graec.[3] n° 43 (I.G.I[2], 929) qui date des alentours de 459/8 :

'Ερεχθεῖδος

ℎοίδε ⋮ ἐν τοῖ ⋮ πολέμοι ⋮ ἀπέθανον ⋮ ἐν Κύπροι ⋮ ἐν Αἰγ [ύπ]τοι ⋮
ἐν Φοινίκει . ἐν 'Αλιεῦσιν, ἐν Αἰγύνει ⋮ Μεγαρο[ῖ]

τῶ αὐτῶ ἐνιαυτῶ

[σ] τ[ρα]τεγῶν   Φάνυλλος   Ἄκρυπτος   (14).

Ce n'est qu'à la fin du IVe siècle avant J.C. et au début du
IIIe qu'apparaissent des inscriptions amétriques détaillées évoquant les
services rendus par un citoyen à sa cité. Elles prennent alors la relève
des épigrammes, tout comme l'éloge funéraire en prose était devenu un
genre littéraire qui avait peu à peu, dès la fin du Ve siècle, rejeté
l'épigramme parmi les genres mineurs.

NOTES

(1) La récente édition de D. Page, Epigrammata Graeca, classe les épigram-
mes de Simonide plus en fonction des événements dont elles traitent
(avant, pendant, après les guerres médiques, etc.) qu'en fonction de leur
authenticité et de leur éventuelle date de composition.

(2) Il n'intéresse que les épigrammes qui se rapportent à notre sujet ou
dont l'originalité mérite de retenir l'attention.

(3) Cf., toutefois, C.M. Bowra, G.L.P., 1ère éd., p. 355-357.

(4) Pfohl, Greek Poems on Stones, n° 1, ca. 700-650 = I.G. XII, 7, 442 ;
Peek, G.V., 1413. C'est, selon certains, la plus ancienne inscription
métrique connue.

(5) Kaibel, n° 2 = Pfohl, Greek Poems on Stones, n° 37 ; I.G. I², 986 ;
Peek, G.V., 157. Datée par Pfohl des alentours de 530, Attique.

(6) Kaibel, n° 180 = Pfohl, Greek Poems on Stones, n° 11 ; I.G. IX¹,
868 ; Peek, G.V., 73.

(7) Pfohl, Greek Poems on Stones, n° 72 = Peek, G.V., 1224.

(8) Pfohl, Greek Poems on Stones, n° 194 = Peek, G.V., 914. Peut-être ne
s'agit-il pas d'un mort à la guerre, l'exemple n'en est que plus probant.

(9) Pfohl, Greek Poems on Stones, n° 134 = I.G. VII, 2247 ; Kaibel, n°
487 ; Peek, G.V., 321.

(10) Pfohl, Greek Poems on Stones, n° 54 = Peek, G.V., 1 ; Anth. Pal.
XVI, 26.

(11) Cf. Dittenberger, Sylloge inscriptionum Graecarum, t. 1, n° 3
(I.G.A. 483, 484a, 488, 490) : "Milesiorum nobiles saec. VI".

(12) Cf. ibid., n° 4 (I.G.A 491) : "Cyziceni Manem honorant, saec. VI".

(13) Cf. ibid., n° 29 : "Porticus Atheniensium Delphica a. 480" ; n° 31 :
"Delphis, tripus aureus de manubiis Medicis a. 479".

(14) Suit une liste de noms.

BIBLIOGRAPHIE

I. EDITIONS, COMMENTAIRES ET TRADUCTIONS DES POETES ELEGIAQUES, IAMBIQUES, LYRIQUES

Nous soulignons le nom de l'auteur dont nous suivons la traduction.

1/ EDITIONS GENERALES

A/ Poésie élégiaque et iambique, poésie mélique, monodique et chorale

- Th. BERGK, Poetae lyrici Graeci, II : Elegiaci et iambographi ; III : Melici (praeter Pindarum, Pars I) ; ed. 1882 exemplar iteratum, indicibus ab I. Rubenbauer confectis auctum ; Leipzig, Teubner, 1914-1915. Edition critique et commentée.

- E. DIEHL, Anthologia lyrica Graeca, fasc. 1, 3e éd. 1954 (élégiaques), fasc. 2, 3e éd. 1950 (Théognis), fasc. 3, 3e éd. 1952 (iambiques), fasc. 4 à 6, 2e éd. 1936-1940 (et 1ère éd. de l'Anthologia lyrica, 1922-1924, poésie monodique, chorale, sauf Bacchylide et Pindare, scolies et chants populaires), Leipzig, Teubner. Edition critique.

- J.M. EDMONDS, Elegy and Iambus, Loeb Class. Lib., London, Heinemann, 1931 (réimpr. 1954). Texte et traduction.

_____, Lyra Graeca, 2e éd., Loeb Class. Lib., London, Heinemann, 1963-1964. Texte et traduction.

- E. HILLER & O. CRUSIUS, Anthologia lyrica (praeter Pindarum), Leipzig, Teubner, 1897.

B/ Poésie élégiaque et iambique

- F. RODRIGUEZ ADRADOS, Los líricos griegos, elegiacos y iambógrafos arcaicos, Barcelona, Alma Mater, 1956-1959. Texte, traduction, commentaire.

- B. GENTILI & C. PRATO, Poetae elegiaci, testimonia et fragmenta, Leipzig, Teubner, 1979. Edition critique, indices.

- T. HUDSON-WILLIAMS, Early Greek Elegy, Cardiff, Univ. Wales Pr., 1926. Introduction, texte critique, notes, commentaire.

- D.L. PAGE, Epigrammata Graeca, Oxford, Clarendon Pr., 1975. Edition critique.

- M.L. WEST, Iambi et elegi Graeci, Oxford, Clarendon Pr., 1971-1972. Edition critique.

C/ Poésie mélique

- L.A. MICHELANGELI, Frammenti della melica greca, da Terpandro a Bacchilide, Bologna, N. Zanichelli ed., 1889-1897. Edition commentée.

- D.L. PAGE, Poetae melici Graeci, Oxford, Clarendon Pr., 1962 (réimpr. 1975). Edition critique, index verborum.

_____, Supplementum lyricis Graecis, Oxford, Clarendon Pr., 1974. Edition critique, index verborum.

2/ EDITIONS PARTICULIERES DE L'OEUVRE D'UN POETE, COMMENTAIRES ET TRADUCTIONS

ALCEE ET SAPPHO

- C. GALLAVOTTI, Saffo e Alceo, testimonianze e frammenti, I, 3e éd. 1962, II, 2e éd. 1957, Collana di Studi Greci, Napoli, Libreria scientifica ed.

_____, Storia e poesia di Lesbo, nel VII-VI secolo, I. Alceo di Mitilene, note di commento ai carmi di A., p. 81-139, Bari, Napoli, Adriatica ed., 1948.

- E. LOBEL, ΑΛΚΑΙΟΥ ΜΕΛΗ, the Fragments of the lyrical Poems of Alcaeus, Oxford, Clarendon Pr., 1927. Edition critique.

_____, ΣΑΠΦΟΥΣ ΜΕΛΗ, the Fragments of the lyrical Poems of Sappho, Oxford, Clarendon Pr., 1925. Edition critique.

- E. LOBEL & D.L. PAGE, Poetarum Lesbiorum fragmenta, Oxford, Clarendon Pr., 3e éd. 1968. Edition critique, indices verborum.

- D.L. PAGE, Sappho and Alcaeus, an Introduction to the Study of ancient Lesbian Poetry, Oxford, Clarendon Pr., 1955. Etude générale comprenant une édition, une traduction et un commentaire des principaux fragments.

- TH. REINACH & A. PUECH, Alcée, Sappho, Paris, Belles Lettres, 1937. Edition critique et commentée, traduction.

- M. TREU, Alkaios, München, Ernst Heimeran Verlag, 2e éd. 1963. Texte et traduction.

_____, Sappho, München, Ernst Heimeran Verlag, 4e éd. 1968. Texte et traduction.

- E.M. VOIGT, Sappho et Alcaeus, fragmenta, Amsterdam, Polak & Van Gennep ed., 1971. Edition critique.

Traductions seules :

- M. MEUNIER, Sappho, Anacréon et Anacréontiques, Paris, Grasset, 1932.

- E. MORA, Sappho, histoire d'un poète et traduction intégrale de l'oeuvre, Paris, Flammarion, 1966.

ALCMAN

- F.J. CUARTERO, "El partenio del Louvre" (fr. 1P.), BIEH, VI, 2, 1972, p. 23-76. Texte, traduction, commentaire.

- A. GARZYA, Alcmane, i frammenti, Hermes, Collana di testi ant., IV, Napoli, Viti, 1954. Texte critique, traduction, commentaire.

- D.L. PAGE, Alcman, the Partheneion, Oxford, Clarendon Pr., 1951. Edition critique, traduction, commentaire, étude.

- M. PUELMA, "Die Selbstbeschreibung des Chores in Alkmans grossem Partheneion-Fragment", Museum Helveticum, XXXIV, 1977, p. 1-55. Texte, traduction, notes critiques, commentaire.

Traductions seules :

- P. CHANTRAINE, "Parthénée", France-Grèce, 13, 1955, 3, p. 16-18.

- G. DAVENPORT, "Alkman, Partheneia and Fragments", Arion, VIII, 1969, p. 477-499.

ANACREON

- J. BRODERICK ROCHE, The first twenty-eight Odes of Anacreon, London, Gilbert & Piper ed., 1827. Edition commentée et traduction.

- B. GENTILI, Anacreonte, introduzione, testo critico, traduzione, studio sui frammenti papiracei, index verborum, Roma, ed. dell'Ateneo, 1958.

- F. MATHEWS, Anacréon, Paris, P.U.F., 1927. Introduction, texte et traduction.

Traduction seule :

- M. MEUNIER, Sappho, Anacréon et Anacréontiques, Paris, Grasset, 1932.

ARCHILOQUE

- F. LASSERRE & A. BONNARD, Archiloque, fragments, Paris, Belles Lettres, 1958. Edition critique et commentée, traduction.

- F. LASSERRE, Les épodes d'Archiloque, Paris, Belles Lettres, 1950. Edition critique et commentée, traduction.

- I. LIEBEL, Archilochi iambographum principis reliquiae, Vindobonae, ex typ. I.B. Zweckii, 2e éd., 1818. Texte et commentaire.

- G. TARDITI, Archiloco, introduzione, testimonianze sulla vita e sull' arte, testo critico, traduzione, Lyr. Graec. quae exstant 2, Roma, ed. dell'Ateneo, 1968.

- M. TREU, Archilochos, München, Ernst Heimeran Verlag, 1959. Texte, traduction, commentaire.

BACCHYLIDE

- N. FESTA, Le odi e i frammenti di Bacchilide, Firenze, G. Barbèra éd., 1898. Texte, traduction, commentaire.

- R.C. JEBB, Bacchylides, the Poems and Fragments (reprografischer Nachdruck der Ausgabe Cambridge, 1905), Hildesheim, Georg Olms Verlagsbuchhandlung, 1967. Introduction, texte, traduction, appendices et indices.

- H. JURENKA, Die neugefundenen Lieder des Bakchylides, Wien, Hölder, 1898. Texte, traduction, commentaire.

- H. MAEHLER, Lieder und Fragmente, Schr. und Quellen des Altenwelt, XX, Berlin, Akad.-Verl., 1967. Texte et traduction.

_____, Bacchylides, carmina cum fragmentis, post Snell ed. M., Leipzig, Teubner, 1970. Edition critique, index vocabulorum.

- B. SNELL, Bacchylides, carmina cum fragmentis, Leipzig, Teubner, 6e éd. 1949. Edition critique, index vocabulorum.

- A. TACCONE, Bacchilide, Epinici, ditirambi e frammenti con introduzione, commento e appendice critica, Torino, E. Loescher ed., 1907.

Traduction seule :

- A.M. DESROUSSEAUX, Les poèmes de Bacchylide de Céos, traduits du grec d'après le texte récemment tiré d'un papyrus d'Egypte, Paris, Hachette, 1898.

- R. FAGLES, Bacchylides, Complete Poems, with a Foreword by C.M. Bowra, Introduction and Notes by A.M. Parry, Wesport, Greenwood Pr., 1976 (réimpr. éd. Yale Univ. Pr., New Haven, 1961).

HIPPONAX

- A. FARINA, Ipponatte, introduzione, testo critico, testimonianze, traduzione, commento con appendice e lessico, Collana di Studi Greci, XLI, Napoli, Libreria scientifica ed., 1963.

- O. MASSON, Les fragments du poète Hipponax, édition critique et commentée, Paris, Klincksieck, 1962.

- W. de SOUSA MEDEIROS, Hipónax de Efeso, I : fragmentos dos iambos, Humanitas, XIII-XIV, 1961-1962, p. VIII-LXXXI et I-282.

IBYCUS

- F. MOSINO, Ibico, testimonianze e frammenti, Azienda autonoma soggiorno e turismo, Reggio Calabria, 1966. Reprend le texte des Poetae melici Graeci de D.L. PAGE, mais comprend une importante bibliographie.

PINDARE

- A. BOECKH, Pindari interpretatio Latina cum commentario perpetuo, fragmenta et indices, reprografischer Nachdruck der Ausgabe Leipzig 1821, Hildesheim, Georg Olms Verlagsbuchhandlung, 1963.

- C.M. BOWRA, Pindari carmina cum fragmentis, Oxford, Clarendon Pr., 1935.

- J. DUCHEMIN, Pythiques III, IX, IV, V, Erasme, XI, Paris, P.U.F., 1967. Edition critique et commentée.

- L.R. FARNELL, The Works of Pindar, London, Macmillan and C° ed., 1930-1932. Texte, traduction, commentaire.

- H. MAEHLER, Pindarus, carmina cum fragmentis, post B. Snell ed. M., Leipzig, Teubner, 1971-1975.

- A. PUECH, Olympiques, 3e éd. 1949 ; Pythiques, 2e éd. 1952 ; Néméennes, 2e éd. 1952 ; Isthmiques et fragments, 2e éd. 1952 ; Paris, Belles Lettres. Edition critique et commentée, traduction.

- O. SCHROEDER, Pindari carmina (Poetae lyrici Graeci coll. Th. Bergk, ed. sextae part. 1, vol. 1, exemplar ed. quintae autotypice iteratum, nova appendice auctum), Leipzig, Berlin, Teubner, 1923. Edition critique et commentée.

- B. SNELL, Pindarus, Leipzig, Teubner, 1953. Edition critique, index verborum.

_____, Pindarus, pars altera, fragmenta, Leipzig, Teubner, 1964. Indices verborum, nominum propriorum, fontium.

- A. TURYN, Carmina cum fragmentis, Cracovie, Acad. pol. litt. & scient., 1948.

SAPPHO

Voir ALCEE

SEMONIDE D'AMORGOS

- FR. TH. WELCKER, Simonidis Amorgini Iambi qui supersunt, Bonnae, Weber ed., 1835.

SIMONIDE DE CEOS

- A. HAUVETTE, De l'authenticité des épigrammes de Simonide, Paris, Alcan, 1896. Etude générale comprenant une édition critique et un commentaire.

SOLON

- A. MARTINA, Solone, testimonianze sulla vita e l'opera, Lyr. Graec. quae exstant, 4, Roma, ed. dell'Ateneo, 1968. Toute la tradition indirecte sur Solon, sauf le texte des fr.

- A. MASARACCHIA, Solone, Firenze, La nuova Italia ed., 1958. IIIe partie, p. 201-362, "l'opera poetica", traduction et commentaire des fr. 1D.-28D..

- H. von MILTNER, Solons' Fragmente, Stifterbibl. XXXV, Zürich, 1955. Texte, traduction, commentaire.

STESICHORE

- J. VUERTHEIM, Stesichoros'Fragmente und Biographie, Leiden, Sijthoff, 1919. Edition critique et commentée.

THEOGNIS

- J. CARRIERE, Théognis, poèmes élégiaques, 2e éd. refondue et augmentée, Paris, Belles Lettres, 1975. Texte, traduction, commentaire.

- A. GARZYA, Elegie, libri I-II, testo crit., introd., trad. e note con una scelta di testimonianze antiche, Firenze, Sansoni ed., 1958.

- J. SITZLER, <u>Theognidis reliquiae</u>, Heidelberg, C. Winter ed., 1880. Edition commentée, <u>index verborum</u>.

- B.A. VAN GRONINGEN, <u>Théognis, le premier livre, édité avec un commentaire</u>, Amsterdam, Noord-Hollandsche Uitgevers Maatschappij, 1966. Comprend une traduction française.

- D. YOUNG, <u>Theognis</u>, ed. post E. Diehl, Leipzig, Teubner, 1961. Edition critique, <u>index verborum</u>.

Traduction seule :

- M. PATIN, <u>Sentences de Théognis de Mégare traduites en français</u>, Paris, G. Chamerot, 1878.

TYRTEE

- A. MONTI, <u>Tirteo, elegie</u>, studio critico e testo con raffronti omerici, Torino, Bona, 1910.

- C. PRATO, <u>Tirteo</u>, introduzione, testo critico, testimonianze e commento, Lyr. Graec. quae exstant, 3, Roma, ed. dell'Ateneo, 1968.

XENOPHANE

- H. DIELS & W. KRANZ, <u>Die Fragmente der Vorsokratiker</u>, t. 1, Berlin, Weidmannsche Verlagsbuchhandlung, 1951.

- M. UNTERSTEINER, <u>Senofane, testimonianze e frammenti</u>, Bibl. di studi superiori, XXXIII, La nuova Italia ed., Firenze, 1956.

3/ ANTHOLOGIES

A/ Poésie élégiaque et iambique, poésie mélique, monodique et chorale

- E. BUCHHOLZ, Anthologie aus den Lyrikern der Griechen, Leipzig, Teubner, 1864-1866. Texte et commentaire.

- D.A. CAMPBELL, Greek Lyric Poetry, a Selection of Early Greek Lyric, Elegiac and Iambic Poetry, London, Macmillan, 1967.

- C. DEL GRANDE, ΦΟΡΜΙΓΞ antologia della lirica greca, Napoli, L. Loffredo ed., 1957. Texte et commentaire.

- D.E. GERBER, Euterpe, an Anthology of Early Greek Lyric, Elegiac and Iambic Poetry, Amsterdam, A. Hakkert ed., 1970. Texte et commentaire.

- B. LAVAGNINI, Nuova Antologia dei frammenti della lirica greca, Torino, Paravia, 1932. Texte et commentaire.

- G. PERROTTA & B. GENTILI, Polinnia, poesia greca arcaica, Messina, Firenze, Casa ed. G. d'Anna, nuov. ed., 1965. Texte et commentaire.

Traductions seules :

- R. BRASILLACH, Anthologie de la poésie grecque, Paris, Stock, 1950 (réimpr. Le Livre de Poche). Traduction versifiée.

- M. YOURCENAR, La couronne et la lyre, poèmes traduits du grec, Paris, NRF, Gallimard, 1979. Traduction versifiée.

B/ Poésie élégiaque et iambique

- V. DE FALCO & A. DE FARIA COIMBRA, Os elegíacos gregos de Calino a Crates, São Paulo, 1941. Texte, traduction, commentaire.

- J. DEFRADAS, Les élégiaques grecs, Paris, P.U.F., 1962. Texte et commentaire.

- Z. FRANYÓ & B. SNELL, Frühgriechische Lyriker, 2, Die Jambographen, Schriften und Quellen der alten Welt, 24, 2, Berlin, Akademie Verlag, 1972. Edition commentée et traduction.

Traduction seule :

- E. BERGOUGNAN, Hésiode et les poètes élégiaques et moralistes de la Grèce, Paris, Garnier, s.d..

C/ Poésie mélique

- Z. FRANYÓ & B. SNELL, Frühgriechische Lyriker, 4, Die Chorlyriker, Schriften und Quellen der alten Welt, 24, 4, Berlin, Akademie Verlag, 1976. Edition commentée et traduction.

- D. PAGE, Lyrica Graeca selecta, Oxford, Clarendon Pr., 1968.

II. OUVRAGES DE REFERENCE

1/ INDICES

- G. FATOUROS, Index verborum zur frühgriechischen Lyrik, Heidelberg,
Carl-Winter Universitätsverlag, 1966.

- A. MONTI, Index Archilocheus, cum homerico, Hesiodico et Herodoteo
comparatus, Torino, Paravia, 1904.

- J. RUMPEL, Lexicon Pindaricum, veranstalteter Nachdruck der Auflage
Leipzig, 1883, Hildesheim, Georg Olms Verlagsbuchhandlung, 1961.

- W.J. SLATER, Lexicon to Pindar, Berlin, de Gruyter, 1969.

2/ SCHOLIES

- A.B. DRACHMANN, Scholia vetera in Pindari carmina, Leipzig, Teubner,
1903-1910, réimpr. Amsterdam, Hakkert Verlag, 1964.

3/ LEXICOGRAPHES

- Etymologicum genuinum : les citations des poètes lyriques, ed. C. CA-
LAME, Roma, ed. dell'Ateneo, 1970.

- Etymologicum Graecae linguae Gudianum, ed. F.G. STURZ, Leipzig, Weigel,
1818.

- Etymologicum Gudianum, ed. A. DE STEFANI, reprografischer Nachdruck
der Ausgabe Leipzig, Teubner, 1909-1920, Amsterdam, Hakkert Verlag, 1965.

- Etymologicon magnum, ed. F. SYLBURG, Leipzig, Weigel, 1816.

- Etymologicum magnum, ed. TH. GAISFORD, reprografischer Nachdruck der
Ausgabe, Oxford, 1848, Amsterdam, Hakkert Verlag, 1967.

- Hesychii Alexandrini Lexicon, post J. Albertum rec. M. SCHMIDT, Ienae, F. Mauke (H. Dufft) ed., 1858-1868.

- Hesychii Alexandrini Lexicon, ed. K. LATTE, Hauniae, E. Munksgaard ed., 1953-1966.

- Suidae Lexicon, ed. A. ADLER, editio stereotypa ed. 1928, Stuttgart, Teubner, 1967-1971.

4/ DICTIONNAIRES ET LEXIQUES HISTORIQUES OU PHILOLOGIQUES

- F. BECHTEL, Die historischen Personennamen des Griechischen bis zur Kaiserzeit, reprografischer Nachdruck der Ausgabe Halle, 1917, Hildesheim, Georg Olms Verlagsbuchhandlung, 1964.

- P. CHANTRAINE, Dictionnaire étymologique de la langue grecque, Paris, Klincksieck, 1968-1974.

- H. FRISK, Griechisches Etymologisches Wörterbuch, Heidelberg, Carl Winter Universitätsverlag, 1960-1972.

- W. PAPE & G. BENSELER, Wörterbuch der Griechischen Eigennamen, Nachdruck der dritten Auflage, 1911, Graz, Akademische Druck - U. Verlagsanstalt, 1959.

5/ DOCUMENTS EPIGRAPHIQUES ET PAPYROLOGIQUES

A/ Inscriptions métriques

- P. FRIEDLAENDER & H.B. HOFFLEIT, Epigrammata, Greek Inscriptions in Verse, from the Beginnings to the Persian Wars, Berkeley, Los Angeles, Univ. of California Pr., 1948.

- J. GEFFCKEN, Griechische Epigramme, Heidelberg, Carl Winter Universitätsbuchandlung, 1916.

- G. KAIBEL, Epigrammata Graeca, reprografischer Nachdruck der Ausgaben, Berlin, 1878, Frankfurt, 1879, Hildesheim, Georg Olms Verlagsbuchhandlung, 1965.

- W. PEEK, Griechische Vers-Inschriften, Band I, Grab-Epigramme, Berlin, Akademie Verlag, 1955.

_____, Griechische Grabgedichte, Gr. und Deutsch, Schriften und Quellen der alten Welt, 7, Berlin, Akademie Verlag, 1960.

- G. PFOHL, Greek Poems on Stones, I : Epitaphs from the 7th to the 5th Century B.C., Leiden, Brill, 1967.

B/ Inscriptions amétriques

- G. DITTENBERGER, Sylloge inscriptionum Graecarum, unveränderter photomechanischer Nachdruck der 3 Auflage, Leipzig, 1915, Hildesheim, Georg Olms Verlagsbuchhandlung, 1960.

- R. MEIGGS & D. LEWIS, A Selection of Greek historical Inscriptions to the End of the 5th Century B.C., Oxford, Clarendon Pr., 1969, réimpr. 1971.

C/ Papyri

- D.L. PAGE, Select Papyri, t. 3, Literary Papyri, Poetry, Loeb Class. Lib., London, Cambridge, Heinemann, 1950.

6/ CHRONOLOGIE

- A.E. SAMUEL, Calendars and Years in Classical Antiquity, München, C.H. Beck'sche Verlagsbuchhandlung, 1972.

- A.A. MOSSHAMMER, The Chronicle of Eusebius and Greek Chronographic Tradition, Lewisburg, Bucknell Univ. Pr. ; London, Associated Univ. Pr., 1979, 366 p., 6 pl. ; spécialement Part 2 : Selected Studies in Early Greek Chronology, p. 169-319.

III. PRINCIPAUX AUTEURS ANCIENS CITES DANS CETTE ETUDE

1/ TEXTES ET TRADUCTIONS

- AELIUS ARISTIDE

Aristides, recens. G. Dindorf, Hildesheim, Georg Olms, 1964 (réimpr. éd. Leipzig, 1829).

Aelii Aristidis Smyrnaei quae supersunt omnia, vol. II, ed. B. Keil, Berlin, Weidmann, 1898 ; vol. I, ed. F.W. Lenz et C.A. Behr, Leiden, Brill, 1976.

- ANTHOLOGIE PALATINE

Anthologie grecque, anthologie palatine, texte établi et trad. par P. Waltz, A.M. Desrousseaux, P. Camelot, A. Dain, E. des Places, M. Dumi-trescu, H. Le Maître, G. Soury, J. Irigoin, P. Laurens, R. Aubreton, F. Buffière ; Paris, Belles Lettres, d.d..

Anthologia Graeca, ed. H. Beckby, München, Heimeran Verlag, 2e éd., 1957-1958.

- ARISTOPHANE

Théâtre, texte établi par V. Coulon, trad. par H. Van Daele, Paris, Belles Lettres, 1924.

Théâtre, trad. V.H. Debidour, Paris, éd. Gallimard et Librairie Générale Française, 1965-1966 (Le Livre de Poche).

- ARISTOTE

Constitution d'Athènes, texte établi et trad. par G. Mathieu et B. Haus-soulier, Paris, Belles Lettres (1ère éd. 1922).

Politique I-VI, texte établi et trad. par J. Aubonnet, Paris, Belles Lettres, 1968-1973.

Politics I-VIII, with an Engl. Trans. by H. Rackham, Loeb Class. Lib., London, Heinemann, 1972.

Poétique, texte établi et trad. par J. Hardy, Paris, Belles Lettres, 2e
ed. 1952.

Rhétorique, texte établi et trad. par M. Dufour et A. Wartelle, Paris,
Belles Lettres, 1932, 1938, 1973.

- ATHENEE
The Deipnosophists, with an Engl. Trans. by C.B. Gulick, Loeb Class.
Lib., London, Heinemann, 1930 ss.

- CONON
Cononis narrationes quinquaginta et Parthenii narrationes amatoriae,
Gotting, C. Dieterich ed., 1798.

- CYRILLE D'ALEXANDRIE
Iuliani Imp. opera quae supersunt omnia et S. Cyrilli Alexandriae Archi-
episcopi contra impium Iulianum libri decem, accedunt Dionysii Petauii
in Iulianum Notae, Ezechiel Spanhemius recens., Leipzig, Weidmann, 1696.

- DEMOSTHENE
Plaidoyers politiques, t. III & IV, texte établi et trad. par G. Mathieu,
Paris, Belles Lettres (1ère éd. 1945-1947).

- DIODORE DE SICILE
Bibliotheca historica, ed. primam cur. Imm. Bekker, alteram L. Dindorf,
recogn. Fr. Vogel, C. Th. Fischer, Leipzig, Teubner, 1888-1906.

- DIOGENE LAERCE
Vitae Philosophorum, recogn. H.S. Long, Oxford, Clarendon Pr., réimpr.
1966 (1ère éd. 1964).

- ELIEN
De natura animalium, varia historia, epistolae et fragmenta, recogn.
R. Hercher, Paris, Didot, 1858.

- ESCHINE

Discours, t. II, texte établi et trad. par V. Martin et G. de Budé,
Paris, Belles Lettres, 2e éd. 1952.

- ESCHYLE

Théâtre, texte établi et trad. par P. Mazon, Paris, Belles Lettres (1ère
éd. 1921).

- ESOPE

Fables, texte établi et trad. par E. Chambry, Paris, Belles Lettres, 1927.

- ETIENNE DE BYZANCE

Ethnika, ex recens. A. Meinekii, Graz, Akademische Druck -u. Verlags-
anstalt, 1958 (réimpr. éd. 1849).

- HERACLITE

Allégories d'Homère, texte établi et trad. par F. Buffière, Paris, Bel-
les Lettres, 1962.

- HERODOTE

Histoires, texte établi et trad. par Ph. E. Legrand, Paris, Belles Let-
tres (1ère éd. 1932 ss).

- HESIODE

La Théogonie, Les Travaux et les Jours, Le Bouclier, texte établi et
trad. par P. Mazon, Paris, Belles Lettres (1ère éd. 1928).

Theogony, edited with Prolegomena and Commentary by M.L. West, Oxford,
Clarendon Pr., 1966.

Works and Days, ed. with Prolegomena and Commentary by M.L. West, Oxford,
Clarendon Pr., 1978.

Fragmenta Hesiodea, ed. R. Merkelbach, M.L. West, Oxford, Clarendon Pr.,
1967.

- <u>HIMERIUS</u>
<u>Himerii declamationes et orationes cum deperditarum fragmentis</u>, A. Colonna recens., Romae, typ. publ. off. polygraphicae, 1951.

- <u>HOMERE</u>
<u>Iliade</u>, texte établi et traduit par P. Mazon, Paris, Belles Lettres (1ère éd. 1937).

<u>Odyssea</u>, recogn. P. von der Mühll, Bâle, Helbing & Lichtenhahn ed., 2e éd. 1956.

<u>Odyssée</u>, texte traduit par M. Dufour et J. Raison, Paris, Garnier, 1965 (Garnier-Flammarion).

- <u>HYMNES HOMERIQUES</u>
(Homère) <u>Hymnes</u>, texte établi et trad. par J. Humbert, Paris, Belles Lettres (1ère éd. 1951).

- <u>HORACE</u>
<u>Odes et épodes</u>, texte établi et trad. par F. Villeneuve, Paris, Belles Lettres (1ère éd. 1927).

- <u>HYPERIDE</u>
<u>Discours</u>, texte établi et trad. par G. Colin, Paris, Belles Lettres, 1946.

- <u>ISOCRATE</u>
<u>Discours</u>, t. II & III, texte établi et trad. par G. Mathieu et E. Brémond, Paris, Belles Lettres, 1956 et 1942.

- <u>JUSTIN</u>
<u>Oeuvres complètes</u>, texte latin avec une trad. par Ch. Nisard, Paris, 1847.

- <u>LUCIEN</u>
<u>Opera</u>, ex recens. C. Jacobitz, Hildesheim, Georg Olms, 1966 (réimpr. éd. Leipzig, 1836).

- LYCURGUE

Contre Léocrate ; fragments, texte établi et trad. par F. Durrbach, Paris, Belles Lettres (1ère éd. 1932).

- HYMNES ORPHIQUES

Orphei Hymni, ed. G. Quandt, Berlin, Weidmann, 2e éd. 1962.

- PAUSANIAS

Description of Greece, texte établi et trad. par W.H.S. Jones et H.A. Ormerod, Index par R.E. Wycherley, Loeb Class. Lib., London, Heinemann (1ère éd. 1918-1935).

- PLATON

Oeuvres complètes, texte établi et trad. par M. & A. Croiset, L. Bodin, L. Robin, L. Méridier, E. Chambry, A. Diès, A. Rivaud, E. des Places, J. Souilhé ; Paris, Belles Lettres, d.d.

- PLUTARQUE

Vies, t. I : Lycurgue - Numa, t. II : Solon - Publicola, texte établi et trad. par R. Flacelière, E. Chambry, M. Juneaux, Paris, Belles Lettres, 1957, 1961.

Moralia, ed. W.R. Paton, I. Wegehaupt, M. Pohlenz, H. Gärtner, W. Nach-städt, W. Sieveking, J.B. Titchener, C. Hubert, J. Mau, H. Drexler, R. Westman, K. Ziegler, F.H. Sandbach ; Leipzig, Teubner, 1929-1974.

- POLYBE

Historiae, t. I-II, ed. a L. Dindorfio cur. retract. Th. Büttner-Wobst, 1882, 1889 ; t. III-IV, ed. L. Dindorf, 1867, 1868 ; Leipzig, Teubner.

- STOBEE

Anthologium, I-II, rec. C. Wachsmuth (1884) ; III-IV, recens. O. Hense (1909) ; Berlin, Weidmann, réimpr. 1958.

- STRABON
Geographica, ed. A. Meineke, Leipzig, Teubner, 1921, 1915, 1913.

- THUCYDIDE
La guerre du Péloponnèse, texte établi et trad. par J. de Romilly, L. Bodin, R. Weil, Paris, Belles Lettres, 1953-1972.

2/ FRAGMENTS

Die Fragmente der griechischen Historiker, ed. F. Jacoby, Leiden, Brill, d.d.

Sofisti, testimonianze e frammenti, ed. M. Untersteiner, A. Battegazzore, Firenze, nuova Italia ed., t. 1 et 2, 2e éd. 1961 ; 3, 1ère éd. 1954 ; 4, 1ère éd. 1962.

Tragicorum Graecorum Fragmenta, ed. A. Nauck, supplementum ad. B. Snell, Hildesheim, Georg Olms, 1964 (réimpr. éd. 1888).

3/ SCHOLIES D'HOMERE

Scholia Graeca in Homeri Iliadem, ed. G. Dindorf, Oxford, Clar. Pr., 1875-1877.

Scholia Graeca in Homeri Iliadem Townleyana,recens. E. Maass, Oxford, Clarendon Pr., 1887-1888.

Scholia Graeca in Homeri Iliadem, ed. H. Erbse, Berlin, de Gruyter & C°, 1969.

Scholia Graeca in Homeri Odysseam, ed. G. Dindorf, Oxford, Clarendon Pr., 1855.

Eustathii commentarii ad Homeri Iliadem, ad fidem exempli Romani editi, Hildesheim, Georg Olms, 1960 (réimpr. éd. Leipzig, 1827-1829).

Eustathii commentarii ad Homeri Odysseam, Hildesheim, Georg Olms, 1960 (réimpr. éd. Leipzig, 1825).

Eustathii commentarii ad Homeri Iliadem et Odysseam, Index, Hildesheim, Georg Olms, 1960 (réimpr. éd. Leipzig, 1828).

4/ INDICES D'HOMERE ET D'HESIODE

- H. EBELING, Lexicon Homericum, Veranstalteter Nachdruck der 1 Auflage, Leipzig, 1885, Hildesheim, Georg Olms, 1963.

- A. GEHRING, Index Homericus, Leipzig, Teubner, 1891.

- J. PAULSON, Index Hesiodeus, Reprografischer Nachdruck der Ausgabe Lund, 1890, Hildesheim, Georg Olms, 1962.

IV. OUVRAGES ET ARTICLES DE CRITIQUE

1/ ETUDES D'ENSEMBLE SUR LA POESIE, L'HISTOIRE, LES COURANTS DE PENSEE
OU D'EXPRESSION

- A.W.H. ADKINS, Merit and Responsibility, a Study in Greek Values, Ox-
ford, Clarendon Pr., 1960, XIV & 380 p..

- F. RODRIGUEZ ADRADOS, Origenes de la lirica griega, Madrid, Biblioteca
de la Revista de Occidente, 1976, 286 p..

- W. ALY, "Scolion", in Realencyclopädie, zweite Reihe, III A 1, col.
558-566, Stuttgart, 1927.

- A. ANDREWES, "Eunomia", CQ, XXXII, 1938, p. 89-102.

_____, The Greek Tyrants, London, Hutchinson's Univ. Lib., 1956,
164 p..

_____, "The Government of classical Sparta", in Ancient Society
and Institutions, Studies presented to V. Ehrenberg, Oxford, Blackwell,
1966, p. 1-20.

- M. AUSTIN & P.VIDAL-NAQUET, Economies et sociétés en Grèce ancienne,
périodes archaïque et classique, Paris, A. Colin, 1972, 415 p..

- A. BALOGH, Political Refugees in ancient Greece, from the Period of
the Tyrants to Alexander the Great, with coll. F.M. Heichelheim, Roma,
1972, XVI & 134 p. (réimpr. ed. 1943).

- J.P. BARRON, "The 6th Century Tyranny at Samos", CQ, n.s., XIV, 1964,
p. 210-229.

- J. BERARD, L'expansion et la colonisation grecques, jusqu'aux guerres
médiques, Paris, Aubier Montaigne, 1960, 178 p..

- H. BERVE, Die Tyrannis bei den Griechen, München, Beck, 1967, XIII, XII, 796 p., 2 vol..

- E. BETHE, "Die dorische Knabenliebe", RhM, 62, 1907, p. 438-475.

- J. BOMPAIRE, "Questions de rhétorique, I : Image, métaphore, imagination dans la théorie littéraire grecque", Bull. Ass. G. Budé, 1977, 4, p. 355-359.

- A. BONNARD, Civilisation grecque, t. 1 et 2 (spécialement p. 125-148), éd. Clairefontaine, Lausanne, s.d., 231 et 305 p..

- R.J. BONNER & G. SMITH, The Administration of Justice from Homer to Aristotle, New York, Greenwood Pr., 1938, réimpr. 1968, IX et 390 p., VI et 319 p., 2 vol..

- C.M. BOWRA, "Early Lyric and Elegiac Poetry", in New Chapters in the History of Greek Literature, ed. J.U. Powell, Oxford, Clarendon Pr., 1933, p. 1-67.

_____, Early Greek Elegists, Martin class. Lect. VII, New York, 1969, 208 p. (réimpr. éd. 1938).

_____, Greek Lyric Poetry from Alcman to Simonides, Oxford, Clarendon Pr., 1ère éd. 1936, 490 p. ; 2e éd. 1961, XII et 444 p. (abrégé, G.L.P.).

_____, Homer, Duckworth, 1972, 191 p..

- K. BRUGMANN, EIPHNH eine sprachgeschichtliche Untersuchung, Berichte über die Verhandlungen der Königl. Sächsischen Gesellschaft der Wissenschaften, Philologish-historische Klasse, 68 Band, 4 Heft, Leipzig, Teubner, 1916, p. 1-23.

- A.R. BURN, The Lyric Age of Greece, London, E. Arnold ed., 1960, 422 p..

- C. CALAME, "Réflexions sur les genres littéraires en Grèce ancienne", QUCC, 17, 1974, p. 113-128.

_____, Rito e poesia corale in Grecia, guida storica e critica, Bari, ed. Laterza, 1977, XXVII, et 229 p..

- W.E. CALDWELL, Hellenic Conceptions of Peace, Columbia Univ., New York, 1919, 141 p..

- J. CHAILLEY, La musique grecque antique, Paris, Belles Lettres, 1979, 219 p..

- F. CHAMOUX, La civilisation grecque, Paris, Arthaud, 1963, 475 p..

- P. CHANTRAINE, "Le divin et les dieux chez Homère", in La notion de divin depuis Homère jusqu'à Platon, Entretiens de la Fond. Hardt, t. 1, Vandoeuvres, Genève, 1952 (54), p. 47-94.

- K.M.T. CHRIMES, Ancient Sparta, Manchester, Univ. Pr., 2e éd., 1952, XV et 527 p., 9 pl. h. t., 1 carte.

- A. COLONNA, Letteratura greca, Torino, S. Lattes ed., 1967, 814 p..

- P. COUISSIN, Les institutions militaires et navales, Paris, Belles Lettres, 1932, VIII et 162 p., XL planches.

- P. COURTIN, "Les Grecs et leurs anciens poètes seraient-ils pessimistes ?", Didaskalion, XXIX, 1970, p. 1-10.

- A. & M. CROISET, Histoire de la littérature grecque, t. 1, 4e éd. 1928, XLIII et 600 p., t. 2, 3e éd. revue et augmentée, 1913, 669 p., Paris, de Boccard ed.

- M. CROISET, La civilisation de la Grèce antique, Paris, petite bibl. Payot, 1969, 326 p. (réimpr.).

- J.A. DAVISON, "Aeschylus and Athenian Politics, 472-465 B.C.", in Ancient Society and Institutions, Studies presented to V. Ehrenberg, Oxford, Blackwell, 1966, p. 93-107.

_____, From Archilochus to Pindar, London, Macmillan, New York, St. Martin's Pr., 1968, XXVII et 346 p..

- C. DEL GRANDE, Hybris, colpa e castigo, Napoli, Riccardo Ricciardi ed., 1947, 560 p. (chap. 2 : "Apporti lirici tra settimo e quinto secolo", p. 37-82).

- J.D. DENNISTON, The Greek Particles, Oxford, Clarendon Pr., 1934, LXXXII et 600 p..

- M. DETIENNE, Les maîtres de vérité dans la Grèce archaïque, Paris, Maspero, 1967, XII et 160 p..

_____, "La phalange, problèmes et controverses", in Problèmes de la guerre en Grèce ancienne, sous la direction de J.P. Vernant, E.P.H.E., 6e section, Civilisations et Sociétés 11, Paris - La Haye, Mouton and C°, 1968, p. 119-142.

- Z. DI TILLIO, "Confronti formulari e lessicali tra le iscrizioni esametriche ed elegiache dal VII al V sec a. C. e l'epos arcaico ; I : iscrizioni sepolcrali", QUCC, 7, 1969, p. 45-73.

- E.R. DODDS, The Greeks and the Irrational, Berkeley, Los Angeles, Univ. of California Pr., 1956, 327 p..

- W. DONLAN, "Changes and Shifts in the Meaning of Demos in the Literature of the archaic Period", PP., XXV, 1970, p. 381-395.

_____, "The Tradition of anti-aristocratic Thought in Early Greek Poetry", Historia, XXII, 1973, p. 145-154.

- R. DREWS, "The first Tyrants in Greece", Historia, XXI, 1972, p. 129-144.

- J. DUCHEMIN, La houlette et la lyre, I : Hermès et Apollon, Paris, Belles Lettres, 1960, 379 p. (cf. p. 238-253 pour nomos et eunomia).

- V. EHRENBERG, "Spartiaten und Lakedaimonier", Hermes, 59, 1924, p. 22-72.

_____, "Eunomia", Charisteria A. Rzach, Reichenberg, Stiepel, 1930, p. 16-29.

_____, "Der Damos im archaischen Sparta", Hermes, 68, 1933, p. 288-305.

_____, "When did the Polis rise ?", JHS, LVII, 1937, p. 147-159.

_____, "Zur älteren athenischen Kolonisation", in Eunomia, Studia Graeca et Romana I, Prag, 1939, p. 11-32.

_____, "Origins of Democracy", Historia, I, 1950, p. 515-548.

_____, "Von den Grundformen griechischer Staatsordnung", Sitzungsberichte der Heidelberger Akademie der Wissenschaften, phil.-hist. Klasse, 1961, 3, p. 9-46. (Tous ces articles ont été repris dans Polis und Imperium, Zürich, Stuttgart, Artemis Verlag, 1965, 648 p.).

_____, "Das Harmodioslied", WS, LXIX, 1956 (Festschr. Lesky), p. 57-69.

- H. FAERBER, "Griechische politische Lyrik im Unterricht", NJAB, 4, 1941, p. 141-151.

- A.J. FESTUGIERE, L'enfant d'Agrigente, Paris, Plon, 1950, 187 p.. ("Sur une épitaphe de Simonide", p. 33-49 ; "De la traduction des poètes grecs", p. 50-67 ; "Chansons grecques", p. 68-73).

- R. FLACELIERE, "Sur quelques passages des Vies de Plutarque", II Lycurgue-Numa, REG, LXI, 1948, p. 391-429.

- R. FLACELIERE, Histoire littéraire de la Grèce, Paris, Fayard, 1962, 476 p..

- C.W. FORNARA, "The 'Tradition' about the Murder of Hipparchus", Historia, XVII, 1968, p. 400-424.

- W.G. FORREST, La naissance de la démocratie grecque de 800 à 400 av. J.C., trad. fr. J. Cathelin, Paris, Hachette, 1966, 252 p..

_____, A History of Sparta, 950-192 B.C., London, Hutchinson Univ. Lib., 1968, 160 p..

- A. FORTI MESSINA, "Δῆμος in alcuni lirici", in ΑΝΤΙΔΩΡΟΝ Hugoni Henrico Paoli, Genova, Fac. Lett., Ist. Fil., 1956, p. 227-241.

- H. FRAENKEL, Dichtung und Philosophie des frühen Griechentums, München, Beck, 2e éd. 1962, 636 p..

- M. GAGARIN, "Dikê in archaic Greek Thought", CPh, LXIX, 1974, p. 186-197.

- C. GALLAVOTTI, "Letture epigrafiche", QUCC, 20, 1975, p. 165-191.

_____, "Ares e Areios prima di Omero", RFIC, n.s., XXXV, 1957, p. 225-233.

- Y. GARLAN, La guerre dans l'antiquité, Paris, Nathan, 1972, 223 p..

- B. GENTILI, "Aspetti del rapporto poeta, committente, uditorio nella lirica corale Greca", in Scritti in onore di G. Perrotta, Studi urbinati di storia, filosofia e letteratura, XXXIX, n.s. B, 1, 1965, p. 70-88.

_____, "Epigramma ed Elegia", in L'épigramme grecque, Entretiens de la Fond. Hardt, t. XIV, Vandoeuvres, Genève, 1967(68), p. 37-90.

- B. GENTILI, "L'interpretazione dei lirici greci arcaici nella dimensione del nostro tempo", QUCC, 8, 1969, p. 7-21.

- L. GERNET, Droit et société dans la Grèce ancienne, Paris, Sirey, 1955, 249 p. (réimpr.).

- G. GIANGRANDE, "Sympotic Literature and Epigram", in L'épigramme grecque, Entretiens de la Fond. Hardt, t. XIV, Vandoeuvres, Genève, 1967(68), p. 93-177.

- P. GIANNINI, "Espressioni formulari nell'elegia greca arcaica", QUCC, 16, 1973, p. 7-78.

- G. GLOTZ, Histoire grecque, t. I : Des origines aux guerres médiques, Paris, P.U.F., 1938, 634 p..

- A.W. GOMME, The Greek Attitude to Poetry and History, Berkeley, Los Angeles, Univ. of California Pr., 1954, 190 p..

- A.J. GRAHAM, Colony and mother City in ancient Greece, Manchester, Univ. Pr., 1964, XV et 259 p..

- P.A.L. GREENHALGH, "Patriotism in the homeric World", Historia, XXI, 1972, p. 528-537.

_____, Early Greek Warfare, Cambridge, Univ. Pr., 1973, XVI et 212 p..

- S. GZELLA, "Conditions sociales et politiques du développement de la lyrique chorale grecque", Meander, XXVI, 1971, p. 168-181 (article en polonais, résumé en latin).

- N.G.L. HAMMOND, "The Lycurgean Reform at Sparta", JHS, LXX, 1950, p. 42sqq..

- J. HENDERSON, The maculate Muse, New Haven, London, Yale Univ. Pr., 1975, XII et 251 p..

- A. HENRY, Métonymie et Métaphore, Paris, Klincksieck, 1971, 161 p..

- J.G.F. HIND, "The Tyrannis and the Exiles of Pisistratus", CQ, n.s., XXIV, 1974, p. 1-18.

- M. HIRSCH, "Die athenischen Tyrannen Mörder in Geschichtschreibung und Volkslegende", Klio, XX, 1925, p. 129-167.

- H. HOMMEL, "Der Ursprung des Epigramms", RhM, 88, 1939, p. 193-206.

- G.L. HUXLEY, Early Sparta, London, Faber & Faber, 1962, 164 p..

- E. IRWIN, Colour Terms in Greek Poetry, Toronto, Hakkert, 1974, XII et 242 p..

- W. JAEGER, Paideia, t. I, trad. fr. A. et S. Devyver, Paris, Gallimard, 1964, 578 p..

- R.C. JEBB, "Ancient Organs of public Opinion", in Essays and Addresses, Cambridge, Univ. Pr., 1907, p. 127-163.

- A.H.M. JONES, "The Lycurgan Rhetra", in Ancient Society and Institutions, Studies presented to V. Ehrenberg, Oxford, Blackwell, 1966, p. 165-173.

- B. KEIL, EIPHNH, eine philologisch-antiquarische Untersuchung, Berichte über die Verhandlungen der Königl. Sächsischen Gesellschaft der Wissenschaften zu Leipzig, Philologisch-historische Klasse, 68 Band, 1916, 4 Heft, Leipzig, Teubner, 1916, p. 1-88.

- F. KIECHLE, Lakonien und Sparta, München, Berlin, Beck, 1963, XII et 276 p..

- W. KIERDORF, Erlebnis und Darstellung der Perserkrieg, Hypomnemata 16, 1966, Göttingen, Vandenhoeck & Ruprecht, 130 p..

- G.S. KIRK, "War and the Warrior in the Homeric Poems", in Problèmes de la guerre en Grèce ancienne, E.P.H.E., 6e section, Paris, La Haye, Mouton and C°, 1968, p. 93-117.

- G.M. KIRKWOOD, Early Greek Monody, the History of a Type, London, Ithaca, Cornell Univ. Pr., 1974, 299 p..

- F. KOEPP, "Harmodios und Aristogiton", Neue Jahrbücher für das Klassische Altertum, IX, 1902, p. 608-634.

- H. KOESTER, De cantilenis popularibus veterum Graecorum, Berlin G. Reimer, 1831, 84 p..

- H. KONRAD, Etude sur la métaphore, Paris, Vrin, 2e éd., 1958, 173 p..

- J. LABARBE, "Les aspects gnomiques de l'épigramme grecque", in L'épigramme grecque, Entretiens de la Fond. Hardt, t. XIV, Vandoeuvres, Genève, 1967(68), p. 351-386.

_____, "Un putsch dans la Grèce antique, Polycrate et ses frères à la conquête du pouvoir", AncSoc, V, 1974, p. 21-41.

- G. LAMBIN, "Dans un rameau de myrte...", REG, XCII, 1979, p. 542-551.

- G. LANATA, "La poetica dei poeti lirici arcaici", in ΑΝΤΙΔΩΡΟΝ U.E. Paoli, Genova, Fac. Lett., Ist. Filologia classica, 1956, p. 168-182.

- F. LASSERRE, "La condition du poète dans la Grèce antique", EL, V, 1962, p. 3-28.

- R. LATTIMORE, Themes in Greek and Latin Epitaphs, Urbana, Univ. Illinois Pr., 1962, 354 p..

- B. LAVAGNINI, Da Mimnermo a Callimaco, Torino, Paravia, 1950, IV et 162 p..

- R.P. LEGON, Demos and Stasis, Diss. Cornell Univ., Ithaca, 1966, 210 p. (résumé in DA XXVII, 1966, 1741A).

- M. LE GUERN, Sémantique de la métaphore et de la métonymie, Paris, Larousse, 1973, 126 p..

- M. LEJEUNE, "La civilisation mycénienne et la guerre", in Problèmes de la guerre en Grèce ancienne, E.P.H.E., 6e section, Paris, La Haye, Mouton & C°, 1968, p. 31-51.

- A. LESKY, Geschichte der griechischen Literatur, Bern, München, Francke Verlag, 2e éd. 1963 (p. 127-178 ; 193-234).

- P. LEVEQUE, L'aventure grecque, Paris, A. Colin, 1964, 626 p..

- H. LLOYD-JONES, The Justice of Zeus, Berkeley, Los Angeles, London, Univ. of California Pr., 1971, XI et 230 p..

- D. LOENEN, Polemos, Mededelingen der koninklijke nederlandse Akademie van wetenschappen, afd. Letterkunde ; Nieuwe Reeks, Deel 16, n° 3 ; Amsterdam, N. v. Noord-hollandsche uitgevers maatschappij, 1953, p. 73-167.

- J. GARCÍA LÓPEZ, "Primer momento de la metafora de la nave en la literatura griega", Helmantica, XXIII, 1972, p. 325-332.

- H.L. LORIMER, "The Hoplite-Phalanx with special Reference to the Poems of Archilochus and Tyrtaeus", ABSA, XLII, 1947, p. 76-138.

- H. MAEHLER, Die Auffassung des Dichterberufs im frühen Griechentums bis zur Zeit Pindars, Hypomnemata 3, Göttingen,Vandenhoeck & Ruprecht, 1963.

- H.I. MARROU, Histoire de l'éducation dans l'antiquité, Paris, Le Seuil, 1948 (p. 15-80).

- A. MARTIN, Les cavaliers athéniens, Paris, Thorin, 1887, XII et 588 p..

- S. MAZZARINO, Il pensiero storico classico, t. I, Bari, Laterza, 2e ed. 1966, 622 p. (p. 1-52).

- A. MICHEL, "Questions de rhétorique, 2 : Image, imagination, imaginaire, dans la rhétorique latine et sa tradition", Bull. Ass. G. Budé, 1977, p. 360-367.

- H. MICHELL, Sparte et les Spartiates, trad. fr. A. Coeuroy, Paris, Payot, 1953, 261 p..

- P. MINICONI, Etude des thèmes "guerriers" de la poésie épique gréco-romaine, Paris, Belles-Lettres, 1951, 215 p..

- M. MORANTI, "Formule metriche nelle iscrizioni greche arcaiche", QUCC, 13, 1972, p. 7-23.

- J. MOSSAY, "Les anciens poètes lyriques grecs", LEC, XLI, 1973, p. 163-180.

- C. MOSSE, La tyrannie dans la Grèce antique, Paris, P.U.F., 1969, 214 p..

- W. NAUHARDT, Das Bild des Herrschers in der griechischen Dichtung, Berlin, Junker & Dünnhaupt, 1940, 98 p..

- W. NESTLE, Vom Mythos zum Logos, Stuttgart, Kröner, 1940, 572 p..

- M.P. NILSSON, "Political Propaganda in 6th Century Athens", in Studies presented to D.M. Robinson II, St. Louis, Washington Univ., G.E. Mylonas & D. Raymond ed., 1953, p. 743-748.

- P. OLIVA, Sparta and her social Problems, trad. I. Urwin-Lewitova, Amsterdam, Hakkert, 1971, 347 p., 64 ill..

- M. DE OLIVEIRA PULQUÉRIO, "Evolução do conceito de justiça de Hesíodo a Píndaro", Humanitas, XIII-XIV, 1961-1962, p. 305-321.

- F. OLLIER, Le mirage spartiate, Paris, de Boccard, 1933, 447 p..

- J.C. OPSTELTEN, Sophocles and Greek Pessimism, trad. J.A. Ross, Amsterdam, North-Holland publ. Comp., 1952, 250 p..

- M. OSTWALD, Nomos and the Beginnings of the Athenian Democracy, Oxford, Clarendon Pr., 1969, 228 p..

- D.L. PAGE, Greek Poetry and Life, Oxford, 1936.

- C.O. PAVESE, "La lingua della poesia corale come lingua d'una tradizione poetica settentrionale", Glotta, 45, 1967, p. 164-185.

_____, Tradizioni e generi poetici della Grecia arcaica, Roma, ed. dell'Ateneo, 1972, 288 p., 2 tabl..

- R. PFEIFFER, "Gottheit und Individuum in der frühgriechischen Lyrik", Philologus, LXXXIV, 1928, p. 137-152.

- G. PFOHL, "Die ältesten Inschriften der Griechen", QUCC, 7, 1969, p. 7-25.

- A.J. PODLECKI, "The political Significance of the Athenian 'tyrannicide' Cult", Historia, XV, 1966, p. 129-141.

- A.J. PODLECKI, "Three Greek Soldier-Poets", <u>CW</u>, LXIII, 1969, p. 73-81 (Archiloque, Alcée, Solon).

- A.E. RAUBITSCHEK, "Das Denkmal Epigramm", <u>in</u> <u>L'épigramme grecque</u>, Entretiens de la Fond. Hardt, t. XIV, Vandoeuvres, Genève, 1967(68), p. 1-36.

- P. RICOEUR, <u>La métaphore vive</u>, Paris, Le Seuil, 1975, 414 p..

- J. de ROMILLY, <u>La loi dans la pensée grecque, des origines à Aristote</u>, Paris, Belles Lettres, 1971, 267 p..

_____, "Gorgias et le pouvoir de la poésie", <u>JHS</u>, XCIII, 1973 (Mélanges Dodds), p. 155-162.

_____, <u>Problèmes de la démocratie grecque</u>, Coll. Savoir, Paris, Hermann, 1975, XVII et 198 p..

_____, "La haine et l'inimitié dans Homère", <u>in</u> <u>Ancient and Modern, Essays in honor of G.F. Else</u>, Ann Arbor Center, Univ. of Michigan, ed. by D'Arms J.H. and Eadie J.W., 1977, p. 1-10.

_____, <u>La douceur dans la pensée grecque</u>, Paris, Belles Lettres, 1979, 348 p..

- P. ROUSSEL, <u>Sparte</u>, Paris, de Boccard, 2e éd. 1960, 164 p., 25 pl.h.t..

- R. SCHAERER, <u>L'homme antique et la structure du monde intérieur</u>, Paris, Payot, 1958, 416 p., Chap. IV : "poètes lyriques et moralistes", p. 130-148.

- H. SCHMITZ, <u>Hypsos und Bios</u>, Stilistische Untersuchungen zum Alltagsrealismus in der archaischen Griechischen Chorlyrik, Europ. Hochschulschr. 15. R. Klass Philol. & Lit. III, Bern, 1971, 120 p..

- A.D. SKIADAS, "Γλυκὺς βίοτος, Μείλιχος αἰών, "Ερευνα εἰς τοὺς πρώτους "Ελληνας λυρικοὺς ποιητάς", in Mélanges offerts à C. Vourvéris, Athènes, 1964, p. 25-73.

- B. SNELL, Die Entdeckung des Geistes, Studien zur Entstehung des Europäischen Denkens bei den Griechen, vierte, neubearbeite Auflage, Göttingen, Vandenhoeck & Ruprecht, 1975, 334 p. ; IV : "Das Erwachen der Persönlichkeit in der frühgriechischen Lyrik", p. 56-81.

_____, "Die Welt der Götter bei Hesiod", in La notion de divin depuis Homère jusqu'à Platon, Entretiens de la Fond. Hardt, t. I, Vandoeuvres, Genève, 1952(54), p. 97-124.

_____, Poetry and Society ; the Role of Poetry in Ancient Greece, New York, Books for Libraries Pr., 1971 (réimpr. éd. Indiana Univ. Pr., 1961), 116 p..

- A. SNODGRASS, Early Greek Armour and Weapons, Edinburg, Univ. Pr., 1964, 280 p.. (Spécialement chap. VIII : "The literary evidence", p. 169-187).

- W.B. STANFORD, Greek Metaphor, Oxford, Blackwell, 1936, 156 p..

- L.A. STELLA, "L'ideale della morte eroica nella Grecia del V secolo", A&R, 36, 1934, p. 313-324.

- T. STICKNEY, Les sentences dans la poésie grecque d'Homère à Euripide, Paris, Société Nouvelle de librairie et d'édition, 1903, 258 p..

- J. TAILLARDAT, "Images et matrices métaphoriques", Bulletin Ass. G. Budé, 1977, 4, p. 344-354.

- I. TAMBA-MECZ & P. VEYNE, "Metaphora et comparaison selon Aristote", REG, XCII, 1979, p. 77-98.

- M. TREU, <u>Von Homer zur Lyrik</u>, Zetemata 12, München, Beck, 1955, XI et 332 p..

- O. TSAGARAKIS, <u>Self-Expression in early Greek lyric elegiac and iambic Poetry</u>, Palingenesia XI, Wiesbaden, Franz Steiner Verlag, 1977, X et 171 p..

- H. VAN EFFENTERRE, "Clisthène et les mesures de mobilisation", <u>REG</u>, LXXXIX, 1976, p. 1-17.

- B.A. VAN GRONINGEN, <u>La composition littéraire archaïque grecque</u>, Amsterdam, Noord-Hollandsche uitgevers maatschappij, 2e éd. 1960, 394 p..

- J.P. VERNANT, <u>Les origines de la pensée grecque</u>, Paris, P.U.F., 1962, 129 p..

_____, <u>Mythe et société en Grèce ancienne</u>, Paris, Maspero, 1974, 256 p..

- G. VLASTOS, "Isonomia", <u>AJPh</u>, LXXIV, 1953, p. 337-366.

- S. WEIL, "L'<u>Iliade</u> ou le poème de la force", in <u>La source grecque</u>, Paris, Gallimard, 2e éd. 1953, p. 11-42.

- C.M. WELLS, "The Greek Lyrik Poets 'Again'", <u>Class. News and Views</u>, XXVII, 1973, p. 1sqq..

- CH. E. WELSKOPF, "Eliteverstellungen und Elitebildung in der hellenischen Polis", <u>Klio</u>, XLIII-XLV, 1965, p. 49-64.

- M.L. WEST, <u>Studies in Greek Elegy and Iambus</u>, Berlin, New York, W. de Gruyter, 1974, X et 198 p..

- U. von WILAMOWITZ, <u>Sappho und Simonides</u>, Berlin, Weidmann, 1913, 330 p..

- A. YOSHIDA, "La structure et l'illustration du bouclier d'Achille", RBPH, XLII, 1964, p. 5-15.

- G. ZAMPAGLIONE, L'idea della pace nel mondo antico, ERI, 1967, 491 p. (spécialement "fermenti pacifici nella letteratura lirica", p. 86-98).

2/ LIVRES ET ARTICLES SPECIALISES DANS L'ETUDE D'UN POETE OU D'UN PROBLEME PRECIS POSE PAR SON OEUVRE.

ALCEE

- G. CERRI, "Un'espressione tirtaica in un contesto allegorico di Alceo : un caso di ambivalenza espressiva", QUCC, 14, 1972, p. 65-70.

- P. COLLART, "Nouveaux fragments d'Alcée sur papyrus", CRAI, 1944, p. 344-360.

- O. CRUSIUS, "Alkaios der Lyriker", in Paulys Realencyclopädie, Neue Bearbeitung, I, 2, Stuttgart, 1894, col. 1498-1505. Cf. ibid., M. TREU, Suppl. XI, 1968, col. 8-19.

- V. DI BENEDETTO, "Pittaco e Alceo", PP, XLI, 1955, p. 97-118.

- C. GALLAVOTTI, "Nuovi carmi di Alceo da Ossirinco", RFIC, n.s., XX, 1942, p. 161-181.

_____, Storia e poesia di Lesbo, nel VII-VI sec. a. C., I. Alceo di Mitilene, Bari, Napoli, Adriatica ed., 1948, 142 p..

_____, "Ricostruzione del nuovo carme d'Alceo", QUCC, 8, 1969, p. 83-85.

- J.C. KAMERBEEK, "De novis carminibus Alcaei (Pap. Oxy. XVIII, 2165). II : Alcée et son temps", Mnémosyne, XIII, 1947, p. 161-182.

- O. LONGO, "Ad Alceo 112, 10L.P., per la storia di un topos", BIFG, I, 1974, p. 211-228.

- S. MAZZARINO, "Per la storia di Lesbo, nel VI° sec. a. C., a proposito dei nuovi frammenti di Saffo e Alceo", Athenaeum, n.s., XXI, 1943, p. 38-78.

- S. NICOSIA, Tradizione testuale diretta e indiretta dei poeti di Lesbo, Roma, ed. dell'Ateneo, 1976, 283 p. (particulièrement chap. V : "l'allegoria della nave", p. 143-161).

- D.L. PAGE, Sappho and Alcaeus, an Introduction to the Study of ancient Lesbian Poetry, Oxford, Clarendon Pr., 1955, 340 p..

- G. PUGLIESE CARRATELLI, "Su la storia di Lesbo nell'età di Alceo", RFIC, n.s., XXI, 1943, p. 13-21.

- J.D. QUINN, "Alcaeus 48 (B. 16) and the fall of Ascalon (604B.C.)", BASO, 164, déc. 1961, p. 19-20.

- G. TARDITI, "L'ἀσεβεία di Aiace e quella di Pittaco", QUCC, 8, 1969, p. 86-96.

- M. TREU, "Neues über Sappho und Alkaios (Pap. Oxy. 2506)", QUCC, 2, 1966, p. 9-36.

- E. WILL, "Alcée, Sappho, Anacréon et Hérodote, note de chronologie littéraire", RPh, XXV, 1951, p. 178-181.

ALCMAN

- F.R. ADRADOS, "Alcmán,el partenio del Louvre : estructura e interpretacion", Emerita, 41, 1973, p. 323-344.

- A.P. BURNETT, "The Race with the Pleiades", CPh, LIX, 1964, p. 30-34.

- Cl. CALAME, Les choeurs de jeunes filles en Grèce, T. 1 : Morphologie, fonction religieuse et sociale ; T. 2 : Alcman, Roma, ed. dell'Ateneo, 1977, 506 et 212 p..

- F.J. CUARTERO, "Alcmán y Esparta", BIEH, VI, 1, 1972, p. 3-34.

_____, "El partenio del Louvre", BIEH, VI, 2, 1972, p. 23-76.

- C. GALLAVOTTI, "Le pernice di Alcmane", QUCC, 14, 1972, p. 31-36.

- A. GARZYA, Studi sulla lirica greca da Alcmane al primo impero, Messina, Firenze, Casa ed. G. d'Anna, 1963, 200 p. (p. 13-46).

- B. GENTILI, "Il Partenio di Alcmane e l'amore omoerotico femminile nei tiasi spartani", QUCC, 22, 1976, p. 59-67.

- A. GRIFFITHS, "Alcman's Partheneion : the Morning after the Night before", QUCC, 14, 1972, p. 7-30.

- D.L. PAGE, Alcman, the Partheneion, Oxford, Clarendon Pr., 1951, XI et 178 p..

- C.O. PAVESE, "Alcmane, il Partenio del Louvre", QUCC, 4, 1967, p. 113-133.

- M. PUELMA, "Die Selbstbeschreibung des Chores in Alkmans grossem Partheneion-Fragment", Museum Helveticum, XXXIV, 1977, p. 1-55.

- M. TREU, "Alkman", in Paulys Realencyclopädie, Suppl. XI, Stuttgart, 1968, col. 19-29.

ANACREON

- D.L. PAGE, "Anacreon, fr. 1", in Studi in onore di L. Castiglioni, Firenze, Sansoni, 1960, p. 659-667.

- M. TREU, "Anakreon", in Pauly's Realencyclopädie, neue Bearbeitung, Suppl. XI, Stuttgart, 1968, col. 30-37.

- U. von WILAMOWITZ, "Anakreon", in Sappho und Simonides, p. 102-136.

ARCHILOQUE

- F.R. ADRADOS, "Origen del tema de la nave del Estado en un papiro de Arquiloco", Aegyptus, XXXV, 1955, p. 206-210.

_____, "Sobre algunos papiros de Arquiloco", PP, XI, 1956, p. 38-48.

- A. BLAKEWAY, "The Date of Archilochus", in Greek Poetry and Life, Essays presented to G. Murray, Oxford, Clarendon Pr., 1936, p. 34-55.

- C.M. BOWRA, "Signs of Storm" (Arch. fr. 56) , CR, LIV, 1940, p. 127-129.
_____, "A Couplet of Archilochus", AFC, VI, 1953-1954, p. 37-43 (fr. 2D.).

- J.A. DAVISON, "Archilochus, fr. 2 Diehl", CR, n.s., X, 1960, p. 1-4.

- F. DELLA CORTE, "Elegia e giambo in Archiloco", RFIC, n.s., XVIII, 1940, p. 90-98 (réimpr. in Opuscula, Univ. Genova, Fac. Lett., Ist. filologia class., 1971, p. 1-9).

- J.K. DOVER, "The Poetry of Archilochus", in Entretiens sur l'antiquité classique, Fond. Hardt, Vandoeuvres, Genève, 1963, t. X, p. 183-222.

- V. EHRENBERG, "Archilochus, fr. 2D.", CPh, LVII, 1962, p. 239-240.

- C. GALLAVOTTI, "Archiloco", PP, XI, 1949, p. 130-153.

- B. GENTILI, "Interpretazione di Archiloco fr. 2D.=7L.B.", RFIC, n.s., XLIII, 1965, p. 129-134.

_____, "La lancia di Archiloco e le figurazioni vascolari", in Studia Florentina, A. Ronconi oblata, Roma, ed. dell'Ateneo, 1970, p. 115-120.

- G. GIANGRANDE, "Archiloque au pilori", QUCC, 14, 1972, p. 37-40 (fr. 2D.).

- A. HAUVETTE, Un poète ionien du VIIe siècle : Archiloque, sa vie et ses poésies, Paris, Fontemoing, 1905, 302 p..

- F. JACOBY, "The Date of Archilochus", CQ, XXXV, 1941, p. 97-109.

- N.M. KONTOLEON, "Archilochos und Paros", in Entretiens de la Fond. Hardt, t. X, 1963, p. 39-86.

- G. LANATA, "Archiloco 69D.", QUCC, 6, 1968, p. 33-35.

- F. LASSERRE, Les épodes d'Archiloque, Paris, Belles Lettres, 1950, 332 p..

- O. MASSON, "Les épodes de Strasbourg. Archiloque ou Hipponax ?", REG, LIX-LX, 1946-1947, p. 8-27.

- J.A. NOTOPOULOS, "Archilochus, the Aoidos", TAPhA, XCVII, 1966, p. 311-315.

- D.L. PAGE, "Archilochus and the oral Tradition", in Entretiens de la Fond. Hardt, t. X, 1963, p. 119-179.

- A.J. PODLECKI, "Archilochus and Apollo", Phoenix, XXVIII, 1974, p. 1-17.

- J. POUILLOUX, "Archiloque et Thasos, histoire et poésie", in Entretiens de la Fond. Hardt, t. X, 1963, p. 3-36.

_____, Recherches sur l'histoire et les cultes de Thasos, de la fondation de la cité à 196 av. J.C., Paris, de Boccard, 1954, 490 p. et XLVIII planches (spécialement chap. I, "La formation de la cité", p. 9-61).

- H.D. RANKIN, Archilochus of Paros, Noyes Pr., Park Ridge, New Jersey, 1977, IX et 142 p..

- J. RUSSO, "The Inner Man in Archilochus and the Odyssey", GRBS, XV, 1974, p. 139-152.

- F.H. SANDBACH, "ΑΚΡΑ ΓΥΡΕΩΝ, once more", CR, LVI, 1942, p. 63-65.

- A. SCHERER, "Die Sprache des Archilochos", in Entretiens de la Fond. Hardt, t. X, 1963, p. 89-116.

- V. STEFFEN, "De Archiloco quasi naturali Hesiodi aemulatore", Eos, XLVI, 1952-1953, fasc. 1, p. 33-48.

- G. TARDITI, "La nuova epigrafe Archilochea e la tradizione biografica del poeta", PP, XI, 1956, p. 122-139.

_____, "Motivi epici nei tetrametri di Archiloco", PP, XIII, 1958, p. 26-46.

- M. THEUNISSEN, "A propos des fragments 2 et 6D. d'Archiloque", l'Antiquité Classique, XXII, 1953, p. 406-411.

- D'Arcy W. THOMPSON, "Archilochus fr. 56", CR, LV, 1941, p. 67.

- M. TREU, "Archilochos", in Paulys Realencyclopädie, Neue Bearbeitung,
Stuttgart, 1968, Suppl. XI, col. 136-156.

- B.A. VAN GRONINGEN, "De Archilochi fragmento secundo", Mnémosyne,
LVIII, 1930, p. 74-78.

BACCHYLIDE

- D. COMPARETTI, "Les dithyrambes de Bacchylide", Mélanges H. Weil,
Paris, de Boccard, 1898, p. 25-38 ; réimpr. in Pindaros und Bakchylides,
Hg. von W. Musgrave Calder III und J. Stern, Wege der Forschung,
CXXXIV, 1970, Wissenschaftliche Buchgesellschaft, Darmstadt, p. 391-404.

- O. CRUSIUS, "Bakchylides", in Paulys Realencyclopädie, neue Bearbei-
tung, II, 2, Stuttgart, 1896, col. 2793-2801.

- J. DUCHEMIN, "L'usage comparé du mythe chez Bacchylide et chez Pin-
dare", BIFG, I, 1974, p. 180-193.

- J. DUMORTIER, "De quelques associations d'images chez Bacchylide",
Mélanges Desrousseaux, Paris, 1937, p. 151-158 ; réimpr. in Pindaros
und Bakchylides, p. 413-420.

- B. GENTILI, Bacchilide Studi, Publ. dell Univ. di Urbino, Ser. Lett.
e Filos. VI, Urbino, Uni. degli Studi, 1958, 141 p..

- J. IRIGOIN, "Prolégomènes à une édition de Bacchylide", REG, LXXV,
1962, p. 45-63.

- A. SEVERYNS, Bacchylide, essai biographique, Bibl. Fac. Philosophie
et Lettres, Univ. Liège, LVI, Paris, Droz, 1933, 181 p..

CALLINOS

- J. KEIL, "Die Lage der ephesischen Smyrna", JOEAI, XXXI, p. 33-35.

- J. LATACZ, Kampfparänese, Kampfdarstellung und Kampfwirklichkeit in der Ilias, bei Kallinos und Tyrtaios, Zetemata, LXVI, München, Beck, 1977, VIII et 267 p..

- J. M. SCHULHOF, "Callinus and Tyrtaeus", CR, XIV, 1900, p. 103-106.

HIPPONAX

- O. MASSON, "Les épodes de Strasbourg, Archiloque ou Hipponax, et quelques problèmes relatifs au texte d'Hipponax", REG, LIX-LX, 1946-1947, p. 8-27.

- G. NENCIONI, Ipponatte, nell'ambiente culturale e linguistico dell' Anatolia occidentale, I : La formazione dell'ambiente ionico, Bari, Adriatica ed., 1950, 221 p..

- G. PERROTTA, "Il poeta degli Epodi di Strasburgo", SIFC, XV, 1938, p. 1-41.

- G. ROUX, "Hipponax redivivus. A propos d'une nouvelle édition des iambes", REA, LXVI, 1964, p. 121-131.

- W. De SOUSA MEDEIROS, Hipponactea, Subsídios para una nova edição crítica do iambógrafo de Éfeso, Fac. Letr. Inst. Est. Clas., Coimbra, 1969, 106 p..

IBYCUS

- F. SISTI, "Ibico e Policrate", QUCC, 2, 1966, p. 91-102.

_____, "L'ode a Policrate, un caso di recusatio in Ibico", QUCC, 4, 1967, p. 59-79.

- U. von WILAMOWITZ, "Die Kranische des Ibykos", in Sappho und Simonides,
p. 243-245.

MIMNERME

- F. DELLA CORTE, "La Nannò di Mimnermo", Atti Reale Acad. Ligure Sc.
e Lett., 1943, p. 1-11 (réimpr. in Opuscula, p. 11-21).

_____, "Mimnermo", interventi di F. Della Corte, V. de Marco,
A. Garzya., A. Colonna, L. Alfonsi, B. Gentili, Maia, XVII, 1965, p.
368-387 (réimpr. in Opuscula, p. 23-44).

- A. DIHLE, "Zur Datierung des Mimnermos", Hermes, 90, 1962, p. 257-
275, réimpr. in Die griechische Elegie, Herausgegeben von G. Pfohl,
Wege der Forschung, CXXIX, Darmstadt, Wissenschaftliche Buchgesell-
schaft, 1972, p. 177-204.

- G. FOGAZZA, "Colofone arcaica", QUCC, 18, 1974, p. 23-38.

- A. GARZYA, Studi sulla lirica greca da Alcmane al primo impero,
Messina, Firenze, casa ed. G. d'Anna, 1963, p. 47-72.

- F. JACOBY, "Studien zu den älteren griechischen Elegikern, II : Zu
Mimnermos", Hermes, 53, 1918, p. 262-307.

- G. PASQUALI, "Mimnermo", Stud. ital. fil. class., n.s., III, 1923,
p. 293-303.

- W. SCHADEWALDT, "Lebenszeit und Greisenalter im frühen Griechentum ",
Die Antike, 9, 1933, p. 295-297, réimpr. "Ueber Mimnermos", in Die
griechische Elegie, p. 174-176.

- S. SZÁDECZKY-KARDOSS, "Mimnermos", in Paulys Realencyclopädie, neue
Bearbeitung, Stuttgart, 1968, suppl. XI, col. 935-951.

- M. L. WEST, Studies in Greek Elegy and Iambus, Berlin, New York, de Gruyter, 1974, chap. V, "Mimnermus", p. 72-76.

- U. von WILAMOWITZ, "Mimnermos und Properz", in Sappho und Simonides, p. 276-304.

PINDARE

- M. BERNARD, Pindars Denken in Bildern, vom Wesen der Metapher, Pfulligen, Neske Verlag, 1963, 90 p..

- C.M. BOWRA, Pindar, Oxford, Clarendon Pr., 1964, 446 p..

_____, "Pindar, Pythian II", HSPh, 1937, p. 1-28 (réimpr. in Problems in Greek Poetry, Oxford, Clarendon Pr., 1953, p. 66-92).

- N.O. BROWN, "Pindar, Sophocles and the thirty years Peace", TAPhA, LXXXII, 1951, p. 1-28.

- J. CARRIERE, "Sur l'Olympique II de Pindare, à propos d'un récent examen", REG, LXXXVI, 1973, p. 436-443.

- A. CROISET, La poésie de Pindare et les lois du lyrisme grec, Paris, Hachette, 1895, 458 p..

- J. DEFRADAS, "Sur l'interprétation de la IIe Olympique de Pindare", REG, LXXXIV, 1971, p. 131-143.

- G. DONNAY, "Pindare et Cimon, thème et contenu politique du premier dithyrambe en l'honneur d'Athènes", RBPh, XLII, 1964, p. 205sqq..

- J. DUCHEMIN, Pindare, poète et prophète, Paris, Belles Lettres, 1955, 390 p..

- J. DUCHEMIN, "Essai sur le symbolisme pindarique : or, lumière et couleurs", REG, LXV, 1952, p. 46-58 ; réimpr. in Pindaros und Bakchylides, p. 278-289.

- B.R. ENGLISH, "Pindar and the Problem of Freedom", Univ. of Toronto Quarterly, VI, 1936-1937, p. 103-119.

- T.N. GANTZ, "Pindar's first Pythian, the Fire within", Ramus, III, 1974, p. 143-151.

- H. GUNDERT, Pindar und sein Dichterberuf, Utrecht, Hes, 1978, 150 p..

- J. IRIGOIN, Histoire du texte de Pindare, Paris, Klincksieck, 1952, 462 p..

- R.C. JEBB, "Pindar", in Essays and Addresses, Cambridge, Univ. Pr., 1907, p. 41-103.

- E. KIRSTEN, "Ein politisches Program in Pindars erstem pythischen Gedicht", RhM, 90, 1941, p. 58-71.

- R.W. MACAN, "Pindar as historian", PCA, 28, 1931, p. 44-63.

- H. MAEHLER, "Zu Pindar N. IV, 22", Hermes, 101 Band, 1973, Heft 3, 3 Quartel, p. 380-382.

- W. MULLEN, "Pindar and Athenes, a Reading in the Aeginetan Odes", Arion, I, 1973-1974, p. 446-495.

- G. NORWOOD, Pindar, Berkeley and Los Angeles, Univ. of California Pr., 1956, 302 p..

- M. OSTWALD, "Pindar, ΝΟΜΟΣ and Heracles", Harvard Studies in Classical Philology, 69, 1965, p. 109-138 ; réimpr. in Pindaros und Bakchylides, p. 195-231.

- C.O. PAVESE, "Le olimpiche di Pindaro", QUCC, 20, 1975, p. 65-121.

- J. PERON, Les images maritimes de Pindare, Paris, Klincksieck, 1974, 358 p..

_____, "Pindare et Hiéron dans la IIe Pythique (v. 56 et 72)", REG, LXXXVII, 1974, p. 1-32.

_____, "Pindare et la victoire de Télésicrate dans la IXe Pythique (v. 76-96)", RPh, L, 1976, p. 58-78.

- G. PERROTTA, Pindaro, Roma, ed. dell'Ateneo, 1958, 303 p..

- A. SCHENK von STAUFFENBERG, "Pindar und Sizilien", HJ, LXXIV, 1954, p. 12-25.

- F. SCHWENN, "Pindaros", in Paulys Realencyclopädie, neue Bearbeitung, XX, 2, Stuttgart, Waldsee, 1950, col. 1606-1697.

- M. UNTERSTEINER, Pindaro, Milano, Cristofori, 1931, 147 p..

- U. von WILAMOWITZ, Pindaros, Berlin, Weidmann, 1922, 528 p..

_____, "Pindars Paean für Abdera", in Sappho und Simonides, p. 246-256.

SAPPHO

- voir ALCEE.

- A. BONNARD, La poésie de Sappho, étude et traduction, Lausanne, Mermod, 1948, 250 p..

- F. DELLA CORTE, Saffo, storia e legenda, Torino, 1950 (réimpr. in Opuscula, Facolta di Lettere, Istituto di Filologia classica, Genova, 1971, p. 47-117).

- C. GALLAVOTTI, "La nuova ode di Saffo", RFIC, n.s., XIX, 1941, p. 161-168.

- B. GENTILI, "La veneranda Saffo", QUCC, 2, 1966, p. 37-62.

- TH. MC. EVILLEY, "Sapphic Imagery and Fgt. 96", Hermes, 101 Band, 1973, Heft 3, 3 Quartel, p. 257-278.

- E. MORA, Sappho, histoire d'un poète et traduction intégrale de l'oeuvre, Paris, Flammarion, 1966, 462 p..

- G. PERROTTA, Saffo e Pindaro, due saggi critici, Messina, Firenze, casa ed. G. d'Anna, 1967, 255 p. (2e éd.).

- D.M. ROBINSON, Sappho and her Influence, London, Calcutta, Sydney, Harrap and C°, 1925, 272 p. et 24 pl..

- H. SAAKE, Zur Kunst Sapphos, Motiv-analytische und kompositions-technische Interpretationen, München, Paderborn, Wien, F. Schöningh ed., 1971, 229 p..

- K. THOMAMUELLER, Ade, rosenfingriger Mond !, auf dem Wege zum ursprünglichen Text der lesbischen Dichterin Sappho, Forum Linguisticum, Hg. von Pr. Dr. C. Gutknecht, Band 2, Bern und Frankfurt, Lang, 1974, 156 p..

- M. TREU, "Sappho", in Paulys Realencyclopädie, neue Bearbeitung, Stuttgart, 1968, Suppl. XI, col. 1222-1240.

- U. von WILAMOWITZ, "Sappho", in Sappho und Simonides, p. 17-101.

SEMONIDE D'AMORGOS

- D. BABUT, "Sémonide et Mimnerme", REG, LXXXIV, 1971, p. 17-43.

- R. LAURENTI, "Pessimismo e non pessimismo nella poesia di Semonide l'Amorgino", Sophia, XXXII, 1964, p. 83-100.

- E. MAAS & J. GEFFCKEN, "Simonides von Amorgos", in Paulys Realencyclo-pädie, neue Bearbeitung, zweite Reihe, III A 1, Stuttgart, 1927, col. 184-186.

- L. RADERMACHER, Weinen und Lachen, Wien, Rohrer Verlag, 1947, p. 156-172.

- A. WILHELM, "Zu Semonides von Amorgos", SO, 27, 1949, p. 40-53 et 147.

SIMONIDE DE CEOS

- D. BABUT, "Simonide moraliste", REG, LXXXVIII, 1975, p. 20-62.

- L. BERTELLI, "L'epigramma per i morti di Tanagra, IG, I$_2$ 946=Sim. 117D.", QUCC, 6, 1968, p. 52-98.

- C.M. BOWRA, "The Epigramm of the fallen of Coronea", in Problems in Greek Poetry, Oxford, Clarendon Pr., 1953, p. 93-107.

- G. BURZACCHINI, ""Εσχατον δύεται κατὰ γᾶς" (= Sim. 89P.), QUCC, 25, 1977, p. 31-41.

- M. DETIENNE, "Simonide de Céos ou la sécularisation de la poésie", REG, LXXVII, 1964, p. 405-419.

- W. DONLAN, "Simonides, fr. 4D. and Pap. Oxy. 2342", TAPhA, C, 1969, p. 71-95.

- P. FRIEDLAENDER, "Geschichtswende im Gedicht, Interpretationen historisches Epigramme", SIFC, n.s., XV, 1938, p. 89-120.

- B. GENTILI, "Studi su Simonide. II. Simonide e Platone", Maia, XVI, 1964, p. 278-306.

- A. HAUVETTE, De l'authenticité des épigrammes de Simonide, Paris, Alcan, 1896, 160 p..

- W.J.H.F. KEGEL, Simonides, Groningen, Diss. J.B. Wolters, 1961, X et 95 p. (résumé en anglais, p. 90-95).

- E. MAAS & J. GEFFCKEN, "Simonides von Keos", in Paulys Realencyclopädie, neue Bearbeitung, zweite Reihe, III A 1, Stuttgart, 1927, col. 186-197.

- J.L. MYRES, "Simonides, Aeschylus and the Battle of Marathon", Antiquity, quarterly Review, 8, 1934, p. 176-178.

- H. PARRY, "An Interpretation of Simonides 4D.", TAPhA, XCVI, 1965, p. 297-320.

- A.J. PODLECKI, "Simonides : 480", Historia, XVII, 1968, p. 257-275.

_____, "Simonides and Themistocles, supplementary Notes", Historia, XVIII, 1969, p. 251.

_____, "Epigraphica Simonidea", Epigraphica, XXXV, 1973, p. 24-39.

- U. von WILAMOWITZ, "Simonides", in Sappho und Simonides, p. 137-232.

- A. WILHELM, "Simonideische Gedichte", JOEAI, II, 1899, p. 221-244, réimpr. in Die griechische Elegie, p. 290-322.

- L. WOODBURY, "Simonides on Ἀρετή", TAPhA, LXXXIV, 1953, p. 135-163.

SOLON

- C. RODRIGUEZ ALONSO, "El epíteto homérico en Solón", CFC, XI, 1976, p. 503-521.

- W. ALY, "Solon", in Paulys Realencyclopädie, neue Bearbeitung, zweite Reihe, III A 1, Stuttgart, 1927, col. 946-978.

- M. CROISET, "La morale et la cité dans les poésies de Solon", CRAI, n.s., 45, 1909, p. 581-596.

- H. FAERBER, "Der Weltanschauliche Rahmen der politischen Elegie Solons", in Gymnasium und Wissenschaft, Festgabe zur Hundertjahrfeier des Maximiliansgymnasiums in München, München, 1949, p. 156-175, réimpr. in Die griechische Elegie, p. 214-235.

- G. FERRARA, "Solone ed i capi del popolo", PP, IX, 1954, p. 334-344.

_____, "Temistocle e Solone", Maia, XVI, 1964, p. 55-70.

- R. FLACELIERE, "Sur quelques passages des Vies de Plutarque, III. Solon-Publicola", RPh, XXIII, 1949, p. 120-132.

- A. FRENCH, "The economic Background to Solon's Reforms", CQ, L, 1956, p. 11-25.

_____, "Solon and the Megarian Question", JHS, LXXVII, 1957, p. 238-246.

- B. GENTILI, "La giustizia del mare : Solone fr. 11D., 12W. ; semiotica del concetto di dike in greco arcaico", QUCC, 20, 1975, p. 159-162.

- H. GUNDERT, "Archilochos und Solon", Das Neue Bild der Antike, I, Leipzig, 1942, p. 130-152, réimpr. in Die griechische Elegie, p. 75-102.

- K. HOENN, Solon Staatsmann und Weiser, Wien. Seidl., 1948, 244 p..

- H. HOMMEL, "Solon, Staatsmann und Dichter", Tübinger Universitäts-reden, 20, 1964, p. 16-44, réimpr. in Die griechische Elegie, p. 236-262.

- R.J. HOPPER, "The Solonian 'crisis'", in Ancient Society and Insti-tutions, Studies presented to V. Ehrenberg, Oxford, Blackwell, 1966, p. 139-146.

- W. JAEGER, "Solons Eunomie", SPA, 1926, p. 69-85, réimpr. in Scripta Minora I, Roma, 1960, p. 315-337.

- B. LAOURDAS, "'Ο περὶ στάσεως νόμος τοῦ Σόλωνος", Athena, LIII, 1949, p. 63-79.

- J.M. LINFORTH, Solon, the Athenian, Univ. California Publ., VI, 1919, 318 p..

- A. MADDALENA, "Dall'elegia alle Muse ai tetrametri a Foco", RFIC, XX, 3, 1942, p. 182-192.

_____, "Per l'interpretazione dell'elegia di Solone alle Muse", RFIC, XXI, 1-2, 1943, p. 1-12.

- A. MARTINA, "Plutarco, Sol. 14, 8", QUCC, 14, 1972, p. 41-45.

- A. MASARACCHIA, Solone, Firenze, La Nuova Italia ed., 1958, 394 p..

- W. NESTLE, "Odyssee-Interpretationen II", Hermes, 77, 1942, p. 113-139, réimpr. p. 129-135, s.t. "Solon und die Odyssee", in Die griechis-che Elegie, p. 205-213.

- W. STEINHAGEN, "Solons Lebensalter Elegie (fr. 19D.). Eine Interpretation", Studium Generale, 19, 1966, p. 599-606, réimpr. in Die griechische Elegie, p. 263-281.

- H. VAN EFFENTERRE, "Solon et la terre d'Eleusis", Rev. Int. Dr. Ant., 1977, p. 91-130.

- U. von WILAMOWITZ, "Solons Elegie εἰς ἑαυτόν", in Sappho und Simonides, p. 257-275.

- W.J. WOODHOUSE, Solon the Liberator, New York, Octagon Books Inc., 1965, 218 p. (réimpr. éd. Oxford, Univ. Pr.,1938).

STESICHORE

- C.M. BOWRA, "Stesichorus in the Peloponnese", CQ, XXVIII, 1934, p. 115-119.

_____, "The two Palinodes of Stesichorus", CR, n.s., XIII, 1963, p. 245-252.

- Q. CATAUDELLA, "Lirica greca in Sicilia, Stesicoro", ASSO, LXIV, 1968, p. 93-109.

- A. LÓPEZ EIRE, "Un poeta llamado Estesícoro : su encuadramiento cronológico", EClás, XVIII, 1974, fasc. 71, p. 27-60.

_____, "Estesícoro, autor de 'palinodias'", EClás, XVIII, 1974, fasc. 73, p. 313-345.

- W. FERRARI, "Stesicoro Imerese e Stesicoro Locrese", Athenaeum, n.s., XV, 1937, p. 229-251.

_____, "L'Orestea di Stesicoro", Athenaeum, n.s., XVI, 1938, p. 1-37.

- V. KLINGER, "A propos de la chronologie de Stésichore", <u>Eos</u>, XXXII, 1929, p. 657-664.

- J.L. CALVO MARTINEZ, "Estesícoro de Himera, I : Datos biográficos, fuentes y estado de las obras ; II : Naturaleza, ejecución y estructura de la obra de Estesícoro", <u>Durius</u>, II, 1974, fasc. 4, p. 311-342.

- A.J. PODLECKI, "Stesichoreia", <u>Athenaeum</u>, n.s., LIX, 1971, p. 313-327.

- F. SISTI, "Le due Palinodie di Stesicoro", <u>Studi Urbinati</u>, XXXIX, B 1, 1965 (Scritti in onore di G. Perrotta), p. 301-313.

- M. TREU, "Stesichoros", in <u>Paulys Realencyclopädie</u>, neue Bearbeitung, Stuttgart, 1968, Suppl. XI, col. 1253-1256.

- M.L. WEST, "Stesichorus", <u>CQ</u>, n.s., XXI, 1971, p. 302-314.

- U. von WILAMOWITZ, "Die Dichter mit dem Namen Stesichoros", <u>in</u> <u>Sappho und Simonides</u>, p. 233-242.

THEOGNIS

- F. RODRIGUEZ ADRADOS, "Introducción a Teognis", <u>EClás</u>, III, 1956, p. 261-286.

- W. ALY, "Theognis", in <u>Paulys Realencyclopädie</u>, neue Bearbeitung, zweite Reihe, VA2, Stuttgart, 1934, col. 1972-1984.

- C.M. BOWRA, "Simonides in the Theognidea", <u>CR</u>, XLVIII, 1934, p. 2-4.

- J. CARRIERE, <u>Théognis de Mégare, étude sur le recueil élégiaque attri-</u><u>bué à ce poète</u>, Paris, Bordas (1946), 1948, XII et 306 p..

_____ , "Théognis et le drame politique grec", I & II, <u>Pallas</u> (<u>AFLT</u>), 1953, p. 1-15 ; 1954, p. 1-14.

- J. CARRIERE, "Nouvelles remarques sur l'époque et sur le texte de Théognis", REG, LXVII, 1954, p. 39-68.

_____, "Un nouvel ouvrage sur Théognis", REG, LXVIII, 1955, p. 299-306.

_____, "A propos d'un grand livre et d'un petit papyrus", REG, LXXV, 1962, p. 37-44.

_____, "Toujours à propos du papyrus de Théognis", Maia, XXIII, 1971, p. 39-46.

- G. CERRI, "La terminologia sociopolitica di Teognide. I : L'opposizione semantica tra ἀγαθός - ἐσθλός e κακός - δειλός", QUCC, 6, 1968, p. 7-32.

_____, ""Ἴσος δασμός come equivalente di ἰσονομία nella silloge teognidea", QUCC, 8, 1969, p. 97-104.

- A. DOVATUR, "Theognis von Megara und sein soziales Ideal", Klio, LIV, 1972, p. 77-89.

- E. HARRISON, Studies in Theognis together with a Text of the Poems, Cambridge, Univ. Pr., 1902, XII et 336 p..

- E.L. HIGHBARGER, "Suidas'account of Theognis", in Studies presented to D.M. Robinson, II, ed. by G. E. Mylonas, St. Louis, Washington Univ., 1953, p. 635-646.

- T. HUDSON-WILLIAMS, "Theognis and his poems", .JHS, XXIII, 1903, p. 1-23.

- F. JACOBY, Theognis, Sitzungsberichte der Preussischen Akademie der Wissenschaften, Philosophish-Historische Klasse, Berlin, 1931.

- B. LAVAGNINI, "La patria di Teognide", ASSO, XXVIII, 1932, p. 87-94 (réimpr. in Da Mimnermo a Callimaco, Torino, 1950, p. 67-75).

- R.D. MURRAY, Jr., "Theognis 341-350", TAPhA, XCVI, 1965, p. 277-281.

- A. PERETTI, Teognide nella tradizione gnomologica, Studi Classici e Orientali, IV, Pisa, lib. Goliardica ed., 1953, 396 p..

_____, "A proposito del papiro di Teognide", Maia, XIX, 1967, p. 113-153.

_____, "Postilla Teognidea", Maia, XXIII, 1971, p. 47-56.

- V. STEFFEN, Die Kyrnos-Gedichte des Theognis, Varsovie, 1968, 87 p..

- I. MUÑOZ VALLE, "La ideología de la aristocracía griega antigua", Euphrosyne, VIII, 1977, p. 43-56.

- M.H.A.L.H. VAN DER VALK, "Theognis", Humanitas, VII-VIII, 1955-1956, p. 68-140.

- M.L. WEST, Studies in Greek Elegy and Iambus, Berlin, New York, de Gruyter, 1974, chap. III, "On the History of the Theognidean Sylloge", p. 40-64 et chap. IV, "The Life and Times of Theognis", p. 65-71.

- D. YOUNG, "Borrowings and self-Adaptations in Theognis", in Miscellana critica, Teubner, I, hrsg. von J. Irmscher, Leipzig, 1964, p. 307-390.

TYRTEE

- A. von BLUMENTHAL, "Tyrtaios", in Paulys Realencyclopädie, zweite Reihe, VIIA2, Stuttgart, 1948, col. 1941-1956.

- A. GERCKE, "Der neue Tyrtaios", Hermes, 56, 1921, p. 346-354.

- R. HARDER, "Die geschichtliche Stellung des Tyrtaios", in Kleine Schriften, hg. von W. Marg, München, Beck, 1960, p. 180-202, réimpr. in Die griechische Elegie, p. 146-173.

- F. JACOBY, "Studien zu den älteren griechischen Elegikern, I : Zu Tyrtaios", Hermes, 53, 1918, p. 1-44.

- W. JAEGER, "Tyrtaios, über die wahre ἀρετή", Sitzungsb. Preuss. Akad., Berlin, 1932, p. 537-568, réimpr. in Scripta Minora II, Roma, 1960, p. 75-112 ; in Die griechische Elegie, p. 103-145.

- J. S. LASSO DE LA VEGA, "El guerrero Tirteico", Emerita, 30, 1962, p. 9-57.

- R. NIERHAUS, "Eine frühgriechische Kampfform", JDAI, 53, 1938, p. 90-113 (= Tyrtée 6-7D.,21-27).

- L. PEARSON, "The pseudo-History of Messenia and its Authors", Historia, XI, janv. 1962, p. 397-426.

- F. ROSSI, "La strategia di Tirteo", AIV, CXXVI, 1967-1968, p. 343-375.

- B. SNELL, Tyrtaios und die Sprache des Epos, Hypomnemata, 22, Göttingen, Vandenhoeck & Ruprecht, 1969, 63 p..

- I. MUÑOZ VALLE, "Tirteo y Solón", EClás, XVI, 1972, p. 33-56.

- H.T. WADE-GERY, "The Εὐνομία of Tyrtaios", CQ, XXXVIII, 1944, p. 1-9.

XENOPHANE

- C.M. BOWRA, "Xenophanes on Songs at Feasts", CPh, XXXIII, 1938, p. 353-367 (réimpr. in Problems in Greek Poetry, Oxford, Clarendon Pr., 1953, p. 1-14).

- C.M. BOWRA, "Xenophanes and the Olympian Games", AJPh, LIX, 1938, p. 257-279 (réimpr. ibid., p. 15-37).

_____, "Xenophanes, fr. 3", CQ, XXXV, 1941, p. 119-126.

- K. von FRITZ, "Xenophanes", in Paulys Realencyclopädie, neue Bearbeitung, zweite Reihe, IXA2, Stuttgart, 1967, col. 1541-1562.

- M. GIGANTE, "Senofane e la 'colonizzazione di Elea' ", PP, XXV, 1970, p. 236-240.

- G. RUDBERG, "Xenophanes, Satiriker und Polemiker", SO, 26, 1948, p. 126-133 (réimpr. in Die griechische Elegie, p. 282-289).

INDEX DES TRADUCTIONS

1/ Les traductions sont celles des auteurs dont nous avons souligné le nom dans le répertoire des éditions et traductions, à l'exception des fragments suivants que nous avons traduits nous-même :

ALCEE
129L.P., p. 43.
130L.P., p. 23, 50, 200.
148L.P., fr. 9, 1. 3, p. 50.
298L.P., fr. 1(a), p. 127.
306L.P., fr. 9, p. 44.
426L.P. (Aelius Aristide, II, p. 273 Di.), p. 209.

ARCHILOQUE
66D., p. 160.
79aD., p. 43.

BACCHYLIDE
XIII, 175sqq., p. 292.
fr. 4Sn., p. 20, 64, 289.
fr. 24Sn., p. 25, 31.

CALLINOS
Strabon XIV, 647, p. 138

THEOGNIS
945-948, p. 207.

SAPPHO
2L.P., 13sqq., p. 65.
194L.P. (Himer. Or. 1-4), p. 63.
Fr. Gr. Hist. II B, p. 997
Jacoby, p. 215.

2/ En l'absence d'une traduction française qui fît autorité, ou pour plus de commodité quand il s'agissait de testimonia, nous avons, de même, traduit :

ALCMAN
1.P., 39sqq., p. 63.
1P., 90-91, p. 165.

ANACREON
8P.(353), p. 223.
11P.(356), p. 67.

INDEX DES PRINCIPAUX FRAGMENTS ET POEMES CITES

MONOGRAPHS
IN CLASSICAL STUDIES

An Arno Press Collection

Adler, Eve. **Catullan Self-Revelation.** 1981

Arnould, Dominique. **Guerre et Paix dans la Poesie Grecque.** 1981

Block, Elizabeth. **The Effects of Divine Manifestations on the Reader's Perspective in Vergil's** *Aeneid.* 1981

Bowie, Angus M. **The Poetic Dialect of Sappho and Alcaeus.** 1981

Brooks, Robert A. **Ennius and Roman Tragedy.** 1981.

Brumfield, Allaire Chandor. **The Attic Festivals of Demeter and Their Relation to the Agricultural Year.** 1981.

Carey, Chrstopher. **A Commentary on Five Odes of Pindar.** 1981

David, Ephraim. **Sparta Between Empire and Revolution (404-243 B.C.).** 1981

Davies, John K. **Wealth and the Power of Wealth in Classical Athens.** 1981

Doenges, Norman A. **The Letters of Themistokles.** 1981.

Figueira, Thomas J. **Aegina.** 1981.

Furley, William D. **Studies in the Use of Fire in Ancient Greek Religion.** 1981.

Ginsburg, Judith. **Tradition and Theme in the** *Annals* **of Tacitus.** 1981.

Hall, Jennifer. **Lucian's Satire.** 1981.

Hillyard, Brian P. **Plutarch:** *De Audiendo.* 1981

Hine, Harry M. **An Edition with Commentary of Seneca,** *Natural Questions,* **Book Two.** 1981

Horrocks, Geoffrey C. **Space and Time in Homer.** 1981

Lipovsky, James. **A Historiographical Study of Livy.** 1981

McCabe, Donald Francis. **The Prose-Rhythm of Demosthenes.** 1981

Parry, Adam Milman. *Logos* and *Ergon* in Thucydides. 1981

Patterson, Cynthia. **Pericles' Citizenship Law of 451-50 B.C.** 1981

Pernot, Laurent. **Les *Discours Siciliens* d'Aelius Aristide (Or. 5-6).** 1981

Philippides, Dia Mary L. **The Iambic Trimeter of Eruipedes.** 1981

Rash, James Nicholas. **Meter and Language in the Lyrics of the *Suppliants* of Aeschylus.** 1981

Skinner, Marilyn B. **Catullus' *Passer*.** 1981

Spofford, Edward W. **The Social Poetry of the Georgics.** 1981

Stone, Larua M. **Costume in Aristophanic Comedy.** 1981

Szegedy-Maszak, Andrew. **The *Nomoi* of Theophrastus.** 1981

Taylor, Michael W. **The Tyrant Slayers.** 1981

White, F.C. **Plato's Theory of Particulars.** 1981

Zetzel, James E.G. **Latin Textual Criticism in Antiquity.** 1981

Ziolkowski, John E. **Thucydides and the Tradition of Funeral Speeches at Athens.** 1981